香港社會的民主與管治

劉兆佳　著

商務印書館

香港社會的民主與管治

作　　　者：劉兆佳

責任編輯：黃振威

封面設計：張毅

出　　　版：商務印書館（香港）有限公司
　　　　　　香港筲箕灣耀興道 3 號東滙廣場 8 樓
　　　　　　http://www.commercialpress.com.hk

發　　　行：香港聯合書刊物流有限公司
　　　　　　香港新界大埔汀麗路 36 號中華商務印刷大廈 3 字樓

印　　　刷：美雅印刷製本有限公司
　　　　　　九龍觀塘榮業街6號海濱工業大廈4樓A

版　　　次：2017年 6 月第 1 版第 1 次印刷
　　　　　　© 2017 商務印書館 (香港) 有限公司
　　　　　　ISBN 978 962 07 6597 1
　　　　　　Printed in Hong Kong

版權所有　不得翻印

目　錄

序

《香港社會的政制改革》、《香港社會的民主與管治》和《香港人的政治心態》三冊書匯集了近 40 年來我對香港回歸前和回歸後所做研究的主要學術論文，其中大部分論文原以英語撰寫並在西方國家的學術期刊發表，現在經翻譯首次以中文出版。這些學術論文反映了我學術生涯中不斷變化的研究重點和目標，也反映了在過去半個世紀香港社會與政治的急劇變遷。這些學術論文既代表我個人的學術成果，也可以說是香港歷史的印記。藉着這三冊書與讀者見面的機會，我也全面回顧了自己的學術歷程。

1975 年，我在美國明尼蘇達大學取得了哲學博士學位，在美國工作半年後便回到香港，在香港中文大學社會學系任教。我的博士論文探討了 19 世紀中國儒家精英在整合和領導傳統中國社會上所起到的關鍵作用，並重指出政治與社會的分崩離析與儒家精英的弱化和解體有關。雖然之後我仍然對傳統中國的社會、政治與思想有濃厚興趣，但這不再是我的研究重點。研究重點的轉移並非完全由我個人的學術志趣驅動，在很大程度上反而與研究機遇、香港的變遷和"九七問題"的凸起有更大的關係。

儘管我年輕時唸書的地方是一所由英國聖公會開辦並以英語為主要授課語言的學校，但我在中學時期已經深深地被儒家思想，特別是其經世濟民的主張所吸引，因此對中國語文和中國歷史尤其是近代史特別着迷。我認可知識分子對國家、民族和社會的責任和擔當，並認為讀書人應該有匡扶社稷，"先天下之憂而憂，後天下之樂而樂"和"民胞物與"的襟懷。中學畢業進入大學後，我放棄了研修中文和中國歷史的初衷，轉而主修社會學和經濟學。經過再三思考，我決定以政治社會學為日後學術工作的重點，其中政治和社會發展、政治文化、政治體制、政治領袖、比較政治和國際政治乃研究重點所在。

即便如此，回香港工作後，我還需要物色具體研究項目，因此在香港中文大學社會學系任教的頭兩年，我一直在摸索將來要從事哪些方面的研究。在此期間，我參與了社會學系的一項集體研究計劃，該計劃旨在探討內地人民公社的功能和意義。假如這項研究能夠啟發我對“中國研究”的興趣，則日後我的研究重點便會是內地而非香港。在當時的環境下，對於一位年輕學者來說，“中國研究”比“香港研究”更具“實用”價值，因為在國外學術刊物發表“中國研究”的文章比較容易，而發表國際學術界認可的文章的多寡對學者的學術事業來說關係重大。然而最後，我決定捨“中國研究”而取“香港研究”，這當中有幾方面的考慮。

第一，這不等於我特別“愛”香港。雖然我在香港出生、成長和受教育，但我的“國家情懷”比“香港情懷”要更濃厚一些。因此，愛香港並非驅使我其後幾十年集中研究香港的動力。當然，隨着時間的遷移，我對香港的感情不斷加深，進而促使我更加銳意研究香港，並願意對其未來盡一份力。

第二，雖然從功利角度考慮，“中國研究”應該是首選，但是內地研究中有關人民公社研究的經驗卻讓我對“中國研究”感到猶豫。一方面，我沒有把握能夠從內地取得大量信而有徵的材料和數據，以作為嚴謹學術研究的基礎。另一方面，我感到人生苦短，希望自己在有限生命中創造的研究成果能夠經得起時間考驗並具有實用和傳世價值。因此，“中國研究”對我來說風險太大，非我所能承擔。相反，就算“香港研究”不能帶來豐碩的學術回報，甚至對個人的學術事業造成阻滯，但從學者“求真”的精神出發，也是無可奈何的事。無論如何，社會學者需要有一個他看得見、摸得着的研究“地盤”或“對象”，這樣才會產生“踏實”

的感覺。毫無疑問，對我來説，香港正是那個"地盤"和"對象"。當然，有些學者喜歡做抽象和理論的探討，因此不需要對某一特定社會進行研究，但我不屬於這類學者，我始終希望能夠立足或扎根於一個社會，並以此為基礎或出發點來探討理論性課題。

第三，"香港研究"愈來愈成為迫切的實際需要。回顧過去，1975–1981 年這段時間對我來説是"黃金"六年，是我可以在比較不受外面世界干擾的環境中專注於學術工作的六年。1980–1981 年，我在美國哈佛大學做哈佛燕京訪問學者期間出版了《香港社會與政治》(*Society and Politics in Hong Kong*)[1] 一書。自哈佛回港後，適逢香港前途問題出現，中英兩國政府及香港各界人士都被捲入這個歷史性事件之中，我個人也不例外。作為香港本地培養的首批社會學者之一，我有義不容辭的責任去研究與香港未來有關的種種問題，特別是香港日後的政治與政制發展，不但要分析，更要拿出應對辦法。中英兩國政府，尤其是中國政府，不時向我諮詢，提出現實或政策性問題。政治環境的突變，使我在"象牙塔"內做學問的同時，還要回應各方面提出的問題和建議。1992 年，英國政府派政治人物彭定康來香港當總督，旋即爆發中英之間在香港政制發展問題上的嚴重對抗，並最後促使中國政府以"另起爐灶"作為反制的策略。在香港回歸祖國過渡期的最後幾年，我先後以"港事顧問""香港特別行政區籌備委員會預備工作委員會委員"和"香港特別行政區籌備委員會委員"的身份參與了中央主導的香港回歸祖國的工作，並就特首和立法會的產生辦法提供意見。香港回歸後，政治、經濟與民生的挑戰紛至沓來，令各方面疲於奔命。個人的學術研究在這種環境下不可避免地要更有針對性和實用價值。2002–2012 年，我離開大學，進入特區政府出任中央政策組的首席顧問。在這十年中，研究的範圍進一步擴大，研究的內容更為複雜，而研究成果的實用性較諸其學術性更為重要。總的來説，自 1982 年以來，我的學術事業直接與香港的前途和發展問題緊密聯繫，"純學術"研究已經變得不可能。研究的目標不但要對理論的探討和建設有意義，還要對發現和解決香港的諸多問題有價值。很多時候，學術研究題目的選定取決於香港面對的現實和迫切需要解決的問題，而非源於學術理論發展的要求，與西方社會學理論的變遷與爭辯，關係更加小。所以，過去幾十年，我個人所身處的社會環境和自定的工作目標，塑造了我的學術風格和研究取向。無論就背景、目標、經驗，還是歷練而言，在香港的社會學與政治學界中，我都是頗為"與眾不同"的。

毋庸諱言，不少甚至大部分香港社會學者和政治學者在研究香港問題時，喜歡簡單套用西方理論，並肯定其在香港的應用價值，西方的民主和民主化理論尤其受到重視和認同。原因有三個：一是相信甚至"迷信"西方理論的"普遍性"，認為就算不能直接應用於香港，稍作調整便可適用。在這些學者的眼中，香港研究是人類（其實是西方）社會科學研究的一個環節，哪怕只是小環節，香港研究的成果既印證了普遍理論，又豐富了普遍理論。二是他們服膺於那些理論背後的西方價值，並確信那些價值代表"普世"價值，因此應該在香港樹立和推廣。三是假如學者認同了西方理論的"普遍性"，而其研究成果又進一步證實了西方理論在香港適用，那麼在西方刊物或出版社（大學的出版社尤其重要）發表著作便較為容易，而能否在西方"學術市場"發表著作，對個人的學術事業至關重要，因為香港的大學傾向於以在"國際"（主要指西方）領域發表著作為評審標準來衡量學者的學術成就。因為這些原因，眾多的香港學者喜歡探討香港與西方社會的共同點，兩者之間的差異則較少受到重視。

另外一種情況是，部分學者喜歡將當前西方理論界的"時髦"理論、觀點和概念引入香港，並肯定那些東西對香港有參考或應用價值。對於不少香港學者的這些傾向和行為，我的看法是雙方面的。一方面，我承認，西方社會既然是人類社會的一部分，那麼來自西方的社會學理論也自然在其他的社會有一定的參考和應用價值。運用西方理論分析香港的社會現象，有利於發掘和透視一些我們因為長期在香港生活而看不到或者遺漏的東西，對我們已有的知識可以提供新的研究角度，從而深化我們對香港社會的理解，西方理論也會強化本地學者從理論角度剖析香港社會現象的能力。然而，另一方面，將注意力放在某些現象上等於疏忽了另外一些現象，而那些現象對香港社會而言可能更為重要，或是更好地理解香港社會的"鑰匙"。換句話説，西方理論讓我們看到一些東西，但同時遮掩了另外一些東西。總的來説，我認為，西方學者在概念和理論建設方面有獨到之處，尤其是在將社會現象拆解後進行分析，然後再將分析結果予以整合來建構理論這一方面。因此，鑒於西方社會學比其他地方的社會學更為"發達"，我們不可避免地要參考西方的理論研究和研究成果，起碼要用它增強我們思考的深度與廣度，但不能照單全收，更不可以盲目奉之為金科玉律。在參考西方理論和運用西方學術概念的同時，我們必須有意識地脱離西方的思考框架，認真細緻地去探尋香港的諸多社會現象，總的目標是全面和確切地認識香港，從中建構更好的概念和理論，並將之用於研究香港。

從一開始我便以香港的特殊性作為研究的理論支點，這在香港學者中是較為罕見的，目標是不僅要指出西方理論涵蓋面的不足，也表明不能簡單地從西方理論中尋找認知和解決香港問題的辦法。香港研究必須立足於香港的歷史和現實，必須從客觀角度出發，不要混淆現實和理想，也不能把理論當成現實。基本上，我是從"不服氣"的起點出發來思考香港社會的，首先假設西方學者"不可能"對香港有深度的認識，因此他們的理論總會在某些方面難以直接套用於香港。一些在西方社會比較矚目的現象，在香港不一定重要，而香港一些顯著的現象也可能在西方看不到。誠然，一些西方學者強調他們的理論絕非完全建基於西方現象，而是來源於西方和非西方社會的比較，但即便如此，倘若他們對香港缺乏認識，他們的概念和理論總會與香港有格格不入之處，而那些格格不入之處正好是香港學者研究的最佳切入點，也是香港研究可以對所謂"普遍理論"建設所能作出的"貢獻"。

既然要突出香港的獨特性，建構植根於"本土"的社會學理論，那麼研究方法便不能不採用"歷史暨比較"角度（historical-comparative approach）。所謂歷史角度，是要基於香港過去的歷史發展去認識香港的現狀和探索香港的未來。香港過去的經歷、事件、人物、制度、政策和一些"集體回憶"，都左右和規限着香港目前和將來的發展。歷史角度不單指香港自身的歷史，也必須包括更廣闊的視野，其中中國近代和當代史、中西方關係史和東亞地區的歷史尤為重要。不了解歷史，為香港的改革和發展提出的訴求和建議容易流於不切實際或難以兌現。每個社會都有其與眾不同的歷史發展經驗，因此在一定程度上，每一個社會都是獨一無二的。通過歷史分析，香港的獨特性便"躍然紙上"，馬上成為學者關注和探討的課題。所謂比較角度，是要將香港與古往今來的人類社會比較，找出其異同之處，從而透視香港獨特的地方。當然，我們不可能將香港跟"所有"的人類社會比較，而事實上學者們對其他社會的研究也不多，因此實際上只能通過縝密思考，找尋若干有意義或有價值而又可供比較或對比的現象。在我看來，目的不是要通過比較香港與其他社會來建構一般性的社會學理論，而在於加深對香港的了解，尤其是能夠更好地發掘香港社會的"核心"社會現象。這些"核心"社會現象不但有其重要性，我們更可以借助這些現象更好地了解與之密切關聯的其他社會現象。

在過去近 40 年的研究生涯中，我提出了一系列概念來描述和分析與香港社會和政治發展有關的諸多現象，並取得了一些成果。在不同程度上，這些概念代表了我說的"核心"概念，因為它們擔當着研究的"鑰匙" 的功能，通過它們，我們可以更全面和深入地分析香港的過去和現在，並對未來提供線索和可行之道。這些概念在學術界廣受關注，當然也受到不少批評，部分批評在香港的高度政治化環境中更流於道德或惡意的中傷。誠然，我的 "核心" 概念不是批評者的 "核心" 概念，他們認為我的 "核心" 概念忽略了一些更重要的社會現象，因此對香港的分析有失偏頗，並錯誤理解部分現象，而基於我的研究成果的政策建議不但無用，而且對香港有害，比如不利於推動香港的民主發展，也不利於讓當政者正視香港的社會矛盾等，不一而足。我的看法是，各種各樣的 "核心" 概念和與之相關的理論並存絕對是好事，良性的學術爭論會越辯越明。然而我相信，我的學術成果是經得起時間考驗和實踐檢驗的。

在長達 40 年的學術生涯中，我建構了一批 "核心" 概念，並以此為工具研究香港社會的狀況和變遷。這些概念中比較重要的包括："先有殖民政府、後有殖民地人民" 的殖民地、高度穩定的殖民社會、功利家庭主義 (utilitarianistic familism)、社會容納政治 (social accommodation of politics)、低度整合的社會與政體 (compartmentalization of society and polity)、沒有獨立的非殖民化 (decolonization without independence)、缺乏被領導者的政治領袖、缺乏領袖的制度 (institutions without leaders)、缺乏社會基礎的政治 (social irrelevance of politics)、功利主義法律觀、行政主導、局部民主政體 (partial democracy)、發育不良的政黨體系 (stunted political party system)、沒有執政黨的政黨政治 (party politics without the ruling party)、低民主、高自由的社會、民主發展後於法治、自由、人權、穩定、繁榮的出現、關注的旁觀者 (attentive spectators)、從非常態政治到常態政治、矛盾民主觀 (democratic ambivalence) 等。這些 "核心" 概念通通源於長年累月對香港的實證研究，也源於認真利用歷史暨比較方法挖掘香港的特點。

總體而言，這些 "核心" 概念加起來其實很好地描述和反映了香港作為一個社會乃至一種社會現象的主要特色。

第一，香港在"開埠"伊始已經是一個特殊的英國"殖民地"。英國人攫取香港這片荒島為"殖民地"，目標是要建立一個有利於英國商人的對華"貿易"而且不受清政府控制的橋頭堡。為了達到目的，一開始英國人便要在香港推行開明和懷柔的管治方法，以吸引各地尤其是中國內地的人才、資金和勞工來香港開拓和發展。為此，一套有利於各方面經商、就業和生活的法律和制度便不可或缺。與絕大部分殖民地不同，香港是先有殖民政府的出現，然後才有"殖民地"人民的到來。從內地來香港定居或發展的華人，無論基於甚麼理由，都是自願接受殖民管治的，起碼不反對殖民管治，因此他們絕無推翻殖民政府（在香港，即為港英政府）之心，反而將香港作為安身立命之所，這種情況在 1949 年新中國成立後更是如此。正因如此，香港從來沒有發生過反殖民或獨立運動，也無法借助反殖民或獨立運動來培育有威望的政治領袖。

第二，中國政府不會容許香港脫離中國走向獨立。為了讓中國政府放心，英國人不會在香港推動有"還政於民"意味的政治體制改革，不會刻意培育有羣眾基礎的本地政治領袖。為了鞏固殖民管治，英國人通過"行政吸納政治"的手段籠絡華人精英，讓他們成為殖民政府的"同路人"，同時減少社會上出現"獨立"於殖民政府的政治力量的可能性。這些"同路人"雖然在華人社會享有一些聲望，但絕對不是具備政治權威的政治人物。社會上反對殖民政府的政治人物絕無僅有，因此對殖民管治不構成威脅。

第三，香港的華人社會由無數的家庭單位組成，這些家庭單位的核心是那些有血緣和姻緣關係的人，但也可以從"功利"角度考慮，選擇性地將一些與自己有利益聯繫的親戚朋友"納入"家庭單位，因而表現出"功利家庭主義"的形態。這些家庭單位在一定程度上解決了個人的需要，並起到穩定社會的作用。

第四，家庭單位與眾多的華人社團共同處理了不少華人社會的問題和矛盾，解決了不少可能引發政治事端或衝突的問題，因此發揮了"社會容納政治"的功能，大大減少了最後需由殖民政府應對的政治摩擦與挑戰，使得行政需要吸納的政治不至於過多，從而保持了香港的政治穩定。與其他殖民地相比，香港的政局絕大部分時間都是高度穩定的。"二戰"後，全世界反殖浪潮風起雲湧，但香港的政局卻風平浪靜。我研究香港的起點恰恰就是探討香港"超穩定"殖民社會的原因何在。當時幾乎所有人對香港的第一印象就是政治穩定和港人對政治的不熱衷甚至"冷漠"。我當然不會否定社會衝突的存在，但 20 世紀 70 年代香港的政治穩定對我和不少人來說，應該是較為矚目和值得探討的現象。我的基本看法是，"行政吸納政治"和"社會容納政治"相輔相成，大幅減少了香港政治矛盾的數量和嚴重性。與此同時，華人社會與殖民政府各司其職，來往不多，形成"低度整合的社會與政體"的局面。就當時來說，在殖民管治被廣大香港人接受的前提下，所謂香港政治在很大程度上就是"官僚政治"，即發生在政府內部和政治精英之間的"政治"。這些"政治"與社會沒有密切關係，也沒有受到廣大羣眾的關注，因此是"缺乏社會基礎的政治"。人們關心的問題一般不會進入政治領域，也沒有有實力的本地政治領袖將它們轉化為政治議題，從而將之帶進政治領域。

第五，港人政治文化的內涵與"功利家庭主義"基本上是一體的兩面。對此，我和關信基教授合著的《香港華人的心態》(*The Ethos of the Hong Kong Chinese*)[2]一書有詳細闡述。簡而言之，港人的政治文化是一種公民文化與順民文化的混合體。港人一方面吸收了一些來自西方的民主和自由的思想，另一方面又呈現出對權威的尊重以及對穩定與秩序的追求。他們願意接受殖民管治，並基於殖民政府的良好施政表現而賦予它頗高的政治認受性。港人的法律觀或法律文化有明顯的實用主義傾向。他們不太了解西方法律背後的原則和思想，仍然保留了一些傳統中國的法律觀點。不過，港人相信香港的法律對自己有用，因此堅持遵守法律的重要性。無論是港人的政治文化還是法律文化，功利主義或實用主義的色彩都很突出，而中國傳統的價值觀與西方的價值觀則不太和諧地並存。實際上，港人對西方文化的接受流於表面，大體上認為西方文化對自己和香港有用，但仍然受到來自中國傳統的“威權性”政治文化（authoritarian political culture）的薰陶，而後者是和西方文化相悖的。

第六，隨着社會的變遷、經濟的發展和教育水平的提高，社會矛盾增加，民眾的期望與訴求攀升，華人社會自我解決問題和滿足需要的能力下降，殖民政府面對的來自社會的要求和壓力就愈來愈多，也愈來愈難應對。殖民政府介入社會和民生事務的程度有所提高，港人對政府的依賴不斷提升，因此社會上逐漸湧現一些政治人物和組織。他們不僅向殖民政府提出各種具體訴求，也在確認殖民管治的前提下要求更多參與政治的機會。殖民政府一方面盡其所能地回應民眾的民生需要，另一方面卻不願意放棄對政治權力的壟斷和控制。在“九七問題”出現的前夕，香港的政治人才十分匱乏。大部分港人認同香港的政治、行政、經濟和社會制度，但對政治領袖缺乏信任與尊重，出現了“缺乏領袖的制度”和“缺乏被領導者的政治領袖”現象。人們覺得只要制度運作良好，政治領袖可有可無。再者，在殖民政府管治下，人們也不相信本地政治領袖會擁有實質的政治權力或能力。這種輕領袖、重制度的心態本來應該是進步的象徵，但在政治領袖匱乏的情況下卻成為絆腳石，阻礙了領袖的形成與成長。香港脫離殖民管治並在“一國兩制”框架下實行“高度自治”，然而缺乏擁有羣眾基礎的政治領袖便為回歸後香港的有效管治和政治穩定埋下了隱患。

“九七問題”的“突然”出現，對香港的政治格局與生態造成了巨大衝擊。在無法延續殖民管治的情況下，英國人謀求“光榮撤退”和在回歸前的過渡期內保護英國的權威與利益，一方面大力推動香港的民

主改革和"還政於民",另一方面則鋭意扶植反共和民主派勢力。中國
政府則一方面致力於挫敗英國人的政治意圖,另一方面努力培養"愛國
愛港"力量。中英雙方的政治角力塑造了香港的民主化路向,但同時分
化和弱化了剛冒起卻"先天不足"的本地政治領袖和勢力。在中英鬥爭
的大氣候下,香港所走的"沒有獨立的非殖民化"道路呈現幾個重要特
徵:第一,既然香港不是獨立國家,港人便不能完全決定由誰來控制特
區政權。在主流民意仍然反共和拒共的氛圍下,中國政府覺得必須確保
特區的行政長官是中央可以信任和依託的人。因此香港的民主化是"局
部民主化",具體反映在港人有較大權利選舉負責監督政府的立法會議
員,但在選舉行政長官上則權利有限。第二,"局部民主化"讓一位擁
有強大憲制權力的行政長官與享有實質"反對"權力的立法會並存,各
自有各自的權力來源和支持者,彼此之間摩擦難免。第三,從憲法的角
度看,香港是一個"行政主導"甚至可以説是"行政長官主導"的政體。
行政長官壟斷了政策制定權、財政主導權和人事任免權。但在羣眾支持
不高、政府權威不足和行政長官沒有政黨聯繫的格局中,行政長官縱
有憲制權力,卻在政治威望低落的情況下無法充分和有效地運用手上的
權力。回歸後香港特區的管治不暢和政局混亂與此不無關係。第四,為
了避免突然進入全面民主化而帶來政治動盪,民主改革遵循循序漸進的
步伐。行政長官的普選只會在條件成熟時才進行,同時要防止選舉與中
央對抗的人成為特首。在立法會的選舉辦法中,"功能團體"議席的引
進和逐步減少,以及選民基礎的不斷擴大發揮了"以空間換時間"的巧
妙作用,從而使得以普選辦法產生所有立法會議員的時刻不會過早。第
五,香港的"局部民主化"衍生了香港幾乎獨一無二的"沒有執政黨的
政黨政治"現象。在執政黨缺位的情況下,特區政府在立法會內缺乏穩
定和可靠的支持;無論是建制派政黨還是泛民主派政黨,都以監督和制
衡政府為己任;建制派和泛民主派政黨都處於鬆散和積弱狀態,社會支

持基礎不強。泛民主派政黨屬於"永久的反對派"，從長遠來看有走下坡、內部分裂日趨激烈的趨勢。"沒有執政黨的政黨政治"似乎不能成為長期存在的現象，因為它對特區的長治久安不利。

香港的"局部民主化"誠然不能滿足大部分港人對民主的追求，對於政治體制，社會上也存在着一定的不滿情緒。但過去幾十年來香港沒有出現擁有強大羣眾基礎、得到中產階層鼎力擁護、有能力持久"作戰"、波瀾壯闊的民主運動。這可以從香港獨特的民主發展軌跡和與此相關的港人"矛盾民主觀"中找到解釋。香港這種"先有殖民政府、後有殖民地人民"的歷史背景，使得它在民主化發生之前已經陸續享有法治、善治、自由、人權等不少其他國家和地區需要付出巨大代價，包括流血犧牲、在爭取到民主之後才能獲得的東西。既然港人已經得到那些他們認為比民主更加珍貴的東西，那麼他們便不願意付出沉重代價來爭取民主。"沒有獨立的非殖民化"只容許香港在脫離殖民管治後成為中華人民共和國的一個特別行政區。港人明白與中央對抗有害無益，因此也不太希望因為民主改革問題而與中央交惡。不少港人甚至擔憂，不適當的民主化反而會帶來不符合自己和香港利益的惡果，因此寧願慎重地、一步一腳印地推進民主進程，持這類觀點的人在中產階層不佔少數。由於顧慮多且猶豫不決，港人的"矛盾民主觀"與循序漸進發展民主若合符節。假如港人願意不顧一切地追求民主，循序漸進發展民主就不會被港人接受，而港人與中央的衝突便會極度激烈，不僅政治穩定和有效管治不可能，甚至中央的"一國兩制"方針也難以落實。

如果政策建議是基於對香港獨特性研究的成果，那麼與來自簡單套用西方理論的建議相比自然有所不同，反映在如何處理香港的民主發展和達到有效管治的問題上尤其如此。在"沒有獨立的非殖民化"下，香港的利益和未來必將建構在"兩制"關係融洽和中央與特區合作的基礎上。"互利共贏"和"榮辱與共"必然是彼此互動的指導原則。從香港歷史發展的角度看，港人與內地同胞、中央與特區之間必然會建立更緊密的關係，這是長期的、不可逆轉的趨勢。誠然，這個趨勢也不可能一帆風順、一片坦途，反而會跌宕起伏、陰晴不定和坎坷不平。基於對歷史發展趨勢的肯定，也基於我對香港獨特性的理論思考，過去幾十年來我曾經提出了一些政策和行動建議。粗略來說，"行政主導"政治體制的建設、功能團體議席和選舉辦法的引進、香港特別行政區籌備委員會預備工作委員會的設置、臨時立法會的成立、比例代表制的施行、"管治聯盟"的建構等，都有我一些建議的影子。毋庸諱言，這些建議都曾經受到一些人的猛烈攻擊。然而回想過去，這些建議在香港的歷史發展和現實環境中恐怕是迫不得已、有一定正面價值的建議。當然，隨着國際形勢的變化、國家的發展、香港的變遷、香港人心的變動、中央與港人矛盾的逐步緩解、"兩制"之間的差異縮小，以及兩地同胞逐步在"兩制"下合成"命運共同體"，香港的政治、管治與政黨發展自然會沿着新的方向演進。經濟、社會和民生立場上的分歧會逐漸取代中央與港人之間在政治與意識形態上的分歧，而成為左右香港內部政治形態的主要因素。困擾香港多時並妨礙妥協的"非常態政治"會大幅度地被對協商解決問題有利的"常態政治"所取代。到了那個時候，政治穩定和經濟發展才會有更扎實的根基。然而，必須指出的是，從"非常態政治"過渡到"常態政治"絕非一個順暢的過程，反而是一個艱難、曲折和反覆的過程，2014 年爆發的"佔領中環"行動和香港最近湧現的"本土主義"主張可為明證。

在政治鬥爭日趨激烈的今天，我對香港的未來保持較為樂觀的期盼，這樣的態度對一些人來說是嚴重脫離現實的。但基於我過去近 40 年香港研究的經驗，我對我的論斷和預測是有相當把握的。未來的變遷也許可以為我印證。

《香港社會的政制改革》分為五個部分。第一部分分析了社會與政治的關係，並着重指出，香港在殖民地時期的政治穩定與香港華人的家庭和社會結構有莫大關係。華人家庭和各種民間組織擁有不少資源和能力去處理華人社會內部的問題和需要，從而減少了社會問題"外溢"為政治問題的概率，對維護殖民管治有利。不過，香港急劇的社會變遷逐步削弱了華人家庭和社會的作用，使得政治矛盾和衝突不斷上升。第二部分描述了香港引進羣眾性選舉後的早期情況，指出選舉在動員羣眾方面作用有限，而媒體在選舉過程中發揮的作用不大。第三部分論述了在"沒有獨立的非殖民化"下，香港的政治體制改革、殖民政府的管治困難、英國謀求"光榮撤退"的部署、中英政府圍繞政制改革的鬥爭和"局部民主化"所造成的精英政治與羣眾政治分離的種種現象，進而指出香港脫離殖民管治過程的複雜性和獨特性。第四部分回顧了中國政府在新中國成立後一貫的對港政策，並着重指出其理性務實的一面，而"一國兩制"方針的提出就是中國對香港的"長期打算、充分利用"政策在香港回歸後的延續。既然保持香港的繁榮穩定是中國對港政策的首要目標，那麼《中華人民共和國香港特別行政區基本法》(簡稱《基本法》)所要建構的香港政治秩序便以此為指導原則，不過這個新政治秩序卻蘊藏着一些管治困難。第五部分則講述了政治精英和政黨發展的情況，其中突出了"局部民主化"所造成的精英政治與羣眾政治分離的種種現象，進而指出香港脫離殖民管治過程的複雜性和獨特性。在香港政治精英的矛盾與分化、各類反對勢力湧現、行政主導政治體制因而缺乏足夠實施條件的情況下，回歸後香港特區的管治面臨相當困難的局面。與此同時，香港的政治體制又對政黨的發展不利。特區政府固然不能依靠"執政黨"來進行有效管治，但在沒有"執政黨"的情況下，香港的政黨呈現弱化和分化的趨勢。

《香港社會的民主與管治》分為三個部分。第一部分描述了香港獨特的民主發展道路，具體特徵包括"局部民主化"、民主化問題成為"永

恆"的政治議題、中央在民主化過程中的主導地位、民主化的出現後於
法治、人權和自由等。儘管香港沒有重複西方的民主發展道路，但仍然
具有積極和正面的內容，起碼切合香港實際的情況和需要。第二部分探
討了香港回歸後的管治形態，特別關注了新生的香港特區政權在管治上
經驗不足、政治能力不強、內外環境不利和反對勢力阻撓的情況。自香
港特區成立以來，非常態政治實際上是香港政治的"常態"，而政治鬥
爭則圍繞着政治原則、信念和道德等議題，其中退讓和妥協的空間有
限，因此衝突難以化解。雖然以實際利益衝突為本的常態政治長遠來說
應該成為"常態"，但演化過程卻十分曲折。這一部分也論述了在"沒
有獨立的非殖民化"下，香港的政治體制改革、殖民政府的管治困難、
英國謀求"光榮撤退"的部署、中英政府圍繞政制改革的鬥爭。第三部
分講述了香港人獨特的民主觀，指出香港人有明顯的民主訴求，但其民
主觀充斥着自相矛盾和實用主義的元素，因此難以構成龐大、持久的民
主運動的基礎。

《香港人的政治心態》分為三個部分。第一部分描述了香港人對政
治領袖的態度，指出香港人心目中缺乏可以信任的政治領袖，而且人們
對制度的信任遠高於對領袖的信任，因此香港得以擁有良好的政治秩
序。香港的政治領袖雖然佔據領導的位置，但其社會或羣眾基礎頗為薄
弱。第二部分探討了香港人的社會與經濟態度，指出香港人在整體上雖
然支持香港自由放任的資本主義體制，卻仍然受到中國傳統文化的影
響，希望政府能夠發揮管理經濟活動和提供社會福利的積極作用。"殖
民地"結束前夕，各種社會矛盾紛紛湧現，導致香港社會的公平性受到
不少香港人的質疑。此外，隨着回歸的到來，香港人的身份認同問題浮
現，卻沒有出現"香港人"與"中國人"對立的局面。第三部分專注於政
治信任和參與。最為明顯的現像是，儘管香港人對殖民政府有一定的支
持，但對各類政治權威和制度的信任有不斷下滑的趨勢。與此同時，雖

然香港人有不錯的"政治認知",但多數民眾在政治參與方面仍然不夠積極,因而成為"關注的旁觀者"。

　　這三本書的出版與一些朋友的努力和幫助分不開。北京大學法學院強世功教授首先提出出版我的學術論文的建議,而且為翻譯工作籌措經費。這三本書的翻譯出版獲得敏華研究基金和中信改革發展研究基金會的支持。香港中文大學香港亞太研究所的尹寶珊女士既是我以前的學生,也是長期以來我在研究工作上的得力助手與夥伴。尹女士在統籌和協調學術論文的翻譯、核對和出版等工作上花了很大氣力。孫文彬博士是我在香港特區政府中央政策組任職期間的首席研究主任,她不僅承擔了部分翻譯工作,同時負責協調牛悅博士和雷競旋教授的翻譯工作,確保不同論文的用詞和行文一致。幾位譯者高水平的翻譯讓我的英文論著得以準確和清晰地展現在讀者面前。我對上述學者的支持和協助表示由衷的感激!

　　最後要說的是,有關香港研究的學術著作迄今其實不多,主要原因是香港研究並非學者們學術事業騰飛的捷徑。中央和香港的官員在制定政策時往往缺乏充足的學術研究作為支持,這是甚為可惜和令人痛心的事。我特別希望這三本書的出版能夠為內地讀者提供參考,更真誠地盼望它能夠為促進兩地同胞的互信和彼此了解發揮一些作用。

註釋

1.　Lau Siu-kai, *Society and Politics in Hong Kong* (Hong Kong: Chinese University Press,1982). 在書名中"社會"置於"政治"之前是刻意的,目的在於突顯香港政治的社會基礎。

2.　Lau Siu-kai and Kuan Hsin-chi, *The Ethos of the Hong Kong Chinese* (Hong Kong: Chinese University Press,1988).

第一部分
民主之路

第 1 章　香港的民主化道路[*]

在過去 20 年裏，第三波全球性民主改革震撼世界。自 1974 年以來，在南歐、拉丁美洲、東亞及東歐地區，有超過 30 個國家已由威權政體轉為民主政體。目前，世界上可以被視為民主政體的國家數目龐大，為數之多史無前例。雖然近幾年部分國家的民主發展有所逆轉，但在人類歷史上，第三波民主化浪潮對世界衝擊之大是毋庸置疑的。[1]

自 20 世紀 80 年代初以來，香港也經歷了一個民主化過程。儘管這個過程在全球性民主化浪潮湧現期間發生，而香港作為一個國際經濟中心容易受到外來因素的影響，但香港的民主化過程只是一種個別現象，由一些獨特的原因引發，而這些原因在其他國家和地區並不存在，這一點我將在下文詳加闡釋。因此，雖然香港的民主化過程與第三波全球性民主化浪潮同時出現，但它並不是這一世界性現象的組成部分，也不是該現象在香港所產生的國際示範效應。[2] 就本質而言，香港的民主化道路是獨特、獨立並自成一體的。

民主化的成因

對於第三波民主化改革為何發生及發生的時間，亨廷頓（Huntington）曾提出一系列的成因，包括：第一，由於民主觀念被普遍接受，很多威權型政權愈來愈受到嚴重的認受性問題的困擾，需要更依

---

[*]　本文原以英文發表，刊於 Lau Siu-kai, "Hong Kong's Path of Democratization," *Swiss Asian Studies*, Vol.49, No.1 (1995), pp.71-90。中文版曾以 "香港的民主化道路" 為題，刊於《廣角鏡》，第 255 期（1993），第 68-77 頁；此譯本再經修訂。

賴成功的施政表現以維繫管治，但由於在經濟方面（有時是軍事方面）的失敗，不能維持其認受性；第二，20世紀60年代出現史無前例的全球性經濟增長，使不少國家的生活水平改善、教育程度提高，中產階層大為膨脹；第三，天主教會在教義上及行動上出現重大轉變，從而令教會由現狀的維護者搖身一變成為威權主義的反對者；第四，外在政治行動者的政策轉變，特別是歐洲共同體、美國及蘇聯的政策轉變；第五，"滾雪球"效應，即在第三波民主化浪潮初期出現的民主事例對後來者產生激化或示範作用。[3]

戴蒙（Diamond）基本認同亨廷頓的解釋，同時還提出另外兩個成因：一是在日薄西山的威權政體中，出現統治階層內部分化；二是民間社會在發展、組織、覺醒及動員過程中出現變化。[4]

對於大多數處於第三波民主化浪潮中的國家和地區，上述種種成因應該可以解釋民主改革何以在它們當中出現。然而，就解釋香港的民主改革為何發生而言，這些因素卻不能使人滿意。第一，除少數西化的社會精英外，國際性的民主擴散現象對港人僅產生輕微的衝擊。在香港出現的小型民主運動，似乎並不是對國際潮流的回應。第二，外來力量在催生香港民主化過程中扮演的角色相當有限。即使是鼓吹民主最力的美國，在香港民主化過程中所發揮的作用基本上也是無關宏旨；其他國家的介入程度更是微不足道。第三，儘管港英政府港英政府是指香港作為英國殖民地時期的香港政府，以區別於1997年7月1日回歸後的香港特區政府。是一個殖民政權，但過往並未受到任何"認受性危機"所困。相反，殖民政權經常以過往在經濟及行政上的良好記錄為傲。因此，在20世紀80年代初即發生民主變遷的前夕，港英政府依然獲得令人艷羨的羣眾支持。[5]第四，香港的管治精英內部並沒有出現分化，因此不可能成為香港民主化的合理解釋。第五，早在20世紀80年代初進行民主改革之前，香港已經成為經濟發達的社會。由於政府奉行經濟放任主義與社會不干預政策，一直以來，香港的民間社會取得了高度發展。香港的中產階級，由於是非民主政體的受益者，思想心態都較為溫和與保守，對民主的訴求一直並不強烈，如果社會經濟因素對香港的民主變革舉足輕重，則民主化過程應該很早便已出現。所以，這些因素不可能導致香港的民主化；但是，作為有利於推行民主化的因素，它們當然有其重要性。[6] 第六，天主教會及其他宗教團體在香港民主化過程中的作用也不顯著，事實上，香港的宗教組織從來都不是勇猛的政治行動者。

基於以上種種考慮，我們只能利用一些香港特有因素解釋其民主化的出現及出現的時間。正是由於這些因素的特殊性，香港的民主化道路也與眾不同。不過，與此同時，此等因素也為香港的民主化進程設置了障礙，並且為其前景投下了陰影。以下我會簡略介紹這些因素及其對香港民主化的意義。

民主化的動力："九七"問題

毋庸置疑，推動香港民主化的最大動力是中國將於 1997 年在香港恢復行使主權，以及由此而出現的政權轉變。與其他地方的非殖民化不同，香港不可能走向政治獨立。在 1984 年，當香港的政治前途由《中英聯合聲明》確定之後，[7] 香港的政治形勢便發生了重大變化。對於行將撤離的英國政府而言，其權威與認受性都會隨着 1997 年的到來而不斷下降，英國人因此迫切需要在香港引進民主改革，以討好港人，從而維繫其殖民管治。此外，英國對中國在 1997 年之後的意圖深懷疑慮，加上對在這塊英國歷來最成功的殖民地上一向順從的港人懷有某種程度的政治"內疚感"，也可能促使英國不顧中國的反對，把手上的部分權力移交港人。[8]

對中國而言，面對港人對收回主權的抗拒，解決香港問題的策略是在"一國兩制"安排下維持香港的資本主義體制,並且承諾"港人治港"。"港人治港"的承諾,明顯暗示在回歸後香港會出現較以前更民主的政制,而且不少港人的確是這樣理解的。為了紓解港人的恐懼與憂慮,中國也同意在香港推行一些民主改革。鑒於英國勢將在香港進行民主改革,中國也只好準備在香港地區成為中國的一部分後,與一個較民主也因此較難控制的香港共存。

雖然在"九七"問題出現前,港人的民主訴求相當微弱,但要求一個較開放的政府與增加市民政治參與的機會,卻仍然依稀可聞,學歷較高者所組成和領導的公民團體在這方面的訴求尤其明顯。"九七"問題的出現,為這些團體提供了更有利的環境,它們當中不少已轉化為政治團體,而且希望在民主化過程中取得權力。由於港人基本認同這樣的觀點:較民主的香港會給予港人更大的政治能量,去阻止中國政府干預香港內部事務,所以這些團體對港人的號召力便有所增強。

民主化的阻力:權力移交

香港的民主化,主要是由獨特的事件所觸發,但這事件竟是由歷史決定的,可謂諷刺之極。此外,香港的民主化縱使有着上述各種有利因素,但仍然受到相當嚴重的限制。

從英國的角度看,香港是要移交另外一個主權國而非走向獨立,因此在處理香港問題時,需要面對一個嶄新情況,過往的非殖民化經驗,在本質上不合時宜。不過,對於這簡單的道理,英國至今仍難以理解。在過去的非殖民化過程中,殖民政府會逐步把政治權力轉移到由殖民地人民選舉出來的代表手上,英國則同時採取各項措施為殖民地獨立做了準備。[9]但是,香港的非殖民化過程卻涉及完全不同的考慮。首先,如果必須移交權力,只可能是移交給作為未來主權國的中國。任何未經中國認可而把權力移交給港人的安排，肯定會遭中國反對，也肯定是短暫的。如此一來，英國單方面在香港引入民主轉變，便會遇到很大阻礙。

另外，根據《中英聯合聲明》，在回歸前，英國全權負責管治香港，中國會加以支持和協助。中國反對英國與港人共同管治，尤其是那些對中國政府懷有敵意的人。香港與其他前英國殖民地不同，殖民政府在人民當中仍然享有不錯的認受性，來自港人要求民主化的壓力不大。所以，殖民政府並無迫切政治需要下放權力。相反，在主權移交前，英國在香港的最高目標是維持政府的權威與有效管治。要達到這個目標，必須完成兩項任務：一是防禦中國對英國管治權力的侵奪，二是減少港人對殖民管治的挑戰。這兩項任務自然是互相關聯的。如果英國不能夠抵擋中國的干預而淪為"跛腳鴨"政府，則基於港人對中國的逆反心態，民眾對殖民政權的挑戰也會加強；反過來說，如果港人對殖民政府的挑戰增加，則會引來中國加強干預而削弱殖民政府的自主性。除此之外，因為英國以往沒有為香港結束殖民管治而做任何工作，故此一時找不到合適的承繼者作為轉移權力的對象。

所以，英國感到有需要在過渡期內保留最多的權力在自己手上，使得無論是中國政府還是港人，都不能夠利用移交出來的權力來對付自己。我們甚至可以這樣說，英國擔心香港在回歸前利用其新獲得的權力來反對中國，從而使得中英關係緊張。再者，英國也需要確保它在香港的利益，在回歸前後得到良好的照顧。又因為作為異族統治者，英國很自然會懷疑港人對它是否忠誠，所以任何權力的轉移都會是有限、審慎與半心半意的。

基於上述原因，英國所構思的民主化，無論在幅度還是深度方面，實際上都有限。新港督彭定康所建議的民主改革，雖然被廣泛吹噓，實質上仍只是一個在撤離中的殖民政府所提出的有限改革。

從中國的角度看，由於一些十分明顯的原因，中國也只是考慮在香港推行有限度的民主改革。首先，因為大部分港人抗拒中國收回主權，所以中國擔心民主化會在香港觸發反對中國的行動，以及促使一些反對中國恢復在港行使主權的政治團體出現。其次，中國對於英國移交權力予港人（特別是反共分子）的企圖深懷戒意，認為英國刻意為中國於“九七”後在香港有效行使主權設置障礙。最後，中國也擔憂民主化會為香港蓬勃的資本主義自由經濟帶來負面影響，從而削弱本地及外地投資者對香港的信心。由於種種顧慮，中國因素便無可避免地成為香港民主改革速度與幅度的最重要制約因素。

從香港的角度看，民眾對民主只有溫和訴求，中產階級在爭取民主過程中也是有限參與，加上勞工階層在政治上力量薄弱，以及工商界和保守政治勢力的阻撓，香港民主改革的局限較明顯。港人對現行非民主政體的接受、對政體在英國撤離後得以延續的希望、對殖民政權的支持、對社會及經濟現狀的滿意，以及對民主化會產生社會不穩定的疑慮，削弱了其對民主的訴求，也妨礙了強大民主運動的出現。此外，港人對民主改革能否防止中國政府干預香港事務也缺乏信心。所以，相對於中英兩國政府而言，在建構香港的民主前途過程中，港人只能夠扮演一個次要的角色。[10]

民主化的政治環境：權力分配

基於上述因素，香港的民主化是在一個特定的政治環境下發生，而這個環境，對民主化的過程與結果有着極大的影響。這個政治環境有以下幾個顯著的特徵：

第一，也是最重要的，香港與其他第三波民主政體不同，其民主化過程並非純粹是一個政府與其管治人民之間的事情。香港民主化起步之際，已經有三個政府，即英國政府、中國政府及殖民政府牽涉在內。

殖民政府在法理上處於從屬地位,因此,在規劃香港的民主前途時,那兩個一直以來都甚少介入香港管治的"外在"政府(即英國政府與中國政府),便擔當了舉足輕重的角色。港人及其領袖的政治力量薄弱,與三個政府無法相比。結果是:在一個包括幾個政治行動者的民主化遊戲中,中英政府處於支配地位,兩者在政治上的重要考慮決定了香港民主化計劃的主要內容。由於兩國政府在整個過渡期內就民主化問題都有摩擦,香港的民主化過程便無可避免地受這兩個主權國的政治爭鬥左右。

第二,香港的民主化過程基本上是自上而下的,港人在過程中只起着有限的作用。香港與大部分第三波民主化國家或地區的不同之處,在於內部缺乏嚴重的社會、經濟及政治不滿情緒。由於民主化的動力主要來自"九七"問題,而非來自下面的政治訴求,港人對於民主化所能產生的最終結果,所擁有的影響力便變得有限。

第三,正由於引發香港民主化的主要因素是政治前途問題,而政治、社會及經濟上的不滿情緒又不重要,因此民眾參與民主化過程的程度不高,而與社會及經濟改革有關的問題在過程中也不佔有顯著位置。因此,民主化遂成為純粹的政治事情,本質上主要涉及英國、中國及香港地區政治力量之間的權力分配問題。因此,香港的民主化較之於其他前殖民地所經歷的民主化及非殖民化混合過程,以及大部分參與第三波民主化國家或地區的歷程,其另一個不同之處是,社會及經濟問題在香港的民主化過程中並不重要。

第四,由於香港民主化過程是一個民眾參與度有限的純粹政治事情,本質上也是本地政治精英爭奪權力的現象。殖民管治將在 1997 年結束這一事實,將改變香港政治精英之間的權力分配。不過,這個改變並非意味着舊政治精英被新政治精英徹底取代,也非原來處於權力中心的人被權力中心以外的人所代替;相反,這個改變既混亂,也不完全。不容否認,那些原來與殖民管治有密切關係的精英,其政治地位正在下降，他們面對着不明朗的前景，而且正陷入政治迷惘。[11] 雖然如此，有幾個原因使我們相信，舊政治精英雖然難以維持過去享有的主導地位，但不會在政壇上消失。其中一個原因是香港政府過去在行政管理上的良好表現，以及民眾對舊政治精英在社會經濟領域成就的羨慕令他們仍然得到了港人一定程度的支持。他們與中英政府有着不少共同利益，再加上兩國政府又試圖防範來自正在冒升的反建制力量的威脅，因此，依舊需要舊政治精英的服務與支持。[12] 此外，為了維持香港的資本主義制度，中國政府也不得不拉攏那些佔據重要社會經濟位置的精英分子。

"九七"問題的來臨、港人對政治前景的擔憂，以及殖民政權撤離期間所推行的政制改革，為大批政治團體的湧現創造了條件。大部分政治團體源於在 20 世紀 70 年代活躍的壓力及社區團體。它們的會員人數不多，大多數具有中產階級背景，並且代表各種各樣的政治與社會觀點。為了政治理想，同時也為了取得政治影響力，這些團體希望改變香港的政治體制，以便進入權力結構內。它們尤其希望通過民主改革，盡可能從中英兩國政權手上奪取最大的權力。這些新興政治力量雖然銳意動員羣眾支持，特別是借反共的號召，以壯大其政治力量，但最終也不能獲得滿意的成果。由於香港缺乏迫切的解決社會及經濟問題的能力，這些團體難以得到港人的強力支持，因此最終只落得力量薄弱與處境困難。所以，在回歸之前，香港內部的權力爭奪，基本上只是一種精英爭鬥現象，港人主要還是以旁觀者的姿態出現。

概括而言，香港民主化的原動力，是因殖民管治將在 1997 年終結這一事實所產生。"九七"問題的來臨，同時也根本地改變了香港的政治形勢，主要是中英政府這兩個強大的"外在"政治行動者突然進入政治圈子，而這個圈子又因本地政治勢力的出現而擴大。隨着政治行動者的急速增加（中、英、港三個政府及各種本地政治勢力），香港的政治遊戲也變得十分複雜和混亂。不過，這些在政治行動者之間發生的政治摩擦主要還是精英現象，民眾的參與甚為有限。在這些摩擦和衝突中，至關重要的莫過於香港在回歸前後的政治體制，尤其是選舉安排，因為這關乎各政治行動者之間的力量對比。政治行動者彼此之間的權力爭奪，是一種純粹的政治現象，其社會及經濟意義相當有限。

民主化的過程：中英主導

在整個過渡期內，香港的民主化過程實際上就是中國、英國、殖民政府，以及眾多本地政治團體之間連綿不絕的摩擦過程。即使殖民政府以英國為效忠對象，但在民主改革問題上，它們的行動並非完全一致。隨着這些摩擦的發展，以及香港內外政治形勢的變遷，各個政治行動者之間的關係也會改變。它們之間不斷轉變的合縱連橫關係，使一般港人目眩，甚至感到厭惡。這個多元政治行動者的摩擦過程，確實為香港帶來一些民主化的進展，但這些改革基本上是局部與分割的。更為重要的是，這些政治行動者對香港在後殖民時代的民主遊戲規則，至今還未能夠達成最後的解決辦法。

在過渡時期，這些政治行動者也曾經歷過數次暫時性的 "休戰" 狀態；但政治形勢只要剛一轉變，新的摩擦便會馬上激起，有些政治行動者會提出新的民主改革要求，從而把其他行動者捲進另一回合的政治摩擦中。在 1997 年主權移交之前，那些重要的政治行動者能否達成一套最終大家可以接受的政制安排，前景並不樂觀。

如上所述，這個多元政治行動者的遊戲，是由兩個強大的 "外在" 政治行動者所主導。中英兩國政府的主導地位，不僅使殖民政府在政治上黯然失色，也導致其自主性嚴重受挫，以及參與建構香港民主改革的作用大為減少。由於出現由兩個 "外在" 政府主導的局面，香港的處境因而與其他第三波民主化改革的國家或地區截然不同，因為在其他地方，民主化基本上只是同一個社會內管治階層與其人民之間的問題。中英兩國政府作為具有支配地位政治行動者的存在，使香港出現了一個帶有諷刺性的政治形勢。如果民主化的本質是社會內的政治權力重心向下移動，讓一般人可以取得愈來愈多的影響公共決策的權力，那麼，香港的情況便不完全是這樣。在香港，雖然已經引進了民主改革，但因為有關民主改革的重大決定掌握在上述兩個高高在上的政府手中，香港的政治重心，可以說是轉移到在香港之上及以外的地方。這個情況在一定程度上否定了香港民主化的意義。在香港，不僅本地政治精英對中英兩國政府的影響力有限，就連過去曾擁有很大自主權的殖民政府所能發動的政治能量也大為萎縮。由於港人在政治上沒有動員起來，因此，中英政府與本地政治行動者之間的力量差距便變得更為懸殊。只有當中英兩國政府需要利用本地政治行動者的支持去打擊對方時，本地政治行動者才可以取得多一點的政治影響力。

雖然中英兩國政府都有意在香港推行有限度的民主改革，但彼此的分歧仍足以產生劍拔弩張的局面。相對而言，英國屬意較大程度的民主化，以安撫因前途問題而惶恐不安的港人。英國也把民主改革視為光榮撤出其最後兼最成功殖民地的重大部署。中國政府則側重於政治穩定問題，同時防範香港在主權回歸後可能出現反對中國政府的羣眾行動，因此對於香港推行民主化並不那麼熱衷。由此觀之，雖然中英兩國政府在政治遊戲中處於主導地位，但並沒有形成堅實的政治重心，並把其統一意見加諸香港。不過，由於兩國政府幾乎壟斷了有關民主改革的決策權，它們的取向與考慮，不可避免地對香港有着極大的重要性。

所以，在香港新的並比以前更具包容性的政治圈子中，中國與英國構成了一個共同主導但並不團結的政治重心。大體上，兩國之間的互動決定了香港民主化的內容，這便產生一種向心而又向上的政治動力。借用一位研究韓國政治的學者韓德遜（Henderson）的概念，我們可

以把香港民主化的政治現象形容為"漩渦式的政治"（the politics of the
vortex）。香港政治動力的物理形態好像強大的漩渦，把本地所有的政
治精英自下而上地引向中央權力。在這過程中，"薄弱的平面結構與強
大的垂直壓力互相補充。垂直的壓力勢不可當，因為本地或獨立的社
會羣體並不能阻止這些壓力的形成，或者在壓力形成後阻遏由此而產生
的漩渦效應。更使人驚愕的是，那些介乎中央權力與人民之間的各種團
體，難以聯合起來去抵抗這些壓力。那個旋轉的強大垂直向上的抽力，
使得各種東西在較低層面凝聚之前已分隔開，並且把它們以零散的形態
推向權力頂峰"[13]。

民主化的羈絆：精英分化

在一個自上而下、民眾只是有限參與的民主化過程中，香港的政治
精英自然傾向於集中以中國政府、英國政府，或者兩國政府作為游說對
象。由於政治精英所得的民眾支持薄弱，與兩個高級政府之間只能是一
種依附性的關係。由於被中英政府制定的政治議題牽引，或者是捲進兩
國的爭鬥中，政治精英在塑造香港民主化過程的能力不可避免地受到嚴
重的限制，因此也不能主動地領導港人。實際上，他們成為被動與從屬
的政治行動者。

在第三波民主化浪潮中，大部分成功事例都是通過政治精英之間的
談判、妥協與協議達成。亨廷頓充分肯定了政治領導技巧在這個過程中
的關鍵作用。他認為："妥協、選舉與沒有使用暴力，是第三波民主化
過程的組成現象。在不同程度上，它們大部分是這次浪潮中政權改革、
替換及轉化的特徵。"[14] 事實上，第三波民主化的過程是政治精英由分
裂轉化為共識團結的發展過程，這個過程可被視為新興民主政體的重要
特色。[15]

在香港，考慮到中國與英國在多元政治行動者民主遊戲中的主導地位，本地政治精英只能擔當次要角色。不過，假如本地精英在民主改革的立場上能夠團結一致，中英兩國至少也會被迫滿足他們的部分要求。此外，鑒於中英兩國也在激烈地爭取精英分子的支持，本地政治精英如果真誠團結，也應該可以利用中英政府之間的矛盾來加快香港的民主化步伐。

從表面來看，很多因素應會促使香港出現某種形式的精英共識。香港沒有像其他地方一樣受到嚴重的民族、文化、宗教、地域、階級或意識形態矛盾的分化。事實上，與很多新興的民主國家或地區相比，香港的政治精英在政治、社會及經濟事項上的立場差別並不是很大。政治上，港人沒有被動員起來，彼此間也不是嚴重分化，因而缺乏力量去阻止政治精英進行談判並達成交易。政治精英之間，過去並沒有激烈鬥爭的歷史以致他們現在不太可能充分合作，而且由於大部分精英對中國在"九七"後恢復對港行使主權心存恐懼與抗拒，他們應有足夠的理由團結起來，與未來的主權國周旋。

不過，事實卻與期望大相徑庭。直到今天，香港的政治精英仍未能就香港的民主程序問題取得共識。毫無疑問，政治精英的長期分化，在香港民主化過程中是一個突出的現象，也是香港民主化進展有限的一個重要原因。

香港民主化的產生背景，有以下幾個促使精英分化的因素。

第一，如前所述，"漩渦式"的政治動力不斷把政治精英從羣眾中抽離，並把他們吸引到由中英政府形成的權力重心。在民主改革前，香港的政治精英與民眾的政治聯繫原本就很薄弱，"漩渦式"的政治使精英與民眾之間的紐帶更為鬆弛。精英因而在中英兩國政府面前勢單力薄，嚴重限制了他們的影響力。對精英團結造成更大破壞的是精英各自激烈爭奪中英政府的恩寵與庇蔭，以及中英爭持在精英之間所產生的分化效果。結果是，香港的政治領導層既分割又力量薄弱。同時，中英政府都對香港本地精英採取功利及利用的態度，有選擇性地以他們為棋子去打擊對方，從而使精英之間互相傾軋的情況加劇。[16]

第二，在由兩個處於敵對狀態政治行動者主導的政治遊戲中，所有香港本地政治精英都不能確切知道自己的政治前途。民主派人士由於與中國政府關係惡劣，在回歸後的政治前景難以預測。擁護中央的力量則因在政治上被港人歧視而受困。建制勢力一方面憂慮未來會被中國政府視為“親英分子”，從而喪失現在享有的政治優越地位；另一方面對因普選擴大而出現的大眾政治深感威脅。因此，在彌漫着政治不安全感的氣氛下，所有本地政治勢力在過渡期內都傾全力爭取最大的政治優勢，以期擁有較多的談判籌碼。可想而知，處於反對派地位的民主派人士政治迫切感尤其強烈。所有政治精英都積極奪取更多的個人政治空間，並壓縮其他人的政治空間，這種趨勢自然不利於政治精英之間的和解。

第三，與第二點有密切關係的是在後殖民時期的香港，所有政治精英都傾向於質疑其他人作為政治競爭者的地位，自然也不會準備對那些政治前景不明朗或黯淡的對手作出妥協。因此，在本地精英之間對任何位置或影響力均作寸土必爭的鬥爭，便勢所難免。

第四，香港沒有任何政治勢力能以“仲裁者”或“中間人”的姿態出現，去紓緩權力爭奪者之間的摩擦，或者促進他們彼此合作。中英兩國政府由於在這場新政治遊戲中也是參與者，肯定不能有效扮演這種角色。而且兩國政府既然對本地精英採取“分而治之”的策略，它們也明顯無意擔當這個角色。雖然殖民政府一直以來都以政治中立及政治超然自命，但在各類政治摩擦上升之際，也迅速走向“政治黨派化”，被各方視為只不過是以自身利益為主的政治行動者之一。[17] 所以，連殖民政府也失去了作為受尊重仲裁者所應具備的道德威望。再者，港人由於在政治上缺少積極性，而且又缺乏組織，因此也難以發揮政治緩和作用；

不過，即使港人有意這樣做，依然缺乏適當手段。所以，在這個混亂的政治形勢下，加上沒有權威仲裁者充當"魯仲連"，政治精英只着重做保證個人政治前途的事，便很容易理解。在精英的心目中，主要的考慮是彼此間誰勝誰負的問題，至於是否可以通過相互合作而使大家都得到好處，則只能是次要的考慮。

第五，舊政治精英的影響力下降，以及新政治精英湧現而使得本地政治圈子突然擴大，都在很大程度上破壞了原有的政治遊戲規則。但與此同時，新的遊戲規則卻沒有建立起來。就精英摩擦而言，香港現在正處於一個混亂狀態。由於缺乏大眾接受的政治規範與行為準則，政治精英之間的衝突便不能夠容納或局限在一個穩定的制度架構內。

第六，香港缺乏一個被廣泛接受的機制，可以權威且確切地判斷政治精英中究竟誰勝誰負。在香港，由於普選的作用有限，它作為分配權力機制的價值受到限制。精英可以輕易地把社會地位與經濟財富轉化成為政治影響力，因此，即使沒有參加普選或取得正式的政治地位，也可以維持其政治地位。此外，來自中國或英國政府的恩蔭，對精英來說是一種夢寐以求的政治權力來源。因此，不同的政治精英實際上是立足於不同的權力基礎。正因為如此，精英才可以在無須憂慮被對手消滅的情況下以不妥協的態度來對付他們。

民主化的後果

由於中英兩國在民主改革上的分歧長期存在，香港本地政治精英又激烈地爭奪權力，在香港的民主化過程中，便出現了一個顯著的特點：在香港政治爭議中佔絕對主導地位的，是純粹的政治事項，社會及經濟事項均顯得不大重要。這些政治事項，主要關乎香港現在及未來政治遊戲規則的制定。由於政治遊戲規則決定了中國、英國及香港地區本地政治勢力取得政治權力與影響力的機會，各方自然希望制定一些對自己有利的規則。這場圍繞着遊戲規則的衝突，因為舊政治規則的不斷剝落，而新規則還未確立，以及港人對中國政府不信任的情緒高漲而不斷激化。此外，某些規則的轉變，很容易引發其他改變規則的行動。中國、英國及香港本地政治精英之間，由於長期不能夠就香港民主化的形式與步伐達成協議，所以在整個過渡期內，香港的公共議程都會被純粹的政治事項所佔據。[18]

自從 1984 年簽署《中英聯合聲明》以來，公共爭論主要由政治事項帶動，這包括政治改革的步伐、立法局的選舉安排、未來行政長官的選拔方式、行政立法關係、對政黨的需要及其角色定位、立法局的權力與職能、未來香港特區政府與中國政府的權力劃分、人權法的制定及終審庭的設立等。港督彭定康於 1992 年年底推出的政治改革建議所引發的激烈爭論，不僅把香港的政治爭論推向高峰，而且使得政治事項在過渡期最後幾年中的主導地位更為鞏固。

就民主進程而言，所有這些中、英政府及香港本地政治勢力之間的激烈與冗長爭鬥，使得香港的民主發展取得的成果有限。不過，這並不使人感到意外。從某一方面來說，由於中英政府對香港民主化的戒心、支持民主改革力量的薄弱、工商界及建制勢力的反對，以及港人對民主化支持的不足，這些結果其實可以預見。在 1997 年主權移交之時，正如我在 1985 年預測的一樣，香港將會有一個行政主導的政治體制。[19] 行政長官擁有龐大的憲制權力，他將會由香港的精英分子挑選出來。立法會的職能，基本上是代表各方利益及監察行政部門，主要依靠否決權力以行事。立法會沒有權力令政府倒台，或者影響高層官員的任命。立法會議員將通過混合直接及間接（功能界別功能界別是中國香港和澳門兩個特別行政區內，代表社會各個職業而在特定公職選舉中擁有投票權的分類，是實現間接民主的一種方式。回歸前也稱為 "功能組別"。及選舉委員會）的選舉方式產生，而直選議員的數目在立法會中不足一半。簡而言之，自 1984 年以來，與大部分第三波民主國家或地區相比，香港在民主化過程中所取得的進展是很有限的。

　　對香港的長期民主發展有重大意義的是香港各種政治勢力至今仍未能就民主化的形式與步伐達成最後的極具約束性的協議。不滿現行政制安排的政治行動者有可能不願意尊重與遵守安排。將來如果情況許可，他們甚至可能會挑戰安排。與很多第三波民主政體比較，香港的局部民主政體的穩固性實不足以使人消除有關其有效運作及持續存在的疑慮。如果民主改革後的政體不能成功運作，並使各方勢力滿意，則有可能被改變。所以，在可預見的將來，香港的民主前景可能蒙上政治陰影。

　　香港的局部民主政體基本上是不同政治行動者互相摩擦與妥協的產物，而非來自周密的憲制設計，因此，政體內部不同組成部分之間潛伏着矛盾。例如，立法會與行政長官因是獨立產生，並具有不同職能，它們之間出現僵局的情況便永遠存在。行政機關與立法機關的摩擦，也會因為中國政府與港人之間的矛盾，以及香港內部正在上升的階級矛盾而激化。摩擦的另一來源是立法會內多種選舉途徑產生的議員並立，而他們又分別代表各種矛盾的社會、政治與經濟利益。由於這些利益在立法會的代表權已受保障，與其他利益妥協的意欲也隨之減少，從而使立法會內的摩擦增加。在可預見的將來，我們難以找到備受尊重且有權威的仲裁者來紓緩這些摩擦。因此，中國政府被迫親自出面插手調停，或被某些勢力催促介入以恢復政治秩序也並非不可能的事。不過，如果出現這類情況，香港的民主發展肯定會遭遇重大挫折。[20]

　　香港民主化的另一特別後果是，這個過程對於催生一個強大、團結且受市民歡迎的本地政治領導階層貢獻有限。香港本地政治精英的互相傾軋、中英政府爭鬥的分化作用、不少本地領袖對中英政府恩寵的依賴，以及多種互不重疊的領袖選拔方式，在促成政治領導的分化。政治精英沉溺於政治事務，一方面疏忽了社會與經濟事務，另一方面又忽略了與平穩過渡有關的實際事務。由於港人覺得非政治性事務遠為重要，政治精英與普羅大眾在重大問題優先次序上的差距，一定程度上使民眾對精英產生疏離感，而民眾對精英的信任與信心卻從來都不多。[21] 政治精英持續不斷的傾軋使他們在港人面前產生互相揭醜的效果，這便進一步削弱了他們本已有限的羣眾基礎。在政治領袖只得到有限民眾支持的情況下，香港的政黨也難以強大起來。香港的政黨在經過差不多 10 年的民主發展之後，至今依然是小型及組織散漫的團體，其對民眾的號召力也不高。在眾多的第三波民主國家或地區中，政黨在推動民主化的過程中起着不可或缺的作用；政黨在促進精英合作、引導民眾有秩序地參與政治、穩定及鞏固新民主體制等方面也功不可沒。香港的政黨既然未能產生這些促使民主政體茁壯成長的作用，民主化過程便不可避免地遇到阻礙。

在很多第三波民主政體中，民主化提高了一般人的政治投入感及參與水平，民眾運動在促進民主變遷的過程中也有其重要性。然而，香港民主化對推動民眾參政的作用明顯偏低。本地政治精英由於被中英兩國所組成的政治重心所吸引，更容易脫離民眾。對不少政治精英來說，香港的民主遊戲精英性質顯著，他們根本不覺得有太大需要面對民眾。中英兩國在民主化過程中的主導地位也強化了港人的政治無力感，窒息了他們的政治欲望。無論如何，即使港人在政治上並不消極，香港民主化的局限性也沒有為他們的政治參與提供許多機會。

所以，香港的民主化不但沒有把更多港人納入政治過程，反可能使他們的政治疏離感更為嚴重。不同的研究數據顯示，港人對民主前景愈來愈不樂觀，對政治權威的憤懣感則愈來愈強烈。[22] 長期趨勢似乎是港人的政治疏離感持續上升，這個發展顯然對香港的政治前途不利。

結論

在這一章，我描述了香港民主化的現象，並比較了香港與第三波民主化國家或地區的民主化經驗。我的論點是，香港的民主化過程，是在獨特的歷史與客觀環境下進行的，並受到外在的強大政治勢力左右。所以，香港沒有出現由精英合作推動民主變遷的局面，反而是民主發展催化精英分裂，又反過來妨礙民主發展。香港的民主化過程，沒有起到動員民眾及使民眾投入政治的作用，對政治持冷漠態度的人依然成千上萬，而他們當中，更有愈來愈多的人正在進一步離開政治。民主化沒有為香港帶來一個更團結的社會，港人反因此更加分化。最後，民主化沒有把香港回歸後的自治程度進一步提高，香港的民主化道路反有可能在未來讓中國政府在本地政治事務扮演更重要的角色。在 10 年前，顯然沒有人能預見這些情況的出現，當然現在也沒有人會因此而感到欣慰。雖然這些結果都不是我們所能控制的，但我仍然相信，通過增加港人對香港過去所走過的民主化道路的認識，我們起碼可以紓解民主化所帶來的問題，並且為香港的民主開拓一個更光明的前途。

註釋

1. 在過去 20 年，有關第三波民主化的研究汗牛充棟。可參見 Larry Diamond and Marc F.Plattner (eds.), *The Global Resurgence of Democracy* (Baltimore: Johns Hopkins University Press, 1993); Samuel P.Huntington, *The Third Wave: Democratization in the Late Twentieth Century* (Norman: University of Oklahoma Press, 1991); Guillermo O'Donnell et al. (eds.), *Transitions from Authoritarian Rule: Prospects for Democracy* (Baltimore: Johns Hopkins University Press, 1986); Larry Diamond et al., "Building and Sustaining Democratic Government in Developing Countries: Some Tentative Findings," *World Affairs*, Vol.150, No.1 (1987), pp.5-19; Robert A.Pastor (ed.), *Democracy in the Americas: Stopping the Pendulum* (New York: Holmes and Meier, 1989); Thomas W.Robinson (ed.), *Democracy and Development in East Asia* (Washington, DC: The AEI Press, 1991); Nancy Bermeo (ed.), *Liberalization and Democratization: Change in the Soviet Union and Eastern Europe* (Baltimore: Johns Hopkins University Press, 1992); Gilbert Rozman (ed.), *Dismantling Communism: Common Causes and Regional Variations* (Baltimore: Johns Hopkins University Press, 1992).
2. 值得一提的是，當全世界在 20 世紀 50 年代及 20 世紀 60 年代受到反殖民運動震撼的時候，香港依然是一個殖民管治未受干擾的天堂。香港未受國際潮流的衝擊是有先例可循的。
3. Samuel P. Huntington, "Democracy's Third Wave," in Diamond and Platter (eds.), *The Global Resurgence of Democracy*, pp.4.
4. Larry Diamond, "The Globalization of Democracy," in Robert O.Slater et al. (eds.), *Global Transformation and the Third World* (Boulder: Lynne Rienner, 1992), pp.43-49.
5. Lau Siu-kai, *Society and Politics in Hong Kong* (Hong Kong: Chinese University Press, 1982), pp.102-118.
6. Lau Siu-kai, "The Unfinished Political Reforms of the Hong Kong Government," in John W.Langford and K.Lorne Brownsey (eds.), *The Changing Shape of Government in the Asia-Pacific Region* (Victoria: Institute for Research on Public Policy, 1988), pp.43-82.
7. 《中華人民共和國政府和大不列顛及北愛爾蘭聯合王國政府關於香港問題的聯合聲明》，http://www.fmcoprc.gov.hk/chn/yglz/jbzc/t50598.htm.
8. Lau Siu-kai and Kuan Hsin-chi, "Hong Kong After the Sino-British Agreement," *Pacific Affairs*, Vol.59, No.2 (1986), pp.214-236.
9. John D.Hargreaves, *Decolonization in Africa* (London: Longman, 1988); John Darwin, Britain and Decolonisation (London: Macmillan, 1988); Brian Lapping, End of Empire (London: Paladin Grafton Books, 1985); D.A.Low, *Eclipse of Empire* (Cambridge: Cambridge University Press, 1991).
10. Lau Siu-kai and Kuan Hsin-chi, *The Ethos of the Hong Kong Chinese* (Hong Kong: Chinese University Press, 1988); Lau Siu-kai and Kuan Hsin-chi, "Public Attitude toward Laissez Faire in Hong Kong," *Asian Survey*, Vol.30, No.8 (1990), pp.766-781; Lau Siu-kai, "Institutions Without Leaders: Hong Kong Chinese View of Political Leadership," *Pacific Affairs*, Vol.63, No.2 (1990), pp.191-209; Kuan Hsin-chi and Lau Siu-kai, "The Partial Vision of Democracy in Hong Kong: A Survey of Popular Opinion," *The China Journal*, Vol.34 (1995), pp.239-264; Lau Siu-kai and Kuan Hsin-chi, "Public Attitudes toward Political Authorities and Colonial Legitimacy in Hong Kong," *Journal of Commonwealth and Comparative Politics*, Vol.33, No.1 (1995), pp.79-102.
11. Lee Ming-kwan, "Politicians," in Richard Y.C.Wong and Joseph Y.S.Cheng (eds.), *The Other Hong Kong Report 1990* (Hong Kong: Chinese University Press, 1990), pp.113-130.
12. Lau Siu-kai, "Public Attitudes toward Political Leadership in Hong Kong: The Formation of Political Leaders," *Asian Survey*, Vol.34, No.3 (1994), pp.243-257.
13. Gregory Henderson, *Korea: The Politics of the Vortex* (Cambridge, MA: Harvard University Press, 1968), pp.5.

14. Huntington, *The Third Wave*, pp.165.

15. Michael Burton et al., "Introduction: Elite Transformations and Democratic Regimes," in John Higley and Richard Gunther (eds.), *Elites and Democratic Consolidation in Latin America and Southern Europe* (Cambridge: Cambridge University Press, 1992), pp.1-37; Juan J.Linz and Alfred Stepan, "Political Crafting of Democratic Consolidation or Destruction: European and South American Comparisons," in Pastor (ed.), *Democracy in the Americas*, pp.41-61; Giuseppe Di Palma, *To Craft Democracies: An Essay on Democratic Transitions* (Berkeley: University of California Press, 1990); Guillermo O'Donnell and Philippe C.Schmitter, "Tentative Conclusions about Uncertain Democracies," in O'Donnell et al. (eds.), *Transitions from Authoritarian Rule*, Part IV, pp.37-47.

16. Lau Siu-kai, "Colonial Rule, Transfer of Sovereignty and the Problem of Political Leaders in Hong Kong," *Journal of Commonwealth and Comparative Politics*, Vol.30, No.2 (1992), pp.223-242.

17. Lau Siu-kai, "Decline of Governmental Authority, Political Cynicism and Political Inefficacy in Hong Kong," *Journal of Northeast Asian Studies*, Vol.11, No.2 (1992), pp.3-20; Kuan and Lau, "The Partial Vision of Democracy in Hong Kong."

18. Lau Siu-kai and Kuan Hsin-chi, "Hong Kong After the Sino-British Agreement: The Limits to Change," *Pacific Affairs*, Vol.59, No.2 (1986), pp.214-236; Kuan Hsin-chi and Lau Siu-kai, "Hong Kong's Search for a Consensus: Barriers and Prospects," in Hungdah Chiu et al. (eds.), *The Future of Hong Kong: Toward 1997 and Beyond* (New York: Quorum Books, 1987), pp.95-114.

19. Lau Siu-kai, "Political Reform and Political Development in Hong Kong: Dilemmas and Choices," in Y.C.Jao et al.(eds.), *Hong Kong and 1997: Strategies for the Future* (Hong Kong: Centre of Asian Studies, University of Hong Kong, 1985), pp.23-49.

20. Lau Siu-kau, *Basic Law and the New Political Order of Hong Kong* (Hong Kong: Centre for Hong Kong Studies, The Chinese University of Hong Kong, 1988)。理論上，在一個政治體制內，如果是強大而又獨立於立法機關的行政機關與多個政黨並存的話，這個體制難免在運作上出現困難。參見 Scott Mainwaring, "Presidentialism, Multipartism, and Democracy: The Difficult Combination," *Comparative Political Studies*, Vol.26, No.2 (1993), pp.198-228.

21. Lau, "Institutions Without Leaders"; Lau Siu-kai, "Social Irrelevance of Politics: Hong Kong Chinese Attitudes toward Political Leadership," *Pacific Affairs*, Vol.65, No.2 (1992), pp.225-246.

22. Lau Siu-kai et al., "Political Attitudes," in Lau Siu-kai et al.(eds.), *Indicators of Social Development: Hong Kong 1988* (Hong Kong: Hong Kong Institute of Asia-Pacific Studies, The Chinese University of Hong Kong, 1991), pp.173-205; Lau Siu-kai, "Political Attitudes," in Lau Siu-kai et al. (eds.), *Indicators of Social Development: Hong Kong 1990* (Hong Kong: Hong Kong Institute of Asia-Pacific Studies, The Chinese University of Hong Kong, 1992), pp.129-157; Lau, "Decline of Governmental Authority"; Lau Siu-kai and Louie Kin-sheun (eds.), *Hong Kong Tried Democracy: The 1991 Elections in Hong Kong* (Hong Kong: Hong Kong Institute of Asia-Pacific Studies, The Chinese University of Hong Kong, 1993); Lau and Kuan, "Public Attitudes toward Political Authorities."

第 2 章　香港民主發展的模式及參考意義[*]

　　近 30 年來，各國民主實踐失敗的例子屢見不鮮，當中有名實不符者、有民主變遷引發社會撕裂者、有民主選舉導致經濟下滑者、有民主外衣裏掩藏威權管治者，更有因民主試驗失敗而引致強權政府回朝者，凡此種種，不一而足。[1]

　　自 20 世紀 70 年代初發軔於西班牙和葡萄牙，其後不斷擴散到拉丁美洲、亞洲以至非洲的民主浪潮，被稱為近代史上的第三波全球性民主運動。20 世紀 90 年代初東歐劇變後，東歐各國、俄羅斯和一些前蘇聯加盟共和國也紛紛進行了各式各樣的民主改革。一時間，世界上絕大部分的國家都成為"民主"國家，"非民主"國家反變得鳳毛麟角。那些碩果僅存的"非民主"國家便成為西方列強策動"顏色革命"的顛覆對象。

　　蘇聯的解體，意味着美國與其西方盟友贏得"二戰"後持續了半個世紀的冷戰因此進入異常亢奮狀態。西方有不少人甚至斷言，人類歷史以西方尊崇並植根於個人主義的自由民主和資本主義市場經濟為終結。[2]他們預言：發源於西方獨特歷史和宗教的價值觀、信仰、意識形態和制度，已成為世界上所有人都必須尊崇的東西，並進而成為衡量各國發展水平的普世準則。今天的西方人跟過去的西方人一樣，以強烈的宗教狂熱和極度的傲慢與自信，甚至不惜以武力征伐和陰謀顛覆手段，竭力迫使非西方各國接受西方文化及隨之而來確認西方在世界上的支配地位。[3]

　　近年來民主失敗事例的湧現、俄羅斯對西方式民主的背離，尤其是

---

*　本文曾以"香港民主發展的參考意義"為題，刊於《港澳研究》，2008 年夏季號，第 1-14 頁；此版本略有修訂。

中國的迅速崛起，亞洲人民對其自身價值觀和發展成就的自豪感上升，以及伊斯蘭世界對西方世界的挑戰，令愈來愈多的人對"歷史終結論"和西方價值觀的普世性產生懷疑。

近 10 年來，不少國家因經濟困頓或發生金融危機，被迫尋求西方國家或由西方國家主導的國際組織（特別是國際貨幣基金組織）的財政援助，因而被強制接受其苛刻條件，執行所謂"華盛頓共識"（Washington Consensus），結果導致民生凋敝，政局不穩，國內資產被西方企業吞噬，貧富懸殊日益惡化，但經濟卻仍然停滯不前，甚至出現經濟危機（如阿根廷和印度尼西亞）。通常，西方國家也會借機要求陷入經濟困難的國家推行或深化西方式的民主和市場改革，以此作為經濟援助的條件，結果進一步加劇了有關國家的政治經濟困難，從而使西方的民主體制更不受世界人民認同。

西方國家近年的所作所為，充分暴露其言行不一、雙重標準和以其自身的狹隘國家利益為依歸的偽善面目，使其標榜的所謂普世價值的可信性大為降低，也大大損害了西方國家的國際形象和影響力（即"軟實力"和"話語權"）。西方國家對伊拉克的戰爭、在貿易上奉行保護主義、有選擇性地在不同國家推行民主或發動"顏色革命"、不尊重別國的國家主權、不尊重聯合國的地位和角色、不願意承擔改善全球環境污染問題的責任等行徑，嚴重打擊了西方價值觀尤其是民主理念對非西方世界的吸引力。

近幾年亞洲的崛起明顯增強了當地人民的自信心和自豪感。[4] 亞洲各國人民日益對自己過去的歷史、文化、傳統和價值觀產生興趣並引以為傲，並刻意和有選擇性地把傳統文化價值與源於西方的文明糅合起來，目標在於重新建構一套植根於本土、有利於自身發展的思想價值體系，最終樹立獨立的身份認同和國家觀念。在這個文化重塑的過程中，顯而易見的目標是，要爭取與西方國家及人民平等的地位和待遇，進而督促西方國家與亞洲以及全世界人民一起建設一個平等、公義、和平與共贏的國際新秩序，並徹底廓清帝國主義、殖民主義、霸權主義、西方民族中心論在過去幾個世紀以來造成的種種不義與禍害。儘管亞洲各國人民在廣義上或原則上肯定"民主"的價值，但卻傾向於根據本國本民族的歷史和現實情況對它作出詮釋和理解，進而制定自己的政治體制和民主發展模式。純粹的西方民主觀已不能主導亞洲人民對民主的想像空間。相反，亞洲人民的民主實踐經驗，日後必定會為全人類的民主進步作出貢獻。

　　事實上，近數十年來民主政治在西方的發展，也產生不少新問題和新現象，促使眾多西方有識之士對民主政治的利弊作出大量深入反思，從而導致部分西方人對西方民主政制也產生了一定疑惑。這些新問題和新現象包括：金錢在政治上（特別在選舉過程中）的腐蝕作用日趨嚴重，大眾傳媒的政治影響力過度膨脹，民眾政治參與（例如選舉和參加政黨活動）的意願和程度萎縮，抗爭性行動此起彼伏，政治參與在不同階層、種族和地域間愈來愈不平等，民選產生的機構（尤其是立法議會）作為民主政體的核心地位和角色走向衰落，非選舉產生的司法機關勢力擴張，政黨作為人民代表和政治中介組織的作用下降，非民選產生的組織和人士（包括專業團體、非政府組織、智庫、國際組織、宗教組織等）的政治影響力不斷上升，民粹主義抬頭並衝擊政治理性，民意主導下政治人物與政府傾向短視並與私利掛鈎，政府管治效率持續下降，福利開支壓力不堪重負，政府威信不振，人民的政治疏離感嚴重，民眾對民主政制的支持度下跌，民主政體愈來愈無法協調日趨嚴重的利益矛盾，貧富懸殊問題無法通過民主政治予以紓緩，經濟增長未因民主改革而提升，階級衝突因民主化而激化等。西方人士正為如何在新情況下踐行民主理念而苦苦探尋。[5]

香港的民主化進程

香港早在"二戰"後不久就緊隨經濟起飛發展成為一個現代化社會，擁有較高教育水平的民眾、頗高的生活水平、相對成熟的法治根基、廣泛的自由、不錯的人權保障、安定的社會和高效率的公共行政管理等，甚至連一些歷史悠久民主國家（更遑論非民主國家或其他殖民地）缺乏的條件香港也具備了。然而，香港政治前途問題出現前，香港仍是由以英皇委任總督為首的殖民政府，以典型殖民地的方式來管治的城市，完全談不上有明顯的民主成分。

直至 20 世紀 80 年代初，英國人在其漫長的殖民統治歲月中一直拒絕引入民主改革，堅持把政治權力牢牢掌握在自己手中。事實上，在其整個殖民統治過程中，英國人不曾遇到要在香港推行民主政制的壓力。在只有繼續作為英國的殖民地或重回祖國懷抱的兩種選擇背景下，香港從未出現反殖民或獨立運動，也沒出現要求回歸祖國的行動，因此英國在香港的殖民統治始終沒有經受過殖民地人民的反抗，所以無須以民主改革去換取港人的支持。[6] 同時，英國也擔憂在民主選舉下，支持中國政府的政治勢力會取得政治權力，從而變成對殖民地政權的威脅。新中國成立後，基於全域性的政治考慮，中國政府允許英國繼續管治香港，但任何包含"還政於民"或"獨立政治實體"意味的政制改革均不可以推行，因此直到 20 世紀 80 年代初中英談判香港政治前途前夕，香港沒有經歷過具有實質意義的民主變革。

然而，在明白殖民統治將於 1997 年終結時，基於"光榮撤退"的考慮，並為扶植親西方勢力以掌控"九七"後的香港特區政權，英國在中英談判尚未結束及在沒有港人強烈要求下，匆匆推出"代議政制"改革計劃，旨在於"九七"回歸前產生一個"植根於港人"的民選政府。英國人也刻意鼓動港人的民主訴求和反共情緒，延攬反共民主派為政治盟友，同時大力向中國政府和"愛國愛港"力量發動鬥爭。[7]

　　英國政府的民主改革計劃，因中國政府堅決反對，以及在香港缺乏廣闊和堅實的支持而舉步維艱。儘管香港最後一任總督彭定康強行實施其政制改革方案，有關改革也無法過渡到回歸之後。可以說，英國的"代議政制"改革只能局部完成，但卻造成反共民主派勢力發展和香港內部政治分化之局。

　　事實上，在"一國兩制"、"港人治港"和高度自治等承諾的大前提下，中央政府在香港回歸後也必然要推行政制民主化以作出配合。這樣做一方面可以展示中央政府對港人的信任；另一方面則通過回應港人的民主訴求，以增強他們對香港前景的信心以及對中央政府對港政策的信任。不過，中央政府在處理香港的民主化問題時，較英國政府有更長遠和周詳的考慮，也可以說是採取了更負責任的態度。畢竟，中央政府必須認真考慮香港的長遠繁榮和穩定，特別是要確保香港在回歸後較之在殖民時期有更好的發展，並且能對整個中國的發展作出貢獻。[8]

　　中央對港政策的核心內容是以"一國兩制"為原則，維持香港原有自由放任的資本主義制度和政治權力比較集中的行政主導體制，保存和提升香港的經濟活力與對整個中國的價值。與此同時，鑒於香港內部存在不少反共勢力，港人的"人心回歸"需要頗長時間，而境外反華勢力也必然會利用香港打擊中國政府及社會主義制度，因此中央需要在香港的政制民主化過程中保留它的憲制主動權和主導權。所以，香港的民主發展，除必須得到中央同意外，也一定要打消掌握香港經濟命脈的商界精英的顧慮，而民主化進程肯定需要循序漸進，不可一蹴而就。《基本法》所規定的香港回歸後的政制民主化模式，充分反映了中央政府視香港政制為貫徹"一國兩制"方針政策工具的戰略思路。

　　不可避免地，中央政府對香港民主發展的立場，不但與英國政府的不同，而且與香港的反共民主派將民主發展視為最大目標的觀點南轅北轍。即使是港人主要基於恐共情緒和憂慮香港前景而衍生的溫和民主訴求，也不容易在《基本法》的政制發展方案中馬上得到滿足。回歸後的第二年，香港即遭遇二戰以來最嚴重的金融風暴和經濟滑坡，隨後幾年禽流感和"非典"的肆虐以及特區政府管治的失誤，使得港人的不滿和怨憤曾一度演化為強烈的民主訴求。然而，《基本法》所規定的民主進程，雖然受到反共民主派的屢次進攻，卻仍然屹立不倒。隨着港人對國家前景的期待上升、對中央政府的信任增加、國家觀念和民族意識的強化、香港經濟情況的改善、特區政府管治水平的提高，港人的民主訴求也隨之轉趨緩和。中央於 2007 年底承諾香港可以在 2017 年普選行政長官，甚至最早於 2020 年實行立法會的普選。此舉進一步增加了港人對《基本法》政制安排的接受度，大大削弱了反共民主派借政制議題挑動港人不滿情緒的能力。總而言之，香港回歸後的民主發展方式大體上按照《基本法》的規定進行，雖然香港的民主發展不斷受到反共民主派及其西方勢力支持者的竭力反對和阻撓，但愈來愈得到港人的理解和接受。

香港民主發展模式的特點

從比較角度而言，香港過去 20 多年的民主發展，可以説是頗為成功的，值得其他國家和地區借鑒。[9] 香港的民主實踐，一直以來被反共民主派描述為失敗例子，甚至是香港的恥辱。香港不少有識之士在論述香港的民主化進程時，也每每表現出歉疚的態度。他們的共同點是認為以香港的經濟和社會發展水平，早就應該開始普選行政長官和立法會，因為很多發展水平遠比香港低的地方早已實行普選制度。這種看法的一個謬誤在於狹隘地把民主等同於普選，這種不認真分析究竟當地的普選安排是否真的能夠達到民主目標的做法反而會損害民主的真義。另一個謬誤是把民主的形式和實質混淆不清，沒有認真對待除普選以外，其他促進人民向當權者施壓和問責的機制。例如，政府以外的其他政治制度對政府的制約，除普選外人民可用以影響當權者的手段和渠道（包括示威和抗爭），法律對政府的約束，傳媒的監督作用，民間組織的制衡，外部力量的左右作用，經濟發展需要對政府行為的制約（例如要維繫投資者的信心）以及國際輿論的壓力等。事實證明，不少非普選的機制比普選更能有效地促進民主。從另一角度看，在缺乏其他與民主政治相關的條件和要素配合下，單憑普選也難以產生民主效果，甚至會出現反民主的惡果。

再者，這類觀點也犯了不顧歷史的謬誤。每一個國家和地區的民主化過程雖有一些共同之處，但也有各自的特點，絕不可一概而論。但總的來說，必須小心審視在當地政治發展中民主含量是否持續增加，其中應包括人民是否擁有愈來愈多可影響政府行為的機會。從這個角度出發，只要民主含量不斷上升，究竟普選在民主發展過程中哪一個階段出現，就顯得不那麼重要。可以這樣說，從整體民主發展而言，應該在哪一個階段或時刻引入普選、引入何種形式的普選和普選本身應否分階段引進，就必須充分考慮有關國家或地區的具體情況和歷史背景，其他與民主政治密切相關的條件（例如政黨的成熟度、政治文化的內涵、法治的狀況、公民社會是否對民主變遷有利、民主發展是否有社會共識）的發展情況，在深入調研後方可決定，不能一刀切，更不能照搬西方理論。

更有一種謬誤是，以為只要經濟發展達到某一較高水平，民主政治便必須盡快建立，而民主試驗也必然會獲得成功。這個看法沒有科學根據。人均收入水平偏低的印度和菲律賓一直以來都被西方稱許為成功民主範例。"二戰"前的日本和德國在經濟發展和人民教育水平均高的情況下，卻面對民主體制崩潰和軍國主義與納粹主義肆虐的敗局。亞洲四小龍（中國香港、中國台灣、韓國和新加坡）在已經創造經濟奇跡後一段頗長時間內仍維持威權管治。

近年來，政治學的實證研究發現，較高經濟發展水平只是民主化過程能否啟動的有利因素。要真正啟動民主化過程，一些政治因素往往更為重要，例如強大而具有羣眾基礎的民主訴求或運動、部分建制內或建制外的重要精英分子的推動、外來勢力的介入、社會內部出現劇烈鬥爭等。中產階級的政治表態尤為重要。西方政治理論一般認為經濟發展會擴大中產階級，而中產階級則一般都懷有民主訴求並會動員起來爭取民主改革。然而，西方研究也發現，當中產階級依附於一個保守階層或羣體（例如地主、軍人或官僚），或者他們害怕底層階級民眾，則會基於切身利益而抗拒民主化。20 世紀 60 年代和 20 世紀 70 年代，很多拉丁美洲國家的中產階級便不是民主的改革者。他們對民主發展的態度，其實在相當程度上反映了所在社會的經濟發展模式、經濟結構和階級結構。在經濟滯後發展的國家、政府在經濟發展中擔當主導角色的地方、貧富懸殊情況嚴重的社會，以及上層階級強大的國家中，中產階級一般傾向於保守。總而言之，經濟發展雖與民主化有一定關聯，但不能論斷民主化就是經濟發展的必然結果。

總體而言，與其他國家和地區比較，香港的民主實踐是成功的。即使在尚未開始普選行政長官和立法會的情況下，從香港所擁有的自由、人權、法治、民意對政府施政的影響力、立法和司法機關對政府的制衡、傳媒對政府的監督等方面看，香港已是民主的社會。民意調查發現，港人認為香港的民主程度頗高，只是稍稍遜於發達國家或地區而已。

說香港的民主發展是成功的，並非否認它的不足。自 20 世紀 80 年代初開始，政制民主化問題的爭議一直困擾着香港，並在回歸前導致中英之間的不斷衝突。《基本法》規定的政制安排雖在回歸後正式落實，但反共民主派依然不斷借政制問題煽動港人對中央和特區政府的不滿情

緒，把中央、特區政府和擁護"一國兩制"的港人通通貼上反民主勢力
的標籤。回歸後香港遭遇前所未見的金融、經濟危機和歷史上聞所未聞
的傳染病打擊，人心虛怯浮躁，反共民主派遂能利用政局不穩之機，以
盡快落實普選為要求向中央和特區政府施壓，質疑按照《基本法》產生
的行政長官的認受性，猛烈衝擊特區政府的管治。反共民主派同時得到
西方勢力的聲援，兩者也企圖干擾和破壞"一國兩制"的實施，並削弱
港人對香港前景的信心。

　　然而，即便如此，香港的政制民主化仍能在爭吵不絕中按《基本法》
的原意一步一步地前進，但卻只能部分地得到港人的認受。從 20 世紀
80 年代初開始，直至最近兩三年，反共民主派基本上是主流民意的代
表。他們雖因政制的規限而無法獲得執政的機會，也未能控制立法會的
過半數議席，但卻以自身的高度團結和不錯的政治手腕釋放出很大政治
能量，從而使特區政府的施政常常受阻，《基本法》所欲看到的"行政
主導"也無從說起。

　　正因為特區政府的施政受到反共民主派的阻撓，不但實行不了"善
政"，更不能在香港處於水深火熱時大力推行大膽而又重大的政策舉
措，為香港的長遠發展奠定堅實基礎。港人對特區政府的弱勢十分擔
憂，對反共民主派的所作所為微詞日多。部分人認同反共民主派的主
張，認為只有加快民主改革的步伐才有望提升管治效能，促進香港的發
展和提高香港的整體競爭力。不過，多數人始終對此半信半疑。無論如
何，人們對香港的民主化持一定的懷疑態度，因此，香港的民主化進程
是在港人帶着一定的疑慮氛圍中進行的。

　　香港的民主化進程同時是民粹主義的催化劑。港人享有高度和廣
泛的自由，平等觀念日漸深入人心，西方人權思想的擴散和貧富懸殊的
惡化，都是滋生民粹情緒的溫床。傳媒和反共民主派的推波助瀾，更是
民粹主義一發不可收拾的"元兇"。香港的民粹主義主要反映在政治和

社會層面，而較少表現在經濟層面。資本主義價值觀在港人心中根深蒂固，以市場機制分配收入和財富的方式被普遍接受。港人較其他地方的人們能夠容忍較大的貧富差距，認為"多勞多得"方能激發奮發向上的精神，推動社會進步。港人對富人並不是特別有好感，但也不會視之為"階級敵人"，因此要求財富再分配的呼聲頗為微弱。相反，由於港人長期習慣英國的殖民管治，某種崇洋的意識揮之不去。回歸後由港人自己組成的政府要在短期內樹立威信並不容易。回歸初期，在重重困難下出現的施政失誤，嚴重打擊了新政府的認受性。港人對民主的認知流於片面，重權利而輕義務、揚利益而抑承擔、把尊重政治權威與促進政治平等對立起來，從而形成一種反政治精英的意識，認為他們只從一己之私出發，不值得尊重和信任，更有必要處處提防其濫用權力。回歸前不少精英紛紛移民，表明他們對香港幾乎沒有承擔，更令不少港人對其失望與鄙視。回歸後不同政見的政治和社會精英紛爭頻繁，也使港人反感。民粹主義以政治和社會精英為攻擊對象，但也不可避免地會向政體注入不少非理性和反智成分，不利於港人民主個性的形成和成熟。

另外一個不足之處是，香港的民主政制在處理貧富懸殊問題上捉襟見肘，難有太大作為。《基本法》下的政制着重保障香港原有自由放任的資本主義經濟制度，賦予投資者較大的政治影響力，大大規限了特區政府在縮小貧富差距上所能運用的手段。自 20 世紀 70 年代以來，香港的貧富懸殊問題日趨嚴重，政府對此卻一籌莫展，無疑會令處於中下收入水平的港人對民主政治失望、對當權者疏離。

不過，香港的民主發展過程縱有不盡如人意之處，但尚可稱為成功，因為它仍具備一些值得肯定的特點。

第一，香港的民主化發展方式確保了"一國兩制"在香港的順利落實，也維護了國家和港人的利益。"一國兩制"的總目標是延續香港原有的制度和生活方式，使香港能一如既往地為國家的現代化作出貢獻，但同時又不會衝擊內地的社會主義體制，對國家安全構成威脅。港人普遍明白，"一國兩制"安排是香港前途的最佳保證，對港人利益的重要性遠在政治民主化之上。《基本法》採取較保守的循序漸進民主化模式，在最大程度上使原有的狀況得以保留，防止急劇的政制變遷對社會、經濟、管治方式和既有的利益結構造成過大衝擊，從而回應了港人維持現狀至少"50 年不變"的要求，維繫了港人對香港前途的信心和對中央的信任。

第二，香港的民主化模式刻意不採納部分西方國家的三權（行政、立法、司法）分立、地位均等的政治制度，而是設立行政凌駕於立法和司法之上的"行政主導"體制。這與香港回歸前的"行政主導"體制若合符節，也為廣大港人所認識。"行政主導"體制的優點，除可提升政府的決策和行政效率外，也有利於回應港人對強勢政府的期盼。尤其重要的是，行政長官既是政府首長又是特區首長的雙重身份，使中央可以通過行政長官確保"一國兩制"方針得以在香港準確落實。

第三，香港的民主發展過程是一個和平的過程。儘管在整個民主化過程中風雨不絕，但香港的社會依然保持高度穩定。香港從未經歷過政府倒台、政局動蕩、暴力蔓延、騷亂不安的情況。毋庸置疑，民主化的確使社會走向政治化，衍生出不少新矛盾，產生新舊矛盾交織激蕩的現象，而香港的政制又無法在制度內妥善化解矛盾，致其在制度以外放大。即使如此，香港的社會安定和秩序均沒有受到嚴重損害。

第四，香港民主發展過程的社會共識基礎愈來愈廣闊。誠然，香港民主發展模式和步伐最終的決定權在中央政府手中，而英國政府在回歸前，特別是在 20 世紀 80 年代初中英談判香港前途期間也有一定的影響力。港人之中，則以工商界和愛國人士的影響力較大，而一般老百姓的影響力則較小。不過，隨着時間的推移，愈來愈多的港人認同循序漸進的民主化步伐，而選舉制度中特別照顧工商界和專業界人士的安排也逐步被港人接受。所以，香港民主發展的社會根基愈來愈扎實。

第五，香港的民主發展是整體社會各方面均衡發展的一個組成部分。政治發展不但沒有損害社會與經濟的發展，反而在一定程度上發揮了相互促進的作用。當然，反共民主派總是批評香港的政制發展大幅落後於經濟和社會發展，但這肯定是言過其實，香港的社會穩定正可以説明問題。

第六，香港的民主化以穩健的步伐向前推進。過去 30 年，在第三波民主化浪潮中的所有國家和地區，民主化速度都是急促的，甚至是暴風驟雨式的。這不僅造成很大損耗，拉低了民主政治的水平，同時也為部分國家和地區的民主實踐的失敗埋下隱患。相反，香港的民主化策略着重穩中求勝，絕對不爭朝夕，不與時間競賽，因而可以不斷前進，不用擔心有民主崩塌或倒退之險。

第七，貫穿整個民主進程的是一種務實主義的思想。大多數人都從實事求是的角度出發，視民主政治為服務於國家和港人利益的工具。理想、原則、意識形態、感情等因素雖然存在，但沒有發揮主導作用。事實上，香港的情況相當罕見。正因如此，香港的民主化過程較多地集中在做好各方面利益協調的工作上，而這個工作以理性態度處理即可，所以難度也相對較低。

第八，香港在已具備其他民主體制的重要元素後才逐步引入普選成分，從而大大增加了普選成功的概率。很多民主試驗的失敗例子都表明在缺乏法治、人權、自由、較高人均收入水平、較高教育水平、社會不同羣體之間關係融洽、社會對公共政策和發展路向有明顯共識且政治包容性強、公民社會成熟、廉潔和高效的官僚行政架構、政黨發展比較理想等條件下，單靠普選無法產生民主政治。香港在引入普選前，大部分與民主政體密切相關的條件已經具備，為香港的民主未來打下了良好根基。誠然，香港政黨的規模較小，且資源匱乏，又缺乏雄厚的民眾支持基礎，但在循序漸進的民主步伐下，香港在民主化的早期階段也無須馬上倚仗強大的政黨才能建立有效管治。

第九，香港的民主化不會導致社會福利開支和稅務負擔大幅上揚的後果。《基本法》條文中有關量入為出和維持收支平衡的內容，已使特區政府不能靠發展"高福利"來贏取民眾支持。整個選舉安排也令鼓吹民粹主義的政黨難有執政或控制立法會的機會。民粹主義基本上只能通過傳媒或街頭政治發揮影響力，因而無法直接左右政府的施政。

第十，香港的民主發展是以維持一個職能有限的政府為前提。特區政府的職能和工作範圍要比其他國家和地區的政府小得多，很多事情由市場和社會辦理。"大市場、小政府"和"大社會、小政府"最能描述回歸前後香港政府的施政理念。民主政治的本質，是人民能夠通過政治參與，左右政府領導人的選拔和他們的行為與決定。香港特區政府既然只有有限職能，則港人通過民主政治參與只能影響整個香港生活中相對較小一部分。再加上香港不是一個主權國家，其高度自治來自中央政府的授權，中央政府在香港事務上擁有重大權力。既然港人通過民主政治所獲得的政治權力只能在有限的事務範圍內發揮作用，市場和社會的運作受政府的影響又不是太大時，民主政治的實質價值和意義也相應下降。隨着全球化的發展，香港作為一個高度開放的小型經濟體更受外來因素影響，以致其各項金融、貿易、財政和經濟策略的自主空間有限。所有這些策略都要確保香港能在世界上有經濟競爭力，同時被投資者認為香港已採納國際公認的最佳行為方式。與此同時，《基本法》又詳細地對特區政府的各項政策範疇作出規定，港人也因此難以借民主政治參與公共決策。

總而言之，與其他地方相比，港人難以通過民主政制對香港事務發揮重大影響力。政府的工作在"小政府"情況下既然對港人的影響雖大但又不是太大，民主化與否對港人來說便不是那麼重要，人們能夠以從容不迫的態度來處理民主發展問題，不會視之為關乎"生死存亡"或"大是大非"的事項，從而較傾向於以妥協態度解決問題。

香港民主化相對成功的原因

香港的民主化實踐能取得不錯的成果，絕非偶然。從比較角度來說，香港是一個成功的事例。港人不但不應妄自菲薄，反而應引以為慰。畢竟在一個半世紀的殖民統治中，港人從未經歷過民主的政治生活，有的頂多是所謂開明的獨裁統治。英國人也基本上沒有為香港過渡到民主政治作充分的準備。儘管如此，香港仍能在回歸後穩步走向民主化，不能不說是一項成就。究其原因，有下列幾點：

第一，香港經濟發展水平相當高，社會也較富裕。香港的民主發展因而擁有優越的物質基礎。在富裕社會中，每個人或多或少都有自己的既得利益，都有需要去捍衛它們。因此，大多數港人都渴望政局穩定，從而努力確保民主改革不會成為社會動盪的根源。

第二，就民主發展而言，香港與其他國家和地區有一個根本性的區別。其他地方一般先引入民主改革，希望借民主選舉產生新的執政者，然後再獲得法治、自由、人權、善政及社會與經濟的進步。可以說，民主是催生人們盼望得到"好東西"的鑰匙。正因為民主如此重要，人們才願意不惜付出沉重代價去爭取民主。香港的情況剛好相反。英國為了在一片荒島上建設商埠，所以一開始便要實施較開明的管治，以期吸引人才和資金來港。香港在未引入民主改革前，已具備不少民主社會所擁有的特徵和制度。在這樣的歷史發展背景下，香港民主化在一開始便有了良好的基礎，其運作自然也比較暢順。

第三，香港的民主發展沒有受到外來勢力的過分干擾和破壞。當然，英國政府在回歸前竭力推行它所屬意並以立法機關為權力核心的

"代議政制"，但沒有成功。西方勢力一直以來對中國政府和香港地區施加壓力，又極力為反共民主派撐腰，試圖迫使中央在香港建立西方模式的民主政制。中央並沒有屈從於西方壓力，堅持以高瞻遠矚的戰略眼光設計香港的民主發展藍圖，而西方勢力事實上也缺乏足夠力量左右中央的對港政策。西方勢力意識到回歸後的香港沒有適合發動"顏色革命"的土壤，深知香港的反共民主派不可能執政，也沒有意圖因香港回歸而與中國政府為敵，所以儘管他們不斷提出政治要求，卻不會幹"知其不可而為之"的事。

第四，反共民主派雖享有一定的政治聲勢，尤其是在香港處於內外交困之際，但從來沒有發展出雄厚的政治實力。他們雖藉着港人的憂慮、彷徨、不安、恐懼和憤怒而獲得了政治本錢，但抗拒中央對港方針政策的頑固立場從一開始便已注定其所作所為違反了港人的根本利益。儘管他們在較長時間內贏得了港人支持，但最終還是會失去公眾的信任。反共民主派從未能在港發起強大和持久的民主運動，也未能把中產階級轉化為民主鬥爭的力量。隨着港人的國家觀念、民族意識、對中央和特區政府的信任，以及對"一國兩制"的信心持續上升，他們對反共民主派的信任將不斷下降。反共民主派事實上已逐步走向政治邊緣化，愈來愈難興風作浪。

第五，港人的理性務實政治態度尤其重要。港人雖有溫和民主訴求，但對西方式的民主政制，特別是普選的效用，抱有明智和健康的懷疑。港人不相信反共民主派宣揚的"民主抗共論"，反而愈來愈明白維持中央政府和特區政府的良好關係對自己的重要性。港人認為即使還未實現普選，香港早已是一個民主社會，而且經濟和管治狀況不錯，因此對民主的期望不迫切。由於對現狀尚算滿意，且十分珍惜，港人反而擔憂"一國兩制"的落實、中央與特區關係、投資環境、社會穩定、經濟發展、低稅制和有效管治等較民主發展更重要的東西，會因倉促推行普

38

選而受到損害，從而不利於香港的發展。港人希望民主發展能夠與社會其他範疇的發展相互配合，因此溫和的民主化步伐最合他們的心意。[10]

結論

　　過去 20 多年香港的民主歷程儘管不算平坦，但整體上還算順利，前景可謂光明。平心而論，無論從比較角度而言，考慮到其他地方的眾多失敗例子，還是從歷史角度來說，考慮到香港在極短時間內從殖民政體向民主政體過渡，香港的民主發展都可以說是成功的。反共民主派和西方人士雖對香港的民主發展形式和步伐屢加批評，無論是出於善意或惡意，恐怕都不持平。批評者均認為香港應馬上進行行政長官和立法會的雙普選，並預期雙普選對香港只會有百利而無一害。這個論斷毫無深入研究的基礎，只是不負責任的武斷之論。批評者對香港的民主成果視而不見，只顯示了其缺乏歷史縱深感和對民主發展規律的認識。

　　香港的民主發展經驗充分反映了香港自己的獨特情況和背景，但其民主化過程對其他地方仍有參考價值。至少香港的經驗表明，要成功推行民主化，需要在各方面條件成熟後才引入普選，政制和選舉安排要注重照顧各階層的利益，民主化不應妨礙經濟發展，民主發展要在社會共識上推進，要有理性務實的政治文化及對民主效用適度的懷疑，循序漸進的民主步伐對穩步和持續建立民主制度有利，普選引進前可更多地提供和利用其他渠道疏導人民的參政需求以換取更多時間去為普選作準備。

　　香港在二戰後創造了經濟奇跡。香港在回歸祖國後不但成功落實了"一國兩制"政策，也有效地逐步推行了"香港特色民主"。香港的經驗顯示，民主形式不應照搬西方的那一套，每一個社會都應根據自身情況去設計其民主政制及推行速度。在人類不懈地探索民主的各種較佳形式時，香港的例子應可供借鑒。

註釋

1. Samuel P.Huntington, *The Third Wave: Democratization in the Late Twentieth Century* (Norman: University of Oklahoma Press, 1991); Andreas Schedler (ed.), *Electoral Authoritarianism: The Dynamics of Unfree Competition* (Boulder: Lynne Rienner, 2006); Frank Vibert, *The Rise of the Unelected: Democracy and the New Separation of Powers* (New York: Cambridge University Press, 2007); Frances Hagopian and Scott P.Mainwaring (eds.), *The Third Wave of Democratization in Latin America: Advances and Setbacks* (New York: Cambridge University Press, 2006); Larry Diamond, *The Spirit of Democracy: The Struggle to Build Free Societies Throughout the World* (New York: Times Books, 2008).

2. Francis Fukuyama, *The End of History and the Last Man* (New York: Free Press, 1992).

3. Stephen Kinzer, *Overthrow: America's Century of Regime Change From Hawaii to Iraq* (New York: Times Books, 2006); Thomas Carothers, *Aiding Democracy Abroad: The Learning Curve* (Washington, DC: Carnegie Endowment for International Peace, 1999); Jack Snyder, *From Voting to Violence: Democratization and Nationalist Conflict* (New York: W.W.Norton, 2000); Amy Chua, *World on Fire: How Exporting Free Market Democracy Breeds Ethnic Hatred and Global Instability* (London: William Heinemann, 2003); Robert S.Litwak, *Regime Change: U.S.Strategy Through the Prism of 9/11* (Baltimore: Johns Hopkins University Press, 2007); Mark MacKinnon, *The New Cold War: Revolutions, Rigged Elections, and Pipeline Politics in the Former Soviet Union* (New York: Carroll and Graf, 2007).

4. Kishore Mahbubani, *The New Asian Hemisphere: The Irresistible Shift of Global Power to the East* (New York: Public Affairs, 2008).

5. Fareed Zakaria, *The Future of Freedom: Illiberal Democracy at Home and Abroad* (New York: W.W.Norto, 2003); James S.Fishkin, *Democracy and Deliberation: New Directions for Democratic Reform* (New Haven: Yale University Press, 1991); Amy Gutmann and Dennis Thompson, *Why Deliberative Democracy?* (Princeton: Princeton University Press, 2004); Larry M.Bartels, *Unequal Democracy: The Political Economy of the New Gilded Age* (Princeton: Princeton University Press, 2008); Joe Klein, *Politics Lost: How American Democracy Was Trivialized by People Who Think You're Stupid* (New York: Doubleday, 2006); Steven E.Schier, *By Invitation Only: The Rise of Exclusive Politics in the United States* (Pittsburgh: University of Pittsburgh Press, 2000); Sidney Verba et al., *Voice and Equality: Civic Voluntarism in American Politics* (Cambridge, MA: Harvard University Press, 1995); Stein Ringen, *What Democracy Is For: On Freedom and Moral Government* (Princeton: Princeton University Press, 2007).

6. 事實上，香港作為一個殖民地有着獨一無二的特徵。這就是，殖民政府先於殖民地人民出現。移居到香港的華人在移居前已經清楚知道他們在香港的身份是被殖民者管治的對象。

7. Lau Siu-kai, "Decolonisation à la Hong Kong: Britain's Search for Governability and Exit with Glory," *Journal of Commonwealth and Comparative Politics*, Vol.35, No.2 (1997), pp.28-54.

8. Lau Siu-kai, "The Hong Kong Policy of the People's Republic of China, 1949-1997," *Journal of Contemporary China*, Vol.9, No.23 (2000), pp.77-93.

9. 劉兆佳 . 香港的民主化道路[J]. 廣角鏡，1993,(255）:68-77；Lau Siu-kai, "In Search of a New Political Order," in Yue-man Yeung (ed.), *The First Decade: The Hong Kong SAR in Retrospective and Introspective Perspectives* (Hong Kong: Chinese University Press, 2007), pp.139-159.

10. Kuan Hsin-chi and Lau Siu-kai, "The Partial Vision of Democracy in Hong Kong: A Survey of Popular Opinion," *The China Journal*, Vol.34 (1995), pp.239-264; Lau Siu-kai, "Democratic Ambivalence," in Lau Siu-kai et al.(eds.), *Indicators of Social Development: Hong Kong 2004* (Hong Kong: Hong Kong Institute of Asia-Pacific Studies, The Chinese University of Hong Kong, 2005), pp.1-30.

第 3 章　新政治秩序下管治策略的探索[*]

　　1997 年 7 月 1 日，中國恢復對香港行使主權，標誌着這個前英國殖民地的政治地位發生根本變化。儘管中國和英國政府都作出承諾，保證香港的制度和生活方式在交接後 50 年不變，並將有關承諾莊重地在《中英聯合聲明》和《基本法》中申明，但無可否認，在 "一國兩制" 框架下，建立新政治秩序的過程並不容易，而且充滿變數。回歸 10 年來，香港在建構一個與中央設想相符的新政治秩序上，經歷了曲折甚至反覆的過程，¹ 雖然取得了重大進展，但建立一個 "一國兩制" 下的新政治秩序仍在探索中，在這個過程中會充滿不確定因素、爭論和各種困難。目前，與中央政府所構想的並與香港政策原意相符的政治秩序雛形已經清楚浮現，展望未來，我們可審慎樂觀地期待此新秩序將進一步鞏固，從而令作為特別行政區的香港得以繼續發展。同時，與過往相比，香港和內地以及中央政府之間的相互合作將更緊密。

"一國兩制" 下的新政治秩序

　　香港沒有採取獨立的方式脫離殖民統治，這與大部分前英國殖民地的非殖民化過程大為不同。事實上，香港經歷了一個 "沒有獨立的非殖民化" 的獨特過程。² 再者，香港結束殖民統治，不是源於有堅強和具魅力政治領袖所領導的強大獨立運動，而是由中英兩國通過和平談判

*　本文原以英文發表，刊於 Lau Siu-kai, "In Search of a New Political Order," in Yue-man Yeung (ed.), *The First Decade: The Hong Kong SAR in Retrospective and Introspective Perspectives* (Hong Kong: Chinese University Press, 2007), pp.139-159.

而達成。結果,香港的後殖民時期命運是由"上頭"安排,並沒有本地領袖的參與。事實上,香港的非殖民化過程不但沒有導致政治領袖的出現,由於中英之間針鋒相對的衝突,這個過程實際上還造成香港政治領袖進一步的弱化和分裂。港人對中央政府的不信任、對殖民管治的緬懷和對前途的擔憂,加上英國撤離前夕香港本地領袖勢力變得薄弱和兩極化都使時局不利,從而無法形成與中央政府所構想的"一國兩制"要求相符的新政治秩序。

根據中央政府的對港政策,在"一國兩制"架構下,任何新政治秩序都應具備以下特徵:[3]

第一,接受香港作為中國特別行政區的新政治身份,以及與之相應的權利和義務,不能走殖民統治或類殖民統治的回頭路(如"沒有英國人的英國統治")。

第二,接受中國擁有香港主權,承認中央政府的法律地位,尊重中央政府的憲法權力和特權。

第三,接受香港"一國兩制"的安排,並忠實貫徹、全面落實《基本法》。

第四,相信中央政府及其遵循"一國兩制"政策的誠意。

第五,相信香港和內地之間休戚與共的利害關係,相信香港和中央政府之間有必要建立合作關係。

第六,在香港事務上,願意顧及中央政府的利益、意見和顧慮,尤其在國家安全、主權和領土完整等問題上;更具體地說,香港應避免干預內地事務,也不應容許香港成為針對中央政府的反共或顛覆活動基地。

第七,認識到中央政府對建立香港的政治體制擁有最高憲制權力,這種認識基於香港的高度自治是由中央授予,並非源於香港民意。

第八,接受"行政主導"的政治體制,特別是選舉制度、行政和立

法之間的權力劃分，以及香港和中央政府之間的權力劃分，此劃分乃由
《基本法》規定，其修改也必須遵守有關原則和條例。

第九，香港特區由愛國人士管治，愛國人士是指誠心誠意地接受和
擁護中國的香港政策和《基本法》的港人。

第十，新政治秩序的信念和意識形態在香港佔支配地位。

回歸前，由於國家領導人和中央官員的眾多聲明，新政治秩序的
主要特點在一定程度上已為港人所認識，雖然未必全部接受。港人尤其
難以接受以下幾項：民主發展步伐的循序漸進、行政權凌駕於立法權之
上、"中央權力"對香港特區的最高決定權。反對派（本質上即是反新
政治秩序的力量）一直提出異議，撤離中的殖民統治者也大肆散佈反對
言論，妨礙香港民眾接受新政治秩序。與此同時，殖民政府在其最後
歲月中積極發動和組織反對派，並在香港交接前合作對抗中央的政治攻
勢，期望反對派在 1997 年之後能扮演突出的政治角色。香港回歸後的
前 6 年，中央政府對香港採取了無為而治的政策，以此向港人及國際社
會顯示維護香港高度自治的誠意。該政策的突出表現之一是，即使香港
已陷入政治動盪且反新政治秩序力量有所增長，國家領導人、中央官員
和學者仍對香港事務保持百分之百的緘默。結果，反對派得以宣揚其有
關後殖民政治秩序的見解，並在民間獲得認同。支持新政治秩序的力量
由於內部分裂和未得人心，無法抗衡反對派的攻勢。因此，在香港特區
頭 10 年的大部分時間裏，雖然中央政府認識到建立新政治秩序的重要
性，但支持新政治秩序的力量仍未能獲得理論上的主導權。

新政治秩序應該如何？對此，反對派的主張和中央政府的理解在多
個關鍵問題上存在分歧，反對派主要尋求將高度自治界定為"完全"自
治，中央政府的權力和特權會因此大為減少，權力行使也會受到限制。
反對派將香港和中央對立起來，有強烈"不妥協的本土主義"色彩，貶
抑行政權力，意圖擴大立法和司法機關的憲政權力。他們鼓吹快速的民

主化,對中央政府採取對抗態度。反對派的主張佔上風,香港在回歸後要建立與"一國兩制"政策相適應的新政治秩序,不可避免會變得困難,也一定令香港的管治問題變得複雜。

後"九七"處境的若干基本矛盾

"一國兩制"是中央政府處理香港後"九七"問題的明智策略,是國家發展重要歷史時刻各方利益罕有地風雲際會的結果,"一國兩制"對港人雖然有吸引力,但不等於中央政府構想的新政治秩序可在香港輕易植根。香港回歸後,存在幾個基本矛盾妨礙了新政治秩序的形成。這些矛盾既源於香港的歷史背景,也因香港的非殖民化過程引致。

在過去的一個半世紀,香港民眾珍惜殖民統治給予的保護,使香港不必捲入中國內地的政治鬥爭中。香港在二戰後的經濟奇跡和社會進步,也和殖民統治息息相關。雖已從與中央政府的協議中得到最好條件,很多港人還是抗拒和恐懼香港回歸中國。在這樣的政治和心理環境下,大多數港人自然會傾向接受反對派的主張。反對派是一個跨社會階層和跨政治背景的結合,其主要組成包括政黨(特別是民主黨和公民黨)、若干由殖民政權培養的政治人物和退休高級公務員、一度被殖民政府以懷疑和敵視眼光對待的民主政治活躍分子、深受西方政治理念浸淫的知識分子、反共人士和有自由主義傾向的公眾人物。令他們走在一起的原因是對中國共產黨的不信任和敵意,以及希望中國按照西方模式民主化的意願。他們的共同目標是香港盡快出現"全面民主",從而使港人擁有更大權力,以抗拒回歸後可能來自中央的政治干預。他們自視為香港利益的守護者和香港市民的代言人。從 20 世紀 80 年代開始直到香港回歸,撤離中的英國政府刻意並有效地培養發展這批人,希望他們在香港回歸後執掌權力,以及在此之前作為殖民政府的政治盟友,共同抗拒中央。事實上，在回歸後的 10 年裏，英國雖已離去，反對派也無法獲得香港特區政府的最高職位，但後者仍享有政治論述上的主導地位和民眾支持，並得以對政府、立法會、區議會、政黨和傳媒產生不同程度的影響，中產階級尤其傾向於接受他們的政治主張。

相反，支持新政治秩序的力量（即中央所構想的新政治秩序的支持者和鼓動者）卻四分五裂、不受歡迎。這些人包括商界領袖、對中國共產黨效忠的左派分子、在香港前途確定後轉而支持中央的社區領袖，以及具有強烈民族情感的港人，建制派的兩大政黨為民主建港聯盟和自由黨。建制派也是一個跨階級的組合，其共同紐帶是尊重中央並願意與之合作的立場。雖然建制派掌握不少經濟資源，但商界互相排斥的本質、進行枱下政治交易的能力和對於民眾參與政治的顧慮，令建制派無法在政治領域形成一股團結的力量，其與"主流"背離的政治立場也成為負累，妨礙爭取人心的努力，尤其妨礙爭取受教育水平較高羣體的支持。由於得到的支持少，建制派並不被港人認可為回歸後的管治者。

因為反對派和建制派內部都有錯綜複雜的社會經濟利益，兩派都受困於派內的利益和人事衝突。再者，不像其他前殖民地獨立運動有魅力型領袖出現，香港的反對派和建制派都缺乏強大的羣眾支持，其政治動員能力也很有限。相比之下，反對派較有組織性，也較具影響力。

中央政府很了解港人對回歸的抗拒，因此決定不讓建制派在回歸後管治香港，只讓他們扮演少數派角色，以此安撫港人，並加強港人對香港前途的信心。但是，中央也不敢將管治權力交付給反對派，且仍以疑懼的眼光看待他們。所以最終中央委任董建華出任香港特區首任行政長官，並大力倚重曾為殖民政府效力的公務員，希望香港回歸能夠實現有效管治。不過，建制派在回歸後未能執掌權力，使得中央構想的新政治秩序無法實現。香港此時的政治處境，存在着以下基本矛盾。

第一個基本矛盾是，要建立新政治秩序，建制派卻被邊緣化。董建華雖然認同新政治秩序的觀點，但其個人缺乏足夠的魅力，也不能從自己的政府中得到足夠支持和情感認同，因而無法建立起新政治秩序。此外，無論在其第一個任期，還是在其提前結束的第二個任期內，董建華的確對建制派予以很多具象徵意義的表彰，但卻盡量避免將政府要職賦予建制派，因而令建制派不滿、失望和受挫，其促進新政治秩序的能力進一步被削弱。

第二個基本矛盾是，港人的民主期望和"一國兩制"的制度要求無法兼容。中央政府的對港政策是全面落實"一國兩制"，這是中國經濟發展整體策略的一部分。當中關鍵因素之一是建立一個行政主導的政治體制，一如之前的殖民地，其頂端是香港特區的行政長官，他必須同時向中央政府和香港特區負責，也是保證"一國兩制"方針得以實現的關鍵人物。香港的局部民主將因此逐步發展得更完備，但無論如何，民主發展都不能削弱"一國兩制"，反而應促進"一國兩制"的成功，令之達致各主要目標。簡而言之，"一國兩制"的落實凌駕於民主化之上。

無可否認，《基本法》所規定的政治體制，比起之前的殖民體制更民主。在殖民體制中，所有權力都集中在總督手上，不存在殖民政權之外的自主政治力量。但是，回歸後香港的民主期望明顯增強，主要源於中央作出的"港人治港"的承諾、特區成立後前 6 年中央政府的無為而治策略、香港民眾對政治前景信心的逐步提升等因素，最令人料想不到的是，港人日益相信他們的集體意願能左右中央對港政策。反對派刻意將自己塑造成民主期望的代表，而民主期望又因政府的表現不理想和特區成立第一年出現的經濟困難而進一步增強。於是，此等期望與"一國兩制"的制度要求無法協調，兩者之間的鴻溝愈來愈大，因而使新政治秩序的建立和建制派的處境非常困難。

第三個基本矛盾是，中央對香港的無為而治策略和建設新政治秩序的要求不能兼容。由於建立新政治秩序是成功落實"一國兩制"的關

鍵，同時考慮到建制派處於相對弱勢，中央在促進新政治秩序方面應有
所作為。雖然中央政府不應蠶食已予香港的自治權力，但鑒於"一國兩
制"的成功，對香港和中央都至關重要，中央的確有責任保證"一國兩
制"在香港的落實，是依循着鄧小平制定的藍圖。事實上，即使香港在
回歸後不久就經歷了較長時間的經濟和政治動盪期，同時國家領導人和
中央官員都認為香港走上了錯誤的軌道，中央仍然堅持不干預政策。中
央的自我抑制，正是要向港人和世界宣示遵守"一國兩制"承諾的誠意。
不過，此立場進一步弱化了建制派和董建華政府的政治力量，同時令反
對派得以擴張。在此消彼長的情況下，不但新政治秩序無法建立，維持
政府的權威和有效管治也幾乎不可能。

　　回顧起來，香港回歸後中央採取的無為而治策略在 1997 年前已確
定，目的在於通過向世界宣示作為行政長官的董建華能作主，以此加強
他的權威。該政策也基於若干對香港回歸後的假定，但這些假定都被後
來的發展所推翻。中央假定香港回歸後會繼續保持經濟繁榮；假定香港
民眾會明白和尊重中央的利益和憂慮；假定從殖民政府接手的所有高級
官員會改變效忠對象，並全心全意服務新政府；假定對抗中國共產黨的
政治力量會自我約束，並尋求與中國共產黨分離但和平共處的行為方
式；假定香港新聞媒體會對中央友善或至少不敵對；假定新的香港特
區政府和建制派的勢力會因"政治主人"的更替而大為鞏固。中央政府
雖愈來愈明白這些假定都沒有根據，但仍無法馬上承認其無為而治策略
不合時宜，以及需要新政策來處理回歸後的香港問題。事實上，正是
2003 年 7 月 1 日發生的反對董建華政府的大規模羣眾示威導致中央採
取積極措施，防止"一國兩制"政策在香港失控。此次大示威是由香港
特區政府要為《基本法》第二十三條強行立法所引發。

　　第四個基本矛盾是，既有需要達成意識形態上的反殖民化，又缺乏
貫徹的意志。雖然中央承諾在殖民管治結束後，香港會保持回歸前的狀

況，但"一國兩制"的落實，要求香港對中央政府和內地同胞作出觀念上的調整，同時也要求其自身與整個中國、與外部世界關係進行重新思考。在此過程中，不必否定殖民統治和消除殖民影響，但需要富有想像力地建構一個新的香港身份，能創造性地將以下幾方面結合起來：愛國主義情懷、對香港狀況的深入認識、選擇性地保留代表香港"現代性"的殖民地影響。不過，回歸以來，香港在意識形態的調整上做得非常少。究其原因，一是由於港人對任何牽涉政治洗腦的東西都有強烈的心理抗拒，二是因為建制派和董建華政府處於弱勢。更糟糕的是，反對派乘虛而入，將社會情緒推向懷念殖民統治、支持香港本土主義、不信任中央以及對"一國兩制"冷漠的境地。

第五個基本矛盾是，既有需要建立一個政治聯盟以貫徹中央"一國兩制"的方針，但同時只作出可有可無的嘗試以實現此目標。政治聯盟的組成應有包容性，令其能夠得到更廣泛的社會支持。理論上，聯盟不只包括建制派，還應包括社會上的中間力量。要使這樣的聯盟成功，中央政府的鼓勵和支持是不可或缺的，但中央在香港回歸後的消極政策不利於聯盟的形成。中央對香港有組織的政治勢力的冒起有所顧忌，這也容易理解。若中央政府對某些聯盟組合予以鼓勵，會被批評為干預香港的政治事務，而且，中央也擔心本土力量和取向會將聯盟"俘虜"。[4] 拋開中央的顧忌不談，在建立政治聯盟的努力過程中，建制派的不受歡迎始終是一個無法克服的困難，而且董建華政府陷入困境，即使得到中央支持，也無力發起建立聯盟。更糟糕的是，建立聯盟的嘗試不僅未見出現，建制派內部還因利益和人事的對立變得更散漫、分裂和弱小。[5] 由於缺乏一個能認同新政治秩序並引領其前進的強有力且全心投入的政治聯盟，所以無法認真、有效地作出建立新秩序的努力。

第六個基本矛盾是，"一國兩制"有維持現狀的意圖，但香港社會卻在發生急速變化。《基本法》中對各項公共政策有詳細規定，目的是令民眾相信，香港的制度和生活方式在回歸後 50 年保持不變。《基本法》的這些規定主要體現了香港在 20 世紀 80 年代的"共識"，但急速和無法預料的變化在香港是常態。事實上，香港在 1997 年時進行的過渡，不單是政治上由英國殖民地轉變為中國的特別行政區，也標誌着香港進入一個以知識和服務業為主的經濟轉型期，如此巨變帶來相應的社會解構，貧富之間收入差距愈來愈大，這使民怨和對社會不公的指控越發突顯。現存的經濟和社會政策日益引起爭議、受到公眾挑戰，致使就香港社會、經濟和政治需要和相應政策而達成的"共識"，在回歸前即已在一定程度上開始動搖。漸漸地，對一些人來說，《基本法》顯然限制了香港的長遠發展。但即使如此，有關變化也不會馬上給香港帶來發展和政策需要上的新"共識"。在香港特區成立後第一個 10 年的過渡階段，當已弱化的"舊"共識和仍未形成的"新"共識角逐意識形態主導權時，整個社會也就充斥着利益和意見的對抗。由於對形成何種社會和經濟秩序缺乏共識，要建立一個新政治秩序也就幾乎不可能。[6]

　　第七個基本矛盾是，既有保持香港回歸前狀況的承諾，又有建立新政治秩序的需要。在香港，對於甚麼是舊秩序自然有不同理解，但人們都傾向於根據自身利益和價值觀來界定舊秩序，反對派尤其喜歡將往昔"浪漫化"，以期將他們抗拒的任何轉變弱化。由於港人本就對殖民時期的生活普遍有懷舊之情，回歸後又遭遇了經濟下行和由此引發對前途的強烈不安，因而更傾向於將舊秩序"凝固化"。這種保守思維既妨礙了制度和政策變革，又妨礙了各方面的行事。在此情況下，新政治秩序的建立必然會遭到心理抗拒。

　　《基本法》第四十三條規定，"香港特別行政區行政長官依照本法的規定對中央人民政府和香港特別行政區負責"，此條使用"香港特別行政區"而不是"香港民眾"字眼，是有意的，也是經過深思熟慮的。其意是行政長官的責任是保證"一國兩制"按照中央政府的安排在香港忠實地被貫徹，為此，行政長官行使職權時，其成敗影響所有中國人民的利益，這意味着行政長官不單對香港民眾負責，也對全中國人民負責。如果中央政府和港人對第四十三條的理解一致，雙方便不會有發生衝突的基礎，但是，很多香港民眾（尤其是反對派）將第四十三條理解為行政長官應同等地向中央和香港民眾負責。而在中央構設的新政治秩序中，行政長官是"一國"之下"兩制"之間的唯一橋樑，他對中央政府負有在香港忠誠貫徹"一國兩制"宏偉計劃的責任，而不管港人的取捨如何，因為"一國兩制"符合港人的最終利益。由於在不少基本問題上，很多港人對"一國兩制"持有與中央不一致的理解，同時又要求行政長官首先向他們負責，於是和中央的衝突就不可避免，這就不利於新政治秩序的建立。

新政治秩序的雛形

回歸後的香港雖然存在着上述矛盾，但特區在經歷第一個 10 年之際，一個新政治秩序的雛形終於出現。儘管距離全面落實新秩序還有漫長的道路，不過回歸後的香港在減少管治困難上還是取得了可觀的成績。毋庸贅言，建立新政治秩序雛形的過程是混亂的，既沒有周密計劃，也沒有條件制訂任何計劃。新政治秩序雛形的產生由以下幾個因素引發：不同政治人物之間長期的衝突和互動過程、港人政治想法的轉變、香港特區政府管治策略的改善、經濟復甦，以及反對派無可奈何地走下坡路。在這些因素背後，是中國崛起以及因此在香港引發的民族情緒和愛國主義。也許可以這樣推測，新政治秩序的最終出現乃歷史命定，因為香港別無選擇，只能擁抱中央構設的新政治秩序。原因一方面在於中央政府和反對派之間的力量對比日漸懸殊，另一方面在於建制派和反對派之間的角力格局開始扭轉。與此同時，中央、香港之間的互動也會引致新政治秩序作出調整,變得使港人更能接受。

2003 年香港因反對《基本法》第二十三條立法發生大遊行後,中央迅速調整對香港的策略,由此對香港的政治面貌產生重大影響。在大遊行前,中央對未能在香港很好落實"一國兩制"的顧慮本就一直在增加,大遊行更令中央擔心香港的管治問題和反對派的急速強化。由於局勢嚴峻,中央不得不有所行動。此後,中央公開、明確地表示對香港回歸後的發展不滿意,國家領導人、中央政府官員和學者發出非常多的信息,重申應如何正確理解中國的香港政策和"一國兩制"的安排,中央還表達對反對派觀點的不認同。與此同時,中央也開始和反對派對話,以安撫民眾情緒。更為重要的是,中央接受董建華政府的請求,讓香港和內地建立更緊密的經濟合作關係,中央政府迅速推出多項經濟政策,目的在於拉動疲弱的香港經濟和增強港人對香港前景的信心。這些措施包括深化香港和廣東之間的經濟合作、簽訂《內地與香港關於建立更緊密經貿關係的安排》、推行內地居民港澳自由行計劃,以及允許香港經營某種形式的人民幣業務。這些措施都產生了即時、顯著的經濟影響,令港人對中央產生好感。

中央採取這些措施,既增加了港人對中央政府的信任,加強了港人對"一國兩制"的信心,也改善了董建華政府的聲望,在一定程度上重建了香港的政治安定,令建制派得到喘息機會以尋求復原和重組,並且制約了反對派。與此同時,中央採取主動措施維護其基本利益,其中最重要的是在 2004 年 4 月全國人民代表大會常務委員會"未應要求"而對《基本法》作出解釋,否定在 2007 年以普選產生行政長官和在 2008 年以普選產生立法會。由於反對派一直以普選議題針對董建華政府,所以中央將此議題暫時移離公眾視野,從而令深受其困擾的特區政府得以喘息。雖然反對派大力指責中央破壞香港的高度自治,以及踐踏"港人治港"的原則,港人卻安然接受中央此舉。港人也許不歡迎中央對香港採取主動出擊的方法，但仍以冷靜、模棱兩可的態度來回應。顯然，港人對回歸以來不斷出現的政治鬥爭和動盪感到厭倦，對董建華政府和反對派感到同樣的不滿，中央的政治進取舉動適時地回應了港人對權威和秩序的期望。總的來說，中央的政治和經濟舉措大大改變了當時香港的政治局面。

特區政府的管治策略轉型在改變香港政治處境上也大有進展，新策略的主要成效在於增強政府的權威，使政府受歡迎的程度穩步上升，也使反對派在政治上逐步被邊緣化。這些成效隨着曾蔭權在 2005 年中取代董建華成為行政長官而得以進一步加強。這個從董建華第二任期開始推行，由曾蔭權大體上繼續執行的新策略，包括以下主要內容：

第一，加強香港與內地的經濟合作，以之作為經濟發展策略的主線。

第二，建立一層屬於政治任命的"部長"，以取代從前屬於"政治中立"的公務員"部長"，目的是加強政府的"政治"能量。

第三，"以民為本"的管治，意即要求以保障民眾的福祉為首要政治責任，同時政府要加強關注對民意的回應。

第四，發展一套新的政策制定方式，讓社會不同羣體參與政策醞釀，特別是在構思廣泛的策略或政策方向時。

第五，和反對派溝通，以減少對抗。

第六，與政治盟友和友好者緊密聯繫，以形成一個鬆散的"管治聯盟"。

第七，增加對普通市民需求的關注，以促進社會和諧。

第八，構建一個新的香港身份，增強其對作為中國人的身份認同。

推行幾年之後，新策略取得明顯的政治效果，管治精英的政治經驗逐步累積，使他們能夠更有技巧地處理政治事件，至少不會犯不必要的錯誤，讓事件突然失控演變為政治危機。在香港特區政府成立的前 10 年之末，特區政府的受歡迎程度超過了反對派，雖然民間對建制派的支持還落後於反對派。雖然民眾對民主發展的期望依然強烈,但對經由普選產生行政長官和立法會的主張能以更理性、務實的態度加以審視。[7]民主改革的問題已變得不是那麼突出,對民眾而言,其重要性和迫切性都已下降。

將香港經濟發展和內地強大的經濟增長掛鈎的策略,使香港經濟重回增長軌道,可觀的增長看來能夠持續,失業率雖然仍比回歸前高,但也降至可容忍的水平。香港的經濟生產力得到提升,本地生產總值中由高增值經濟活動配以高知識成分所構成的比例有所增加,人均本地生產總值也超過 1997 年的水平。回歸以來長期的經濟不景氣雖然終於結束,卻未令每個港人都受惠,原因是不停的、高速發展的經濟轉型將不少港人拋在後頭,經濟復甦帶來的利益並未獲得平均分配,這主要表現為貧富差距不斷加大。不過,香港特區的第一個 10 年結束時,一直困擾香港的經濟噩夢終於成為歷史。

香港民眾政治態度上的顯著變化,是有利於新政治秩序雛形形成的另一原因。港人除了對特區政府的信任有所提升,對民主改革的急切感有所下降外,他們對中央政府變得更為信任,對"一國兩制"更有信心,對香港前途更為樂觀,並對中國前途非常看好,[8]對回歸後第一個 10 年香港的發展基本滿意,[9]雖然對建制派的支持仍在低水平徘徊。最近幾年,港人對反對派尤其是反對派政黨的心理偏向已大不如前。香港民眾這種政治態度上的變化,很有利於營造一個稍微緩和的政治氣氛,也令反對派更難發動民眾反對政府。

就新政治秩序的出現而言,反對派的邊緣化也許是最重要的原因,一旦港人認為特區政府採取的經濟發展策略有效,反對派在香港回歸後要成為管治力量的可能性便會下降。若要使上述經濟策略成功,中央的允准和支持不可或缺,香港特區任何一屆政府在能夠成功推行此策略之前,先要獲得中央政府的信任。反對派抗拒中央的立場,引來後者對之也抗拒，自然令反對派沒有資格成為經濟政策的執行者，而港人對此是明白的。在推動本地發展方面，反對派愈來愈被港人視為無法扮演正面角色。更有甚者，反對派至今一直未能就香港如何作為中國的一部分提出一套既可行又有用的完整政治和經濟計劃，因此他們無法說服大多數香港民眾，使其相信他們可以對回歸後的香港發揮積極作用。反對派作為制衡"中央任命"、"親工商界"行政長官的政治角色，雖仍得到讚賞和重視，但其"永遠"的政治反對力量身份，使之難以得到港人的足夠支持以促進擴張。港人政治文化中的功利主義和傳統中國以及亞洲的政治文化非常相似，[10] 只要港人認為反對派政治作用有限，其前景便無甚可觀。說到底，被削弱的反對派在挑戰中央和建制派推動的新政治秩序上，以及在贏取民眾支持他們所提出的那套與中央政策設定不同的政治秩序上，能力很有限。同時，港人愈來愈厭倦對抗性行動，所以反對派的邊緣化令香港的政治衝突大為減少。當民主發展的議題失去吸引力，對抗政治不再受歡迎，社會經濟問題變得最為急切時，不但反對派的政治影響力下降，其內部也會因對社會經濟問題產生分歧而分裂。

歷經多年後，建制派在政治上已變得更團結和有力。最近幾年，他們明顯地已從曾經歷的挫敗中復原。這個挫敗源於 2003 年的大遊行，以及由此帶來的政治低潮。建制派變得更團結，部分原因是反對派在一段時間內從大遊行中獲益，對建制派構成其共同的威脅，中央政府在推動建制派形成統一陣線上也扮演了重要角色，無論是董建華政府還是曾蔭權政府，都增加了建制派成員在管治過程中的參與，並協調其內部不同的利益和信念，從而令建制派的政治影響得以增強。作為建制派主要組成部分的商界，通過其遲遲才活躍起來的政治行動，也增進了政治能量。最重要的是，由於中央和香港民眾關係改善的緣故，建制派長期以來因立場而產生的政治包袱，轉而變得有積極的政治價值。港人由於日漸意識到香港、內地之間有着共同利益，也就更重視建制派在"一國"

之下"兩制"中扮演的中間人角色。建制派因應被視作能夠影響中央和
內地地方政府,就更能令人相信其可促進港人的長遠經濟利益。於是,
建制派的政治地位有所改善,能夠更公開也更有效地陳述新政治秩序背
後的理念。

　　民族情緒在港人當中開始顯露,這會營造更有利於建立新政治秩序
的氣氛。作為一個以華人為主的社會,香港一直存在民族情感"雛形"。[11]
事實上,即使在回歸前,"香港人身份"和"中國人身份"也是相互重疊、
無法分離的,大多數港人自稱香港人的同時,也以作為中國人而光榮。
一直以來,他們在種族、歷史和文化上都自視為中國人,但只有少數人
認同中華人民共和國或中國共產黨。在最近幾年,出現的一個明顯的變
化是多數港人愈來愈以作為中華人民共和國公民為榮,同時以中國政府
所取得的成就為榮。[12] 最值得注意的是,港人愈來愈肯定中國在可見的
將來會達致強國地位,西方提出的"中國威脅論",以及對中國經濟成
就的讚美,進一步加強了港人的民族自豪感。與此同時,隨着港人日益
看清西方阻止中國崛起的目的,港人也隱約感覺西方對中國的威脅,從
而與內地同胞有着相同命運的意識漸漸浮現。民族情緒的高漲,令港人
更易接受由中央構建的新政治秩序。

　　就香港回歸後建立"一國兩制"之下的新政治秩序而言,香港特區
在最初的 10 年(尤其在最近幾年)出現的社會、經濟和政治轉變,已在
不同程度上減少了基本矛盾的負面作用,"一國兩制"的成功落實已被
港人認許,並被視為符合港人的基本利益。港人認為中央政府不僅按其
承諾執行了"一國兩制"政策,還為香港的福祉着想,每當香港有需要
時,中央政府都願意出手相助,香港的經濟前途已成為整個中國經濟前
途必不可少的組成部分。對中央的憲制權力,港人變得比以前更認可和
尊重。與中央保持合作、緊密關係的重要性,已得到港人的承認。港人
也更明白,"一國兩制"計劃是否成功關乎中央的利益,中央也有權在

香港維護其利益，愈來愈多的港人接受《基本法》規定的"政治遊戲規則"。2007 年 3 月，反對派推出一位候選者競逐行政長官職位，此舉印證了他們對《基本法》下的政治體制的立場有所改變，反對派不再視此體制為"不合法"，而是願意賦予它一定的認受性，並願意在此體制內有所作為。但另一方面，反對派對中國共產黨的不信任，對"(殖民)往昔好歲月"的懷念，仍在持續。

經過修訂的新政治秩序

對建立新政治秩序的有利因素雖繼續發揮作用，但其形成還需一些時間，相應地，港人需要有一個新的或已改變的政治思維，作為新政治秩序的基礎。在香港特區成立的前 10 年中，香港民眾的政治態度已發生明顯變化，但就建立新政治秩序而言，這些變化還遠遠不夠。按以往經驗，可以預見香港民眾的政治思維會變得有利於實現與"一國兩制"方針相符的新政治秩序。

不過，也可預見新政治秩序將在一定程度上有所改變，不會完全符合中央的構想。中央與諸多政治參與者尤其是反對派較量了 20 多年，對"香港問題"的理解和反應有了改變，這不可避免地影響了中央對香港回歸後新政治秩序的構想。就此而言，關鍵因素是反對派和那些對回歸後的處境只是冷淡甚或很勉強地接受的港人，最終對"一國兩制"都要不能迴避地接受，一旦這些敵對分子接受香港是中國不可分割的一部分，接受香港在後殖民時期除"一國兩制"外別無他路，他們就會願意考慮中央的利益與顧慮。一個塑造反對派和中央政府關係、令某種政治合作形式變得可能的妥協會出現，香港回歸後新秩序的整體認受性會大為增加，這會為有效管治和政治穩定帶來有利條件，同時也會改善香港特區和中央之間的關係，使香港與內地成為更緊密的夥伴。

　　需要指出的是，中央看待新政治秩序的觀點並不僵化，中央也不是全無彈性地對待不同意見。過去 20 年，在對待新政治秩序中的香港政治體制、政黨、行政立法關係和司法機關角色等方面，中央政府的態度已經歷明顯、漸進式的變化，對於香港的政治現實和港人的政治想法有了較好的掌握。總而言之，如果 "一國兩制" 方針整體不受損壞，中央願意讓港人有更多政治參與，也願意接受對 "一國兩制" 的不同理解，以及對有資格管治香港的 "愛國人士" 採取更寬鬆的態度，甚至願意循序漸進地在香港試行民主化，這將使新政治秩序的建立過程更加順利。

　　總的來說，中央和香港民眾之間對於後 "九七" 秩序的理解鴻溝將來很可能收窄，新政治秩序會或多或少地與中央所構想的接近。不過，此秩序會因香港各種政治勢力的介入而出現不同形式的改變，一旦新政治秩序建立起來，"一國兩制" 計劃就會得以實現。

註釋

1. Lau Siu-kai, "The Hong Kong Policy of the People's Republic of China, 1949-1997," *Journal of Contemporary China*, Vol.9, No.23 (2000), pp.77-93.
2. Lau Siu-kai, *Decolonization Without Independence and the Poverty of Political Leaders in Hong Kong* (Hong Kong: Hong Kong Institute of Asia-Pacific Studies, The Chinese University of Hong Kong, 1990); Lau Siu-kai, "Decolonisation à la Hong Kong: Britain's Search for Governability and Exit with Glory," *Journal of Commonwealth and Comparative Politics*, Vol.35, No.2 (1997), pp.28-54.
3. 本章，"新政治秩序"一詞是指中央政府按照其香港政策而構想的回歸後的政治秩序。
4. Lau Siu-kai and Kuan Hsin-chi, "Partial Democratization, 'Foundation Moment' and Political Parties in Hong Kong," *The China Quarterly*, Vol.163 (2000), pp.705-720; Lau Siu-kai and Kuan Hsin-chi, "Hong Kong's Stunted Political Party System," *The China Quarterly*, Vol.172 (2002), pp.1010-1028.
5. Lau Siu-kai, "The Rise and Decline of Political Support for the Hong Kong Special Administrative Region Government," *Government and Opposition*, Vol.34, No.3 (1999), pp.352-371.
6. Lau Siu-kai, "The Fraying of the Socio-economic Fabric of Hong Kong," Pacific Review, Vol.10, No.3 (1997), pp.426-441.
7. Lau Siu-kai, "Democratic Ambivalence," in Lau Siu-kai et al.(eds.), Indicators of Social Development: Hong Kong 2004 (Hong Kong: Hong Kong Institute of Asia-Pacific Studies, The Chinese University of Hong Kong, 2005), pp.1-30.
8. 一項由香港特區政府中央政策組委託於 2006 年 12 月進行的民意調查（受訪者總數為 1 014 人）所得的數據很能說明問題，大約一半（51%）的受訪者對至今為止落實"一國兩制"的成績滿意，另有 14.3% 的受訪者不滿；64.1% 的受訪者對"一國兩制"有利於香港的說法表示同意，10.9% 的人表示不同意；61.5% 的人認為中央政府在照顧香港的利益上有誠意，13.3% 的人則持相反意見；66.1% 的人相信香港和內地有着共同利益，只有 22.7% 的受訪者認為兩者有利益衝突；同樣，62.2% 的人感到港人和中央政府之間利益與共，只有 22.5% 的受訪者感到兩者有利益衝突；另有 32.6% 的人表示對香港的未來有很大信心，16.3% 的人沒有甚麼信心，48.3% 的人則認為一般。
9. 在一項由香港特區政府中央政策組委託於 2007 年 4 月進行的民意調查（受訪者總數為 1 003 人）中，42.4% 的受訪者認為香港特區頭 10 年的發展是好的，35.2% 的人認為發展一般，另有 20.6% 的人認為發展不好。
10. Peter R.Moody, Jr., *Political Opposition in Post-Confucian Society* (New York: Praeger, 1988).
11. Lau Siu-kai, "Hongkongese or Chinese: The Problem of Identity on the Eve of Resumption of Chinese Sovereignty over Hong Kong," in Lau Siu-kai (ed.), *Social Development and Political Change in Hong Kong* (Hong Kong: Chinese University Press, 2000), pp.255-283.
12. 在一項由香港特區政府中央政策組委託於 2007 年 4 月進行的民意調查（受訪者總數為 1 003 人）中，72% 的受訪者說會或可能會以作為中國人為榮，61.9% 的受訪者說會或可能會以作為中華人民共和國的公民為榮。在過去，港人以作為中華民族成員而非中華人民共和國公民為榮，而如今超過半數的港人願意認同中華人民共和國這一事實本身，表示中華人民共和國已經在香港得到廣泛的認同。

第 4 章　局部民主化困境重重[*]

　　20 世紀 80 年代中後期，也就是草擬香港特別行政區"小憲法"——《基本法》時，中央認為局部民主化是最適合的政治架構，因它可在結束殖民統治後使香港保持繁榮穩定，同時也能局部滿足港人對民主管治的渴望。香港局部民主化的核心內容是：一個以行政為主導的政治體制，強勢行政突出地表現在其獨攬政策制定權和立法權。這個體制之所以被形容為局部民主，主要原因是港人儘管沒有權力普選行政長官，但在一定程度上還是被賦予了選擇立法議員的權力。這個立法機關（立法會）存在的目的，是防止行政權力的濫用。立法會有權否決政府提出的條例草案，但除此以外，立法機關的憲制權力極少。[1]

　　為確保特區成立初期立法不至於給行政造成太大阻礙，《基本法》就立法機關的組成作出如下規定：回歸後的第一個 10 年內，其 60 位議員中不多於一半由港人通過地方直選產生。也就是説，由香港精英選舉委員會選舉產生並獲中央政府無條件支持的特區行政長官，將得到立法機關的堅定支持，因大多數議員是經由精英小圈子選舉產生。因此，大家預期至少在特區成立的最初幾年，行政立法關係應該比較和諧。[2] 相應地，中央認為行政與立法的關係，基本上應是互補而非相互抵觸的，[3] 因此行政與立法之間可能僵持或出現僵局的情況均未在考慮範圍內，以至於在《基本法》中沒有任何應對這些情況的條文。

　　特區政府行政主導的體制好像是按當初設計而運作。政府提交立法

---

[*]　本文原以英文發表，刊於 Lau Siu-kai, "Hong Kong's Partial Democracy under Stress," in Yue-man Yeung (ed.), *New Challenges for Development and Modernization: Hong Kong and the Asia-Pacific Region in the New Millennium* (Hong Kong: Chinese University Press, 2002), pp.181-205.

會的條例草案，幾乎全部都能得到議員的認真審查和通過，雖然有些草案只是剛剛達到所需票數。同時，幾乎所有議員提出的重大動議或草案都無法通過，這也省卻行政長官董建華動用否決法案的權力。中央對特區行政與立法關係過於樂觀的估計，看來還是正確的。不過，若細心觀察和分析，還是能看出在表面平靜的政治局面下，行政與立法關係的緊張和麻煩。如無其他突發事件，這種狀況很快就會變得愈來愈嚴重。行政與立法的合作，將被兩個機關之間可能的僵局所取代，結果是，一方面弱化香港的管治，另一方面加重社會中的政治疏離感和不信任感。

中央設計的這個行政主導體制遠比預期暴露問題的時間要早，這與其運作的政治環境惡劣有很大關係。其他的原因還包括中央在政治上的擔憂和偏見，以及董建華的政治性格及管治策略。對行政與立法在政治制度中的內在張力，中央和董建華均估計不足。最後，在亞洲金融危機造成經濟混亂和董建華政府接連失誤的情況下，香港局部民主化所引發的問題就被成倍地放大。

《基本法》制定的行政主導政治體制，總的來説是反映中央意圖的一個制度安排。這種安排能在多大程度上在現實政治中兑現，取決於一些不在控制範圍內的因素，甚至是一些制定者都未意識到的因素。歷史上這類事情時有發生，制度安排的初衷被突如其來的發展和環境因素改變得面目全非。[4] 換言之，香港出現的情況並非獨有。

接下來，我將集中分析行政與立法之間的緊張關係，這是香港局部民主化問題最集中的表現。文中引用的民調結果是我在 1999 年中進行的全港性問卷調查。[5]

局部民主化的內在矛盾

長期觀察香港政治的學者斯科特（Scott）認為，回歸後香港政治體系的特點是制度各組成部分之間相互不銜接。也就是說，行政、立法機關和官僚系統之間關係的不協調、不緊密，容易出現摩擦，並且有時還出現功能紊亂。他說：＂香港這種既非議會制也非總統制的體制，行政、官僚系統和立法機關（其內部還存在分裂）都按照自己的議程各行其是，偶爾也為其管轄的責任範圍發生爭吵，或暗地裏搞小動作來擴大自己的地盤。＂[6]

雖然斯科特的觀察切中要害，但他對香港局部民主運作混亂和毫無規律的描述也有誇張成分。因為在各種挑戰面前董建華政府仍能支配香港政局的事實，就說明斯科特的分析忽略了這一點。

香港行政主導的政治體制與總統制有許多相似之處，除去行政長官不是普選產生的這個事實。[7]另外，由於香港不是主權國家，中央政府有權任命或拒絕任命經選舉產生的行政長官。不過，與大多數總統相比，香港行政長官可運用的憲制權力要多得多。正如在其他地方的總統制一樣，香港行政主導體制也是將行政與立法的權力分開。不同於行政與立法分享權力的議會制，行政與立法衝突的可能性永遠存在；同樣地，因行政無法在立法機關中取得穩定和可靠的多數票，從而令政府癱瘓的可能也永遠存在。[8]＂總的來講，總統制的表現很差。只有美國是一個例外，其他地方的總統制都很脆弱，經常遭遇軍事政變或政府癱瘓的情況。＂[9]諷刺的是，美國的例外基於以下事實，就是美國政黨的管束儘管不能說不存在，但起碼也是鬆弛的，這樣總統就有足夠的空間單獨與個別議會議員討價還價。[10]儘管如此，美國也難以保持其管治的強勢和有效。根據總統制的本質，就算在最理想的情況下，香港特區政治體制中存在一定的制度內部衝突也是不可避免的，而這些衝突應被理解為有益處，因為它表明制衡機制在起作用。這種情況在行政與立法的衝突上尤其如此，儘管後者對香港的管治只起次要作用。

在香港局部民主化過程中，行政與立法之間的權力關係極不對稱。

由行政長官領導的香港特區政府被賦予更高政治地位，同時還擁有政策制定和建議立法的行政權力。行政長官不僅是政府首腦，同時還是香港特區的首長。作為特區的首長，行政長官享有比立法會中代表功能界別或地區直選議員高很多的憲制地位。行政在政策制定和立法上享有獨家的權力，《基本法》為此提供保障，尤其是第七十四條，事實上鉗制了立法會通過議員私人條例草案來影響政策的可能。《基本法》第七十四條規定："香港特別行政區立法會議員根據本法規定並依照法定程序提出法律草案，凡不涉及公共開支或政治體制或政府運作者，可由立法會議員個別或聯名提出。凡涉及政府政策者，在提出前必須得到行政長官的書面同意。"

即使私人條例草案很少進入立法會的討論議程，它也要經歷非常艱難的立法審核過程。與政府條例草案通過的過程不同，其通過只需獲得過半數出席議員的投票贊成，私人條例草案的立法審批則須經立法會兩部分議員的分組表決，即獲得功能界別選舉產生和地區直選產生的議員，在其組別中各過半數投票支持。這個機制的設置，更便於立法會中的政府支持者否決政府反對的私人條例草案。另外，行政長官還有權拒絕簽署立法會通過的私人條例草案，而且需要立法會全體議員超過三分之二的再次通過，才能推翻行政長官的決定。

儘管行政與立法之間呈現不對稱的權力關係，立法會仍擁有關鍵的制衡權力來否決政府的提案和財政預算案。只要議員聯合反對政府，立法會擁有否決權就是對付行政長官有力的武器。因此，雖然《基本法》沒有賦予立法會立法和政策制定的權力，但當行政與立法之間的分歧無法調解時，倘若立法會能有效地使用否決權，仍有可能使政府讓步，或使行政與立法陷入僵局。

由於立法會的職能在於制衡政府，因此議員的角色就是從政府行政失當中得分，從而獲得選民支持。政府與議員之間某種程度的緊張關係變得不可避免和無可厚非，甚至支持政府的議員也需小心，不至於讓民眾認為他們太遷就政府。香港局部民主的這種強行政、弱立法分工，以及這兩個機關本質上相互抵觸的特徵，是行政與立法之間存在矛盾的內在根源。只要它們之間的衝突保持在可忍受範圍內，從政治上來講是有益的，這種行政與立法的較量，在其他總統制國家也存在。

　　為防止立法的否決權造成行政與立法的僵局，或更為嚴重的強迫行政服從立法的情況出現，立法會的選舉機制有意識地設計成容易分化並且盡量塞進政府的支持者。[11] 鑒於直接由港人選舉的立法會議員最有可能與香港精英選出的行政長官合不來，因此地區直選議員的數目就限制在少於總數的一半。立法會中，一半的議員是由代表商界和專業人士利益的功能界別選出，還有部分是來自社會經濟背景與行政長官選舉委員會相類似的精英選舉委員會。

　　這種錯綜複雜的選舉方式，使任何政黨或相關的政治力量都無法控制立法會。由於立法會普選的席位只佔少數，因此受大眾支持的政黨很難發展成強大的政治勢力，再加上地區直選議員採取的是比例代表制，更進一步阻礙了強大政黨的出現。而功能界別選出的議員，要對其界別利益負責，行為決策各異，因此很難受到所屬政黨黨紀的管束。少數幾個選舉委員會選舉的議員，主要是選舉團體內派系鈎心鬥角的結果，自然沒有形成凝聚力的力量。結果導致立法會變成易分化、具分裂傾向的政治機關。

　　政治學學者普遍認為，支離破碎的立法機關導致總統不能依賴多數支持，因此很難有效施政。這樣，總統就不得不與議員整體或個人討價還價，從而必須為每個單獨條例草案臨時籌組議員多數票。如果議員是以比例代表制方式選出，那麼總統遇到的難題會更大些。[12] 對香港的行政長官來說，幸運的是，多數議員（其中絕大多數是通過功能界別和選舉委員會選舉產生）與他的政治視野和政策取向基本相同。更重要的是，很多議員出於不願開罪中央的原因，即便與行政長官唱對台戲也有分寸。雖然上述情況與行政長官在立法會擁有牢固的多數票支持完全不是一回事，但在一般情況下，還是不太可能造成行政與立法之間的僵持。不過，以上事實說明，和睦相處的行政與立法關係，並沒有制度上的保障。

香港局部民主化的設計，即一方面行政與立法之間權力分配的不對稱，另一方面立法會選舉制度的安排，旨在將行政與立法可能的僵局或僵持降到最低。從制度角度嚴格地講，就像其他總統制一樣，行政與立法截然不同的制度邏輯，使政治體制中的這兩部分結構容易產生衝突。但無論如何，這種矛盾與衝突都應控制在有限和政治上有益處的範圍內。

緊張的行政與立法關係

如上所述，自香港特區成立以來，董建華領導的特區政府不僅能令幾乎所有政府提出的法案均獲立法會通過，而且還能擊退議員對行政權威和特權的挑戰。唯一的政治難堪就是，1998 年 11 月 4 日立法會否決對行政長官第二份施政報告致謝的動議，象徵性地挫傷了董建華。[13]

如果考慮到有時面對民眾支持率頗高的議員所提出的挑戰，政府也能在爭執中佔上風，說明政府的應對還算不錯，當然，支持政府的立法會議員聲譽往往會為此付出代價。較典型的例子是 1999 年的胡仙案。律政司司長梁愛詩在立法會司法及法律事務委員會上解釋對胡仙（《英文虎報》的持有人）引起爭議的決定，一方面認為胡仙是誇大其報紙發行量的串謀者，另一方面又決定不起訴她。當得知政府不起訴胡仙的部分原因是避免其報業集團倒閉，立法會和整個社會都表示極大憤慨。[14]立法會法律界議員吳靄儀提出對律政司司長的不信任案，民調顯示動議

獲大多數港人支持，但最終律政司司長還是渡過了難關，議案並未得到
通過。[15] 在董建華看來，對律政司的不信任案，代表反對派立法會議員
陰險的圖謀，即挑戰甚至篡奪《基本法》賦予他任命主要官員的權力。

　　對立法會的這個舉動，董建華深感不安，還因梁愛詩是唯一由他挑
選的政府主要官員，其他都是從原殖民政府過檔而來。董建華因此使出
渾身解數，試圖阻止不信任案的通過。有報道説，考慮到一些董建華在
立法會的支持者也反對梁愛詩，董建華甚至求助於地產商和商界領袖，
希望他們施加影響。他還尋求自由黨（立法會中的大黨之一）的幫助，
希望能對自由黨的立法會議員施壓，來支持律政司司長。

　　董建華政府在政治上取得的成績，卻無法掩蓋行政與立法之間明顯
的緊張關係，雙方都對此感到不滿和沮喪。值得注意的是，很多重要的
政府草案，都以剛剛夠票的方式勉強通過，[16] 大量的時間和精力用於説
服立法會議員，而且每次都要根據草案的特點來游説和 "箍票"。總的
來講，政府與立法會的關係冷淡且互不信任，致使董建華不得不承認行
政立法關係惡劣，他呼籲兩個機關能建立一種相互信任、尊重和合作的
關係。[17] 對待立法會議員，董建華採取一種屈尊謙讓的態度，從一開始
他就表明，只要政治上允許，他會盡量避免與立法會打交道。他拒絕向
立法會報告其定期向中央述職的情況，每個立法年度也只到立法會參加
三次行政長官答問大會，他與立法會中各政黨的會面更是屈指可數。

　　董建華與其在立法機關中支持者的關係也每況愈下。兩大主要支
持他的政黨，一是支持商界的自由黨，一是傾向於基層的民主建港聯盟
（民建聯），也都對他愈來愈失望，原因是為支持政府那些不受歡迎和
引起爭議的政策，兩黨都付出不少政治代價，而且這些代價無法轉化成
對政府政策的影響。

　　政府高層官員與立法會議員之間的關係變得愈來愈糟糕，這是行政
立法不和諧的另一體現。在香港行政主導的體制下，高層官員都是職業

官僚而非政府任命的部長，這些官僚既不把自己看作政客，一般也缺乏政治的機敏和技巧。直至殖民統治結束前夕，公務員都是通過其他政治人物自由自在地管理香港事務。他們把自己看作香港利益的守護者，政治上超然。這些人自視甚高、自以為是，因此很難平等地對待立法會議員，然而，立法機關從一開始就有其獨立的權力基礎。官僚看不起政客和政黨，認為他們都是為利益和派系之爭相互交易。因此，官員非常不情願花費大量時間和精力來游說立法會議員支持政府政策。同時，由於官僚體制的僵化，以及缺乏與立法會議員討價還價的能力，高層官員的游說幾乎沒有成效。這些都挫傷了政府高層的銳氣，不少人因此離開政府，轉到半公營或私營機構工作。而立法會議員則認為政府高官不合作也沒反應，因此每當高層官員行政失當，都會遭到立法會，特別是反對派議員強烈的批評，以此發泄對官員的極度不滿。立法會議員對官員的敵視無處不在，而且都擺在枱面上，相反，官員對議員的怨氣卻是隱忍不發。

行政立法關係日趨緊張的另一個觀察面是，支持政府的立法會議員對《基本法》第七十四條怒不可遏的怨氣，該條款嚴格限制他們提出政策草案的可能性。自特區成立以來，立法會議員曾多次嘗試，希望在該條款下能擴大他們的立法權限，如果成功，議員將有可能更好地滿足選區選民的要求，與政府談判或討價還價時也有更多牌在手。董建華政府也使出同樣的力氣，來阻止立法機關試圖"篡奪"本應屬行政的權力。政府擔憂如讓立法會議員得逞，那麼目前的行政主導就將變為立法主導，這將改變香港的政治體制。對雙方而言，這個問題事關重大，幾乎沒有迴旋的餘地，他們在《基本法》第七十四條上的相互攻擊為未來兩個機關之間的矛盾埋下更多隱患，因這表明大家在政治規則上沒有共識。

大多數立法會議員都認為，立法會主席應有權決定私人條例草案是否符合《基本法》第七十四條,因此有權決定是否可以提出條例草案。事實上,這種觀點源自《立法會議事規則》,[18] 但政府堅持,在行政主導精神下這個權力應屬而且僅僅屬行政長官,因為只有行政長官才知道議員提出的條例草案是否涉及公共開支或政治體制或政府運作。另外,即使《基本法》第七十四條明確規定(私人條例草案)"凡涉及政府政策者,在提出前必須得到行政長官的書面同意",也沒有制度上的保障使立法會一定按照本條款行事。事實上,私人條例草案是否提出,取決於立法會主席和政府的關係。[19]

更進一步,議員認為他們就政府草案提出的修正案,不應受到第七十四條的規管。也就是說,即使修正案涉及公共開支或政治體制或政府運作,也無須行政長官的書面同意。政府因害怕若議員有自由修正權,其政策或立法草案將受嚴重損害,故對此持針鋒相對的觀點。[20]

董建華政府採取了三個策略應對立法會的挑戰。一是政府向立法會主席施壓,禁止"非法"的議員私人條例草案進入立法程序。二是若政府沒能做到這些,就會動員親政府的立法會議員投反對票否決該草案或修正案。如果這兩個策略都失效,政府的最後一招是自己提出相同內容的草案或修正案,令議員失去防守意義,也就是把可能的衝突轉化成立法。這樣做同時還能緩解行政長官的困境,因其可避免萬一該草案或修正案得到立法會的通過,行政長官必須作出否決與否的決定。一方面,如果該草案被否決,將更進一步惡化政府與立法會的關係。如果被否決的草案又被超過 2/3 的立法會議員再次通過,行政長官只能要麼簽署公佈該法案,要麼解散立法會。由於行政長官在其每一任任期內只能解散立法會一次,如果重選的立法會再次通過原案,那麼行政長官不得已只能簽署公佈該法例。因為行政長官從此失去以威脅解散議會作為武器,來降服頑固反抗的議員。另一方面,如果行政長官在沒有設置阻力和抵抗的情況下就簽署公佈草案或修正案,那就意味着儘管不情願,行政長官還是接受議員提議制定法律條例的權力從此開創先例。此舉將進一步使政府立法權力受到蠶食。但是，只是簡單地把私人條例草案變成政府的條例草案，必然會破壞行政與立法的關係。除此之外，立法會議員允許政府取代其案例，可能會受到同僚恥笑。[21]

從目前的進展看，《基本法》第七十四條將成為改善行政與立法關係的長期障礙，並且還會繼續增加它們之間的衝突。

考慮到上述行政與立法之間的問題和困難，到底政府是否有能力保持其目前"戰績"，即讓大部分草案都能獲立法會通過，是值得思考的一個問題。

行政與立法衝突的非制度性因素

顯然，回歸以來香港特區的部分民主所產生的內在矛盾，是行政與立法關係緊張的來源。但是，我也觀察到這兩個機關的矛盾衝突更多是在工作中造成的，並非相互競爭的內在邏輯使然。有些非制度性因素也是造成行政與立法之間關係緊張的原因。

首先，行政與立法的社會支持基礎不同。由於行政長官和大多數立法會議員其實都是依靠狹窄的精英支持基礎選舉產生，但也有大約 1/3 的議員是通過普選產生。無可否認，這些通過直選的立法會議員具有更廣泛的政治認受性，也因此比其他議員有更大的政治影響力。可以預料這些少數派議員會以調動民粹主義或對抗政治為手段來對付行政機關。

自 20 世紀 80 年代初期起，社會不平等日益擴大與社會結構逐漸弱化等問題就一直困擾着香港。[22] 亞洲金融危機引起的經濟衰退，更進一步加劇了貧富之間的矛盾。這些激化的社會矛盾，必然表現在民選立法議員與政府之間日益尖銳的衝突上，而且愈來愈多的人認為政府只是代表富人利益。[23] 當那些代表基層的民選議員希望通過立法會來回應選民的各種訴求時，董建華政府就成為他們最大的阻力。反對派議員日積月累的政治懊喪，自然會加深行政與立法之間的不和。

　　根據《基本法》，董建華是由中央政府任命，因此除對香港特區負責外，還要向中央政府負責。港人認為董建華效忠中央是很自然的事情。[24] 與此相反，所有的立法會議員都是香港本地選舉的，並不需效忠中央，這種差異產生了兩種結果：一是港人對中央缺乏了解和信任，儘管這種態度近年在逐漸改變。考慮到這個因素，港人與中央的任何矛盾，很容易轉化成為立法與行政之間的矛盾。立法會議員都爭先把自己塑造成香港利益唯一的守護者。對董建華來說，比較幸運的是，中央政府到目前為止在香港事務上非常謹慎，因此避免任何與港人之間產生不必要的衝突。二是董建華對中央政府和香港特區政府的雙重效忠，在一定程度上壓縮了他在處理與立法會關係上的運作空間。由於反對派議員被中央看作是對抗勢力，董建華倘若與他們關係友好，會顯得政治上不謹慎，甚至還冒些風險。

　　再者，董建華的政治思維、管治策略和對行政主導的認識，都不利於他在行政與立法之間的平穩運作。董建華政治上的保守主義也驅使他對部分由民主產生的立法會持否定態度，特別是立法會經常隨意或暗示質疑其政治認受性。董建華主要是依賴職業公務員和少數政治顧問作為夥伴來管治香港。但不幸的是，他的官員與顧問之間卻互不信任，而且那些顧問也沒有甚麼政治聲譽。這些官員和顧問在政治上都極不成熟，致使其領導核心分裂，也由此導致董建華和港人之間產生了隔閡，其民望一路下跌。[25] 董建華管治策略的核心內容是以管治的業績，特別是經濟領域的成績，來尋求政治認受性。上任後的頭幾個月，此策略似乎還頗有效。[26] 但是，隨着亞洲金融危機帶來的經濟衰退和高企的失業率，打擊了董建華試圖為新政權建立管治認受性的努力，結果民眾對他的政府愈來愈失望，民意支持也隨之驟降。[27] 董建華對行政主導的理解相當狹隘，甚至也不與支持政府的立法會議員分享任何權力，反而糾纏於自己的行政特權。

一個不包容和不受歡迎的政府，自然更易受到立法會的攻擊，而同時立法會也因此獲得更高的政治認受性，因為平時它們感到備受政府冷落。自回歸以來，一連串事件暴露了政府的無能，也削弱了公務員的聲譽。[28] 這些事件包括處理禽流感的章法大亂、處理貨幣危機缺乏專業性，以及新機場啟用引起的大混亂。民眾對公務員隊伍的尊重下降的後果特別嚴重，因董建華的新政權正是依靠民眾對公務員隊伍的支持來贏得民望的。[29] 上述行政失當自然變成立法會攻擊行政部門的彈藥，從而為自己贏得一定的權力。那些需要其選區選民支持的立法會議員怨氣最大，因政府斷然剝奪了他們施展政治影響的機會，而這些立法會議員認為他們有權發揮其政治影響力。因此，可以看出立法會議員日趨激進化，包括那些支持政府的議員。由於社會上階級衝突日益尖銳，以及政府與百姓之間的距離愈來愈遠，立法會中的政黨有日益激進的傾向，這又在一定程度上加強了議員的行為激進化。[30]

調解人的缺位

香港的這種局部民主化，即行政與立法之間極不對稱的權力分配，使雙方都沒有妥協的意願。行政與立法之間無法溝通，因缺乏雙方都尊重的仲裁者或調解人幫助二者化解分歧，這也是香港政治的一個特點。政府壟斷立法權力，使它非常看重自己的權力和特權，很怕立法機關蠶食其權力範疇，因此表現得過度敏感和反應過頭。反過來，由於立法會議員無法參與政策制定過程，他們越發對政府採取對立態度。通過聽證會和調查委員會等手段，立法會經常使用其機關的權力對政府施壓，讓政府出醜難堪。[31] 也可以說，由於《基本法》沒有界定行政與立法之間

一定程度的權力分享，因此後者對前者傾向於採取對抗性的策略。這種
策略可能是立法會強迫政府稍作讓步的唯一較現實的手段，議員也可向
其選民有個交代。偶爾，也有不負責和錯用這個策略的情況，但除非政
治環境發生變化，否則可想像議員只會愈來愈積極地採用這個策略。
《基本法》不允許立法會推翻政府，而行政長官解散立法會也只具威脅
成分，不是實際上降服立法會的有效手段，因此，香港的"小憲法"——
《基本法》並沒有設置任何化解行政與立法僵局的憲政機制。

　　由於其更高的憲政地位，中央政府本可成為較有用的調解人，但現
實中卻做不到。中央對立法會的偏見太重，因此得不到立法會的尊重和
依從。另外，反對派議員之所以受百姓支持，就是因其反中央的立場，
因此，他們也不會願意跟隨中央的指揮棒起舞。同時，中央也很謹慎，
不願意讓外界指責其干預香港的事務，因此也不會大張旗鼓地擔當調解
人。在這種情況下，中央能做的，實際上也是正在做的，就是表現出對
反對派議員的不滿，希望以此來阻止他們與政府的對立。[32] 不過，這種
態度幾乎起不到任何作用，反而使得事情變得更糟，因為反對派就是以
政治犧牲品的角色來博得民眾的同情。

　　從《基本法》的角度出發，司法應調節行政與立法之間的爭執，就
像其他總統制中司法所能起到的仲裁作用一樣。儘管不具有主權地位，
但香港能夠建立終審法院並擁有終審權，這就給司法作為調節人或仲裁
人奠定了基礎。不過，由於董建華政府對司法基本上不信任，政府明顯
傾向於盡量防止司法捲入行政與立法之間的事務。行政對司法的不信任
很容易理解。首先，儘管香港已回歸中國，但香港特區的司法系統仍為
接受西方法學訓練、信奉自由主義價值觀的法官所把持。實際上，很多
法官都不是本地人而是海外專家，政府因此不知道他們在審理案件時是
否能夠維護政府的立場和利益。

　　更重要的是，在居港權的爭議中，政府最後不得不尋求全國人民

代表大會常務委員會解釋《基本法》的相關條例，實質上也就是在推翻終審法院的裁決。這件事不僅削弱了司法的威信，而且也使行政與司法的關係變糟了。[33] 香港終審法院首席法官李國能於 2000 年法律年度開啟典禮的演講詞中指出："當法院受到無理攻擊時，無論裁決對行政當局有利與否，政府仍有憲法上的責任去解釋和維護司法獨立這一首要原則。本人確信政府明白並接受該責任之重要性。"[34] 從另一個角度看，即使立法會很希望司法能調節立法與行政之間的關係，但立法會本身太分裂，根本沒有能力把政府送上法庭。

另一個可能的仲裁者就是民意。雖然香港傳媒極其發達，這些以商業為主導的傳媒也為大眾意願表達提供了各種渠道，但民意作為一種政治力量在香港並不成氣候。儘管香港發達的新聞負面報道確實給政府官員和立法會議員帶來極大壓力，但香港的選舉制度使民眾無法投票選舉行政長官和大多數立法會議員。《基本法》因此從結構上將香港切割成兩個政治上分離的部分，一是精英政治，一是大眾政治。精英政治中的精英是香港政治權力的真正擁有人，他們佔據各關鍵和重要職位，並不需選民或民眾的支持。

再者，民眾對議員和政府信任下滑的趨勢在回歸前就已開始，[35] 事實上，整個政治階層在香港的公信力一直很低。[36] 港人越發與政治格格不入，政治上疏離的民眾無法在行政與立法之間承擔調解人的角色，[37] 也無力讓這兩個機關各讓一步達成妥協。但是，香港這種民眾與政治疏離的現實，並沒有妨礙行政與立法試圖動員民意來擊敗對方，立法會以公眾利益代言人的姿態表現自己的例子眾多。儘管厭惡鼓動民眾，政府也會偶爾成功地調動民意來打擊立法會。[38] 無論如何，此等手段只會導致行政與立法的關係更加惡化。

結論

　　回歸以來的一系列事件清楚地表明，局部民主化（即行政主導的政治體制）很難運作順暢。這種民主一方面試圖保持精英基礎的自主和主導，另一方面又要滿足普通市民的民主渴求，其結果就是造成政治體制的內在矛盾，而這些矛盾又被回歸以來惡劣的經濟和政治環境所放大。鑒於局部民主向更民主方向的演進，最主要是立法機關增加直選議席比例，可以想像行政與立法的關係將更緊張和不協調。同時，在經濟衰退和社會期望高企的環境中，董建華政府不得不放棄一些社會承諾，也不可避免地要增加稅收來應對公共開支的增長。維持香港的有效管治危機四伏，行政與立法關係的惡化，只會令特區政府面對的局面和困難更複雜和難以駕馭。[39]

　　中央最初的設想是，通過《基本法》使香港局部民主可以有效地運作，現在看來明顯未能實現。事實上，過去兩年半的實踐表明，行政主導的政治體制需要行政與立法雙方抱有良好願望、信任和自律為前提，才有可能實現有效管治。可惜，目前的香港並不存在這種前提。

74

註釋

1. Lau Siu-kai, "Hong Kong's Path of Democratization," *Swiss Asian Studies*, Vol.49, No.1 (1995), pp.71-90; Lau Siu-kai, "The Hong Kong Policy of the People's Republic of China, 1949-1997," *Journal of Contemporary China*, Vol.9, No.23 (2000), pp.77-93.

2. 中央政府當初認為，就算行政長官擁護中央而引起港人的戒心，那些依靠民選的立法會議員在與行政機關對抗時也會有所顧忌，因為他們不願意由此引發中央對香港本地事務的介入。中央因此預想立法會對政府會採取克制和謹慎的態度。

3. 蕭蔚雲．一國兩制與香港基本法律制度 [M]．北京：北京大學出版社，1990:254-256；王叔文．香港特別行政區基本法導論 [M]．北京：中共中央黨校出版社，1997:226-228．

4. 例如，在美國，第一任總統在設計其政治體制時是以國會為主導，政黨在其中並沒有甚麼建設性的作用。後來強勢總統的出現，以及美國政治為兩大政黨主導，與美國憲法起草者的政治思考完全不同。參見 Richard Hofstadter, *The Idea of a Party System: The Rise of Legitimate Opposition in the United States, 1780-1840* (Berkeley: University of California Press, 1969)。比較近期的例子是俄羅斯，本來大權在握的葉利欽總統在現實政治中卻無法進行有效管治。一位著名的政治學家甚至把葉利欽自 1993 年 12 月的超級總統政權形容為 "無能為力的全能"。參見 Lilia Shevtsova, "The Problem of Executive Power in Russia," *Journal of Democracy*, Vol.11, No.1 (2000), pp.32-39。

5. 調查的總體是年滿 18 歲的香港華裔居民，樣本為概率樣本。首先由香港政府統計處協助，在全港以分區等距方式抽取居住單位地址；其次是抽選住戶，如已選取的居住單位有超過一夥住戶，或為一個羣體住戶（如宿舍），訪問員將根據隨機抽選表，抽選其中一夥住戶或一位符合資格的人士接受訪問；最後是抽選受訪者，如已選取的住戶有超過一位符合資格的人士，訪問員將利用基什方格（Kish Grid）抽選其中一位進行訪問。這個樣本原有 2 000 個住址，扣除無效和沒有使用的住址後，實際數目減少至 1 689 個；訪問員共成功完成 839 個訪問，回應率為 49.7%。

6. Ian Scott, "The Disarticulation of Hong Kong's Post-Handover Political System," *The China Journal*, Vol.43 (2000), pp.29.

7. 根據薩托利（Sartori）的研究： "一個政治制度被認為是總統制，需要並僅需要滿足以下條件：國家元首（總統）是由民眾選舉而出，且在其確定的任期內不可能被議會投票撤職，能領導或指揮其任命的政府。" 參見 Giovanni Sartori, *Comparative Constitutional Engineering: An Inquiry into Structures, Incentives and Outcomes* (Washington Square, NY: New York University Press, 1997), pp.84。

8. 近年關於總統制的缺陷和脆弱性的研究極多，見 Richard Rose and Ezra N.Suleiman (eds.), *Presidents and Prime Ministers* (Washington, DC: American Enterprise Institute for Public Policy Research, 1980); Juan J.Linz, "The Perils of Presidentialism," *Journal of Democracy*, Vol.1, No.1 (1990), pp.51-69; Arend Lijphart (ed.), *Parliamentary versus Presidential Government* (Oxford: Oxford University Press, 1992); Matthew S.Shugart and John M.Carey, *Presidents and Assemblies: Constitutional Design and Electoral Dynamics* (Cambridge: Cambridge University Press, 1992); Arturo Valenzuela, "Latin America: Presidentialism in Crisis," *Journal of Democracy*, Vol.4, No.4 (1993), pp.3-16; Juan J.Linz and Arturo Valenzuela (eds.), *The Failure of Presidential Democracy* (Baltimore: Johns Hopkins University Press, 1994); Scott Mainwaring and Matthew S.Shugart (eds.), *Presidentialism and Democracy in Latin America* (Cambridge: Cambridge University Press, 1997); Kurt von Mettenheim (ed.), *Presidential Institutions and Democratic Politics: Comparing Regional and National Contexts* (Baltimore: Johns Hopkins University Press, 1997).

9. Sartori, *Comparative Constitutional Engineering*, pp.86.

10. Fred W.Riggs, "The Survival of Presidentialism in America: Para-constitutional Practices," *International Political Science Review*, Vol.9, No.4 (1988), pp.247-278.

11. Lau Siu-kai, "The Making of the Electoral System," in Kuan Hsin-chi et al.(eds.), *Power Transfer and Electoral Politics: The First Legislative Election in the Hong Kong Special Administrative Region* (Hong Kong: Chinese University Press, 1999), pp.3-35.

12. 巴西，其政制特點是實行總統制，和立法會選舉的比例代表制及多黨制，是這類情況最佳的體現。參見 Scott Mainwaring, "Presidentialism, Multipartism, and Democracy: The Difficult Combination," *Comparative Political Studies*, Vol.26, No.2 (1993), pp.198-228; Sartori, Comparative Constitutional Engineering, pp.176-178。

13. 由於致謝動議一般都由個別立法會議員以私人條例草案方式提出，因此需要立法會兩個組別（通過功能界別選舉的議員，以及通過地區直選和選舉委員會選出的議員）都取得多數票才能通過。但是，本次致謝動議沒能得到地區直選和選舉委員會選出議員的多數票支持，因此動議遭到否決。這事很諷刺，因為當初設計分組點票的原因是為阻止不利於行政的草案通過而設定的，而這次卻反成為議員搶走董建華風頭的手段，見《明報》，1998 年 11 月 5 日，第 A6 頁。

14. *South China Morning Post*, February 5, 1999, pp.1.

15. *South China Morning Post*, March 12, 1999, pp.1.

16. 例如，對董建華第三份《施政報告》的致謝動議，立法會的地方選區和選舉委員會組別的投票，僅以高出半數出席會議人數一票之微獲得通過。

17. 董建華是在會見了 11 位沒有政黨身份的立法會議員後講的這番話，參見 *South China Morning Post*, August 1, 1998, pp.1。

18. 參見《香港特別行政區立法會議事規則》第 31 條："立法會主席或全體委員會主席如認為任何議案或修正案的目的或效力可導致動用香港任何部分政府收入或其他公帑，或須由該等收入或公帑負擔，則該議案或修正案只可由以下人士提出：(a) 行政長官；(b) 獲委派官員；(c) 任何議員，如行政長官書面同意該提案。"

19. 到目前為止，立法會主席范徐麗泰與政府關係尚算良好，行政與立法沒有就議員提出的私人條例草案是否涉及政府政策而發生衝突。范徐麗泰是經立法會選舉委員會選出的議員。

20. 香港的各大報紙都報道了行政與立法的對立觀點，如《大公報》，1998 年 7 月 5 日，第 9 頁；《信報》，1998 年 7 月 8 日，第 18 頁；1998 年 7 月 10 日，第 14 頁；1998 年 9 月 23 日，第 23 頁；《蘋果日報》，1998 年 9 月 23 日，第 A13 頁。

21. 當政府意識到其對 2000 年立法會選舉安排的草案中有兩條議員修正案很可能被通過，政府就把議員的修正案改由政府提出。提出修正案的兩位議員是會計界功能界別的李家祥和醫學界功能界別的梁智鴻，參見 *South China Morning Post*, July 16, 1999, pp.6；《信報》，1999 年 7 月 24 日，第 5 頁；《明報》，1999 年 7 月 14 日，第 A6 頁。

22. Lau Siu-kai, "The Fraying of the Social-economic Fabric of Hong Kong," *The Pacific Review*, Vol.10, No.3 (1997), pp.426-441.

23. 在我的調查中，46% 的受訪者認為政府較照顧有錢人的利益，只有 15.5% 的受訪者認為政府較照顧市民大眾的利益。

24. 受訪者認為政府較照顧港人利益，與政府較照顧中國政府利益的人數相近，前者為 29.6%，後者為 29%。

25. Lau Siu-kai, "From Elite Unity to Disunity: Political Elite in Post-1997 Hong Kong," in Wang Gungwu and John Wong (eds.), *Hong Kong in China: The Challenges of Transition* (Singapore: Times Academic Press, 1999), pp.47-74; Lau Siu-kai, "Government and Political Change in the Hong Kong Special Administrative Region," in James C.Hsiung (ed.), *Hong Kong the Super Paradox: Life After Return to China* (New York: St.Martin's Press, 2000), pp.35-57.

26. Lau Siu-kai, "The Eclipse of Politics in the Hong Kong Special Administrative Region," *Asian Affairs*, Vol.25, No.1 (1998), pp.38-46.

27. 在我的調查中，只有 10.7% 的受訪者認為政府的工作做得好，反過來，37.4% 的人表示不滿。更有甚者，政府的管治能力也受廣泛質疑，只有少於 1/3（28.3%）的人對政府管治能力有信心。不出意料，政府差勁的表現也降低了公眾對政府的信任，少於一半（44.8%）的人表示信任政府，是香港有史以來的最低點。

28. 雖然大多數（57.6%）受訪者贊成繼續由公務員管治香港，但對公務員的信心卻在減弱。有 30% 的人對公務員有信心，同時 21.5% 的人表示沒有信心。港人對高級官員的不以為然是出名的，只有 17.2% 的人認可他們的能力。對高級官員信任的降低，也因此引起港人對這些人領取常俸的質疑。事實上，絕大多數人（82.3%）同意高級官員不應有 "鐵飯碗"（即永久僱用制）的保障，如果失職就應下台。

29. Lau Siu-kai, "The Rise and Decline of Political Support for the Hong Kong Special Administrative Region Government," *Government and Opposition*, Vol.34, No.3 (1999), pp.352-371.
30. Lau Siu-kai and Kuan Hsin-chi, "Partial Democratization, 'Foundation Moment' and Political Parties in Hong Kong," *The China Quarterly*, Vol.163 (2000), pp.705-720.
31. 行政與立法之間制度性的鬥爭在其他政治體系是很正常的事情，這些政治體系多是在兩者之間平分權力。參見 Benjamin Gingsberg and Martin Shefter, *Politics by Other Means: Politicians, Prosecutors, and the Press from Watergate to Whitewater* (New York: W.W.Norton, 1999)。
32. 另一個辦法就是禁止部分反對派議員進入中國內地。
33. 該事件發生在 1999 年。1999 年 1 月，終審法院就關於中國內地 "非法" 來港的人是否享有永久居留權作出判決。特區政府在該案例中的理據被駁回，並擔心該判決會引來大量內地人來港。政府對法院判決的態度受到民眾的支持，因為港人對內地人本來也存有偏見。最後，特區政府決定提請全國人民代表大會常務委員會解釋《基本法》的相關條例。1999 年 6 月全國人大常委會作出解釋，這個支持政府的解釋對法院是有約束力的。
34. 香港特區政府. 法律年度開啟典禮終審法院首席法官演辭 [N]. 新聞公報，2000-1-17.
35. 我的調查顯示，只有 30.9% 的受訪者表示信任立法會。另見 Lau Siu-kai, "Democratization and Decline of Trust in Public Institutions in Hong Kong," *Democratization*, Vol.3, No.2 (1996), pp.158-180。
36. 根據我的調查，分別只有 20.7% 和 20.1% 的受訪者表示心目中有值得信任的政治領袖和政治團體。港人對政黨一般都採取犬儒的態度，超過一半（51.9%）的受訪者同意香港的政黨只關心選票而不重視民意。
37. 港人的政治效能感相當低，61.5% 的受訪者同意政治和政府非常複雜，一般市民無法明白。他們也自覺被政客漠視，只有 14.1% 的受訪者認為香港的政客關心自己關心的問題。
38. 有幾次政府也成功地把反對派議員推向守勢，例如首次置業貸款計劃（《文匯報》，1998 年 7 月 23 日）、退稅計劃（《明報》，1999 年 3 月 23 日，第 A2 頁）、居留權問題，以及涉及縮減社會福利開支和撤銷兩個市政局的爭論。
39. 2000 年 2 月 16 日，立法會以大比數通過了民主黨提出的反對政府提高銷售稅的議案。這對董建華政府的有效管治是一個不祥的標誌，參見 *South China Morning Post*, February 17, 2000, pp.1。

第 5 章　局部民主化、政黨及其成立契機[*]

直至 20 世紀 80 年代後期，政黨在殖民地香港仍是一個不為人知的現象。自此以後，港英政府基於 1997 年撤離香港的預期，實施了一些民主化措施，使部分政治權力流向公開競爭。在殖民統治的最後歲月，由末代港督彭定康發起的政治改革更加速了政黨的形成與競爭。

歷過十多年的發展，香港的政治黨派仍未制度化，民眾對各政黨的支持一直空洞且脆弱，並以矛盾的心態看待政黨。尤為重要的是，在涉及政黨未來政治前景的問題上，香港的局部民主化及政黨形成的政治背景將成為其發展的主要障礙。具體而言，正是這兩大因素阻礙了政黨借改變政治立場與政策綱領以擴大社會支持基礎。不過香港回歸和亞洲金融風暴造成的經濟驟然低迷給香港帶來新的政治局面，令政黨擴大社會支持基礎的嘗試勢在必行。結果，政黨發現他們早已成為中英兩國過往政策與歷史的"俘虜"。

本文主要討論局部民主化效應及香港政治黨派的成立契機。民眾對政黨態度的資料主要來自 1998 年 5 月 24 日立法會選舉後所做的隨機抽樣問卷調查。[1]

局部民主化

20 世紀 80 年代早期開始的民主化改革，是英國在其殖民統治必將

---

*　本文與關信基合著，原以英文發表，刊於 Lau Siu-kai and Kuan Hsin-chi, "Partial Democratization, 'Foundation Moment' and Political Parties in Hong Kong," *The China Quarterly*, Vol.163 (2000), pp.705-720。

於 1997 年終結的背景下尋求"光榮撤退"的一個嘗試。簽署於 1984 年的《中英聯合聲明》對香港回歸中國作出了各項安排，不過在簽署之前，中英雙方已就香港的民主改革展開了較量。作為即將撤退的政治主體，英國採取更為自由開明的態度，而中國作為未來的政治主體，一直對香港民眾的敵意保持警惕，故而在民主的問題上始終採取保守立場。[3]

香港的民主化進程明顯有別於第三波全球民主化浪潮。因此，民主化進程不僅對政黨本身的發展，而且在民眾對政黨的態度上，都有着非同一般的含義。[3]這段民主化過程有兩個鮮明特點；首先，本土政治精英在民主化到來時只充當次要角色，中英雙方從頭至尾都是"領銜主演"。其次，香港的民主化基本上是一個自上而下的過程，民眾在其中只起很有限的作用。由於香港民眾對社會和經濟並無嚴重不滿，因此香港與第三波全球民主化的主流有所不同。

作為兩大"領銜主演"的主角，中英雙方雖在民主化改革的節奏和方式上明顯不同，但在堅持行政主導的政治體制而把改革只限於立法機關（立法會）的立場上，雙方卻相當一致。在它們的定義中，行政主導意味着政府在制定公共政策和掌控立法議程上擁有絕對的控制權。中英政府都無意進行行政機關民主改革。因此，香港的民主一直被描述為局部民主化。

此外，中英雙方均沒有打算大幅擴大立法機關的權力。彭定康特意與立法機關共事，是期望將其示範效應強加給回歸後行政主導的特區政府。在一定意義上，彭定康的做法確實提升了立法機關在香港政治體系中的象徵性地位。然而在現實中，立法會依然缺乏組建或解散政府、提出或制定政策以及任免高級官員的憲制性權力，香港立法會大體上僅履行監督職能。

在設計民主化進程時，其實中英雙方都有反政黨的傾向，儘管英國在程度上稍低一些。總的來說，雙方政府均意識到，在選舉時代，特別是在有普選的情況下，政黨的出現將不可避免。然而，雙方都不希望看到立法機關被一個強勢政黨把持，然後利用否決權來"要挾"立法機關的議案處理，或導致行政和立法之間的僵局。結果，立法機關的選舉體系被設計為直選議員數目只佔整體的少數，而大多數議員則由代表商界及專業人士的功能界別選舉產生，並且還有一部分議員由香港本地精英組成的一個小型選舉委員會選舉產生。這種功能界別選舉以及選舉委員會的設置，正是為了限制一些受歡迎政黨的發展，同時阻止本地精英通過政黨尋求政治代表，因為本地精英已有自己的議員在維護他們的利益。[4]

第一，香港民主化產生的政治背景，加上由中英雙方設計的選舉制度，最終導致了一個不利於政黨發展的環境。對於香港民主化所取得的成就，政黨可以説是乏善可陳。第二，民眾在民主化過程中扮演有限的角色，也遏制了政黨通過領導大型民眾民主化鬥爭以建立自身廣泛支持的重要機會。第三，作為一個僅有很少民眾參與的政治事務，民主化意味着這是本地政治精英激烈競逐權力的過程，而由精英組建的政黨毫無意外地都是"幹部"黨。第四，立法機關選舉方式的多樣化，也使得某單一政黨通過普選和精英式選舉（功能界別以及選舉委員會的選舉）贏得多數席位的情況不再可能。因此，政黨在立法機關的分化是必然結果。第五，立法機關有限的權力及其與行政機關的分離，都意味着行政機關仍然是公共政策以及政治恩惠資源的主要來源。

民眾對政黨的矛盾心理

除了在憲政上的嚴格限制，香港華人的政治文化對政黨也不友好。中國傳統文化更重視強有力但不乏仁慈的權威與羣體主義，同時對出現反對派和政黨的意念心存敵意。不過，"九七"回歸的事實加劇了民眾的憂慮和對中英雙方的不信任，這有利於民眾接受有組織的政治力量，因為這在某種程度上可以抗衡中國、英國以及殖民地當局。隨着直選中政治團體的重要性不斷加強，民眾也逐漸接受了政黨在政治制度民主化過程中所體現出來的功能性。彭定康為自己積極扶持並同情殖民地當局的政治團體提供了發展機會。同時，他的"民粹主義"方法以及與中國政府的對抗姿態，也導致反對其殖民政府的政治團體出現。而這些因素最終使香港民眾對政黨的態度變得莫衷一是，充滿矛盾。一方面，民眾愈來愈認識到政黨是香港政治制度不可或缺的組成部分；另一方面，民眾卻依舊不能確定政黨能給他們帶來多少政治福祉。[5]

　　1985 年，劉兆佳主持的對觀塘區（香港的一個工業居住社區）居民進行的一項調查研究結果表明，34.8% 的受訪者同意政黨的出現會使香港的政治體制變得更好，到了 20 世紀 90 年代，民眾對政黨的接受度已開始上升。我們於 1992 年所做的全港範圍調查也發現，41.3% 的受訪者贊成港人組織政黨，大多數人（57.7%）也認同政黨能幫助香港進一步民主化。總的來説，民眾對本土政黨的功能與角色持日漸正面的態度。在 1998 年的調研中，我們詢問了香港政治制度正常運作是否需要政黨的問題，並將答案分成五等，從 1（需要政黨）到 5（不需要政黨），僅 18.2% 的受訪者認為不需要（即選擇 4 及 5），同時 44.7% 選擇了 1 及 2。

　　香港民眾即使在原則上接受了政黨，但在現實中對政黨並沒給予像樣的支持，政黨認同度仍非常低。在 1998 年的調研中，僅 21.7% 的受訪者承認認同某一特定政黨。而在沒有政黨認同的人中，僅 23.5% 自覺比較接近其中一個政黨。

　　民眾對於政黨的矛盾心理，也在某種程度上反映出相當局限的政治與憲制環境。香港民眾對行政主導體制下政黨的有效性及其領導的意圖始終持懷疑態度。反過來説，在一個精英主導體制下，民眾也充分了解自身在政治上的無足輕重，而那些面向民眾的政黨便成為他們感知自身存在的唯一通道。所以，政黨特別受到在某種程度上對香港政治格局不滿人士的青睞，1998 年的調研結果便充分説明了這一觀點。[6]

　　首先，民眾對民主的態度與其看待政黨的態度高度相關。總的來説，傾向民主的民眾都認為香港的政治體系需要進一步民主化，而那些相信一個更民主的政治制度會解決香港當下很多問題的人，對政黨的態度更友好。其次，儘管立法會在憲制層面上權力有限，但那些依然相信立法會在香港政治制度中重要性的受訪者，對政黨的態度更正面。他們認為，選舉出來的立法機關至關重要，因為它具有監督非民選政府的職能。他們意識到，如果沒有強大的政黨，特別是那些面向民眾的政黨，立法機關只能處於弱勢且無效。最後，那些對執政當局持負面看法的人，比那些有正面看法的人更贊同發展政黨。他們期待政黨對非民選產生的管治當局起到政治平衡作用，儘管他們知道政黨所能發揮的作用其實也很有限。

　　香港民眾對待政黨的態度，很明顯是 1997 年香港主權回歸下政治環境的產物。對自身未來的焦慮、對即將離開的英國殖民政權的懷疑，以及對中國共產黨政權入主的害怕，使民眾寄希望於政黨。民眾指望這些人（特別是受歡迎的政黨）作為表達他們無法宣泄的憤怒和沮喪之情的渠道，同時對執政當局進行監督和制衡。在某種意義上，民眾下意識地賦予政黨反對派的角色，而政黨若要獲得大眾支持，也需擔當起反對派的職能。此外，民眾也十分清楚政黨的局限性，尤其對他們在處理香港社會經濟困境上的能力與效果，更不會抱太多幻想。[7]由於民眾並沒有把政黨看作是強大的政治力量，因而對政黨中政客的品格，如正直、勇敢、堅定、可靠等，更加重視。換言之，一個政黨如果對執政當局表現出原則性或獨立的態度，便將處於有利地位，並更易贏得民眾的好感。由此，風格和形象，而不是實質內容和成就，成為香港政治環境中的贏家。

政黨的發展

　　雖然文化、政治和憲制對政黨發展起限制作用，但民眾對後殖民時期領導人的期待、立法會選舉的引進（特別是直選議席），以及彭定康管治時期的政治影響力，都為政治上有抱負的人提供了發展機會。

　　局部民主化更觸發了本地政治精英之間激烈的權力鬥爭，1997年殖民統治終結的既定命運也改變了他們之前的權力分佈。然而，這並非新一代精英對老一代的全面更新，並不意味着前權力核心的"局內人"將被"局外人"所替代。誠然，曾與殖民統治關係緊密的精英，遭遇了社會地位的滑坡、面對未來的不確定性和政治方向上的迷失。不過，他們並非注定要完全退出政治舞台，只是不能奢望像過往一樣佔主導地位，至少由於在過去殖民時期政治與經濟上的表現，他們依舊享有民眾較高的擁護。此外，由於他們與中央政府在抵禦親民主及民粹主義力量威脅方面有實質共同利益，因此中央政府仍需要這些人的支持。更重要的是，許多過去與殖民政府關係較近的精英都已轉為擁護中央，並在新的政治恩主那裏得到一定程度的信任。不過，在此過程中，他們也失去了一些民眾的好感，並導致其政治誠信受到懷疑。

　　中央政府力量進入香港的政治舞台，毫無意外地提高了原本在殖民統治下遭受政治歧視，有時甚至遭迫害的支持中央的政治人物的政治地位與影響力，但是，在彌漫着反共情緒的香港，這些人還普遍遭受着各種奚落與民眾的不信任。與那些本土精英所形成的特權階層不同，支持中央的人士來自不同的社會階層，特別是較低階層，他們是中央出於統戰的需要而成為新貴，因此相互間沒有一種天然的凝聚力。儘管他們的政治地位在1997年之後得到顯著提高，但缺乏民眾信任限制了他們的政治影響力。

　　香港局部民主化的最大獲益者，毋庸置疑是那些在殖民統治下的政治"局外人"。競逐直選席位機會的出現,更造就了大量的新興政治團體,他們基本上由 20 世紀 70 年代的壓力團體或社會團體發展而來,就其本質和意圖而言,都是被排除在權力之外的對立勢力。[8]他們中的成員許多有中產階級背景,希望憑藉社會理想改變政治制度,對社會改革充滿熱情,並渴求社會影響力,尤其試圖從中國政府、殖民地當局,以及"九七"後香港特區政府的手中拿到更多的權力。這些親民主的積極分子同時也反共,以煽動香港的"恐共"和民粹主義情緒為手段獲得民眾支持。毋庸置疑,相比本地精英團體與支持中央的人士而言,它們在社會上是最受歡迎的政治勢力。在 1991 年、1995 年與 1998 年的立法會議員直選中,都很有聲色地獲得勝利,成功贏得了一定的聲望。[9]然而,與亞洲其他地區的政治反對派相反,[10]香港民主派獲得管治權的機會微乎其微。基於香港民眾的政治實用主義,[11]部分原因是他們意識到立法機關在憲制上的無力,一個"永久"的政治反對黨想要建立廣泛的群眾基礎絕非易事。

香港立法機關迷宮般的選舉制度,的確為精英與人氣政黨的共存提供了機會。[12]親建制黨派(如自由黨和香港協進聯盟)獲得了功能界別和選舉委員會的競選支持,而直選則成為親民主與反對黨(如民主黨、前線、民主民生協進會)的血腥戰場。有趣的是,他們的巨大障礙——支持中央的民主建港聯盟(簡稱民建聯)也決心在直選中一試運氣,目標是希望成為富有人氣的政黨,以及民主黨的強勁對手。各政黨主要通過其對民主化步伐和形式之間不同的立場,以及面對執政當局的立場來相互區分。比較而言,它們在社會經濟事務上的分歧則不易被察覺,對民眾來說也不重要,而這一點將被證明對後殖民時代香港政黨的發展有舉足輕重的作用。

政黨發展的短暫歷史和快速變化的政治格局,意味着香港還沒有形成制度化的政黨體系。政黨數量一直在變化,而且基本上仍屬非常弱小的政治團體，在社會中沒有扎實的根基，不僅資金來源有限，也很少能獲得各種社會經濟組織的支持。相對其他政黨而言，儘管親民主派或受歡迎政黨擁有較高水平的內部紀律，但總體而言政黨內的凝聚力始終鬆懈，組織工作也未受到足夠重視。不過，不可否認的是，像其他地方軟弱的政黨一樣，香港的這些弱黨卻能"吸引政治領袖和協助創造出一個以市民與精英為本的概念系統"。[13] 事實上，它們也為立法會選舉的選民提供參考和投票線索。下面將集中討論香港三個最大的政黨——民主黨、自由黨、民建聯，民眾對它們的不同態度所反映的香港社會的主要分歧，以及這種分歧對政黨未來發展的影響。

民主黨，這個民主運動積極分子的旗艦政黨，於 1994 年 10 月由約 550 名來自各大親民主團體的成員組成。自那時起，成員多少還算穩定，儘管其明確目標是團結香港所有的民主力量。該黨一直鼓吹民主、開放和負責任的政府，與此相比，民主黨提出的社會經濟改革卻相當溫和。與民主黨組建鬆散聯盟的是數量龐大的公民、社會、宗教和壓力團體及獨立商會。對民主黨極為重要的是，新聞媒體總的來說或多或少帶有些偏見地向其一邊倒。

民主黨的領導成員帶頭支持北京政治風波，故被中央政府認定為敵對黨派。自從直選席位被引入立法會選舉後，民主黨一直是長期贏家，其前身（香港民主同盟）在 1991 年 60 個立法局議席選舉中，贏得了 18 個直選席位中的 12 個，以及功能界別中的 2 個；1995 年，則贏得 20 個直選議席中的 12 個，功能界別中的 5 個和來自選舉委員會的 2 個議席。在 1998 年的選舉中，直選的方法首次從單議席單票制（票數領先者當選）改為比例代表制，這對民主黨不利，但在此情況下依舊獲得了 13 個席位（9 個來自直選，4 個來自功能界別）。在殖民統治的最後幾年，民主黨與最後一任港督彭定康交往密切。不過，殖民統治的終結逆轉了民主黨的命運，從此開始扮演董建華領導新政府的反對黨角色。

　　自由黨是親工商並且溫和支持中央的黨派，對成為一個受歡迎的政黨抱着雄心也有這個計劃。自由黨成立於 1993 年 6 月，建黨初期約有 500 個成員，主席為李鵬飛，是一個受惠於殖民地當局並從商界轉戰政界的商人。除在 1995 年的立法局選舉中李鵬飛為自由黨贏得一個直選議席外，該黨在直選的舞台上出奇地不成功。自由黨大多數核心人員是回歸之前與殖民政府關係密切的政治人物，但之後甚至在殖民統治結束前，就已成功地進入中國統戰工作的圈子。自回歸以來，該黨變成主要的親建制黨派，其成員在立法會中的大多數席位都是來自功能界別和選舉委員會的選舉。該黨在 1995 年獲得 10 個席位（9 個來自功能界別，1 個來自直選）；1998 年，同樣保住 10 個議席，其中 9 個來自功能界別，1 個來自選舉委員會。然而，對功能界別的依賴成為該黨災難的由來，議員們首要的忠誠是要對其功能選區負責，因此自由黨本身組織鬆散、黨紀鬆弛，而且政黨定位也由於太不穩定而變得模糊。

　　民建聯於 1992 年 7 月成立，主席為曾鈺成，該黨成立後很快擁有超過 1 000 名成員。民建聯的出現是因中央政府決心成立一個自己的大眾黨，來制衡民主派日益增強的政治影響力。該黨的宗旨是堅定擁護中央，面向基層，是社會經濟議題溫和的改革者。民建聯緊密團結擁護中央的香港工會聯合會以及其他擁護中央的社會、經濟、文化團體。然而，該黨在直選中的成績並非上佳。1995 年，僅獲得 2 個直選、2 個選舉委員會、2 個功能界別席位。不過，在 1998 年的選舉中，該黨則表現出色，一共獲得 9 個席位，其中 5 個直選，2 個功能界別，2 個選舉委員會。在殖民統治時期民建聯毋庸置疑扮演了政治反對黨的角色，後來則成為董建華管治時期的堅定支持者。

政治分歧與政黨

在所有擁有普選的社會之中，政黨往往會置身於主要政治、社會與經濟分歧的不同陣營上。考慮到香港特殊的政治背景，政治分歧遠勝於其他非政治分歧，各政黨都把與其他政黨在政治議題的不同放到首要位置上來互相區隔。無論是從政黨還是從民眾觀點的角度，政治上的分歧同樣反映了道德上的正直與否，以及作為政黨人物的政治勇氣。各政黨刻意放大它們之間的政治分歧，盡量以削弱對方的辦法來擴大自己的影響力。

回歸之前，香港有幾個主要的政治分歧，最重要的便是應否信任中央政府。香港只是在中國容忍之下的一個英國殖民地，根本沒有獨立的可能。由於有相當大比例的港人是在中國內地受到政治排擠而逃往香港的難民，所以這個城市充斥着對中國共產黨一種偏執觀念。預期中的香港回歸激起了大量針對中央政府的政治敵意。港人並不相信中央政府會履行承諾，遵守"港人治港、高度自治"的原則。他們一直懼怕英國的保護傘消失後，中國共產黨會進行政治打壓。民主黨準確無疑地將自己定位在分歧中"不信任北京"的那一邊。雖然自由黨和民建聯沒有強調它們支持中央的傾向，但社會上認為它們與中央政府有密切的政治聯繫。

重要性較低的第二個政治分歧，源自英國決定開始對香港進行民主化改革。"民主化步伐"將政壇中的人物劃分為保守派、中間派和民主派，其分歧與上一個有重疊之處，結果保守派甚至中間派都被視為是支持中央的政治力量。

第三個政治分歧在於是否信任政府。這個分歧直接源於香港雖是行政主導的政府，但行政長官卻不是普選產生，只由一個弱勢的立法會來制衡。由於新政府表現平平無奇且不受歡迎，這個問題自回歸後就日趨嚴重。該分歧與"應否信任北京"的分歧一樣，可以預料，精英黨派和民眾黨派會鮮明地站在相互對立的位置。然而情況並非如此，與預期一樣，民主黨依舊扮演着"不信任北京"的角色，自由黨則一如既往地堅持親建制立場，而民建聯的定位則較曖昧——作為一個有抱負的大眾政黨，理應擺出"不信任政府"的姿態。然而，由於中央政府堅定支持董建華政府，民建聯支持中央的傾向促使其頻繁地為政府護航。

社會經濟分歧在黨派區分上並非重要的因素，這一點可由 1998 年的調研數據看出。基本而言，香港民眾對於經濟和社會問題的認知，與其對各黨派（民主黨、民建聯、自由黨）的態度二者之間呈弱相關。

本次調查要求受訪者將自己的政治立場用一個 11 分尺度的從左到右傾向表來進行衡量。絕大多數民眾將自己定位在中間點，即 5 分。22.7% 向右傾（6~10 分），5.1% 偏左傾（0~4 分）。似乎，民眾傾向把"左"定義成"支持中央或擁護共產主義"，而對"右"卻沒有明確定義。受訪者認為民主黨相對而言屬右派，而自由黨和民建聯（尤其是後者）則是左派。因此，受訪者在從左至右傾向表中的自我定位與對民主黨定位之間（r = 0.32）的相關性，要高於與自由黨（r = 0.05）和民建聯（r = 0.07），這樣的結果並不出乎意料。民主黨與香港民眾情感上的強烈相關，可以解釋它為甚麼能在立法會直選中獲得勝利。

民主黨、民建聯、自由黨在這三個政治分歧上的定位，是區分它們政治受歡迎度的最重要原因。自香港回歸以來，中央政府雖極力改善與香港民眾之間的關係，民眾對中央政府的不信任依舊極大地影響他們對待政黨的態度。

再看"民主化步伐"上的分歧，親民主的民眾明顯會更支持民主黨。然而具諷刺意味的是，儘管民建聯發憤圖強希望變成民眾大黨，但卻被受訪者認為在民主發展問題上的立場比親工商的自由黨更保守。

最後，1998 年的調研結果也顯示，對董建華抱有好感、信任政府，以及對其表現滿意的民眾，更有可能支持民建聯和自由黨及其領導人。相反，對董建華及其政府，以及其表現抱有負面看法的人，則更有可能支持民主黨。換言之，民建聯和自由黨是"親政府"的黨派（儘管其高調否認），而民主黨則被民眾視為反對黨。

顯而易見，在民眾眼中民主黨這種"不信任中央"、親民主與"不信任政府"的形象，與民建聯和自由黨支持中央、政治保守與支持政府的形象，二者之間存在天壤之別。

政黨的成立契機與發展限制

許多關於政黨的經典著作都強調一個政黨的成立契機對其之後發展核心的重要性。正如帕內比安科（Panebianco）所說：

> 一個政黨的組織特徵往往取決於其歷史，也就是這個組織是如何起源以及之後如何鞏固的，這比任何其他因素都來得重要。一個政黨成立之初的特徵，事實上對其組織結構起到了重要的作用，其影響甚至長達數十年之久。每一個組織都被打上其形成之初的烙印，那是由創始人留下的重要政治和行政決策烙印，特別是那些影響組織成形的決定。[14]

香港政黨誕生的背景往往與緊迫問題相聯繫，比較明顯的就是本地政治前景問題，中英的對抗、中央政府和香港民眾之間的衝突和互不信任，乃至對民主化步伐和方式上的爭執。儘管在 20 世紀 80 年代早期，香港的社會經濟議題，如去工業化、高房價引發的泡沫經濟、人才流失、貧富差距懸殊、公共服務與社會福利不足等已經浮現並日益嚴重，但這些問題都被政治衝突和"九七"政治抑鬱所掩蓋。[15]

　　因為 1997 年年中政治過渡意外平穩，加上中英雙方都從本地政治舞台上撤出，香港特區成立伊始的一段時間，政治問題便迅速沉寂下來。[16] 民眾的焦點開始轉向突出的社會經濟問題，董建華政府為贏取政治認受性，並希望通過在非政治領域取得成就來營造一個去政治化的社會。[17] 結果，香港的回歸意外地導致政治問題與社會經濟問題的錯位。這種錯位又因亞洲金融危機而強化，給香港帶來了嚴重的社會經濟影響。

　　回歸後的民調一直顯示社會經濟問題的突出性。特區政府自 1998 年 5 月以來進行的常規民調顯示，百姓看到的主要社會問題涉及經濟衰退、失業、私人房屋價格高漲、醫療與社會福利服務水平下降、環境污染與交通問題突出。[18]

　　1998 年 5 月舉行的立法會選舉，也正值社會經濟狀況普遍不景氣的時候。對選舉的研究揭示：對選民來說，社會經濟問題至關重要。舉例說，王家英在 1998 年 6 月進行的電話調查（共 1 117 名受訪者）發現，50% 的受訪者認為經濟問題是影響他們投票的最重要因素，緊隨其後的是階級矛盾（18%）、社會穩定（12.3%）、對中國的態度（8%）。[19] 然而這些問題並沒有反映在政黨與參選候選人的競選綱領和議題內。不僅如此，他們也沒有對香港的社會經濟狀況做切實分析，或為促進社會經濟發展提出一套連貫方案，或致力於與民眾討論社會面臨的緊迫問題。

　　民眾把社會經濟問題看得十分重要，但為何在 1998 年選舉中政黨卻將這些議題邊緣化呢？這歸咎於以下幾個原因：首先，政黨的弱小以及非常有限的資源，意味着除了激發民眾信心和刺激民眾興趣外，無法拿出一套解決問題的政策方案。其次，幸虧商界團體與保守利益團體基本放棄參與直選，因而參選政黨之間的政策光譜被縮小，選民也幾乎無法從其競選綱領中分辨出各大候選人之間的區別。

　　最重要的是，競逐直選席位的幾個政黨蓄意對社會經濟問題持溫和立場，導致它們在這些問題上的差別進一步縮小。對此的合理解釋是，這是為了避免黨內矛盾分化。由於香港所有的主要政黨都在回歸之前成立，存在的意義取決於重大政治議題上明確和堅定的立場。由於政治議題佔主導地位，並且政敵明顯可見，這使各政黨能輕鬆地接納其成員在社會經濟問題上的分歧，保持內部的團結。而回歸之後政治問題突然被社會經濟問題所替代，導致各政黨放鬆警惕。於是，為了能在經濟困局與社會怨氣沖天的背景下進行有效的選舉活動，政黨必須在社會經濟問題上表現強有力且清晰的立場，但這種加劇分歧的做法，會使黨內有分裂的風險，這種窘境對民主黨而言尤其痛苦。該黨的基本力量很大程度來自溫和的中產階級，擁抱激進的社會經濟立場便可能嚇跑其核心支持者。在自由黨方面，由於主要倚靠功能界別選舉的成功，因此參加直選的少數參選人就不能離商界及保守勢力利益相差太遠。同時，自由黨與政府的緊密聯繫，也使其為了不傷害與董建華政府緊密的聯繫而畏首畏尾。民建聯由於在培植中產階級支持上的成效有限，使其變得更傾向基層，但與中央政府的密切聯繫以及與特區政府之間的合作，也限制了民建聯有所作為的空間，所以僅會提出一些諸如提高補助福利之類的溫和要求來做贏取選票的努力。[20]

　　香港政黨的成立契機其實嚴重制約了各黨派適應新政治環境的能力。進一步說，儘管它們當下更多地關注社會經濟問題，然而香港民眾對於政黨的態度依然是基於目前看來不再那麼重要的政治分歧。因此，政黨很難將其政黨基礎從政治轉變到社會經濟的考量之上。再加上這些政黨在社會經濟問題上的看法很相近，也阻礙了政黨的轉變。民眾把政黨的職能限定在監督一個行政主導的政府這個事實，就意味民眾更喜歡政治上可信賴的領導人。在一個政治不確定性與焦慮始終揮之不去的環境中，民眾不大可能接受被認為是善變與投機的政黨。[21] 政黨擔心調整政綱以回應民眾的作風會影響其形象，這是可以理解的。正因為如此，政黨為了求穩，更願意按兵不動。

因此，1998 年的立法會選舉與之前相比，政治議題的確不再突出，但政治議題對政黨和選票的影響依然能明顯感覺出來。由於政黨無法以社會經濟政治綱領來互相區分，必須着重形象塑造，故而一批針對對手負面攻擊型的宣傳活動便在選舉中出現。

1998 年選舉結果顯示，政黨之間沒有靠攏的跡象。總體而言，選民在 1998 年的投票方式與 1991 年和 1995 年相差不多，都是以政治分野來決定把票投給哪位候選人。直選選票在親民主派與支持中央的兩大陣營間的分佈，自 1991 年以來基本不變。

不過，政黨缺乏就社會經濟問題提出建議的能力以及採取負面宣傳的競選手段，使民眾對政黨與立法會的支持度更趨減弱。[22]1998 年 12 月進行的民調發現，超過 60% 的受訪者不相信民主黨能對經濟下行與失業率持續上升問題有任何作為。[23] 此外，民眾對香港所有政黨的不滿情緒也在增加，由香港浸會大學主持的香港過渡期研究項目發現，1998 年 10 月的民調顯示，63% 的受訪者對民主黨滿意，在 1999 年 4 月和 7 月各為 55% 和 45%；民建聯相應的支持率為 50%、43% 和 45%；而自由黨為 44%、31% 和 42%。[24] 具諷刺意味的是，民眾在政黨人氣下跌上扮演了非常重要的角色。從某種意義上講，香港的政黨與民眾都成為政黨建立歷史時刻的俘虜。

無論如何，香港的政黨目前正被從回歸前便繼承而來的各種政治問題所困擾，也無力回應回歸後出現的各種社會經濟問題。當舊的香港與內地關係和民主問題，與新的政府與民眾衝突問題互相重疊時，政黨之間的分歧就很難協調。鴻溝將繼續存在，其中倡導民主化、不信任中央政府，以及與回歸後特區政府對抗的政黨會佔據政治光譜的一端，而保守對待民主化步伐、支持中央與回歸後特區政府的政黨則佔據另一

端。在現有黨派中進行聯盟的可能性極小，儘管不同政黨內部都因對社
會經濟問題看法不同而持續出現內部分歧和分裂。[25] 同時，政黨之間激
烈惡言相向的可能性仍然很大。香港民眾要對抑制政黨重組或聯繫承擔
部分責任，但是在經濟困難時，也沒能避免他們對各政黨的表現持批評
態度。對政黨領導人與立法會的支持持續下降，成為一個政治幻滅的信
號，即未來香港政黨與民主的不妙前景。[26] 近幾年各政黨停滯不前的黨
員數量，更生動地說明政黨作為實現政治雄心的方法缺乏吸引力。[27]

結論

香港的環境不利於政黨的發展。由於在殖民統治下缺乏政治獨立
性，從而排除了有意義的政治行動者如強力政黨的出現。殖民統治的終
結和香港於 1997 年回歸中國所產生的局部民主化，為政黨的發展提供
了空間，但是，這些政黨並沒有可能執政，其職能僅局限於監督強大的
行政機關。儘管以羣眾為導向的政黨與政府的親密程度不一，但廣義上
政黨都是政治的局外人，不得不以某種方式起反對黨的作用，唯其如
此，才能得到其選區選民的支持。

政黨成立的時代，在很大程度上決定了其政治角色和公眾形象。在
香港從英國殖民地轉變為中國特別行政區所涉及的重要政治分野中，這
些政黨在政治上"選邊站隊"，分成對立的兩派，清楚表明了它們自己
的政治立場。因此，政黨在面臨突出社會經濟問題的新環境時，改變之
前的形象和政綱顯得困難重重。政黨沒有執政機會而只能承擔監督責任
的事實，也意味其政綱、形象和風格才是吸引民眾支持的最重要因素。
任何改變的嘗試，都充滿巨大的危險與不確定性。香港民眾依舊對中央
政府的動機抱有懷疑，也不信任香港的執政當局，因此希望政黨能在一
定程度上制衡中央政府和回歸後的特區政府。由於熱衷於關注政治上的

堅定與勇氣，香港民眾實際上也阻礙了政黨對環境的適應。無疑，政黨
領導層缺乏勇氣和遠見，也使政黨失去適應環境的能力。

　　政黨在適應回歸後新環境上的失敗使它們逐步邊緣化。儘管政黨仍
未失去原有的支持者，但在社會經濟領域的議題上已顯得愈來愈不合時
宜，這又不可避免地削弱了其社會支持基礎。更重要的是，它們在處理
香港社會經濟難題上毫無建樹，破壞了民眾對政黨的好感，以及它們制
衡和監督董建華政府的力量。因此，回歸前的政黨發展繁榮期縱未陷入
衰退，也已被目前的停滯期所取代。

註釋

1. 除 1985 年的調查外，其他調查都是全港性調查。所有調查採用相同的抽樣程序。調查的總體是年滿 18 歲的香港華裔居民，樣本為概率樣本。首先由香港政府統計處協助，在全港以分區等距式抽取居住單位地址；其次是抽選住戶，如已選取的居住單位有超過一夥住戶，或為一羣體住戶（如宿舍），訪問員將根據隨機抽選表，抽選其中一夥住戶或一位符合資格的人士接受訪問；最後是抽選受訪者，如已選取的住戶有超過一位符合資格的人士，訪問員將利用基什方格（Kish Grid）抽選其中一位接受訪問。回應率是扣除無效和沒有使用的住址後計算。1985 年調查在觀塘區（一個多元化的、工業區與住宅區混合的小區）進行，成功完成 767 個訪問，回應率為 46.9%。1992 年調查完成 338 個訪問，回應率為 57.2%。1998 年調查完成 988 個訪問，回應率為 46.5%。

2. Lau Siu-kai, "Decolonisation à la Hong Kong: Britain's Search for Governability and Exit with Glory," *Journal of Commonwealth and Comparative Politics*, Vol.35, No.2 (1997), pp.28-54.

3. Lau Siu-kai, "Hong Kong's Path of Democratization," *Swiss Asian Studies*, Vol.49, No.1 (1995), pp.71-90.

4. Lau Siu-kai, *From the "Through Train" to "Setting Up the New Stove": Sino-British Row Over the Election of the Hong Kong Legislature* (Hong Kong: Hong Kong Institute of Asia-Pacific Studies, The Chinese University of Hong Kong, 1998); Lau Siu-kai, "The Making of the Electoral System," in Kuan Hsin-chi et al.(eds.), *Power Transfer and Electoral Politics: The First Legislative Election in the Hong Kong Special Administrative Region* (Hong Kong: Chinese University Press, 1999), pp.3-35; Kathleen Cheek-Milby, *A Legislature Comes of Age: Hong Kong's Search for Influence and Identity* (Hong Kong: Oxford University Press, 1995).

5. Lau Siu-kai, *Public Attitude toward Parties in Hong Kong* (Kong Kong: Hong Kong Institute of Asia-Pacific Studies, The Chinese University of Hong Kong, 1992).

6. 無論用皮爾森相關系數還是卡方檢驗，其結果都達到 0.05 的統計顯著水平。

7. Lau Siu-kai, *Democratization, Poverty of Political Leaders, and Political Inefficacy in Hong Kong* (Hong Kong: Hong Kong Institute of Asia-Pacific Studies, The Chinese University of Hong Kong, 1998).

8. Lo Shiu-hing, "Political Opposition, Co-optation and Democratization: The Case of Hong Kong," in Li Pang-kwong (ed.), *Political Order and Power Transition in Hong Kong* (Hong Kong: Chinese University Press, 1997), pp.127-157.

9. Lau Siu-kai and Louie Kin-sheun (eds.), *Hong Kong Tried Democracy: The 1991 Elections in Hong Kong* (Hong Kong: Hong Kong Institute of Asia-Pacific Studies, The Chinese University of Hong Kong, 1993); Rowena Kwok, Joan Leung and Ian Scott (eds.), *Votes Without Power: The Hong Kong Legislative Council Elections* (Hong Kong: Hong Kong University Press, 1992); Kuan Hsin-chi et al. (eds.), *The 1995 Legislative Council Elections in Hong Kong* (Hong Kong: Hong Kong Institute of Asia-Pacific Studies, The Chinese University of Hong Kong, 1996); Kuan et al. (eds.), *Power Transfer and Electoral Politics*.

10. Garry Rodan (ed.), *Political Oppositions in Industrialising Asia* (London: Routledge, 1996).

11. Kuan Hsin-chi and Lau Siu-kai, "The Partial Vision of Democracy in Hong Kong: A Survey of Popular Opinion," *The China Journal*, Vol.34 (1995), pp.239-264.

12. Chris K.H.Yeung, "Political Parties," in Joseph Y.S.Cheng (ed.), *The Other Hong Kong Report 1997* (Hong Kong: Chinese University Press, 1997), pp.49-70.

13. Scott Mainwaring and Timothy R.Scully, "Introduction: Party Systems in Latin America," in Scott Mainwaring and Timothy R.Scully (eds.), *Building Democratic Institutions: Party Systems in Latin America* (Stanford: Stanford University Press, 1995), pp.20.

14. Angelo Panebianco, *Political Parties: Organization and Power* (Cambridge: Cambridge University Press, 1998), pp.50.

15. Lau Siu-kai, "The Fraying of the Socio-economic Fabric of Hong Kong," *The Pacific Review,* Vol.10, No.3 (1997), pp.426-441.

16. Lau Siu-kai, "The Eclipse of Politics in the Hong Kong Special Administrative Region," *Asian Affairs*, Vol.25, No.1 (1998), pp.38-46.

17. Lau Siu-kai, "The Rise and Decline of Political Support for the Hong Kong Special Administrative Region Government," *Government and Opposition*, Vol.34, No.3 (1999), pp.352-371.

18. 見 1998 年 5 月以來由香港特別行政區政府民政事務局主持的雙月民調結果。

19. Timothy K.Y.Wong, "Issue Voting," in Kuan et al.(eds.), *Power Transfer and Electoral Politics*, pp.105-129.

20. Lau Siu-kai, "Livelihood Issues Take a Back Seat," *South China Morning Post*, May 17, 1998, pp.11.

21. 基於調研資料,孫同文發現在香港對政黨的投票(定義為對選民確定政黨中的候選人而投出的選票)與政黨風格的正直程度強烈相關,說明投票是對政黨過往而進行回顧式評估的回應更甚於基於預期的感知。參見 Milan T.W.Sun, "Party Identification Re-examined: Retrospective or Prospective Voting," in Kuan et al.(eds.), *Power Transfer and Electoral Politics*, pp.131-153。

22. 香港大學社會科學研究中心所做的民調顯示,民眾對政黨的社會支持度在日趨減弱。1999 年 3 月的民調則發現支持中央的、主要聚焦於勞工與民生問題的香港工會聯合會,得到比香港任何其他政黨更高的支持度,《明報》,1999 年 4 月 24 日,第 A6 頁。

23. 該民調由香港大學社會科學研究中心主持,《蘋果日報》,1999 年 1 月 5 日,第 A18 頁。

24. Hong Kong Transition Project, "The Matrix: What's Real and What's Not in Hong Kong Public Opinion," unpublished report (1999), pp.28.

25. 最明顯的內部分裂便出現在民主黨之中,在究竟應該協調中產還是基層的問題上形成了一個日益嚴重的危機。參見 Chris Yeung, "Struggle to Strike a Balance," *South China Morning Post*, December 17, 1998, pp.19; "Call for Calm at Party Crossroads," *South China Morning Post*, January 1, 1999, pp.13。

26. 民調顯示,民眾對立法會的支持在近年來日益低落。此外政黨領袖在受歡迎程度上也落後於政府高級官員,見《蘋果日報》,1998 年 12 月 28 日,第 A1 頁;1999 年 1 月 5 日,第 A18 頁;*Hong Kong Standard*, April 1, 1999, pp.4.

27. Clarence Tsui, "Search for Successors Proves an Uphill Job," *South China Morning Post*, April 5, 1999, pp.13.

第二部分

管治形態

第 6 章　董建華的管治策略與能量[*]

　　在中央首肯下，1996 年 12 月 11 日航運業巨子董建華當選為中華人民共和國香港特別行政區第一任行政長官。1997 年 7 月 1 日正式成立的香港特別行政區，標誌着英國在香港長達一個半世紀殖民統治的結束。雖然董建華並非經普選產生，而是由 400 位香港社會經濟領域的精英組成的推選委員會 "選舉" 出來的，但港人對這個結果還是寬慰地舒了一口氣。對於飽經回歸前 10 多年中英衝突和社會內部分化的港人來說，由董建華執掌特區最高權力象徵着某種形式的政治救贖。畢竟在港人眼中，董建華給人以正派、慈祥、誠實的印象，他沒有捲入爭奪政治權力的個人恩怨，而只是出於對香港和國家的責任才勉強擔起這副擔子。港人推斷這樣的人不會在特區壓制政治自由或限制人權。畢竟在經濟仍蓬勃發展的時候，港人最關心的還是政治自由和人權。

　　然而，到董建華第一個五年任滿時，他的民意已處於低谷。港人失去對董建華領導能力的信任，對他的善意差不多都已消失殆盡。大家不分青紅皂白地把幾乎所有香港的錯處都歸咎到董建華頭上。

　　不容置疑的是，董建華政治命運在其第一任任期上的逆轉，與香港回歸後遭遇突如其來的經濟重挫有密切關係。香港的經濟困境是由於亞洲金融危機這個外來因素引起的，危機不僅戳破香港房地產的 "泡沫"，還導致香港延續了 20 多年的經濟繁榮突然停滯。董建華是政壇新手，缺乏政治經驗，當然也是不能勝任的一個原因，還有一個重要因素是他

---

[*]　本文原以英文發表，刊於 Lau Siu-kai, "Tung Chee-hwa's Governing Strategy: The Shortfall in Politics," in Lau Siu-kai (ed.), *The First Tung Chee-hwa Administration: The First Five Years of the Hong Kong Special Administrative Region* (Hong Kong: Chinese University Press, 2002), pp.1-39。

隻身上任,沒有強大的政治聯盟支持其管治香港。

儘管如此,在我看來,董建華在剛獲選為行政長官後所精心準備的管治策略,以及在這些策略明顯有問題時仍執己見,也是其管治遇到很多阻力的原因。我認為董建華的管治策略即使在最理想的情況下,也會給他帶來難以克服的問題。當危難之際港人迫切需要政治領袖時,董建華的那一套注定無法派上用場。事實上,英國剛一離開,香港就遇到前所未有的危機。如果他的管治策略不做徹底的改變,香港在董建華的第二任期內會變成一個越加難以管治的地方。面對全球日益激烈的競爭,香港如果不能通力合作,將失去"東方明珠"的美譽,成為中國的負資產,而且還將表明中央"一國兩制"的方針不可行。

董建華最初去政治化的計劃

董建華的管治策略不僅真實地反映了他的政治信仰、領導風格,以及他對香港政治經濟處境的看法,還體現了他對自己及其新班子面臨的機遇所作的評估。顯然這也部分表明中央對他在管治上的政治限制,這裏所用的"管治策略",只是很寬泛地描述董建華的一些行為和表達的信念,也有必要指出兩者並不足以構成清晰的策略。不過,我們還是能從他處理政務的方式,看出潛在的幾個基本原則。顯然,董建華最重要的意圖,是在大力去政治化從而在保持社會穩定的前提下,帶領香港走出一條新的發展道路。董建華去政治化計劃的主要表現,是以大幅減少香港的政治衝突為目的,特別是那些因民主改革而引起的官民衝突。出於對中國傳統價值觀的推崇,董建華並不掩飾他對殖民政府回歸前因實施逐步民主化所引起的社會政治衝突的厭惡。他這種傳統主義的政治傾向,很清楚地反映在他還是候任行政長官的講話中:

　　香港的社會及政治環境正在轉變，新一套政治規則及關係正在形成，個別利益團體不惜為爭取眼前利益及政治本錢而不斷爭議，這會否模糊我們辨別是非的能力？會否影響我們的期望和承諾？會否動搖我們對未來的信心？……香港的公務員是否因為行政主導削弱立法過程政治化而降低他們的工作效率？他們應否用更多時間和精力去制定及執行政策？[1]

　　當我們勇往直前時，我深信有必要重新確立和認同一些世代相傳的中國傳統價值觀，這些傳統觀念已流傳數千年，我認為它們對今日社會依然行之有效。簡而言之，就是孝順父母，重視家庭，仁愛為懷，誠信為本，謙遜刻苦，自強不息。此外，中國人一般重視教育，好學不倦。我們也力求社會秩序井然，並珍惜安定。中國傳統觀念都會教導我們克盡義務，少計權利。因此我們重視協商，盡量避免不必要的對立。這些都成為我們社會團結的基石和共創繁榮的動力。[2]

董建華就任時，再次強調了相似的觀點，他說：

　　我們會繼續鼓勵香港文化多元化發展，但也需要加強對中國優秀傳統價值觀的尊重和認同，包括孝順父母、重視家庭、謙遜厚道、自強不息。我們重視多元，但避免對立；我們崇尚自由，但講求法治；我們尊重少數人的意見，但處處應以大局為重；我們維護個人權利，但更要承擔社會責任。我希望這些理念可以成為香港團結的基石。[3]

董建華或許也預想到回歸後的去政治化舉動可能帶來的各種困難，因為除了其他因素外，他根本無法取消那些在香港 "小憲法" ——《基本法》中已保障的民主成果和政治自由,也不可能用暴力壓制反對力量。[4] 另外,他的政府也沒有實施意識形態控制的手段。但是,這些因素都沒有嚇倒董建華。事實上,他已下定決心,重新設定公共議程,闖出一條新路,為其管治奠定新的政治基礎,重塑政府與民眾的關係。

在殖民統治的最後幾年,由於政府權威的衰落和日益滋長的社會不滿情緒,殖民政府只有通過訴諸民主、有時甚至是煽動的手法來取得社會支持。港督彭定康管治的 5 年,這個即將撤退的政府甚至有意以隱秘的方式,利用港人反共情緒來獲取政治利益。民眾對殖民統治的留戀,經過這些年雖然已有所減弱,但在回歸前夕仍可感覺得到。港人尤其記得在簽署《中英聯合聲明》之後,英國所推動的民主改革和人權法案。基於董建華的政治保守主義和中央政府的反對,我們可以斷言,新政府不會通過進一步的民主化,把新的政治和社會勢力吸納到政治體制中來,從而消解社會的政治化。董建華必須另作打算,精心制定一套管治策略,其核心就是,經過周詳的計劃來調動社會上對行政長官和新政府的政治支持。董建華認為如果政府獲得大多數港人的支持,那麼就有理由設定公共議程、得到民眾的尊重,並且能解決政治爭端。[5]

就在董建華於 1996 年 12 月競選成功之後,新政權乘勢馬上採取四管齊下的政策舉措爭取民眾支持。董建華的核心管治策略是向港人展示中央政府對其政權的全面支持,強調中央和特區政府之間的互信關係,旨在表明:一方面這種關係能防止中央干預香港的地方事務;另一方面在需要時,香港又能得到中央的支持來解決香港的問題。由於中央在董建華獲選為特區行政長官的過程中起了重要作用,因此他得到了中央堅定不移的支持。中央對董建華的信任使他可以依賴在港的中央政權勢力的支持,這些力量包括涵蓋廣泛的社區網絡,以及為數眾多、與中央關係良好的經濟精英,其中比較重要的是民主建港聯盟(民建聯)、香港工會聯合會(工聯會)、香港中華總商會。更重要的是,中央的支持也起到阻嚇董建華政敵的作用，因為在港以下事實人盡皆知：挑戰董建華就是與中央為敵。考慮到香港的經濟和社會發展愈來愈依賴內地，中央對董建華對手不友好的態度，確實抑制了董建華和港人之間直接的衝突。[6]

董建華贏取民眾信任的另一個策略是積極倡導中國的傳統美德。董建華心目中的理想政府，是一個貫徹儒家觀念的家長型政府，仁愛且積極有為。與殖民政府不同，董建華政府雖也肯定自由市場的力量，但並不信奉自由放任那一套。在董建華看來，政府在推動經濟發展中有建設性作用；而且，董建華的理想是建立沒有衝突（尤其是沒有政治衝突）的社會。在那樣的社會裏，人們尊重並順從權威，特別是政治權威人士。根據觀察，我們可推斷董建華的管治理念與高度現代化社會的需要有差距。然而，實際的情況並非如此。以往的研究成果一再表明，香港華人的倫理觀中仍保持很強的傳統信念。[7]

根據我在 1997 年進行的全港性調查結果，[8] 回歸前夕，董建華的治港思路得到了民眾的普遍認同。大多數受訪者（70%）都同意"好的政府對待人民好像對待自己的子女一樣"。差不多同樣多的人（68%）同意"政府處罰那些不肯供養自己父母的人"。更值得注意的是，有更多的人（76%）同意"好的政府會教育人民如何好好做人"，只有 12% 的受訪者不認同這樣的想法。對受訪者來說，與西方的價值觀相比，他們更推崇中國傳統的價值觀。不少人（32%）認為中國傳統的價值觀，如忠孝仁義，比西方價值觀，如自由、民主和人權，更適合香港社會發展需要。此外，還有為數眾多的人（59%）認為社會秩序比個人自由更重要。同樣，不少人（45%）都認為公眾利益比人權更重要。總之，大部分港人和董建華的政治信仰相近，他在上任初期贏得相當高的社會認同也就不足為奇了。[9]

董建華管治策略的第三個方面，就是利用自己良好的公眾形象優勢。作為一個政壇新手，直到他被選為行政長官，董建華幾乎不為港人所知。這就使他與其他期望登上行政長官寶座的人形成對比，董建華的聲譽因此沒有在過渡期和回歸前因爭權奪利而受到影響，而不少大有前途的政治家，就是在這個爭鬥過程中折翼而歸。作為一個政治家，董建華遠比不上具民粹傾向、政治手腕嫻熟的末代港督彭定康。但是董建華誠懇、正直、謙遜、公平、開放、可親、同情大眾、寬厚及勤勉，這些優點都在很大程度上減少了民眾對未來可能武斷和殘暴的特區政府的恐懼。在他還沒有取得任何政治上的成就時，其良好的個人形象就使港人確信，董建華將領導一個仁厚的政府。

董建華管治策略的第四個方面是，明確提出政府將致力於踐行經濟、社會和民生發展的承諾。回歸前夕，香港已積累很多日益嚴重的經濟、社會和民生問題，殖民政府一直沒有認真處理，[10] 這就給董建華政府贏得民眾支持提供了機會。作為一個具華人風格的政治家，董建華比其殖民地前任更願意出手干預經濟和社會，儘管他也很謹慎地談到自由市場的重要性。在 1997 年 7 月 1 日的就任演講中，他說："提高香港經濟活力，推動經濟持續增長，是我們的首要任務。"[11] 這段話的含義是，董建華希望能推動香港經濟從過分依賴金融和房地產業，轉變為知識型經濟。他承諾要改善香港的教育狀況，特別是中小學的基礎教育。他還保證將增加整體房屋供應，目標設在每年推出不少於 85 000 個單位，從而使香港 70% 的家庭 10 年後擁有自置居所。老齡化問題也是新政府要重點處理的事情。董建華保證"特區政府將以'老有所養、老有所屬、老有所為'為目標，制定全面的養老服務政策，照顧老年人各方面的需要。"[12] 董建華在作出這些承諾時，無疑都是可信的，因那時香港的經濟仍充滿活力，特區政府也從殖民政府手中繼承了龐大的財政儲備，而且沒有任何外債。由於董建華對經濟和社會議題的重視，使他在政治上頻頻得分，因為這些正是普羅大眾希望他做的事情。

無疑，董建華政府一開始就有良好的兆頭。中央堅定不移的支持對他建立威信非常重要。董建華的個人形象也讓不了解其能力和歷史的人，對這位新的行政長官頗為喜歡。董建華的信念獲社會響應，其政策議程總的來說也同港人的期望相一致。簡而言之，對於香港這個至今仍為多年的政治動盪而不安，而且盼望能從政治變化中喘口氣的社會來說，董建華所倡導的政治家長主義，正是大家希望看到的。董建華管治策略的初步成效，一方面展示了他在最初執政的幾個月所贏得的民意，另一方面也反映了香港特區總的政治祥和氛圍。出乎大家的意料，特區政府的成立與香港政治的銷蝕居然同時發生。[13]

董建華管治方式的根本問題

董建華管治策略的核心內容就是去政治化，其中不需甚麼強制性手段。必須看到的是，香港局部民主化的特點本質上也是非政治化，因行政長官獨佔政策制定權，而選舉行政長官的選舉委員會也將民眾的利益從政治中剔除。另外，港人的政治文化，特別是過分強調穩定以及對混亂的厭惡，也對減緩政治衝突起了重要作用。儘管如此，在特區剛成立的那段時間，董建華使香港政治平復下來的各項努力還是應該得到肯定的。

董建華有意識地強調社會、經濟和民生議題，是希望能把民眾的注意力從民主一類政治議題轉移到實際的民生問題上。董建華提出與其前任也是潛在對手彭定康完全不同的公共議程，實際上是希望表明其政府與殖民政府的政治基礎不一樣。根據我 1997 年調查的結果，支持彭定康和支持董建華的人，政治價值觀截然不同。那些比較西化和傾向民主的人大多都支持彭定康；而支持董建華的人大多崇尚傳統價值觀，而且具有強烈的民族主義情懷。這些支持者的社會經濟背景也很不同，形成兩組社羣。總的來說，董建華的支持者年齡比較高、學歷和收入比較低，更認同中國的傳統價值觀，也表現出較強烈的愛國主義和民族主義情懷。同時，他們對董建華在滿足其物質和精神需求上抱有很高期望。[14] 與此相反，香港的中產階級從一開始就對董建華政府比較疏離。他擁護中央的立場、家長式的管治方式和傳統價值取向都頗令中產階級不以為然。但是，如果董建華能同時維持香港基層、商界和擁護中央勢力的支持，他的社會支持基礎仍相當廣泛。依靠這個基礎，他的施政也應能得到相當多民眾的支持和認同。

但是，在特區成立之初，大多數港人對董建華抱有善意是一回事，而建立相當廣泛的社會支持基礎並且能夠長期維持，從而保證有效施政，那又是另一回事。那些一開始支持董建華的港人，在很大程度上也是因相信自己是他執政的主要受益者。經濟精英相信新政府由他們中的一員來領導，會比原來親商界的殖民政府更加照顧商界的利益，他們希望看到政界和商界的關係更為緊密。基於商界對香港出現政治民粹主義一向擔憂，有些直言不諱的經濟精英甚至一開始還心懷期望，即董建華政府可削弱殖民政府在臨走時為"光榮撤退"和獲取民眾支持而推動的民主改革。至於擁護中央的勢力，其政治考慮和期望完全不同。他們為能貫徹國家對香港"一國兩制"的方針，[15] 有義務和責任支持由中央委任的特區政府。更重要的是，作為一個半世紀殖民壓迫的受害者，他們希望，事實上也要求對他們過往的痛苦經歷予以補償，並在新政權中擔任重要的職位。而對於普羅大眾來說，大家之所以支持董建華，是相信他有決心和能力實現家長式的承諾。很多基層的港人都喜歡他慈父般的個人形象，盼望新政府能關注基層需求、關心人民。

支持董建華的社會基礎自始就是由一些並不協調、不兼容的成分組建起來的。自 20 世紀 70 年代末，香港的貧富差距持續擴大，階級之間的矛盾也日益明顯。[16] 商界與百姓之間建立持久的政治聯盟，幾乎是不可能的事情。極端保守和政治上不知妥協的商人，已使這種聯盟變得不太可能。再者，由於擁護中央勢力有着獨特政治次文化並長期游離於主流社會之外，他們長期被看成是政治上遭遺棄的人，港人大都對他們持有恐懼和懷疑心態，認為他們是中央的代言人，會暗中破壞"港人治港"的原則；董建華希望任命這些人進入政府的任何舉動都遭到頑強抵抗。考慮到支持者的內在矛盾，能解救的方案就是實現快速和持續的經濟增長，只有這樣，董建華才有足夠的公共資源同時滿足他主要的"選民"，即商界和基層百姓，也因此才能避開民主派力量的挑戰。即使如此，董建華也沒辦法減少因在政治上任用擁護中央人士所引發的政治風險。

董建華顯然沒有充分重視如何把不同背景擁護者的良好願望，轉化為新政府有組織、長久和穩定的支持基礎。董建華非政治的（或更確切地說是反政治的）性格，也妨礙了他着手開展這項工作。再者，董建華家長式的政治性格難以建立有組織的社會支持基礎，因這需要很多的權力分享和政治讓步。在他看來，香港很多的政治衝突都源於經濟問題，因此可借經濟的增長加以解決，而且他真心地認為，除少數不切實際的政治改革家和野心家，大部分港人都和他一樣崇尚政治和諧，因此，港人對他的支持，儘管不是通過有組織的方式，還是可以堅定和持久的。考慮到行政長官擁有極大決策權的事實，董建華預計僅需依靠賦予他管治香港的憲制權力就能逐步落實計劃，用不着依賴有組織的社會支持基礎。更進一步，在董建華的計劃中，雖然政府在立法機關沒有穩定和籌劃好的大多數支持，但選舉安排像迷宮一樣的政體，仍能保證立法會議員都是社會經濟精英，他們和自己的政治立場一致。另外，在現有選舉規則下產生的立法會，在回歸後很多年都將四分五裂。[17] 因此，立法會只能起"無害"的監督作用，特區政府可以自由自在地管治香港。

除董建華的個人意向，事實上也存在一些客觀因素，使他很難建立廣泛的社會支持基礎。首先，董建華在登上特首寶座前的政治經驗極其有限，意味着他沒有好的政治聯盟網絡以協助籌組支持基礎。無可否認，他是以政治孤獨者而非政治聯盟盟主的身份登上特區權力最高位的。因此，他只能依靠幾位獲信任的商界朋友以及私人助理的支持和建言。其次，考慮到中央對港人政治意圖的懷疑，我們有理由認為董建華之所以獲選為特區政府行政長官，就是因為他沒有地方權力基礎，畢竟中央對一個積極尋找支持基礎的行政長官還是存有戒心的。再說，非常可能的是，如果廣泛的支持基礎中包括對中央不友好和敵視的政治勢力，那也得不到中央的支持。再者，作為新政權主要靠山的公務員，對權力可能流失到其他社會階層十分謹慎，不論這些人是經濟精英、擁護中央的勢力還是一般百姓。香港公務員多年來對中央政府的懷疑，也很自然地使他們不信任一個聲稱效忠中央的行政長官。最後，很重要的一點是，長期而穩定的殖民統治，使香港社會本質上相當鬆散、港人政治參與程度很低，新政權即使想認真地把支持者組織起來，社會也沒有這樣的土壤。因此，公務員，特別是高級官員，緊緊地把握着殖民時期賦予他們的決策特權。

所有這些因素放到一起，就使董建華只能依賴不牢靠的政治支持，這個支持者"大雜燴"對新政府的善意取決於政府到底能給他們帶來多少他們所覬覦的利益。也就是說，支持者的力量和利益沒能緊緊地連在一起，形成堅固的政治聯盟。當然，新政權中也有既得利益者，但他們與董建華政府基本上只有功利關係，彼此並沒有共同的政治理想。這樣的社會支持基礎顯然是不穩定和脆弱的，如果董建華團結這些人的能力和力量減弱，這個基礎就很可能解體。

在這個不牢靠和不合作的社會支持基礎之上，是一個很狹隘而又分黨派的管治聯盟。儘管缺乏廣泛和有組織的社會支持基礎，我們有理由認為董建華政府仍應處在不錯的狀態，若他能廣泛團結特區的社會經濟精英，形成自己的管治聯盟，那麼他去政治化的各項主張也能相當好地得到落實。只要中央尊重香港的高度自治，經濟保持活力，聯盟成員得到民眾一定的信任，一個主要代表精英階層、具凝聚力的管治聯盟，還是可以相當好地輔佐董建華管治香港的。不過，我們看到，董建華沒有能力組建有廣泛基礎的管治聯盟。恰恰相反，其管治聯盟的基礎很狹窄。不僅如此，這是一些不能和諧相處的政治勢力的堆砌，組成的聯盟不僅不能團結運作，而且成為不能有效施政的根源。聯盟的成員大都以私人顧問而非利益團體代表身份輔佐董建華施政，其中還有幾位是不受社會尊重的人物。毋庸置疑，董建華組建的這個管治聯盟，無法得到精英的大力支持。[18]

　　董建華管治聯盟的核心部分，是從殖民政府手中接管的公務員系統。除少數幾個人，彭定康時期的主要官員都成為董建華的主要官員。最值得注意的是，彭定康時期的布政司陳方安生，被董建華延用並任命為政務司司長。[19] 新政府留用原殖民地政府的官員，首先是為保持公眾對香港前途的信心，比起政客特別是擁護中央的人士，這些官員以往業績良好，更能贏得港人的信任。另外，這樣做也是為安撫緊張不安的公務員，使他們感到仍然備受重視，而且回歸後不會對他們進行政治報復，因為他們對新政府不可或缺。但在現實中，董建華與主要官員之間的關係是不夠融洽的。在其他前英國殖民地的非殖民化過程中，往往是由殖民政府主導來培養未來的政治領袖，而香港與此不同，作為與中國較力的手段，殖民政府不得不將高級官員轉變為政客，希望他們能主導回歸後的政局。

　　事實上，最重要的幾位官員都是彭定康在其主政的最後階段有意扶持到高層位置的。[20] 因為這些官員仍抱持自由放任和狹隘的“香港第一”的思維方式，同時懷有反中央政權情緒，因此，他們對董建華的政治價值觀和政策議程並非由衷贊同，也不太看得起董建華。董建華與公務員之間的不同，很生動地體現在他和陳方安生就各種議題公開的分歧上，不論是特區與中央的關係、人權和政治自由，還是立法會的選舉制度，他們都持有不同的看法。同時，主要官員也總是提心吊膽，害怕董建華遲早會任用更忠誠的政治盟友來取代他們。無論如何，缺乏行政官員作為堅定的擁護者，董建華政府從一開始就困擾不絕。更麻煩的是，掌握政策制定信息和政策執行機制的公務員，已逐步將董建華其他的政治盟友邊緣化，因此董建華只能愈來愈依靠公務員的支持。

董建華管治聯盟的其他組成部分也是比較鬆散的一羣人，有些是政治朋友，有些是對董建華連忠誠也談不上的政治勢力。他的行政會議，有些像其"內閣"，基本上就是政治妥協與平衡的產物。他挑選的這些行政會議成員有不同的政治背景，很難形成一個具有凝聚力的團隊。有些人進入行政會議是通過其他政治後台關係，因此也不欠董建華任何的政治人情；有幾位明顯在為自己的仕途鋪路；更糟糕的是，大部分行政會議成員都與大企業關係緊密。他們和董建華一樣討厭政治，而且總的來說脫離民情。他們大多數是兼職成員，因此也常常因個人的生意和利益而招致利益衝突的指控。從政治上看，這些行政會議成員鬥志不高，也不願意面對立法會或公眾為董建華的政策護航。此外，他們也沒有足夠的政治能量或網絡來為董建華贏得民眾支持。無論如何，在董建華執政的第一個五年中，行政會議的政治聲望一直不振。

行政會議與公務員的關係也不融洽，時有爭鬥。殖民統治時期，公務員對何人可以進入行政局影響頗大。與此不同的是，董建華任命的大多數行政會議成員與公務員有不同的政治觀點和政策想法。另外，有幾位行政會議成員，特別是擁護中央和有商界背景者看不起特區主要官員，當然他們也遭對方同樣的對待，把擁護中央的行政會議成員視為不可信任和主要的打擊對象。行政會議成員和主要官員的爭吵有時也會見報，有些人為騷擾對方，令對方難堪，蓄意向傳媒"爆料"，以此作為打擊政治對手的手段。董建華原是有意讓行政會議成員在政策制定和政治領導方面扮演主角，以監察政府高官。但是，這卻引發行政會議成員和官員之間明裏暗裏衝突的公開和爆發，結果導致行政會議成員沒能力完成董建華交代的任務，董建華不得已只能倚重政府主要官員。因此，這兩個羣體之間很難相處。

讓擁護中央的陣營極其懊惱的是，他們實質性地參與新政權的要求一直遭董建華委婉拒絕。他們在管治聯盟中幾乎沒有甚麼勢力。董建華不願意讓他們進入執政高層，是基於公務員和港人對其反感的現實考慮。無疑，中央默許其在香港的長期忠實支持者遭受冷落。儘管如此，中央還是希望這些支持力量，尤其是較有能量的工人團體能對基本上偏向商界的特區政府給予最大支持。出於愛國情懷和對中央的遵從，這些勢力還是很盡責地圍繞在董建華的身邊。不過，自特區成立以來，擁護中央的陣營內不可避免地充斥着不滿和沮喪。也可以說，他們對董建華政策的支持絕非全心全意，他們對董建華及其官員把其支持看成是理所當然感到非常惱火。

總之，儘管董建華擁有政治任命和政策制定的大權，但並沒能把這些權力轉化成支撐他施政的政治聯盟。另外，他保守和家長式的政治信條，並不能贏得香港頗為西化和現代精英分子的支持，因此，他吸引政治盟友的努力遇到不少困難，導致無法團結大部分香港政界和社會上有威望人士。

董建華組建的管治聯盟既不團結又不牢固，其自身也無法贏得具廣泛基礎的社會支持，這使他施政步履艱難，就是在最好的情況下，也難以有效地實施去政治化的策略。之所以造成這樣的局面，可以從以下幾方面具體分析。

第一，也是最重要的，新政權缺乏必要的凝聚力和對領袖的政治信任，使得在正常情況下也不能有效施政。自特區成立以來，政府內部分裂嚴重地損害了新政權的運作。因缺少組織手段把社會眾多的訴求綜合起來，並與其背後的各種利益集團相調和，政府為此吃盡苦頭。從亞洲金融危機爆發以來，特區政府就收到數不勝數、未經加工處理的各種要求，造成政治和行政超負荷運轉等嚴重問題。政府沒有能力對這些要求進行分析綜合，繼而轉化為政策，並以此成為激勵民眾的力量，使社會對政府愈來愈不滿。還有，一連串的行政失誤，如對禽流感處理失當、啟用新機場時的混亂、飄忽不定的中學語言政策和混亂的房屋政策等，都表明特區政府既缺乏明確的施政方向，也沒有能力落實其政策。但是負責各項政策的公務員都享有終身職業保障，董建華也沒有辦法懲罰那些不負責任的官員。結果，民眾的不滿都落在董建華身上，進一步削弱了他的聲望。還有，在處理問題的過程中，新政府也沒有辦法動員社會資源作為對政府執政的補充力量。作為一個非民選政府，董建華政府亟需出色的政績來維持其認受性。新政府相當鬆懈的執政表現，是其民意支持一路走低的主要原因。[21]

　　第二，與殖民政府盡量避免干預經濟和社會事務不同，董建華為其新政府制定了宏偉的議程。他設想未來香港是一個由經濟精英主導的知識型社會，公眾尊重和順從其具有遠見的政府。作為成功的商人，董建華對公共部門的因循守舊、效率低下和開支高昂感到惱火。因此，自上任以來，他已清楚地說明，在其第一任任期的五年內將推動一系列改革，覆蓋領域包括公務員體系、公營部門、金融、教育、市政管理、醫療衛生、土地房屋等。此外，他還提出政府將積極推動高科技和高附加值產業的發展，這方面大家都知道的案例，就是政府和香港首富李嘉誠兒子李澤楷合作共同發展的數碼港。不過，要想成功落實這些改革和嘗試，董建華不僅需要一套行政上有能力、政治上有技巧的政府機制，而且還需要有能力建立社會共識、動員和使用社會資源、處理好利益集團之間微妙的關係和化解衝突。然而，董建華這種積極有為的風格與他去政治化策略的初衷正好相反，致使去政治化變成不可能的事情。新政權的鬆散和薄弱的社會支持基礎，使事情更易於政治化，特別是在政府和百姓之間發生衝突的情況下尤其如此，因為政府沒有一定的政治手段去應對這個愈來愈政治化的社會。

第三，一如董建華政府家長式的本質，新政府的決策方式也表現出自上而下的特點和有限的公眾諮詢，在政策制定過程中，沒有一個既定的諮詢和討論步驟，從而達到獲得社會支持的目的。與其前任相比，董建華政府對民意民情以及社會的各種利益團體都不夠敏感。根據我在 2000 年進行的全港性調查，[22] 較多受訪者（41%）認為董建華政府的政策透明度不及彭定康政府，只有 17% 的受訪者持相反的看法。與此相同，較多受訪者（42%）認為特區政府在施政時不如彭定康政府那樣考慮民意，只有 16% 的受訪者持相反的看法。自 20 世紀 80 年代初以來，港人已習慣於雖不民主但卻開放且對民意相當敏感的政府。因此，他們對董建華政府的冷淡和隨意相當反感。考慮到香港政治制度中政治自由與威權主義的奇怪結合，港人可用各種方式向政府施壓和發洩不滿。官民之間日趨緊張的關係，無疑削弱了有效的管治。

第四，董建華政府親商界的特質，也嚴重制約了他提升政治聲譽的能力。雖然經濟精英在殖民統治時期一直在社會上佔據重要位置，這在某種程度上是因香港是一個移民社會，對在中國文化中佔重要地位的儒家精英，即士紳階層，在這塊前英國殖民地沒有吸引力。經濟精英雖佔據高位，卻無法得到港人的信任和尊重，因為他們在中國傳統文化價值觀的影響下對經濟精英始終心存輕蔑。由於殖民政府的統治權也非來自本地經濟精英，因此可相當自主和有效地調和商人與百姓之間的差異。而經濟精英在挑選行政長官上起着舉足輕重的作用，享有接近董建華政府的特權，也就不足為奇。官商之間這樣融洽的關係，引起很多港人的不滿，特別是中產階級，他們注重機會均等、公平競爭，而憎惡裙帶關係和任人唯親。2000 年的調查結果表明，接近一半（48%）的受訪者認為，與彭定康政府相比，特區政府有更多徇私行為，只有 11% 的受訪者持相反的看法。

第五，在一個已非常政治化的香港社會，董建華去政治化的管治策略根本沒有引起人們的注意。香港的政治化過程發軔於 20 世紀 70 年代初，主因是香港的現代化、中產階級的興起和社會愈來愈依靠政府及其服務來解決問題。[23] 到 20 世紀 80 年代初，隨着香港回歸中國議題的出現、由此引發的焦慮和恐懼、政治體制的逐漸開放、政治團體的出現，以及中英政府為贏得港人支持所展開的激烈競爭，這些都加快了香港政治化的過程。到回歸的時候，與老牌精英勢力共存但關係並不融洽的是已成熟、活躍的大眾政治勢力。儘管政府不是民選產生，但香港的大眾仍能通過一些傳統和非傳統的政治手段，[24] 向政府施壓或對抗統治精英的擺布。新出現的政治勢力中，民主派人士較能得到民眾的支持，這些人倡導民主改革，主張香港優先，而且對中央採取對抗的立場。特區的政治體制中，民主派和其他民間民主勢力幾乎沒有地位。董建華對民主派和民主勢力的態度基本上是敵對的，而後者則報之以死纏爛打般的反對。對於這些反對勢力，董建華並沒有採用嫻熟手法來控制、安撫、分化或拉攏，而是能不理睬就不予理睬，必要時就採取對抗的辦法。事實上，中央把這些人視為敵對勢力，也限制了董建華應對他們的選擇。無論如何，董建華沒有辦法與香港最有民望的政治勢力做到相安無事或應對有方，因此新政府一直麻煩不斷。

第六，很可能不僅是中央連董建華也低估了行政與立法之間的矛盾。目前立法會的選舉制度，的確能使大多數議員與董建華的社會經濟背景和理念保持一致。至少從表面上看，特區行政主導的政治體制能按照當初的設計運行，幾乎百分之百的政府法案都能獲立法會通過，但行政與立法之間的裂痕卻愈來愈闊。造成這個現象的部分原因在於行政與立法在制度上存在固有的爭權奪利基因，因此造成雙方關係緊張，並帶來很大的壓力。董建華對待立法會議員，其中包括一些他的支持者的態度頗為生硬，這更加劇了兩個機構之間的摩擦。甚至董建華在立法會的支持者，如民建聯、自由黨和香港協進聯盟，也在公共政策制定上幾乎沒有任何實質影響，完全被拒之門外。因為受到政府輕視，立法會議員變得越發對立、挑剔而且蓄意阻撓。董建華和他的主要官員不得不下大工夫，把不同議案中所需的議員組織起來，湊夠多數使政府的草案獲得通過。更基本的問題是，行政與立法之間的矛盾是由於彼此不可調和的分歧所引起的。行政長官和立法會選舉的方法如此不同，使政府不僅要向香港民眾負責，還要向中央負責，而立法會議員則只需面對選舉他們的港人。只要中央與港人之間仍互不信任，行政與立法之間的關係就不可能和諧。另外，不同的選舉方法也使不同社會經濟背景的議員都要加倍關注百姓的聲音，而行政長官則要順從經濟精英。由於政府在立法會中沒有穩定和可靠的多數票的支持，因此，行政與立法的緊張關係成為越發嚴重的問題。董建華沒有能力通過與議員或其政黨分享政治權力來獲得立法會多數的支持，這是他沒有能力構建強大的管治聯盟和建立廣泛社會支持基礎的集中表現。[25] 實際上，對任何政權而言，缺乏強大的管治聯盟和廣泛的社會支持基礎，都注定無法有效運作。

　　雖然如此，領導人的個人威望運用有效，還是能部分減緩一些不利的影響。若董建華能充分運用賦予他的權力和其他有利條件以進行政治呼籲和說服民眾，他仍可發動港人，在自己和民眾間建立情感和個人的聯繫。例如，他可運用大眾傳媒做政治動員，還可集合民意反擊政府內外的政敵。無論怎樣，去政治化策略雖不採用強制手段，卻需積極的政治策略，而且需要官員（尤其是董建華自己）精心設計和實施。這些策略包括設定議題，特別是對容易引起爭議和分裂的政治議題進行安全處理；也包括對存心提出難題的政治勢力，通過政治手腕將他們邊緣化；以及通過一些跨社會階層和強調中央與特區共同利益的議題，有意識地團結香港大多數民眾。實際上，這項工作需要董建華自己堅定、敏銳、強大和具魅力的領導藝術。但在現實中，董建華並沒有採用相應合適和積極的政治策略去政治化，而是消極地躲避政治議題。自上任後，董建華在政治上被動的低姿態，無疑反映了他反政治的傾向，深深地厭惡政治活動、厭惡煽動，既不能自如地應對傳媒，也缺乏迎合民眾的技巧。與彭定康政府截然不同，董建華政府非常不願意接觸民眾，這種被動的或更恰當地說是逃避的政治策略，磕磕碰碰地貫穿於董建華的第一任五年之中，對他的政府造成巨大傷害。

拆解董建華的管治策略

由於這些根本性問題，董建華去政治化的管治策略早晚會走下坡路，而事實上政治化的程度並未減少。恰恰相反，經過特區成立頭 4 個月的政治平靜之後，回歸後的香港就進入不可阻擋的政治化升級軌道。董建華的第一個任期結束時，正趕上政治衝突的爆發，這使他的管治策略更不堪一擊。

很多香港政治保守人士和經濟精英都堅定地認為，如果不是受到亞洲金融危機衝擊和回歸後房地產泡沫破滅的影響，董建華的管治策略也許可以實現去政治化的目標，同時也能保持香港政治穩定。這樣的判斷是因為中央一直謹守承諾，沒有干預特區事務，港人對實現“一國兩制”方針的信心逐步增強。港人與中央之間缺乏信任引起的摩擦，已不是特區政治化的主要原因。此外，英國勢力從香港撤退也消除了另一個產生政治分歧的根源。因此，如果當初經濟能保持繁榮，我們有理由相信特區成立伊始的政治平靜會一直延續下去。董建華管治策略的成功確實取決於經濟繁榮，因為只有這樣，才能首先在經濟利益上回報主要支持者，即商界和基層民眾對他的支持，同時也才能抵擋香港民主派力量對他的挑戰。也只有如此，他才能為商界提供良好的投資環境，並滿足其他支持者的福利需求。董建華管治策略早期的成功，主要是民眾對他履行其家長般承諾的決心和能力還抱有信心。特區成立初期適宜的經濟環境也增加了人們的信心。

1997 年 10 月爆發的亞洲金融危機，把董建華的策略完全打亂了。經濟危機驟然襲來，港人一點心理準備也沒有，儘管大家都知道危機是外部因素引起的，而且之前的殖民政府要承擔部分責任，但大家不可避免地還是把遭受的困境算在董建華及其政府賬上。故此，董建華政府的民望受到極大打擊，被人覺得既無能又缺乏同情心。政府官員也被批評為冷漠、自負，且沒有處理危機的能力。

應該承認，這場國際性的經濟危機，遠遠超出香港能控制的程度，特區政府幾乎沒有可能拿出有效辦法應對這場經濟災難。但是，如果董建華制定適當的管治策略，那麼他至少可以減少危機帶給政府的打擊，甚至將之轉變成機遇，來增強他的民望，展示道義上的領導地位，還可以提升政府的聲望。也就是說，如果董建華能使恐慌萬分的百姓相信特區政府有能力把經濟的負面影響降到最小，政府是關心和關愛民眾的，而且能激發社會的希望和熱情，把港人團結起來共同創設更美好的未來，那麼民眾對他的支持很可能不會下降得那麼厲害。

不過，就算經濟狀況良好，董建華以他的方式是否能成功管治香港也是一個問題。原因非常簡單，自回歸前的十多年開始，香港的政治環境已發生巨大變化。與董建華支持者的願望正相反，他去政治化的策略根本不可能成功。哪怕董建華沒有改革香港的制度和政策、重組香港經濟的宏大計劃，新政權所遇到的政治任務仍然艱難，對他的政治能量也會構成重壓。董建華成為特區的行政長官，面臨的主要政治任務包括：制度建設；緊隨香港從英國殖民地轉變為中國特區後制定的政治規則；在後工業化、經濟安全感日益減弱、民眾對自由資本主義制度信心衰退的背景下，重新擬訂特區的社會契約；在殖民統治結束後，根據"一國兩制"方針，重新定位香港與內地的關係；重塑已長期衰退的民眾對政治和社會權威的尊重與信任；[26] 在對公務員政治能力日益懷疑的氣氛中，提升民眾對政府的信心；掌控一個多重制度和政治勢力並存，且相互爭權奪利的政治體系；同時還要應對大眾政治日益冒起的政治局面。

更重要的是，還有兩個更具長遠意義的政治議題等待董建華處理。第一是動員和組織在港的保守力量來應對特區不可逆轉的、在《基本法》中得到保障的民主化過程。到目前為止，香港以商界為主的既得利益集團都是依靠中央和特區政府保護其商業利益，最終當大眾政治日益佔主導地位，當政治體制日益開放，當面對來自民主派和基層政治人物的挑戰時，毫無組織的保守力量將會變得愈來愈脆弱。特區成立的前十年仍會是保守勢力佔上風，但香港的經濟和社會精英需要形成自己的政治組織，對社會產生政治影響。董建華政府擁有巨大的公共資源和任命權，因此，新政府應該而且必須在政治上為精英作好準備，令他們可應對日益民主化的政治。

第二個具長遠意義的政治議題是，為香港制定新的社會契約。根據目前的社會契約，威權政府的"認受性"源於其成就，即為民眾提供廣泛而平等的經濟機會，以及基本的社會保障。在個人努力、公平競爭和放任資本主義經濟的條件下，港人期待可達到中產階級的地位。但是，經濟全球化、香港的去工業化、服務業快速發展，以及貧富差距加大等因素，都使現有的社會契約顯得愈來愈過時。在社會契約銷蝕的同時社會階級之間的矛盾日趨嚴重，大家對政府在經濟和社會中的作用日益不滿。新的社會契約將重新定義社會各階級之間的關係，以及各階級與政府之間的關係。回歸前，由於香港政治前途問題更為迫切，而且殖民統治者缺乏遠見，因此，重新制定社會契約的工作一直沒有着手進行。

鑒於香港特區的經濟危機、經濟結構轉型、失業率攀升（特別是中

產階級職位的消失），重新制定社會契約的工作就變得十分緊迫，社會
需要用新的社會契約來恢復特區的社會、經濟和政治秩序。在其他地
方，社會和經濟變遷已催生新的社會契約，香港在這方面卻一直落後。[27]
其實，早在亞洲金融危機之前，港人就已對資本主義社會所謂的"公平"
產生懷疑，極度關注貧富差距愈來愈大的現實，也逐步認識到政商勾結
的不好影響。回歸後的經濟危機，促使民眾要求縮小貧富差距，同時加
大政府在社會福利方面的角色。中產階級的衰落及其不斷向下流動，使
他們成為一個充滿怨懟和沒有安全感的階層，因此對董建華政府構成新
的強大政治威脅。由於特區缺乏其他領袖，新政府就不可避免地需承擔
重新制定社會契約的工作。但董建華沒有能力在此起到政治領袖的作
用，這不僅造成更嚴重的管治困難，而且還引發社會進一步的渙散，侵
蝕民眾的共識和特區的社會經濟秩序。[28]

　　毋庸置疑，董建華承擔着艱難的政治任務。這些任務不會因他不理
不睬而消失，反會不斷地纏累他的執政。更不幸的是，董建華並沒有仔
細和認真地對待一些基本的政治領導原則，以至於他原來受人喜歡的政
治形象都被毀掉了，到他第一任期結束時，他的形象居然變成問題。造
成這樣結果的原因有三：一是董建華從未刻意塑造他的政治形象；二是
觀察到董建華的作為後，民眾改變了對他的印象；三是亞洲金融危機之
後，民眾對董建華及其政府的期待已經不一樣了。

　　董建華對維持自己的民望從未予以足夠關注，他想當然地認為原來
正面的形象會延續下去，也不認為民望是重要的政治資源。當然，我們
不應指望一個存心在香港去政治化的人會關心他的公眾形象，也不希望
其使用政治花招來提升形象。但是，對一個並非經民選而上任的行政長
官，民望何其重要，更何況他以往無政績，不能網羅支持並建立強有力
的管治聯盟，又沒有廣泛、有組織的社會支持基礎。忽視形象的維護與
塑造只會削弱他的領導權。在董建華的第一個任期，他明顯缺乏深思熟

慮的策略，用以維護和提升他作為特區最高領導人的公共聲譽。港人沒見到任何對其威望的宣傳，甚至對那些毀壞其形象的事情，也很少見到採取有效的措施進行控制和補救。[29]

最令人遺憾的是，隨着董建華民望的下跌，其政治形象也經歷了災難性的轉變。一般而言，民眾會因應自己身處不確定的環境改變對領導人的看法或預期，正如諾伊施塔特（Neustadt）所觀察到：「雖然我們對一個人的印象很容易在初期就形成且持續很久，但我們對看到事情賦予的內涵改變得很快。『果決』可能變得暴躁；『聰明』可能變得好像不誠實；『開明』變得像無主見；『勇氣』變得像鹵莽。」[30] 董建華形象上的逆轉，不僅是因民眾對行政長官的期望變了，而且也歸因於他作為特區領導的表現。

港人對董建華的期望並不高，可以說是很務實。對中央缺乏信任，使他們不可能對中央指定的行政長官有很大興趣。港人相信回歸後香港經濟仍將持續繁榮發展，因此對行政長官最基本的期望就是按既定的制度和規矩辦事；他們還希望董建華能保護香港已長期享有的基本自由。只要他能保持香港的繁榮和穩定，大家就會覺得董建華是一個成功的行政長官。簡而言之，鑒於港人樂於維持現狀、擔心喪失自由，以及不信任中央，董建華作為政府首腦的主要任務就是看守監護。事實上，為減少特區的恐懼，中央並未對特區行政長官作出太高的期望。

由於危機爆發與隨之而來的連串事件，民眾對行政長官和特區政府的期望發生巨大轉變。問題的核心是，在面對不確定的前景時，港人需要董建華發揮政治領袖的作用。他們希望看到董建華有危機管理的能力、積極有為的管治、具前瞻性的眼光、有政治能力促成社會的團結一致並化解矛盾。他們希望從董建華那裏得到安慰，得到一種「事情會安然度過，他可照顧大家」的感覺。[31] 也就是說，港人這時依靠政府提出解決方案和方向。同時人在困境，總是不願意面對嚴酷的現實，對變化思前想後，拒絕痛苦的解決方案，也指望政府的保護。但董建華並沒有運用他的領導權威，讓大家意識到香港所遭遇的問題並非是任何簡單、不費力的辦法所能解決的，而問題出現就是要求人們學習新東西。[32] 與此相反，他卻向大家保證有辦法解決問題，社會可依靠他和他的政府。另外，他也沒通過辭令向港人"教授現實"的狀況。[33] 換而言之，董建華沒能阻止民眾對政府抱持不現實的期望，而這些期望最終都轉變成失望。後來，當港人意識到政府也沒有甚麼辦法時，大家就把政府的失職，以及自己的失敗，都算在董建華的頭上。因此，在那些政府大膽的決定和改革嘗試都沒能使香港的經濟恢復繁榮，也沒能紓緩人們的困境之後，董建華的政治形象就遭到致命損壞。

造成董建華政治形象受損的原因，還包括他執政上的一些失誤，其中有政府未能救助受經濟危機嚴重傷害的人、他對行為失當官員不分對錯地全力支持，以及推出許多不成熟的改革措施。一連串的行為讓港人開始質疑政府是否還遵守法治和制度理性，甚至連董建華的優點（他的誠實）也遭到質疑，因為他在放棄其施政中最主要的政策（即"八萬五"建屋計劃）兩年之後，才以順帶一提的方式告知民眾。還有，民眾也愈來愈覺得董建華做事優柔寡斷，而且不諳民情。必須承認，大家還是把董建華看成是非常勤勉、謙和，以及對香港有強烈奉獻精神的人，只是這些特點都不足以保住其正面的政治形象。

董建華政府陷入的處境已使其很難有效施政，這主要表現在：香港的經濟危機持續發酵、社會和經濟問題湧現、社會和政治衝突不斷、政治疏離感普遍；同時表現在：民眾對政府懷有敵意、董建華日益衰落的政治形象、行政與立法緊張的關係、民眾的要求令政府超負荷運轉、捉襟見肘、財政困難愈來愈嚴重，以及社會結構正一步步鬆動瓦解等。香港社會並沒有像董建華設想的那樣愈來愈去政治化，而是陷入嚴重的政治動盪中。董建華缺乏處理不斷出現的政治衝突的能力，使持續不斷的政治爭拗更劇烈。無疑，董建華的管治策略事實上已徹底失敗，不僅未能達到去政治化的目的，反而成為政治化的營養劑。

董建華管治策略和去政治化設想的失敗，有兩個說明問題的事實，一是其社會支持基礎的銷蝕，二是其管治聯盟的分裂。這兩個事實表明，董建華政府失去了他兩大支持羣體，即基層民眾和商界的可靠支持。底下階層備受失業、生活水平下降和陷入貧困的困擾，他們對董建華沒有兌現其儒家傳統的仁厚政府感到非常失望。特區政府在經濟困頓之際收緊社會福利的決定，以及無力恢復香港經濟的繁榮，引起了社會的普遍不滿。同時，社會階級意識和政治衝突明顯增加，尤其是貧富差距問題持續惡化，港人對董建華政府給予商界的特殊地位愈來愈不能容忍。我在 1999 年進行的全港性調查表明，[34] 近一半（46%）受訪者認為特區政府較照顧富人的利益，只有 16% 的受訪者認為政府比較照顧普通大眾的利益，另有 25% 的受訪者相信政府兩方面同等重視。民眾對董建華和特區政府的不滿，也因以下因素而被逐漸放大，包括越發激烈的官民衝突、民眾失去對新政府的信任和信心，以及社會對政府行為的抵抗。到董建華第一任期結束時，政府的任何新舉措都難以得到民眾的認同，更不用說需要百姓付出和犧牲利益的政策了。

在另一邊，商界團體與董建華政府越發疏離。儘管董建華政府具有親商界的傾向，商界人士仍認為董建華太順從民粹的要求。除此之外，他們也對董建華的議而不決、經濟政策的不一致和混亂的經濟干預感到沮喪。最受打擊的中小企業因得不到政府的任何支持而充滿怨懟，在它們看來，董建華只關心大商家。但是大商家對董建華也有怨言，很多大商家認為，董建華只對他的幾個朋友給予特殊優惠政策，因那些人曾影響中央支持董建華擔任特區行政長官。總的來講，商界對董建華政府的不滿相當明顯。對董建華來說，幸運的是，香港的商界基本對特區政府親商界的傾向仍很讚賞，對民主派和大眾政治的恐懼則仍讓它們把董建

華作為其利益的主要擋箭牌。更重要的是，由於中央支持董建華，這些
商人為了不得罪中央，一般不會公開批評他，但也不是全心全意地支持
他的施政。因此，董建華除得到幾個因其執政而受益的商人支持外，幾
乎無法指望商界提供可靠的支持。

　　香港的中產階級從來不是董建華政府的支持者。他們得益於香港經
濟繁榮，因此回歸前是一個頗為志得意滿和穩定的社會階層。回歸後的
經濟危機則徹底改變了中產階級的生存狀況。失業、職業不保、生活水
平降低、自己及後代經濟機遇的減少、負債和破產等，都使中產階級第
一次感受到近在眼前、愈來愈大的威脅，因此，他們變成充滿怨氣和不
安的社會階層。中產階級對董建華政府的不滿迅速蔓延，而且確信政府
只是一味地照顧高收入、低收入階層，而有意識地忽略他們。中產階級
的這種狀況、他們的憤怒和沮喪，遲早會轉變成中產階級的政治行動，
以反對香港政府、低下階層和特權階層。

　　支持中央的力量（主要來自社會基層）與特區政府也日趨疏離，雖
因中央的緣故他們仍要支持董建華。支持中央的陣營內部分化也愈來愈
明顯，一方面反映了商界和勞工界的分歧，另一方面也反映了董建華的
支持者與惡意批評者之間的分歧。民建聯與工聯會之間緊張的關係，正
是支持中央的陣營分化的表現；另一事實就是支持中央的勢力在香港經
歷經濟危機和社會充滿不確定時，在公共政策上無法保持觀點一致。儘
管如此，在民眾對董建華失去信心時，支持中央的陣營不得不加大力度
支持他，尤其是政府推出具爭議和不受歡迎的政策時。由於支持中央的
陣營希望向主流社會靠攏，從而甩掉他們長期受排斥的形象，因此，在
社會反對新政府聲音愈來愈大的情況下，他們對董建華的支持也不再那
麼堅定。

　　總之，隨着支持董建華政府的社會基礎的減少，他的管治聯盟也
肯定會分裂，原因很簡單，愈來愈多的精英不願與一個民望下滑的政府

攪在一起。高級官員與董建華之間的衝突，特別是他與陳方安生幾近公開的矛盾，已發展到將要爆發的程度。兩人的矛盾，最後以陳方安生於2001年初"自願"辭職告終，但她留下的是缺乏安全感的公務員，後者不明白他們在香港政治體制中的角色，也不知道該如何處理與中央、與行政長官，以及與那些以"政治任命"為名拉入政府的官員之間等諸多關係。自回歸以來，公務員的威望明顯滑落。我在1999年調查的結果表明，只有30%的受訪者對公務員體制有信心，31%的受訪者信任他們。高級官員的情況更糟，只有23%的人在2000年的調查中表示信任他們。顯然，百姓對公務員大失所望的原因，是他們在特區政府的表現實在不能令人滿意。另一個可能的原因是，大家看到特區官員在政策失敗時，既不願承擔政治責任，同時面對前所未遇的困難時，又不能團結一致應對挑戰。由於他們的特點和缺乏訓練，這些高級官員不可能迅速回應政治挑戰、成為政治領袖。事實上，他們被經濟和政治危機搞得不知所措，也逐漸喪失平日的自負和自信，因此並非是董建華政府能依賴的主要力量。高級官員政治上的被動，使新政府在受到攻擊時失去防衛的力量，更增加了民眾對政府的失望。

在董建華任內的後幾年，政治盟友愈來愈少，使他在政治上日益孤立，沒有遮擋。他在行政會議的那些非官守成員（一般相信應是最親密的盟友），或在政治上極其低調，或毫不相干，這種現象引起極大的關注。這些人不僅在董建華受到困擾時無法援助、幫忙解圍，而且也好像被排斥在重大決策之外。[35] 隨着董建華民望的下降，那些與他關係密切的政治人物也免不了遭殃。

除政治影響力日漸減少，管治聯盟也變得愈來愈不團結。以前立法會內支持董建華政府的兩大政黨，即民建聯和自由黨，都變得很武斷，也靠不住。由精英組成的自由黨，主要代表商界利益，而且希望能成為保守大黨，也變得反覆無常，很不穩定。而民建聯則在中央的要求下，繼續對董建華政府給予支持，但為此付出了沉重的政治代價，因這引起黨外甚至黨內愈來愈多的不滿。兩黨都對與政府不平等的政治交易，以及董建華吝嗇的政治回報感到日益不滿和沮喪。兩黨的負責人甚至公開表達不滿，並要求與政府分享更多權力。

到董建華第一任期結束時，其政治盟友的威望已大幅下滑。那些仍與董建華關係密切的人物，社會聲譽早消耗得差不多，政治上對新政府已無多大價值。總的來說，行政會議，理論上也是特區最高的決策機構，應是特區最重要的政策制定諮詢機關和法定機關。其設立是為保障更好地統籌政府施政，保障特區管治的高度一致性。但被委任的行政會議成員大多是董建華的朋友、成功的商界人士。儘管佔據這麼重要的位置，很多成員似乎沒有意識到他們應起的政治作用。

新政權漸漸喪失其社會支持基礎，加之其渙散的管治聯盟，都嚴重削弱了政府有效施政的能力。董建華在位的後期，政治紛爭和困境不斷，其中主要事件包括：民眾對政府的要求愈來愈多，而政府並沒有能力綜合梳理這些要求並轉化成政策議程，民眾幾乎對政府所有重大政策都不滿；混亂和毫無規律的公共政策；政策的失敗和拙劣的改革；各方不斷挑戰政府權威；日益對立的行政與立法關係；愈來愈嚴重的政治權威和利益集團的衝突；社會衝突蔓延；民粹主義崛起，以及政治不滿、犬儒心態、不信任和疏離感日漸增強。新政權已明顯失去控制政治形勢和設定政策議程的能力，也失去政治和道德影響力，以促進社會團結和官民的團結一致。雖然政府有抵抗民眾不斷升級要求的權力，卻因失去社會支持，已沒有大膽嘗試和推動新舉措的能力。

在這種情況下，政府幾乎沒有提高稅率或其他公共收入來源以解決財政需要的可能性，轉而不得不動用政府仍然雄厚的財政儲備。一個衰弱的政府留下很大的政治真空，亟需領袖，但還沒有其他政治勢力填補這一空白。香港很快成為一個缺乏政治領導的社會。港人進入萎靡不振的狀態，他們和香港社會都失去方向感。特區籠罩在悲觀、恐懼，不滿和自我懷疑的氣氛中。不論是否公平，董建華成為香港困境的"替罪羊"，也就不足為奇。

結論

我們都知道《基本法》確定了一個行政主導的政治體制，這個體制中，行政長官及其政府可以說完全掌控着公共政策的制定權。不過，像在其他地方一樣，制度設計與實際運作並不是一回事。以香港為例，政府受立法會的監察，立法會的決策權雖然很小，但卻被賦予實質的權力去否定行政長官的政策措施。立法會複雜的選舉制度，使立法會議員很難團結一致以作為對抗政府的手段，但是政府也無法在立法會取得可靠和穩定的大多數支持。更重要的是，香港政治體制的局部民主化，與民眾享有相當廣泛的政治自由共存，政府也沒有強制的手段可令民眾達到政治上的順從。特區政府實際上沒有組織和控制社會的能力來與其他政治力量爭奪話語權。因此，香港的行政主導只存在於憲法中，只有在取得社會的政治和意識形態主導權後，行政主導才能成為政治現實。香港的行政主導體制目前是一團糟，是一個很難駕馭的體制。只有佔據此位的行政長官擁有豐富的經驗、精明而且具備政治技巧，這個體制才可能良好運作。對行政長官而言，政治是最首要的工作，也是工作的本質。他必須通過精心設計並形成具政治代表性的管治聯盟，來為他的政府構建廣泛的政治支持基礎。

像董建華那樣的政壇新手，哪怕是在最佳的環境下，首要的任務也是贏取政治盟友和建立政治組織。為實現有效管治，董建華應走的第一步就是明確政治計劃。行政長官的基本工作就是擔當政治領袖，其政治計劃的短期目標，就是保障他能管治這樣一個政治上分化的社會；長遠目標，則是時刻準備並勸說香港的保守勢力參與大眾政治，使特區的民主化過程得以順利進行。

　　然而，董建華自始就把執政重點放到相反的方向上。他希望通過處理社會經濟議題，把民眾的注意力從政治上轉移。他沒有意識到，要想成功改變民眾的偏好，滿足港人的社會經濟需求，他需要拿出一套可行的政治框架。這個框架的核心，就是強大的管治聯盟和廣泛的社會支持基礎。只有如此，董建華才能形成連貫和有效的執政、獲得支持政府的立法會多數票、控制公共政策議程的制定、迎接其他政治力量的挑戰，並動員社會資源支持其新政策的嘗試。考慮到殖民統治留下的嚴重政治分化局面，這個政治架構的建設需要細緻和有策略的政治工作。因為不具備這樣一個架構，董建華政府在亞洲金融危機沒有爆發以前已遇到了有效施政的阻礙。經濟危機突然爆發，及其引發的社會政治動盪，暴露了董建華管治策略中的問題，即在他的策略中，明顯沒有政治組織的角色。為提高政府的民望，董建華在社會經濟領域採取了不少措施，但這些進取的制度和政策改革都沒有成功，再次暴露出缺乏政治組織的問題。董建華缺乏支撐他管治的政治基礎，致使香港的政治化達到前所未有的程度。

　　到第一任任期結束時，董建華就特區愈來愈難以管治的狀況進行了自我反省。基於執政 5 年來積累的經驗，他對香港管治的主要問題明顯地有了更深入的認識。他意識到需要改變管治策略，特別是應對政治考量和運作給予高度重視；他也體會到建立團結一致和享有民望的管治聯盟，以及擴寬其管治社會支持基礎的重要性。

　　2001 年 12 月，在董建華爭取連任的演講中，他公開承認其管治香港的種種不足，他說："我們的確做了很多工作。但是，在過去的四年半裏，我對自己的工作也經常反省。我清楚知道有不足之處。例如，在政策的落實方面，確實存在問題；在推動改革方面，沒有充分評估社會的承受能力和平衡各方利益，以及未能妥善地安排各項改革的優先次序；在掌握民情民意方面，仍然需要做得更加細緻。對於不足之處，一定會在日後的工作中徹底改善。"[36] 他承諾在未來的工作中改善管治策略，以確保政策計劃、發展和落實有序而且與時俱進。具體而言，他承諾會更重視民意，引入政治問責制，擴大政府的社會支持基礎，並且合理地照顧各方利益。民眾對董建華的講話反應良好，雖然不少人也對其承諾將信將疑。演講後，董建華的民望因此有明顯的提升。

在他的第二任任期，董建華將改變其主要官員的地位，從公務員改為政治任命，從而建立一個理想和目標一致的領導團隊，而這些人都要對董建華負責。這種得到中央首肯的香港式"部長制"，表明中央政府對香港政治局勢的了解。[37] 此外，也說明董建華及其主要官員為贏得民意，已開始改變之前對政治"表現"反感的態度。這個香港式"部長制"有可能成為具更廣泛基礎的管治聯盟，繼而贏得更廣泛的社會支持。

儘管董建華已決定修改其管治策略，但仍需得到中央認可和商界支持。他必須讓中央認識到這樣的事實，即與一些對中央不太友好的政治人物分享權力是不可避免的。他還需要在建立較自主的社會支持基礎上，得到中央的首肯。對董建華來說，商界對他的理解和支持仍是十分必要，因其新的執政策略將改變之前親商政策的傾向，轉向較公平地對待社會各階層。同時，政治體制還需進一步開放，從而回應社會上日益高漲的參與政治的要求。目前，中央和商界還沒有風雨欲來的政治危機緊迫感，仍然認為未來經濟的復甦可以解決特區政府面臨的不少政治挑戰。一些商界領袖甚至建議動用高壓手段對付董建華的政敵，並且收緊香港以往的民主所得。

可以想見，在第二任任期內，董建華將非常努力地嘗試擔當政治領導的作用，在香港面臨重大困難的時期，釋放政治領袖的能量。在忽視政治 5 年之後，董建華明顯已經準備好，把有效的政治管理放到他管治策略的頭等重要的位置。

註釋

1. 董建華 . 共同建設二十一世紀的香港 [N]. 參選政綱，1996-10-22。
2. 同上。
3. 董建華 . 追求卓越 共享繁榮：中華人民共和國香港特別行政區成立慶典行政長官董建華演辭全文（一九九七年七月一日）。http://www.people.com.cn/GB/shizheng/252/8368/8390/20020605/745105.html.
4. 雖然理論上存在用暴力鏟除政治反對派的可能，但實際上這是無法想像的事情。它不僅會摧毀民眾對香港前景的信心，引起大批港人出走，而且也等於宣佈中央政府 "一國兩制" 方針的失敗。西方強烈的反對也是不可避免的。考慮到香港非常依賴發達國家和國際社會對其良好的願望來保障經濟繁榮，還考慮到香港作為中國通往世界的橋樑，西方國家實際上對政治反對派形成一種庇護。
5. Lau Siu-kai, "Government and Political Change in the Hong Kong Special Administrative Region," in James C.Hsiung (ed.), *Hong Kong the Super Paradox: Life After Return to China* (New York: St.Martin's Press, 2000), pp.35-57.
6. 應該承認，基於當時港人對中央的不信任，董建華與中央的密切關係，也可成為其政治上的包袱。但是，自回歸以來，中央一直沒有插手香港特區的事務，因此算是表現 "正確"，董建華與中央關係密切的正面效果，總的來說蓋過了負面效果。
7. Lau Siu-kai and Kuan Hsin-chi, *The Ethos of the Hong Kong Chinese* (Hong Kong: Chinese University Press, 1988).
8. 調查的總體是年滿 18 歲香港華裔居民，樣本為概率樣本。首先由香港政府統計處協助，在全港以分區等距方式抽取居住單位地址；其次是抽選住戶，如已選取的居住單位有超過一夥住戶，或為一羣體住戶（如宿舍），訪問員將根據隨機抽選表，抽選其中一夥住戶或一位符合資格的人士接受訪問；最後是抽選受訪者，如已選取的住戶有超過一位符合資格的人士，訪問員將利用基什方格（Kish Grid）抽選其中一位接受訪問。這個樣本原有 1 650 個住址，扣除無效和沒有使用的住址後，實際數目減少至 1 410 個；調查共成功完成 701 個訪問，回應率為 49.7%。
9. Lau Siu-kai, "The Rise and Decline of Political Support for the Hong Kong Special Administrative Region Government," *Government and Opposition*, Vol.34, No.3 (1999), pp.352-371.
10. Lau Siu-kai, "The Fraying of the Social-economic Fabric of Hong Kong," *The Pacific Review*, Vol.10, No.3 (1997), pp.426-441.
11. 董建華 . 追求卓越 共享繁榮：中華人民共和國香港特別行政區成立慶典行政長官董建華演辭全文（一九九七年七月一日）。http://www.people.com.cn/GB/shizheng/252/8368/8390/20020605/745105.html.
12. 同上。
13. Lau Siu-kai, "The Eclipse of Politics in the Hong Kong Special Administrative Region," *Asian Affairs*, Vol.25, No.1 (1998), pp.38-46; Lau Siu-kai, "The Hong Kong Special Administrative Region Government in the New Political Environment," in Lee Pui-tak (ed.), *Hong Kong Reintegrating with China: Political, Cultural and Social Dimensions* (Hong Kong: Hong Kong University Press, 2001), pp.59-77.
14. Lau, "The Rise and Decline of Political Support for the Hong Kong Special Administrative Region Government."

128

15. Lau Siu-kai, "The Hong Kong Policy of the People's Republic of China, 1949-1997," *Journal of Contemporary China*, Vol.9, No.23 (2000), pp.77-93.

16. Lau Siu-kai and Wan Po-san, "Social Conflicts: 1987-1995," in Lau Siu-kai (ed.), *Social Development and Political Change in Hong Kong* (Hong Kong: Chinese University Press, 2000), pp.115-170; Lau Siu-kai, "Confidence in the Capitalist Society," in Lau Siu-kai et al.(eds.), *Indicators of Social Development: Hong Kong 1999* (Hong Kong: Hong Kong Institute of Asia-Pacific Studies, The Chinese University of Hong Kong, 2001), pp.93-114.

17. Lau Siu-kai, "The Making of the Electoral System," in Kuan Hsin-chi et al.(eds.), *Power Transfer and Electoral Politics: The First Legislative Election in the Hong Kong Special Administrative Region* (Hong Kong: Chinese University Press, 1999), pp.3-35.

18. Lau Siu-kai, "From Elite Unity to Disunity: Political Elite in Post-1997 Hong Kong," in Wang Gungwu and John Wong (eds.), *Hong Kong in China: The Challenges of Transition* (Singapore: Times Academic Press, 1999), pp.47-74.

19. 根據英文版的《基本法》，這個職位的名稱是 "Administrative Secretary"，用 "Chief Secretary for Administration" 是有悖於《基本法》的。但是後者仍在使用這個事實本身反映出陳方安生的政治能量，她堅持樹立起這個職位擁有更多權力的形象。

20. Lau Siu-kai, "Decolonisation à la Hong Kong: Britain's Search for Governability and Exit with Glory," *Journal of Commonwealth and Comparative Politics*, Vol.35, No.2 (1997), pp.28-54.

21. 香港政壇元老和董建華的前行政會議召集人鍾士元，很早就意識到香港行政主導體制在管治上的問題。他提出在目前的體制之下，儘管行政長官擁有巨大憲制權力，但若沒有團結一心的領導團隊和強大政黨的支持，有效管治是不可能做到的事情。根據《基本法》，香港是行政主導，由民選的立法會擔任監督和制衡的角色。這種體制行之有效的前提是，行政長官在他的行政機關中應有和他理念相同、相互信任、利害一致、共同進退的主要及高級官員協助。因此，行政長官應由政黨提名競選，助其選舉，選舉成功後，在社會上和立法會內，協助行政長官制定、解釋、推銷、辯護和實施政策。理想的情況是，他可以從黨內委任那些忠誠和有能力者成為他的主要官員（部長）。香港回歸初期，行政長官施政連連失誤，卻得不到應有的政黨支持與協助，行政長官只能無辜地承擔由其下屬失職所引發的不滿。見 Chung Sze-yuen, *Hong Kong's Journey to Reunification: Memoirs of Sze-yuen Chung* (Hong Kong: Chinese University Press, 2001), pp.303, 305。鍾士元對董建華執政困境的解釋是片面的，因他沒有考慮董建華的政治性格和政策取向。儘管如此，他還是看到在香港特區這種行政主導的體制下，行政長官擁有強大的管治聯盟和廣泛社會支持基礎的重要性。

22. 2000 年的調查的研究總體和抽樣方法與 1997 年的調查相同（見註 8）。調查共成功完成 1 883 個訪問，回應率為 43.4%。

23. Lau Siu-kai, Society and Politics in Hong Kong (Hong Kong: Chinese University Press, 1982); Lau Siu-kai, "Social Change, Bureaucratic Rule, and Emergent Political Issues in Hong Kong," *World Politics*, Vol.35, No.4 (1983), pp.544-562.

24. Lau Siu-kai, "Political Order and Democratisation in Hong Kong: The Separation of Elite and Mass Politics," in Wang Gungwu and Wong Siu-lun (eds.), *Towards a New Millennium: Building on Hong Kong's Strengths* (Hong Kong: Centre of Asian Studies, University of Hong Kong, 1999), pp.62-79.

25. Lau Siu-kai, "Hong Kong's Partial Democracy under Stress," in Yue-man Yeung (ed.), *New Challenges for Development and Modernization: Hong Kong and the Asia-Pacific Region in the New Millennium* (Hong Kong: Chinese University Press, 2002), pp.181-205.

26. Lau Siu-kai, "Decline of Governmental Authority, Political Cynicism and Political Inefficacy in Hong Kong," *Journal of Northeast Asian Studies*, Vol.11, No.2 (1992), pp.3-20; Lau Siu-kai, "Democratization and Decline of Trust in Public Institutions in Hong Kong," *Democratization*, Vol.3, No.2 (1996), pp.158-180; Lau Siu-kai, "Attitudes towards Political and Social Authorities," in Lau Siu-kai et al.(eds.), *Indicators of Social Development: Hong Kong 1999* (Hong Kong: Hong Kong

Institute of Asia-Pacific Studies, The Chinese University of Hong Kong, 2001), pp.55-91.

27. 不同的社會以不同的方式重新訂立社會契約。在西方，這意味福利國家的退卻和勞工保障的削減。例如在美國，20 世紀 90 年代末，公司內和國家層面的社會契約都受到抨擊。在舊社會契約中，公司與其僱員之間的協議內容包括："僱用關係的永久性，提供長期的工作保障和彼此的投入承擔。享有的權利，對所有履行職責和沒有違反公司政策的僱員，不僅只有工作保障，而且還要有穩定的收入增加和慷慨的福利。家長式的，以公司為'家'表現為主僱觀點共享。等級，在公司中權力架構和地位界定清晰，公司以外也如此。"參見 Marina v.N.Whitman, *New World, New Rules: The Changing Role of the American Corporation* (Boston: Harvard Business School Press, 1999), pp.45。這類社會契約已不再是很多公司用以籠絡僱員的方式。根據派文（Frances F.Piven）和克洛沃德（Richard A.Cloward）的分析，在國家層面，"工會地位已經窘迫，大部分的會員都走了；福利社會的內容也在縮水；收入和財富之間的差距達到歷史的高位。"參見 *The Breaking of the American Social Compact* (New York: New Press, 1997), pp.4。歐洲國家還在掙扎着保持它們的社會契約，但是，變化馬上就到，用隆沃思（Richard C.Longworth）的話說："從前，社會契約是窮人和富人，以及僱主和僱員之間曾經達成的協議，經濟變化總是帶來收益和痛苦。不過從短期來看，富人更多地得到收益，而窮人則更多地感受痛苦。……社會的契約已經被打破。行動自由的國際企業不再繳稅，社會契約就失去了經濟基礎。而工人反要付更高的稅來至少部分地補充契約所需。換句話說，經濟上工人自己現在正支撐着社會契約中他們的那部分。……高生產率與更多工作職位和更高薪水之間的聯繫被扯斷了，這是全球化時代改變之一。"參見 *Global Squeeze: The Coming Crisis for First-world Nations* (Chicago: Contemporary Books, 1998), pp.61, 83。還見 Evelyne Huber and John D.Stephens, *Development and Crisis of the Welfare State: Parties and Policies in Global Markets* (Chicago: University of Chicago Press, 2001); Edward S.Cohen, *The Politics of Globalization in the United States* (Washington, DC: Georgetown University Press, 2001)。
在東亞地區，根據哈格德（Stephan Haggard）的研究，1997~1998 年的亞洲金融危機暴露了"發展與公平並行"模式的問題。這個模式倚靠經濟增長和非制度化的方式提供社會保障，而政府只負責提供社會安全網。因此，當社會陷入大範圍困境時，政府根本無法應對。這個模式的局限表現在各方面，包括人口老齡化、社會上向流動機會減少、貧富差距不斷加大、全球化的負面效果和日益增多的政治爭議。相應地，在東亞，政府應在新的社會契約中承擔更多社會保障責任。政治爭辯可能圍繞以下五個政策領域展開：社會保障的內容、改革勞動關係和勞動力市場的問題、教育、權力下放，以及如何應對長期和結構性貧困。參見 *The Political Economy of the Asian Financial Crisis* (Washington, DC: Institute for International Economics, 2000)。

28. Lau Siu-kai, "Confidence in Hong Kong's Capitalist Society in the Aftermath of the Asian Financial Turmoil," *Journal of Contemporary China*, Vol.12, No.35 (2003), pp.373-386.

29. 董建華的確在 1998 年 12 月宣佈，在其辦公室開設一個新聞統籌專員的職位，其職責為：制定公關和傳媒策略，承擔行政長官辦公室新聞發言人的角色，追蹤和分析民意調查結果。從後來事態的發展看，該項任命並沒有挽回董建華民望下跌的頹勢。

30. Richard E.Neustadt, *Presidential Power and the Modern Presidents: The Politics of Leadership from Roosevelt to Reagan* (New York: Free Press, 1990), pp.80.

31. James D.Barber, *The Presidential Character: Predicting Performance in the White House* (New Jersey: Prentice-Hall, 1992), pp.6.

32. 關於在需要變通環境下的領導技巧，參見 Ronald A.Heifetz, *Leadership Without Easy Answers* (Cambridge, MA: Belknap Press of Harvard University Press, 1994)，如海菲茲（Heifetz）所言，在需要變通的境況下，"一般適合採用更多參與的運作模式，使得責任可以轉移到主要的持份者身上，因為問題主要都產生於他們的態度、價值觀、習性或當時的相互關係，因此解決問題還是要靠他們自己。"他還勾勒出運用變通性領導力（adaptive leadership）的五個步驟：一是確定變通性的挑戰；二是在應對變通性工作時，把痛苦維持在可控的範圍內；三是把主要精力放到可解決的問題上，而不是減緩痛苦；四是在他們可承擔的範圍內，讓百姓自己處理這些工作；五是保護那些並沒有權威的領導者的聲音。

33. 所謂 "教授現實" 就是解釋目前的問題和關鍵所在，最好能利用香港目前和以往的集體經驗來解釋這些問題作為對未來的指導。這自然需要政治家的洞察力，對出現的問題提出可行的解決辦法，以此來贏得民眾的政治支持。參見 Erwin C.Hargrove, *The President as Leader: Appealing to the Better Angels of Our Nature* (Lawrence: University Press of Kansas, 1998), pp.vii-viii, 43。

34. 1999 年調查的研究總體和抽樣方法與 1997 年調查相同（見註 8）。調查共成功完成 839 個訪問，回應率為 49.7%。

35. 在董建華或特區政府宣佈重大決策時，許多行政會議成員看來事先也並不知情，例如 1998 年政府決定介入股票市場從而阻止國際投機炒家；2000 年董建華宣佈放棄他的主要房屋政策，而且他兩年前已經決定放棄，只是沒有宣佈而已；以及 2001 年政府決定停止出售 "居者有其屋" 計劃的房屋。

36. 董建華參選演說：施政與時並進 強化競爭優勢（全文）[N]. 人民網，2001 年 12 月 13 日。

37. 董建華在他的第四份施政報告中提出主要官員政治任命的想法。他承諾會 "研究在行政長官領導下，如何加強有關主要官員在不同政策範疇承擔的責任。……需要考慮的，包括制定一套相應的聘用制度，明確權責，界定他們在新制度下制定和執行政策所擔當的角色"。董建華，二零零零年施政報告[M]. 香港：政府印務局，2000:30。

第 7 章　董政府制度與政策改革的社會響應

　　董建華首個任期的特點之一，就是推出數量繁多的改革措施，顯示他希望重塑受亞洲金融風暴肆虐後的香港。這些政策措施涵蓋範疇甚廣，涉及許多公營機構。其主要目的有兩個：一是推動香港轉型成為知識型經濟體，並增強競爭力；二是提升民眾信心，因一場始料未及的經濟衰退已令港人陷於自我懷疑和心神不定的狀態。

　　大部分改革舉措都出自政府內部高層，有些實際上是董建華自己的得意之作。這些改革的共同特點是：都是自上而下制定的，出於對香港經濟未來發展不確定的擔憂，以及對政府的恐慌感，這些因素成為推動這些政策的動力來源。就像任何新政權總是擔心缺乏民意支持一樣，董建華政府也希望通過帶領香港走出危機的能力和決心來證明其價值，提升民望。但是，董建華家長式的作風和新政府精英的特色也意味着，對於他們的改革和部分大膽的舉措，社會反應與支持都不盡理想。實際上，許多改革項目本身就已對政府內外相關的利益團體帶來壓力，因此抗拒這些改革的力量已積聚起來。在董建華的不少舉措中，他首先未能獲得主要官員和公務員的支持，因此這些人往往成為不滿的一方，甚至成為蓄意阻礙的力量。

　　總體而言，作為改革的新信奉者，董建華的改革所獲不多。他成功地解散兩個市政局，這兩個局日趨獨立且成為民主積極分子滋生的平

*

---

*　本文原以英文發表，刊於 Lau Siu-kai, "Attitudes towards the Institutional and Policy Reform Initiatives of the Tung Administration," in Lau Siu-kai et al.(eds.), *Indicators of Social Development: Hong Kong 2001* (Hong Kong: Hong Kong Institute of Asia-Pacific Studies, The Chinese University of Hong Kong, 2003), pp.1-27。

台。不過，把市政局的功能轉到政府行政部門，並沒有很大地改善政府在衛生、體育、文化娛樂和環境領域的管理效果，也沒有節省多少公帑。董建華開展的另一項改革是證券與期貨市場的合併，以此希望更好地規管金融部門，但也有人提出此舉實際上扼殺了競爭。雖然這些改革也取得了一些成功，但我們無論如何都無法認同董建華的改革措施是成功而出色的，從而對經濟、社會和民眾的信心產生重大影響。相反，這些改革觸動了很多利益團體，給香港社會帶來極大混亂，一方面是政府與這些利益團體之間的衝突，另一方面也觸發了各利益團體之間的矛盾。董建華為這些改革也付出了民望代價。最終，這些改革要麼被打折扣，要麼被束之高閣。為挽回民眾對其政府的信心，董建華也不得不為其改革方式向民眾道歉。[1]

儘管如此，董建華改革也可以說是反映了一個對香港有強烈責任感的人希望為香港建設更美好未來的決心。這些改革遇到問題，其原因來自多方面，包括：設計粗糙、執行不到位、改革的順序不對等。本文將根據我在 2001 年進行的全港性問卷調查，[2] 集中探討董建華的改革沒能獲得民眾支持的原因。我將主要關注港人如何看待這些改革措施，包括改革的內容和實施的方式。同時，我還將探討民眾的態度對改革的推動和阻礙作用，因這將影響董建華未來的改革。在交代調查結果時，我會闡述主要變項的頻數分佈，並比較不同性別、年齡和社會經濟地位（包括學歷、職業、家庭月收入和主觀社會經濟地位）人士的異同。[3]

對改革的態度

在經濟衰退和面對不確定的未來時，港人好像意識到，為恢復香港競爭力和社會活力，有必要進行制度改革和改變相關政策，但對改革的議程並沒有一致看法。其實在經濟衰退之前，港人對香港的社會和經濟體制的信心就已漸漸減少。[4] 民眾對香港自由資本主義體制愈來愈不抱幻想，主要是因為貧富之間的差距愈來愈大。以前民眾相信香港是一個充滿機會的地方，經濟危機加深了民眾對這個想法的懷疑。對香港經濟前途的擔憂不僅削弱了民眾的經濟期望，也增加了對改革的接受程度。

有剛剛超過一半 (52.9%) 的受訪者同意，香港的各種制度和政策需進行一些較重大的改革，只有 15.1% 的受訪者持相反觀點，還有 10.8% 的受訪者回答"基本同意"。總的來說，民眾是支持改革的，這與大眾傳媒宣傳的港人抗拒改革形象形成對比。

在支持改革的受訪者中，[5] 大部分 (44.8%) 認為改革的步伐應"不快不慢"；不過，也有 34.5% 的受訪者支持"加速推進"；與此相反，18.1% 的受訪者希望改革能夠緩慢進行。調研結果再次與港人不喜歡改革的流行印象相反，很多人都不同意以緩慢的速度進行改革。此外，大多數 (65.1%) 的受訪者認為這些改革主要應由特區政府推行，說明港人還是在很大程度上依賴領導權威，希望他們採取措施，發動集體力量，帶領香港走出困境；很少人認為應依賴其他政治和社會組織的領導，選擇立法會、政黨、傳媒、工商界領袖、社會領袖和學者作為領導的百分比依次是：11.6%、1.5%、1.9%、1.1%、3.8% 和 5.3%。也就是說，雖然港人認為董建華政府的公信力不高，但在改革的領導權上，除了政府並沒有其他可行選擇。

改革總是困難的，因它涉及犧牲。更困難的是誰應為改革付出代價。因此當討論到分擔改革代價時，港人好像並沒有忍辱負重的決心，而是指望特區政府來承擔。在這次調查中，大約有一半受訪者 (48.1%) 很堅定地認為香港若要進行各種改革，特區政府應付出較多代價；相反，只有約 1/5 (19%) 的受訪者認為市民大眾應付出較多代價。有趣的是，還有不少人 (7.7%) 認為沒有人應為改革付出較多代價。這種態度顯示不少港人把政府劃分為異類，政府的利益與民眾的利益截然不同。

與此同時，民眾也基本認為政府有資源推動改革，不用依靠社會的幫助。在調查中，只有25.5%的受訪者同意特區政府正面臨財政困難，即收入不足以應付開支；大約有一半（46.1%）的人不同意這樣的看法；12.2%的受訪者回答"基本同意"。就是政府的確遇到財政困難，港人也傾向於相信政府有資源可以應對，而無須百姓分擔。大約1/3（32.7%）的受訪者認為政府如果面對財政困難，最應該動用財政儲備來處理問題；大約1/4（23.2%）的受訪者建議應向富人加稅；較少（14.8%）的受訪者認為應削減政府開支來渡過財政難關；只有2.3%的受訪者同意向全體市民加稅的辦法。港人只有在確定政府的確遇到財政困難時才同意承擔更多負擔，如大多數（69.1%）人同意若特區政府面對財政困難，港人應更多依靠自己來照顧自己和家人。簡而言之，港人一方面對改革抱積極的態度，但另一方面並不希望為之有所付出。他們希望特區政府既負責推動改革，又承擔改革的代價。港人這種不願意為改革付出成本的傾向，是董建華改革計劃的嚴重障礙。

從表7-1我們能看出，民眾認同香港在眾多領域需要進行重大改革，尤其是環境保護、教育制度、土地房屋政策、社會福利制度和醫療制度。不過，儘管香港離民主社會還有很大距離，而且自回歸以來公務員的表現令人失望，但港人目前也不認為需要對香港的政治制度和公務員制度進行重大改革。諷刺的是，董建華感到滿意和驕傲的金融改革，其中包括合並證券和期貨交易市場、維持港幣與美元掛鈎的聯繫匯率制度、加強對金融機構的監管以及引入金融機構之間的競爭，港人卻並不認同金融體制改革的急切性。顯然，港人對金融界知之甚少，對董建華的金融改革並不關注，因此他們不能充分理解和欣賞董建華改革的能力。幸運的是，港人對改革的總體要求與董建華提出的改革大體一致，為董建華動員民眾支持其改革提供了良好條件。

表 7-1 對各項改革的態度（%）

	同意	基本同意	不同意	不知道	拒答
政治體制	40.6	21.5	16.8	20.7	0.4
教育制度	65.6	13.9	8.6	11.7	0.1
醫療制度	49.2	22.3	18.9	9.5	0.1
公務員制度	44.8	21.0	14.6	19.3	0.2
金融體制	19.7	26.0	21.8	32.1	0.4
社會福利制度	52.6	22.1	13.6	11.4	0.2
環境保護	74.2	11.3	4.7	9.6	0.1
土地房屋政策	60.2	16.8	7.2	15.5	0.4

　　不同社會經濟背景的受訪者對改革的態度有顯著區別，這點在性別上最明顯（見表 7-2）。總的來説，女性比男性更支持改革，這可能是因她們不是家裏的財政支柱，因此受改革的影響較少。不同學歷的人對改革有不同的態度，這很能夠反映他們關注自身的利益。學歷越高的人對教育制度改革越熱心，因他們對子女教育的需求更關注；學歷越低者則越強調社會福利制度改革，希望政府能改善對他們的照顧。同樣的取向也反映在不同職業和不同主觀社會經濟地位的羣體中。香港明顯沒有一個單一支持改革的大聯盟。因此，董建華需要就具體改革領域仔細策劃，合並積極力量來支持他的改革方案。同時，還要考慮到學歷較高者較多不相信特區政府正面對財政困難。

表 7-2 不同社會經濟背景受訪者對各項改革的支持（%）

	政治體制	教育制度	醫療制度	公務員制度	金融體制	社會福利制度	環境保護	土地房屋政策
整體	40.6	65.6	49.2	44.8	19.7	52.6	74.2	60.2
性別								
男性	52.0	—	—	53.7	27.1	55.0	78.7	69.7
女性	50.8	—	—	58.3	32.3	65.2	86.4	73.8
年齡								
18~29 歲	—	—	—	61.0	—	65.6	—	—

（續表）

	政治體制	教育制度	醫療制度	公務員制度	金融體制	社會福利制度	環境保護	土地房屋政策
30~54 歲	—	—	—	51.9	—	58.2	—	—
55 歲及以上	—	—	—	65.1	—	57.8	—	—
學歷								
小學	—	71.4	—	—	38.4	62.6	—	67.1
中學	—	71.9	—	—	30.1	59.7	—	73.5
專上	—	84.4	—	—	21.8	55.8	—	71.3
職業								
體力勞動	—	67.6	—	47.1	—	61.7	—	—
文職 / 銷售 / 服務	—	71.2	—	58.0	—	60.0	—	—
管理 / 專業		82.6		55.8		56.6		
主觀社會經濟地位								
下層	—	—	—	62.6	—	62.8	—	—
中下層	—	—	—	56.7	—	61.7	—	—
中層及以上	—	—	—	52.5	—	57.2	—	—

對董建華改革的態度

當然，對改革總體持積極的態度，與積極支持具體的改革不完全是一回事，其原因很簡單，因為後者要付出代價。具體改革方案經常使不同的利益團體或階層陷入相互爭鬥，大家會爭論相關政策措施和決定的恰當性。更重要的是，有些改革可能已遇到阻力，甚至擱淺。因此，當被問起董建華提出的改革措施時，不論是正在推行的還是行將出台的，港人對這些改革的態度冷淡也是意料中事。正如表 7-3 的數據清楚地顯示，董建華的改革只得到部分港人的支持。不過，董建華的改革確實得到了部分民眾的支持，這個事實本身就讓我們對流行的説法，即港人強烈反對董建華改革的論斷產生了懷疑。

表 7-3　對董建華改革的態度（%）

	同意	基本同意	不同意	不知道	拒答
政治體制	29.4	23.8	18.7	26.9	1.1
教育制度	41.8	17.3	25.9	14.5	0.5
醫療制度	35.6	24.8	25.1	14.0	0.5
公務員制度	31.6	28.2	20.4	19.1	0.6
金融體制	21.2	31.3	13.9	33.0	0.7
社會福利制度	36.1	24.9	21.3	17.0	0.6
環境保護	48.1	23.4	13.9	14.4	0.4
土地房屋政策	34.1	24.5	22.1	18.7	0.6

從表 7-3 可以看出，董建華的改革沒能激發受訪者熱情的支持，但其改革的重點領域，即教育和環境保護都得到了較高的民意支持。不同社會經濟背景的受訪者對董建華的改革也持不同態度，如年齡較長、家庭收入較低、主觀社會經濟地位較低，以及體力勞動者，均較其他人士更支持董建華的改革（見表 7-4）。考慮到社會經濟地位相對較高的港人認為改革對他們來說是付出的多、得到的少，因此這些人對董建華的改革心存疑慮也是意料中事。不僅如此，這些人對董建華政府也不那麼信任，因此也可預料他們對董建華的改革是持懷疑態度的。

表 7-4　不同社會經濟背景受訪者對董建華改革的支持（%）

	政治體制	教育制度	醫療制度	公務員制度	金融制度	社會福利制度	環境保護	土地房屋政策
整體	29.4	41.8	35.6	31.6	21.2	36.1	48.1	34.1
性別								
男性	43.1	—	—	—	37.3	—	—	—
女性	37.7	—	—	—	23.9	—	—	—
年齡								
18~29 歲	31.1	—	37.7	39.2	29.7	36.1	46.3	34.4
30~54 歲	39.6	—	40.4	35.7	30.9	40.8	56.5	39.2
55 歲及以上	57.3	—	50.0	54.5	42.0	62.2	66.2	62.8

（續表）

	政治體制	教育制度	醫療制度	公務員制度	金融制度	社會福利制度	環境保護	土地房屋政策
學歷								
小學	52.9	—	—	—	—	—	—	48.2
中學	38.6	—	—	—	—	—	—	44.2
專上	36.4	—	—	—	—	—	—	31.8
職業								
體力勞動	52.2	51.1	—	—	—	54.8	—	53.2
文職 / 銷售 / 服務	42.2	57.5	—	—	—	30.7	—	39.0
管理 / 專業	33.7	41.3	—	—	—	32.1	—	28.2
家庭月收入（港元）								
15 000 以下	48.4	56.5	—	—	—	51.8	—	51.2
15 000~39 999	42.6	48.0	—	—	—	40.8	—	38.9
40 000 及以上	28.9	39.3	—	—	—	33.7	—	31.8
主觀社會經濟地位								
下層	50.0	—	50.4	—	36.6	49.6	—	53.5
中下層	39.7	—	41.7	—	36.3	48.8	—	44.7
中層及以上	38.0	—	38.2	—	28.7	38.3	—	36.3

　　為能較全面地展示港人對董建華改革的態度，我們也設計了問題來衡量他們對董建華具體的改革和改革建議的支持程度。表 7-5 列出了相關的調查結果。

　　不出我們所料，所有被認為會影響他們利益的改革都得不到受訪者的支持。這些改革包括：減少社會福利、盡量把政府工作交由私人機構承辦、要求市民為自己的醫療費用儲蓄、開徵新稅項、增加公立醫院的收費、輸入內地人才、"八萬五"房屋政策和減少對大學的資助。所有這些改革都將在一定程度上減少政府在福利和服務上的承擔，並會使勞動力市場更具競爭、提高稅收，並有可能降低港人的生活水平。因此，這也難怪社會上對這些改革不太積極。

　　從另一方面看，那些對香港整體有益，而政府和港人又好像不需付出太多代價的改革，還是受歡迎的。這些改革有：協助港人到內地居住和就業、推廣中文教學、建立港人的國家觀念和民族意識、興建數碼港和迪士尼樂園。

　　另一些受歡迎的改革大多數以公營機構為目標，特別是那些涉及減少公營機構開支、提高政府部門效率以及加強政府部門的政治問責改革，具體包括：改變公務員的"鐵飯碗"制度、招攬商界人才加入公務員隊伍和引入高層官員問責制。在港人眼裏，這些改革對他們有益處，因為會給他們帶來一個結構簡單、回應迅速、更有效率和更廉潔的政府。

表 7-5　對董建華具體改革措施的態度（%）

	同意	基本同意	不同意	不知道	拒答
減少社會福利	10.5	9.1	75.2	5.0	0.2
盡量把政府工作交由私人機構承辦	24.1	12.4	52.8	10.6	0.1
要求市民為自己的醫療費用而儲蓄	21.4	11.9	60.7	5.7	0.2
改變公務員的"鐵飯碗"制度	51.7	11.9	22.9	12.9	0.6
開徵新稅項	16.2	14.7	57.2	11.2	0.7
招攬商界人才加入公務員隊伍	38.9	15.5	28.6	16.8	0.2
引入高層官員問責制	57.3	10.2	10.5	21.7	0.4
增加公立醫院的收費	11.1	12.9	72.7	3.3	0.0
協助港人到內地居住和就業	41.7	18.9	29.2	10.0	0.2
推廣中文教學	44.8	16.4	28.5	10.2	0.1
建立港人的國家觀念和民族意識	60.8	17.6	7.2	14.0	0.4
輸入內地人才	24.5	19.5	49.1	6.4	0.5
"八萬五"房屋政策	24.0	15.2	42.5	17.9	0.5
興建數碼港	43.7	18.1	15.6	22.4	0.2
興建迪士尼樂園	62.2	14.6	13.9	9.2	0.1
減少對大學的資助	5.4	11.7	73.1	9.6	0.2
減少公務員人數	30.2	21.0	35.1	13.3	0.5

　　總之，像其他地方的人一樣，港人對董建華改革的態度也是從自身利益出發來評價。雖然意識到陷入困境時需要改革，但港人還沒能從集體利益的角度看待這些改革。如表 7-6 所示，不同社會經濟背景的受訪

者對董建華政府具體改革措施的態度差異頗為明顯。如男性比女性更支持政府的具體改革措施。考慮到他們利益的不同，大家對具體改革措施態度不同是很正常的事，年齡、學歷、職業、家庭收入和主觀社會經濟地位不同的社羣，大都對他們認為有利於自己的改革表示支持，而反對那些可能導致他們利益受損的改革。相應地，每個具體的改革措施有它自己聚合在一起的支持者或反對者。雖然董建華改革的總體目標是提升香港經濟競爭力，但卻沒有一個以支持他改革為目標的聯盟。因此，董建華政府必須針對不同的改革，籌劃好改革支持者聯盟，從而使改革達到目標。

表 7-6　不同社會經濟背景受訪者對董建華具體改革措施的支持（%）

	減少社會福利	私有化政府工作	市民為醫療費儲蓄	改變公務員"鐵飯碗"	開徵新稅項	招攬商界人才	引入高官問責制	增加公立醫院收費
整體	10.5	24.1	21.4	51.7	16.2	38.9	57.3	11.1
性別								
男性	—	—	—	63.9	21.4	—	80.5	12.9
女性	—	—	—	54.7	14.7	—	63.7	9.8
年齡								
18~29 歲	—	29.3	28.0	56.8	12.3	—	64.2	10.2
30~54 歲	—	27.6	21.3	61.7	19.9	—	75.9	13.3
55 歲及以上	—	23.2	22.7	55.1	19.0	—	73.9	7.4
學歷								
小學	11.8	20.9	19.3	48.5	15.4	42.8	65.1	6.3
中學	10.5	26.0	19.7	60.1	18.1	44.7	71.9	10.5
專上	11.5	36.6	35.7	71.6	22.8	57.0	84.4	21.3
職業								
體力勞動	—	18.4	18.8	53.6	20.9	39.7	73.6	10.5
文職 / 銷售 / 服務	—	31.1	19.1	52.8	16.3	40.4	70.4	10.8
管理 / 專業	—	35.2	32.3	74.9	20.7	58.6	81.3	18.0

	減少社會福利	私有化政府工作	市民為醫療費儲蓄	改變公務員"鐵飯碗"	開徵新稅項	招攬商界人才	引入高官問責制	增加公立醫院收費
家庭月收入（港元）								
15 000 以下	10.2	21.7	15.7	53.5	—	42.2	—	7.6
15 000~39 999	9.5	27.4	20.0	63.2	—	46.1	—	9.7
40 000 及以上	14.7	35.5	33.6	66.3	—	57.7		30.6
主觀社會經濟地位								
下層	—	20.4	18.0	54.2	17.6	41.3	75.0	3.9
中下層	—	24.9	20.4	61.1	18.9	44.7	77.6	8.8
中層及以上	—	31.5	26.4	61.5	18.2	51.1	69.6	17.1

	幫港人到內地生活	母語教學	國家觀念民族意識	輸入內地人才	"八萬五"房屋政策	興建數碼港	興建迪士尼樂園	減少大學資助	減少公務員人數
整體	41.7	44.8	60.8	24.5	24.0	43.7	62.2	5.4	30.2
性別									
男性	50.2	—	—	31.3	—	—	—		41.1
女性	41.9	—	—	20.3	—	—	—		27.3
年齡									
18~29 歲	35.5	42.2	57.7	19.2	22.4	56.3	—	2.4	20.2
30~54 歲	47.8	49.8	72.8	25.1	27.7	53.7	—	4.7	38.9
55 歲及以上	52.4	57.9	78.7	35.5	41.6	70.1	—	13.3	35.3
學歷									
小學	44.1	57.6	—	22.0	45.9	68.5	—	10.1	27.9
中學	45.6	51.0	—	24.1	27.0	54.8	—	3.0	32.6
專上	51.3	38.5	—	37.0	17.5	50.0	—	8.3	48.7
職業									
體力勞動	—	56.9	—	16.4	34.6	62.2	—	—	32.1
文職 / 銷售 / 服務	—	50.0	—	23.6	28.1	55.6	—	—	27.9
管理 / 專業	—	42.0	—	31.0	15.9	45.5	—	—	44.6
家庭月收入（港元）									
15 000 以下	—	57.7	—	24.0	38.0	63.8	—	—	35.4
15 000~39 999	—	50.0	—	20.1	26.9	54.5	—	—	32.0
40 000 及以上	—	35.2	—	41.1	13.6	43.7	—	—	53.4
主觀社會經濟地位									
下層	45.0	—	78.6	23.8	42.1	69.7	—	—	—
中下層	47.0	—	70.2	23.5	26.6	55.1	—	—	—
中層及以上	47.0	—	67.0	29.3	24.6	52.4	—	—	—

對董建華推行改革的態度

除了民眾對董建華改革內容的看法外，特區政府落實這些改革的方式也是港人是否支持改革的重要因素。事實上，改革實施的方式可能比內容更重要，因為這決定了董建華是否能就改革必要性、改革方案的成熟性和可行性說服民眾，讓大家相信改革有益處，儘管需要付出一些代價，而且改革對每個人都是公平的。也就是說，為了能成功地實施改革，董建華需要民眾的支持。調查結果顯示，港人基本上並不反對改革。因此，總的來講，董建華改革的失敗應歸因於改革實施的方式。很明顯，這些改革搞得一團糟的主要原因是政治領導失敗。

表 7-7 反映了社會對董建華改革實施方式的態度。受訪者對董建華改革的總方向還算抱以支持態度；但有近一半的受訪者不認同董建華的改革方向，或沒有回答相關問題，就再次說明了董建華改革沒能動員民眾的支持。同樣地，雖然有近四成的受訪者同意董建華的改革對香港整體有益處，但更多的人卻對此不很確定。

不過，民眾明顯地憂慮董建華改革帶出的後果。考慮到那些因利益受損而舉行多場抗議活動反對改革的情形，只有不足三成的受訪者明確不同意改革會造成社會不穩定，也就不足為奇。更讓人擔心的是，儘管港人對改革還是持正面的態度，但民眾對董建華這個改革者的信心卻很低，只有兩成受訪者明確認同董建華有能力成功推行他提出的各種改革。因為多項改革都是自上而下推動，不少受訪者都沒有機會參與政策的商討（不足三成認同改革經過廣泛的諮詢），但卻被要求承受結果，他們都可能感到氣憤。更重要的是，對大多數港人來說，改革的過程並不公平，因為他們認為董建華的改革並沒有在不同的社會階層和利益團體之間公平地分配所得或承擔需要付出的代價。故此，近一半的受訪者不同意董建華的改革能照顧到各方利益，他們覺得董建華未能成功平衡受改革影響的利益各方。同樣地，近四成半的受訪者不同意董建華的改革對社會各方面都公平。

表 7-7　對董建華推行改革的態度（%）

	同意	基本同意	不同意	不知道	拒答
董提出的改革方向	24.8	25.9	26.5	22.0	0.7
董的改革對香港有利	39.5	22.3	21.8	15.9	0.5
董有能力成功推行各種改革	20.4	22.4	42.0	15.0	0.2
董的改革經過了廣泛的諮詢	28.3	12.7	41.2	17.4	0.4
董的改革照顧到了各方的利益	20.6	17.2	47.3	14.7	0.2
董的改革對社會各方面都公平	19.8	20.1	43.6	16.3	0.2
董的改革造成社會不穩定	30.9	23.2	27.4	17.9	0.6

　　如表 7-8 所示，不同社會經濟背景受訪者對董建華推行改革的態度大多有顯著區別。如我們所料，年紀較長者不僅更支持董建華的改革，而且對改革實施的辦法也相對較滿意；學歷較低者對改革更有熱忱；體力勞動者比白領僱員更肯定改革；與此相同，那些自視為社會較低階層者也比其他人對改革更有好感。

表 7-8　不同社會經濟背景受訪者對董建華推行改革的支持（%）

	改革方向	改革對香港有利	有能力成功推行改革	改革經過廣泛諮詢	改革照顧各方利益	改革對各方公平	改革造成社會不穩
整體	24.8	39.5	20.4	28.3	20.6	19.8	30.9
年齡							
18~29 歲	22.5	35.6	13.3	19.2	5.9	5.9	34.5
30~54 歲	29.9	44.3	19.2	31.8	19.9	18.8	41.6
55 歲及以上	50.0	66.2	50.4	59.2	57.1	59.3	28.6
學歷							
小學	—	64.0	38.0	52.0	45.6	49.4	39.0
中學	—	43.1	21.1	32.2	19.6	17.8	36.1
專上	—	38.5	15.8	21.5	10.7	9.7	41.7

（續表）

	改革方向	改革對香港有利	有能力成功推行改革	改革經過廣泛諮詢	改革照顧各方利益	改革對各方公平	改革造成社會不穩
職業							
體力勞動	42.3	60.0	26.5	44.7	34.8	30.1	—
文職／銷售／服務	23.3	38.4	16.8	25.5	15.8	18.2	—
管理／專業	24.7	32.2	12.8	20.7	9.4	8.6	—
主觀社會經濟地位							
下層	38.9	—	33.1	46.4	—	37.8	38.8
中下層	26.6	—	25.1	30.3	—	22.5	43.3
中層及以上	32.8	—	18.3	30.1	—	17.6	33.2

對董建華改革的其他關注

　　社會上比較流行的看法是，董建華的改革遭到港人強烈抵抗的原因是同時推出的舉措太多，而且改革的速度太快。我的調查結果反駁了這個看法，認為董建華政府提出的改革是"太少"、"適中"和"太多"的受訪者比例分別是 28.8%、17.4% 和 27.3%，即並非很多人因董建華改革的數目太多而拒絕他的改革。同樣地，關於改革步伐，少於 1/3（31.5%）的受訪者認為董建華政府推行改革的速度"太快"，事實上，28.8% 的受訪者抱怨改革步伐"太慢"，有 15.7% 的受訪者認為"適中"。

　　看來問題的核心是港人未能把董建華倡議的改革與自身的利益聯繫起來，因此對改革很冷淡。只有非常少（8.6%）的受訪者覺得董建華政府推行的各種改革對市民大眾最有利，另有 11.2% 的人認為對社會整體最有利。相反，29.8% 的人相信工商財團是這些改革的最大受益者，也有 14.2% 的人認為從改革中受益最多的是政府自身，反映出港人的政治犬儒心態。

　　同樣地，港人對董建華改革的動機也認識不清。對董建華來說非常不幸的是，只有很小比例（14.7%）的受訪者認為改革的主要目標是造福市民大眾，儘管也還有將近 1/4 (23.2%) 的人認為改革是為了香港的未來。11.4% 的人認為改革是因董建華希望節省政府開支，4.9% 的人把改革的動機歸因於自我提升，認為改革是董建華提升自己聲望的手段。最令人不解的發現是，居然有 22.3% 的人認為改革的主要目標是討好中央政府，反映出港人對董建華的一個普遍看法，即他是因中央政府的支持才得以成為特區行政長官。

不過另一方面，港人也不認為他們的利益因董建華改革而受損，這種態度也許可以緩解民眾對改革的反對。大多數 (58.5%) 的受訪者認為自己的利益沒有因董建華政府的改革而受到損害，只有 29.6% 的受訪者持相反觀點。在這些認為自己利益遭侵害的人中，多於一半 (53.9%) 的受訪者明確表示不願意犧牲個人利益來換取改革成功。只有 15.6% 的受訪者情願作出自我犧牲，同時 22.2% 的受訪者的回答是"基本同意"。

不同社會經濟背景受訪者對改革數目和步伐的態度都有顯著差異。中年人、學歷和家庭收入偏高者，均不太滿意改革的數目和步伐，認為改革太多而且步伐太快；同時，他們對董建華的改革動機持更強的犬儒心態，也更傾向於相信自己的利益因改革而受損。換言之，董建華的改革未能得到最能幫助他成功的社會階層的有力支持。

結論

總而言之，港人認識到，在經濟逆境中進行改革是必要的，而且期望特區政府在改革中發揮主導作用；他們基本上同意董建華的改革方案，包括改革的數目和步伐；整體上並不認為董建華的改革損害了其利益，不過也不認為他們能從這些改革中獲益。

港人懷疑董建華是否有能力成功推動這些改革；對董建華推出的各項改革是否能平衡各方利益沒有信心。另外，他們也擔心由改革引發的社會不穩定。

雖然港人明白改革的重要性，但卻無法把這些改革與自身的利益聯繫在一起。考慮到政府的財政狀況仍然良好，他們並不願意犧牲個人利益以支持董建華的改革。因此，董建華希望動員社會力量支持他的改革將是一件非常困難的事情。

短期來講，為能團結民眾對其改革的支持，董建華的改革應首先從公營機構入手，公營部門改革若能在短期內取得明顯效果，民眾對董建華改革能力的信心將提升，繼而有助於推動那些需要港人作出犧牲的改革。至少，公營部門改革的成功，可提升董建華實施改革最需要的士氣和政治威望。最終，考慮到香港彌漫的政治犬儒主義和政治不信任感，董建華政府需花大量的時間和精力，使民眾相信其推行改革的努力是必要的，也是可行的。

註釋

1. 在 2000 年的施政報告中，董建華用這樣的表達間接地承認了錯誤，他說："總結早前的經驗，我們今後推行改革，會更注意採取有效的溝通方式，作充分諮詢，尤其是仔細聆聽反對的聲音；在推行時更要精心策劃，事先全面評估對有關各方帶來的影響，分別處理，並且準備好各種配套條件，及時解決在推行期間出現的問題。"參見董建華 .2000 年施政報告 [M]. 香港：政府印務局，2000：8。在他爭取連任的講話中，他更坦率地為失敗的改革承擔責任："在過去四年多的任職期間，我經常反省自己的工作，清楚知道施政的不足之處：在政策的制定和落實方面，確實存在問題；在推動改革方面，未能充分評估社會的承受能力、平衡各方利益以及妥善安排各項改革的優先次序；在掌握民意民情方面，仍然需要做得更加細緻。"參見董建華 . 我對香港的承諾 [M]. 香港：中華商務安全印務，2002：4。

2. 調查的總體是年滿 18 歲香港華裔居民，樣本為概率樣本。首先由香港政府統計處協助，在全港以分區等距方式抽取居住單位地址；其次是抽選住戶，如已選取的居住單位有超過一夥住戶，或為一羣體住戶（如宿舍），訪問員將根據隨機抽選表，抽選其中一夥住戶或一位符合資格的人士接受訪問；最後是抽選受訪者，如已選取的住戶有超過一位符合資格的人士，訪問員將利用基什方格（Kish Grid）抽選其中一位接受訪問。這個樣本原有 2 000 個住址，扣除無效和沒有使用的住址後，實際數目減少至 1 609 個；訪問員共成功完成 822 個訪問，回應率為 51.1%。

3. 本文利用卡方檢驗（chi-square test）來判斷變項之間的關係，顯著水平低於 0.05 者，即被視為存在顯著的差異。為簡化數據，文中表格省去未達統計顯著水平的數據。

4. Lau Siu-kai, "The Fraying of the Socio-economic Fabric of Hong Kong," *Pacific Review*, Vol.10, No.3 (1997), pp.426-441; Lau Siu-kai, "Confidence in the Capitalist Society," in Lau Siu-kai et al.(eds.), *Indicators of Social Development: Hong Kong 1999* (Hong Kong: Hong Kong Institute of Asia-Pacific Studies, The Chinese University of Hong Kong, 2001), pp.93-114.

5. 這些人包括同意改革和回答"基本同意"的受訪者。

第 8 章　新政治遊戲規則與特區的管治 *

　　所謂"政治遊戲規則"（political rules of the game）是指由正式的、植根於憲制規定的政治規則，和非正式（informal）的、來源於現實政治運作的政治規則共同塑造得出的政治遊戲規則的統稱。正式的政治遊戲規則，包括由憲法或法律所訂立用以規範不同遊戲參與者（例如行政機關、立法機關、法院、政黨、傳媒、工會、商會、公民團體）行為的規則，以及釐定其相互之間關係的規則。非正式的政治遊戲規則指用以規範不同遊戲參與者行為及實際存在但又非明文規定的規則，以及界定其相互之間關係的同類型規則。正式的政治遊戲規則又與非正式的政治遊戲規則不斷互動，各自謀取政治主導權和話語權。正式與非正式的遊戲規則往往相互矛盾，令人無所適從。一個社會的政治遊戲規則通常從政治人物、組織、制度和勢力之間的互動過程中衍生出來，這些互動包括政治衝突、政治結盟、政策的制定和推行、意識形態和政治主張的建構和交鋒、羣眾的動員與組織等。遊戲規則也同時反映了該社會的政治狀況、政治信任、政治文化和歷史發展等情況。

　　每一個國家或社會一般都擁有正式與非正式的政治遊戲規則，但具體內容則千差萬別。歷史背景、文化信仰、外在環境、政治勢力間的力量對比等因素都有可能導致上述差異。此外，不少社會缺乏一套所有人都認同並遵守的政治遊戲規則。不同的政治遊戲規則為不同人或組織所依循，從而導致政治衝突和混亂的局面。回歸後的香港正是處於不同政

＊　本文曾以"回歸後香港的新政治遊戲規則與特區的管治"為題，刊於《港澳研究》，2009 年春季號；此版本略有修訂。

治遊戲規則不斷交鋒的環境中，而一套眾所遵守的遊戲規則尚未建立。

中央不願意看到這種情況的出現，也在某種程度上始料未及。回歸後中央在香港實施的方針政策核心是"一國兩制"和保持香港原有制度和生活方式 50 年不變。[1]"一國兩制"方針政策是新中國成立以來"長期打算、充分利用"對港政策在收回香港後的延伸和體現，符合整個國家和香港的利益。原有制度包括原有的政治制度，而原有的生活方式則包括原有的政治生活方式。當然，中央所理解的所謂"不變"，絕不可能是甚麼都不改變，因為這是根本不可能的事。中央深刻明白，至少在政治層面而言，中國恢復在香港行使主權，香港脫離英國長達一個半世紀的殖民管治，已經是一個巨變。港人取代英國人在中央授權下進行高度自治又是一大變化。中央力求以"愛國者"而非昔日的"親英人士"作為港人治港主體更是另一大變化。再者，中央盼望港人在回歸後強化國家觀念、民族意識、對中央的信任、對內地同胞的感情和主動照顧中央與內地的利益和觀點，這些也代表中央樂於看到香港出現一些政治變遷。最後，中央作出"50 年不變"的承諾，是要穩定港人對香港前途的信心。"一國兩制"的目標，絕非是要永久地在制度上把內地與香港分割開來。中央最終的願望應是香港與內地融為一體，不分彼此。所以，香港的政治遊戲規則在 50 年或更長的時間內若出現有利於兩地最終融合的轉變，理應是中央所願意看見的。

儘管如此，中央的確希望回歸後香港的政治遊戲規則在某一個根本方面能維持不變，那就是維持行政主導的局面。雖然《基本法》內沒有"行政主導"這個名詞，但中央領導人和官員，甚至內地法律學者，都經常把行政主導掛在嘴邊，並不時強調行政主導的原則已清晰地貫穿在整部《基本法》中，當中既然無可置疑之處，所以也無須特意以專有名詞點出。[2]反過來說，中央極為反對"三權分立"的提法，因為該提法意圖把行政、立法和司法置於平起平坐、彼此監督的局面。

　　中央所理解的行政主導政體，來源於它對英國殖民統治下總督主導制的認識，主要有幾個方面：[3] 一是行政長官的地位不可與立法和司法機關等量齊觀。原因是行政長官不但是行政機關的首長，也是香港特別行政區的首長。二是行政長官的職能遠比立法和司法機關的職能重要，因要擔負確保"一國兩制"方針成功落實和《基本法》準確貫徹的重任。與立法機關和司法機關的職能相比，行政長官的職責明顯大得多。三是為確保"一國兩制"方針的準確落實，行政長官有權有責促使立法和司法機關依照《基本法》行事。四是無論是行政、立法或司法機關，其權力都來自中央授權。作為權力來源的中央，其與行政長官關係的密切與直接，絕非立法和司法機關可比。行政長官由中央政府任命，並要對中央政府負責。五是行政長官擁有強大的政策主動權（重大政策來源於行政機關）、財政權力和人事任命權。立法機關的權力主要是否決行政機關的提議。雖然立法會具有制衡行政機關的作用，但《基本法》卻要求行政和立法關係以合作為主，不希望出現行政和立法不斷摩擦甚至僵持不下的情況。從權力配置的角度而言，回歸後香港實行的是"強行政、弱立法"的體制。六是司法機關的職能狹窄且具體。它的角色是高度尊重全國人大常委會的權威、認同和應用人大常委會對《基本法》的解釋、準確貫徹《基本法》、尊重行政和立法機關在政策制定上的優越地位和權力，並在政治上採取低姿態。《基本法》不期望司法機關積極推動社會變遷、樹立新的價值觀、蠶食行政權力和奪取公共政策的制定權。《基本法》最不願看到的就是司法機關主動或被動地扮演政治角色，從而使自己演化成一股政治勢力，左右香港的政治局面，甚至導致香港的發展偏離"一國兩制"的軌跡。

　　同時，中央希望行政主導原則不單在政治體制內體現，更希望它在社會上也得到體現。正如行政機關在政治體制內佔有主導地位一樣，中央設想特區政府在社會中也享有主導地位，那就是儘管特區政府絕非獨裁政府，而且受到一定的政治制衡，但也不會因受到社會上任何勢力的重大挑戰而無法實行有效管治，這些勢力包括政黨或社會組織。

在中央和《基本法》的構思中，在行政主導體制與中央的支持下，回歸後的香港特區政府可充分運用手中擁有的龐大憲制權力，按照《基本法》的立法原意和所訂立的政治遊戲規則，有效地推行政策和治理香港。當然，特區政府有必要充分照顧政治體制內和社會上的各種意見和利益，其權力和施政計劃也在一定程度上受到各方面的掣肘，但其管治工作不會遇到太大的困難，更遑論會出現施政舉步維艱或無法管治的狀況。

中央起初之所以對回歸後香港的管治情況抱持頗樂觀態度，並認定可輕鬆地以“不干預”原則處理特區事務，原因是中央預期《基本法》所制定的政治理念和政治遊戲規則雖不能被港人普遍認同，但仍會為各方面遵守。中央甚至認為，回歸前在中央官員與內地學者多年來多次論述和解說下，港人對有關政治理念和政治遊戲規則已相當了解，因而不會在這些事情上引發爭端。可惜的是，回歸後的事態發展與中央的設想大相徑庭。香港特區政府在管治上面臨不少實際困難。

毋庸置疑，部分困難來自回歸伊始遇到的亞洲金融風暴、經濟下滑和傳染病肆虐的夾擊，以及新政府管治經驗和能力的不足，而回歸後的政治遊戲規則只有部分與《基本法》的規定相契合，相當部分則與《基本法》的原意相違背，而不少政治遊戲規則屬非正式規則的範疇。這些非正式政治遊戲規則雖在《基本法》內缺乏依據，卻得到社會上不少人尤其是反對派的擁護。這些規則的最大特徵是旨在侵奪和削弱行政長官與行政機關的地位和權力，並壯大立法機關、司法機關和社會上一些機構和組織的力量，從而對行政主導造成極大衝擊。不過，縱使如此，回歸後特區政府的管治仍有不錯的效率和效能。與其他先進國家和地區的管治情況相比，考慮到香港在回歸後所面對的各項巨大挑戰，特區政府的管治表現其實仍不算是差強人意，只是沒有如中央原先設想般順暢。此外，必須指出，社會上無論對政治理念或政治遊戲規則都未達成共識。社會各界仍就它們爭議不休，造成很大的內耗和混亂，並為貫徹行政主導理念增加了難度。

形成一個中央不願意見到的新政治遊戲規則

早在 1990 年《基本法》正式頒佈前，也就是 20 世紀 80 年代初期香港的政治遊戲規則就已逐漸出現變化，且在回歸後持續，從而形成一個與中央原先設想不同且不願見到的新政治遊戲規則。到 1997 年《基本法》正式實施時，它所確立的政治理念和政治遊戲規則已不完全是回歸後香港的政治理念和政治遊戲規則了。我們甚至可以說，《基本法》所宣示的政治理念和政治遊戲規則，還得要跟那些與其相頡頏的、來自其他地方的政治理念和政治遊戲規則互爭長短，最後究竟鹿死誰手還未可窺見端倪。無論如何，在新政治遊戲規則下，管治困難和政治混亂不可避免，而香港的長遠發展和經濟競爭力也難免蒙受其害。

第一，形成回歸前後新政治遊戲規則的因素十分複雜。事實上，"九七"回歸本質上已是一大巨變，其政治衝擊至為劇烈和深遠。它不但涉及兩個國家的政治角力，也包含香港政治地位的根本改變（從受殖民管治到實行高度自治）、管治權力的轉移、新舊勢力的較量和人心民意的波動不穩。在這重大歷史轉折關頭，在不少港人仍抗拒回歸和不大信任中央的情況下，期望回歸前後香港的政治理念和政治遊戲規則大致上保持延續性，實是緣木求魚。

第二，在中英就香港前途進行談判期間，在知悉中方已下定決心要於 1997 年收回香港後，英方主動同意把整個香港（不單是新界）的"主權"與管治權交出，以換取在 1997 年後香港各項安排（特別是政治體制的設計）上的影響力。英方成功說服中方引入行政長官和立法會的選舉，並不斷公開詮釋何謂 "選舉" 的定義，實際上把 "選舉" 與 "一人一票普選" 等同起來。事實上，在《中英聯合聲明》還未正式公佈前，英方已偷偷宣佈要馬上在香港推行代議政制，並在回歸前完成政制改革。代議政制改革的首要目標，是要在香港回歸前夕成立一個以立法為主導，並經由港人普選產生的政府和立法會。英國人的意圖十分清楚，政制改革就是要催生一個 "本土" 同時又 "親英" 的政權。這個政權會在 1997 年後在中國主權下行使中央授予的高度自治權力，並在實質上架空中國主權。代議政制改革其實旨在讓英方扶植它屬意的治港人才，讓英方可在回歸前的過渡期內穩定殖民統治，並完成 "光榮撤退" 的任務。英方的圖謀在中方的洞悉和反對下雖然未能全部得逞，但卻在回歸前幾年利用北京政治風波，單方面摧毀與中方在政制發展上的合作，並進一步大幅改動原有的殖民地政治體制。儘管中方以 "另起爐灶" 策略應對，且在回歸前夕推翻部分英方引入的改動，但其影響已無可避免地深植於香港的政治格局中。[4]

第三，英方除了對行政機關和立法機關的產生辦法動手腳外，也在原有的政治體制各大小方面作出改動，其總體效果是削弱香港總督和行政機關、強化立法機關、壯大反共勢力、培育行政機關的 "親民" 和問責文化、深化港人的人權和權利意識（但卻沒有相對應的責任感和義務觀念），並擴大港人的政治參與訴求和渠道。這些改動並非以整套計劃和大張旗鼓的方式推展，反以個別方式在不同時間引入，過程中一般在社會上沒有引發激烈爭論，也沒有引起太多關注，更沒有多少人了解它們對政治遊戲規則所造成的影響，因此這些改動在引入過程中沒有遇到太多困難。

這些改動數量不少，主要有：立法機關的權力與特權法、人權法、一系列的法定獨立機構（例如平等機會委員會、個人資料私隱專員公署、行政事務申訴專員公署）、行政機關尊重立法機關並向其問責慣例、香港總督"走入羣眾"、以民意代表自命及動員民眾作政府的後援、殖民政府"放棄"其一直自詡的"政治超然"或"政治中立"立場，轉而大力扶植反共勢力並以之抗衡中國政府和反制保守勢力，利用和強化親殖民政府傳媒以鼓動反共疑共情緒，賦予官方的香港電台高度獨立性和自主權，令其可以更好地發揮針對中方的輿論導向作用。鼓勵港人用集體抗爭方式向政府和公共機構提出訴求和施加政治壓力，把不少原屬行政機關的職能和權力移交給一大批只受政府有限度領導的獨立機構（例如機場管理局、消費者委員會、醫院管理局、房屋委員會）等。

第四，儘管中央政府本意是盡量維持原有的政治遊戲規則，但為提升港人對香港前途的信心，並顯示高度自治與殖民管治的本質差異，它也同意香港在回歸後可逐步推行民主。為表示回歸後香港的行政長官不是殖民管治時形同獨裁者的港督，中央願意授予立法機關對政府實質的否決權和監督權。中央也願意讓不同的政治勢力（包括反對派）在政治體制內找到立足之地以保障其利益（當然不同勢力並不享有同等的影響力）。此外，為保持政局的穩定，即使在"另起爐灶"的前提下，除改變行政和立法機關的選舉辦法和成立臨時立法會外，中央沒有下大力氣撤銷英國在回歸前所作的諸般改動。隨着時間的推移，這些改動愈來愈成為香港政治遊戲規則的固有部分。

第五，反對派（各種親英分子、民主派和反共勢力的統稱）利用港人的反共情緒和對香港前途的焦慮不安，大力宣揚和推動香港回歸後其屬意的新政治遊戲規則，並努力使之成為現實。反對派所希望樹立的新政治遊戲規則，與中央的期望南轅北轍。它的大前提是名義上承認中央政府對港擁有主權，但實質上企圖讓香港與內地政治割裂，把香港打造成為獨立的政治實體。由於反對派在港人心目中享有較高的威望和公信力，他們對"一國兩制"、中央對港政策、《基本法》、人大釋法、行政與立法關係、選舉制度等基本事務扭曲性的詮釋，影響了很多港人，從而增加了港人與中央的矛盾。在建構回歸後香港的新政治遊戲規則過程中，反對派發揮了較大作用。之所以如此，與中央在回歸後頭 7 年基本上不過問香港內部事務有關。在那 7 年裏，反對派幾乎壟斷了政治上的話語權，隨心所欲地塑造港人對政治的認識和理解。在回歸前，由於中央官員和內地學者不斷高姿態講述和宣揚中央對港政策和回歸後的各種安排，反對派加上英方的政治宣傳尚不至造成"一言堂"的局面。中央官員和內地學者在回歸後頭 7 年的沉默寡言，對反對派的言論不予反擊駁斥，遂令反對派在打造香港的新政治遊戲規則上有可乘之機。

第六，香港在回歸前後的急劇社會經濟變遷，對新政治遊戲規則的形態有明顯影響。"一國兩制"的要義，是保持香港原有的資本主義制度和生活方式 50 年不變，借此強化港人及投資者對香港前途的信心。但事實上不斷變遷才是香港的常態，所以《基本法》所規範的香港各方面的狀態，不可避免地會與不斷變遷的狀態相抵觸，並因而引發社會矛盾與摩擦。一些人自然會提出修改《基本法》的要求。不過，要改動一部帶有憲制性質的法律並非易事。一方面，中央不會隨便答應，擔心引起港人對港政策的憂慮；另一方面，原有制度的既得利益者也必然會起而反對。事實上，為撫平港人怕變的情緒，中央把修改《基本法》的程序弄得十分艱難複雜，實際上讓少數利益方擁有頗大的否決權。

自《基本法》頒佈以來，香港出現的一些重要轉變包括：現代服務業（尤其是金融業）快速成為香港經濟體系的支柱、高附加值和低附加值產業並存而形成的二元經濟結構、貧富兩極化情況嚴重、中產階級日趨不安與不滿、中產階級出現兩極分化、部分中產階級人士成為反建制力量的中堅、大資本家的政治野心與影響力不斷膨脹但同時又內鬥不斷、大商家與中小商人的矛盾顯著、香港的國際競爭力有下降趨勢、一個具排他性的上層階級逐漸成形、社會向上流動機會未隨教育程度提高而相應增加、向下社會流動則有上升趨勢、階級矛盾激化、政府增加介入經濟和社會事務、整體社會福利負擔越趨沉重。

第七,與社會變遷同時出現的港人思想心態的轉變,也是塑造新政治遊戲規則的重要因素,[5] 其對新政治遊戲規則的形成具較明顯關係的轉變有數項。一是港人對各種政治與社會權威機構與領袖的信任與尊重下滑。無論是政治人物、政府官員、社會賢達、專家學者、宗教領袖,皆無一倖免。二是反精英主義和民粹主義的抬頭。人們對政府、政客、社團領袖甚至工商巨賈的言行較多"以小人之心"猜度,容易投以懷疑甚或不屑的目光。三是不少人傾向於推卸責任,諉過於人,視自己為受不公平對待者甚至是受壓迫者,從而形成一股難以稀釋的怨懟風氣。政治人物和政府官員固然成為眾矢之的,其他人也難免受害。四是個人權利及利益無限擴張,向政府、社會和他人不斷提出訴求和需求,如果不得要領則不惜訴諸集體抗爭手段以求得逞。相反,個人對社會的責任、義務和以大局為重的胸襟則頗匱乏。五是港人雖仍重視社會穩定,但卻願意接受社會衝突乃正常現象與合理的解決問題方法,唯暴力行為則不受認可。六是隨着貧富懸殊情況日趨嚴重,港人愈加認為香港社會不公平,於是對香港的資本主義制度產生懷疑並滋生不滿。七是一股厭商甚或仇商情緒萌芽,不同階層間的矛盾上升。八是不少港人雖不大信任反對派人物,也不認為他們具備執政資格和能力,卻不介意借助他們去衝擊建制派及其代表人物,以泄心頭之恨。九是隨着內地經濟的崛起、香港經歷金融風暴的沉重打擊以及對內地經濟的依存度日增,港人的自信心下降,取而代之是一種自高自大和自卑自憐交織的複雜但不平衡心態。港人情緒不穩,民情容易躁動。十是在政府相對較強而民間社會相對較弱的情況下,在港人焦慮不安的氛圍下,港人對政府產生不切實際的期望和依賴,要求政府承擔更多的社會和經濟職能,但同時又容易因不信任和不滿意政府的表現而變得失望和怨憤,反政府之情遂油然而生。在反對派和日益煽情的傳媒的推波助瀾下，上述人心的轉化更為急劇。

　　縱使反對派在相當程度上成功利用港人的人心轉化來衝擊中央和特區政府的政治權威，但在爭取香港實行激進民主變革上卻力不從心。主要原因之一是港人的實用主義民主觀，視民主政治為工具而非理想，同時又對此工具能否有利於香港的繁榮安定心存疑慮，當中尤以中產階級人士為甚。再者，在離開殖民管治時日尚短之際，港人仍在一定程度上緬懷威權政治，[6] 畢竟"二戰"後香港的經濟奇跡乃是在威權統治下創造出來的。所以反對派從來沒能在香港成功發動一個波瀾壯闊、有深厚羣眾基礎、持久和有強大政治戰鬥力的民主運動，並以之成功建構他們所屬意的新政治遊戲規則。[7]

新政治遊戲規則的主要特徵

　　如前所述，中央通過《基本法》力圖建構的、在形態上（而非本質上）跟原有以殖民地行政主導政體為骨幹的舊政治遊戲規則相類似的新規則，在香港回歸後並沒有完全實現。實際出現的新政治遊戲規則的確在一些方面符合原先設想，但在更多方面因爭議太多而尚未明確，甚或是在原來設想之外。因此，特區政府在管治上所遇到的艱難險阻超乎原先估計。反對派和其他能掣肘行政權力的機構與勢力，比原先想像的大。

　　總而言之，各方勢力仍在就新政治遊戲規則的"最終定形"展開激烈較量，最後的結果現在難以準確預測，但肯定是各方力量對比的結果。不過可以這樣說，在中央自 2003 年放棄以往不干預手法，[8] 轉而採取措施力圖使香港遵循"一國兩制"軌跡運轉後，香港出現與"一國兩制"構想嚴重脫節的可能性即大大降低。

　　就其本質而言，香港回歸後的新政治遊戲規則仍是行政主導下的規則，即特區政府仍擁有強大的政策主動權（即重大政策必須由行政機關提出方有可能成事）及人事任免權（當然在涉及主要官員時需中央首肯）。不過，無論是在立法會內或在社會上它都沒有穩定和可靠的大多數人的支持。與此同時，特區政府還需與不少新出現的政治勢力交手以維繫其管治權威、保護和行使其憲制權力、發揮政治影響力和有效施政。這個不斷在演化的新政治遊戲規則有若干重要特徵，茲分述如下。

特區政權的認受性

作為一個概念，"認受性"（political legitimacy）來自西方，更多是在西方政治學中使用，不過在香港卻多在政界、知識界和傳媒界使用，一般港人不但不太了解，也根本不會想到它所指謂的東西。

簡單而言，某個政權的認受性指它擁有獲得認可的執政資格，一般指其管治權得到被管治者的接受。由於香港不是獨立政治實體而只是中國主權下的一個特別行政區，其高度自治又來自中央授權，所以特區行政長官的認受性問題不能照搬西方或獨立國家的通用方法。那些地方一般強調主權在民，認為政府的認受性來自人民授權，而授權過程往往以普選政府來體現。

香港的反對勢力雖在名義上承認中央擁有對港主權，但心底裏卻一直視香港為獨立政治實體。他們堅持特區政府的權力和認受性來自港人，大力倡議行政長官應由港人以一人一票方式普選產生。《基本法》賦予中央政府對行政長官的任命權及要求行政長官對中央政府負責，這些對反對派而言只是形式和虛文。回歸後反對派不斷質疑特區政府的認受性，以此為據屢屢挑戰特區政府的政策和決定。他們更力圖在港人中間宣揚和散播其政治觀點，動員港人爭取盡快普選特首，以及不斷鼓動市民衝擊政府的權威和管治。

港人固然不大意識到所謂認受性的問題。更重要的是，他們並沒接受政府一定要經由普選產生才具備認受性的觀點。事實上，在回歸前，殖民政府享有頗高的認受性，而它的基礎是來自其施政表現。港人認為香港在戰後取得的經濟奇跡部分歸功於殖民管治，因而更肯定和擁護殖民地政權。[9]儘管回歸後實行高度自治，港人從實用角度出發判斷政府認受性的傾向並未出現根本變化。因此，反對派難以成功發動港人挑戰特首的權威，其策動的公民抗命行動也只獲冷淡回應。

不過，反對派的圖謀也非完全無效。至少他們把回歸後特區政權的認受性搞得混亂不堪。不少港人希望特首應該主要向港人負責、把香港的利益放在中央與國家利益之上、並認為中央在選拔特首過程中應以港人喜好為依歸。然而，按照"一國兩制"原則，香港的高度自治權力來自中央授權，特首對中央負責，同時也有責任確保"一國兩制"方針在港落實和維護包括香港在內的國家利益。依照上述推論，嚴格而言，特區政府的認受性應源自國家和中央的授權。他要同時維護國家與香港的利益，而香港的最大利益莫過於成功實行"一國兩制"。當然，由於中央在任命特首前有一個行政長官的選舉程序，所以中央在任命特首時，應充分考慮港人的意見，但這並不表示中央的任命權不是實質性的，更不代表中央承認"主權在民"（popular sovereignty）的原則。

可惜的是，上述這種符合回歸後香港作為中國一部分的特區政權認受性的詮釋，在港人當中並不普遍，而中央和相關人士也沒有大力駁斥反對派的歪論。另外，特區前兩位特首因種種原因都沒有義正詞嚴地申明自己的認受性基礎，這在一定程度上令反對派的認受性主張得到港人認同，從而使特區政府的管治權威受到一些質疑，以至於人們對中央與特首的關係產生誤解，為特區有效管治增加了困難。

毋庸置疑，正確的認受性觀點尚未確立成為新政治遊戲規則的核心特徵。

中央與特區的關係

關於在"一國兩制"下中央與特區的關係到底應該如何,香港內部迄今尚有不同理解,這對"一國兩制"的全面準確實施、中央與港人互信的建立、特區政府的有效管治,都產生了負面影響。雖然回歸前中央已竭力講述"一國兩制"下的中央與特區關係應如何理解,但言者諄諄,聽者藐藐,反對派人士、部分法律界人士、部分學者以及傳媒都鍥而不捨地向港人灌輸另一種論述,其共同點是盡量削減中央的憲制權力,盡量擴大立法會、法院和香港市民的權力或政治影響力。正由於在香港回歸後頭 7 年中央基本上不公開評論中央與特區關係的正確理解,更遑論駁斥失實之言,反對派等人士的說法因而對港人影響甚大。[10] 近年來,中央的確認真嚴肅地大力宣傳其立場,但由於延宕太久,只能收復部分失地。迄今對於何謂正確的中央與特區關係仍是眾說紛紜,莫衷一是,對建構良好、互信和緊密的中央與特區關係造成重大障礙。

圍繞着何謂正確的中央與特區的關係,爭議主要有以下幾個方面。

第一,中央任命特首的權力是實質性的還是形式性的。從中央的角度而言,特首既然是中央賴以準確落實"一國兩制"方針政策的關鍵人物,其表現關乎全國利益和安全,因而要對中央負責。因此,中央堅持對特首有實質的任免權力。不過,反對派等人士卻認為,按照"高度自治"的原則,中央必須無條件任命經由港人按法定程序選舉產生的特首。在未經港人同意下,中央不可免去特首的職務。當然,幾乎所有港人都明白,一位得不到中央信任和支持的人,根本不可能有效管治香港或為港人謀福祉,然而仍有不少港人期望在任命特首一事上,中央只扮演"橡皮圖章"的角色。

第二,至今雖然香港回歸已超過 10 年,但所謂"剩餘權力"問題依舊揮之不去。反對派人士堅持他們所理解的普通法原則,認為只要《基本法》沒有明文否定香港擁有某項權力，則可視為香港可自行行使該權力，即使《基本法》沒有明文授權。中央的立場則截然相反，認為按照大陸法的觀點，凡未經中央明文授予的權力，香港都一概沒有。對中央而言，根本沒有"剩餘權力"，假如真的有此權力，則只能屬中央。其實，剩餘權力問題早在《基本法》起草期間已出現，中央已反覆申述立場，但反對派人士依然我行我素，不予理會。回歸以來，雖尚未發生引人關注的香港侵奪中央權力的事件，但由於反對派等人士老是認為香港可自行制定其民主化進程，而中央在此只處於被動地位，中央因而覺得需要作出強硬回應。時任全國人大常委會委員長的吳邦國特別於 2007 年 6 月 6 日在《基本法》實施 10 週年座談會上發表講話，題為"深入實施香港特別行政區基本法，把'一國兩制'偉大實踐推向前進"，明確要求港人尊重中央的權力和特區的許可權。他特別強調："香港特別行政區處於國家的完全主權之下。中央授予香港特別行政區多少權，特別行政區就有多少權，沒有明確的，根據《基本法》第二十條的規定，中央還可以授予，不存在所謂的'剩餘權力'問題。"國家主席胡錦濤於 2007 年 7 月 1 日在慶祝香港回歸祖國 10 週年大會暨香港特別行政區第三屆政府就職典禮上的講話也特別指出："'一國'是'兩制'的前提，沒有'一國'就沒有'兩制'。'一國'和'兩制'不能相互割裂，更不能相互對立。"

第三，"一國兩制"下高度自治的要義，在於除國防和外交外，港人自行管理香港的事務，中央授權香港拓展經濟、社會和文化等涉外事務，以維繫和提升香港作為國際大都會的地位。中央多次表明不會干預香港的"內部"事務。不過，對於何謂"中央干預"卻是言人人殊，莫衷一是。反對派人士及不少港人出於對中央信任不足，自然傾向於以狹隘角度理解，認為除了在極狹窄的外交和國防事務外，中央、內地官員和學者甚至全國人大代表和政協委員，都不應對香港事務發言或做事，否則便是不適當的干預，破壞了高度自治。然而，若中央所做的事被港人視為對香港有利，例如給予香港的經濟優惠政策，則不算干預，反被視為支持和愛護。事實上，反對派人士和部分港人往往從實用主義角度對待中央的對港言行。但是，從一開始中央與港人對何謂干預已有不同理解。由於“一國兩制”方針政策的成敗關係到國家民族的根本利益，中央認為有不可推卸的責任確保“一國兩制”在港準確落實。假如香港在實踐“一國兩制”時出了岔子，則中央非出手不可。

其實，在《基本法》尚未正式頒佈前，鄧小平對此已以強硬態度明確申述中央的立場。鄧小平曾清楚表明，“高度自治”不等於中央對香港“內部”事務在任何情況下都不會過問，或者是無權過問。鄧小平在會見《基本法》起草委員會委員時，他是這樣說的：“切不要以為香港的事情全由香港人來管，中央一點都不管，就萬事大吉了。這是不行的，這種想法不實際。中央確實是不干預特別行政區的具體事務的，也不需要干預。但是，特別行政區是不是也會發生危害國家根本利益的事情呢？難道就不會出現嗎？那個時候，北京過問不過問？難道香港就不會出現損害香港根本利益的事情？能夠設想香港就沒有干擾，沒有破壞力量嗎？我看沒有這種自我安慰的根據。如果中央把甚麼權力都放棄了，就可能會出現一些混亂，損害香港的利益。所以，保持中央的某些權力，對香港有利無害。中央的政策是不損害香港的利益，也希望香港不會出現損害國家利益和香港利益的事情。”

第四，有關香港政制民主化的決定權歸屬問題。與特首任命權爭議如出一轍，反對派等人士認為香港特區可自行決定政制民主化的幅度和步伐，中央只能擔當“橡皮圖章”角色。反對派等人士的論據，不外乎是政制民主化乃高度自治的一部分。中央的看法則截然不同，中央的立場是：政制民主化關係到中央所授予特區自治權力的分配和運用問題，因此也關係到“一國兩制”能否準確落實的問題。毫無疑問，香港特區若無法凝聚政制民主化的共識，例如行政長官不願提出變更特區政治體制的方案，又例如沒有任何方案可獲得三分之二立法會議員的支持，則中央也無法改變香港的政制。不過，沒有中央的批准，香港也無從啟動改變政制程序。簡而言之，中央擁有對香港政治體制的憲制主動權；沒有中央的允許，香港的政制民主化寸步難移。

第五，圍繞中央對《基本法》解釋權問題的爭議。《基本法》第一百五十八條明確指出"本法的解釋權屬於全國人民代表大會常務委員會"。與此同時，人大常委會又授權特區法院在審理案件時，對《基本法》關於特區自治範圍內的條款自行解釋。中央的立場其實十分清楚，即人大常委會自始至終都沒有放棄對《基本法》的解釋權，不過由於人大釋法在政治上頗為敏感，所以中央多次表明人大釋法必會慎重。人大常委會在 1999 年就居留權問題進行首次釋法，是在極不情願下應特區政府的請求，並為協助特區解決重大困難才做的。

可是，反對派等人士和部分香港法律界精英一直視人大常委會為政治組織而並非公正的司法機關，傾向於由香港的司法機關壟斷《基本法》的解釋工作，並視人大釋法為破壞香港司法獨立和特區法治的行為。同時，他們認為在沒有特區法院邀請時，人大常委會不應該主動釋法。對於這種否定和藐視國家最高權力機關的態度，中央極為反感，但予以駁斥的次數則不多。

港人原先頗認同反對派等人士的立場，但同時卻又承認人大釋法在一些事情上（例如居留權問題）的確為香港解決了難題。隨後而來的三次人大釋法，包括排除 2007 年特首普選和 2008 年立法會普選，都沒有引起港人的激烈反應，而人大常委會在 2005 年就有關行政長官任期問題的釋法，更是由其主動提出的。可以這樣說，經過多年來的爭議，人大常委會的釋法權已基本為港人所接受，當然他們仍不大希望看到人大釋法的出現。

第六，有關國家安全立法的鬥爭。一般而言，涉及國家安全的法規是由中央政府制定的。然而，為了不引起港人的恐慌和確保香港的平穩過渡，中央允許香港自行制定有關國家安全法律，即就《基本法》第二十三條立法。可惜的是，反對派不僅不領情，反而大肆利用2002~2003年第二十三條立法之機，在經濟困難和"非典"威脅的情況下，煽動港人不滿特區施政情緒，以維護港人的人權為由，猛烈衝擊特區政府，最後迫使政府撤回法案。反對派在此次行為中除撈到豐厚的政治資本外，又為日後的國家安全立法設立重重障礙。毋庸置疑，只要香港無法訂立國家安全法，則中央與特區的關係便始終存有嫌隙，而港人與內地同胞的關係便難言融洽。即使是回歸12年後的今天，社會上對於國家安全立法的責任感和迫切感仍付闕如，仍是反對派可資利用的政治"搖錢樹"。

第七，有關中央在港的政治角色問題。反對派及部分港人堅持中央在特區沒有政治角色，因而中央官員甚或內地專家學者都不應發表有關香港施政和政策的言論，更不應介入香港政治。對此中央直到目前為止並沒有正式和公開申明立場。然而，香港一回歸，中央政府便成立了駐港聯絡辦公室，其重要職能之一便是廣泛聯繫香港社會各界人士，共同推進"一國兩制"的落實。中央的立場是：中央有責任確保"一國兩制"的成功實施，因此正確的問題並非是中央可否介入香港政治，而是中央的介入是否對維護"一國兩制"方針政策有利，是否有利於認同"一國兩制"力量的壯大，以及是否有利於減少反對"一國兩制"勢力的影響。回歸初期，反對派的論點顯然佔了上風，但近一兩年來港人逐漸明白"一國兩制"在香港的成敗也關係到中央和內地同胞的根本利益，所以對中央在港的政治行為愈來愈採取諒解態度，並開始接受中央的這些政治行為乃香港政治生態的一部分，只要那些政治行為被視為中央保障"一國兩制"準確落實的舉動。

中央與行政長官的關係

中央與行政長官的關係在中央和不同港人之間存在分歧。毫無疑問，特首是中央的下屬，而且等級差距甚大。回歸初期，首任行政長官董建華獲得中央隆重禮遇，如外國政府首長一般，令港人自豪不已。然而中央此舉本意是為突顯重視香港，這類破格行為自然難以為繼，也不應持之以恆，否則尾大不掉。[11] 中央一方面依靠其下屬香港特首代表中央的立場、維護國家利益及確保"一國兩制"成功落實；另一方面也希望他能獲得港人的擁戴，有助於有效施政。當然中央也樂見他有能力協調好中央與港人以及內地與特區的矛盾，並促使港人人心回歸。不過，中央絕對不接受特首以港人代表自居，向中央討價還價，甚或鼓動港人向中央施壓，從而激化港人與中央的對立；或挾民意以自重，抗拒中央的命令。其實，就中央而言，特首應將國家利益置於特區利益之上。中央的大前提是，儘管香港特區與國家在利益或觀念上有分歧，但彼此的根本利益應是一致的。因此，特首在聯繫中央和內地與港人時應沒有任何不可克服的困難。

然而，反對派及不少港人總是刻意提高香港行政長官的政治和憲制地位，傳媒領域也有不少人有此傾向。當中央以正常的禮儀接待特首時，他們便抱怨特首和香港愈來愈不受重視，甚至認定中央對特首的信任出了問題，因而忐忑不安。之所以有這種"不尋常"的心態，是因為港人對內地一直以來懷有的優越感，以及把中央特殊禮待看作常規的普遍預期，而這種心態也未有因香港在經濟上日益依賴內地而消失，反而港人在自我懷疑日趨嚴重的氛圍下，更渴求中央對香港地位的肯定。

在這種心態下，不少港人視特首為自己的利益代表和發言人，不認同特首作為中央的代表和國家利益的維護者身份。一直以來，港人認為香港的利益與中央和內地的利益相互矛盾。近年來，儘管愈來愈多的人承認彼此間的共同利益增多，但"利益矛盾"仍揮之不去。所以，不少港人期望特首在面對中央時能夠"站穩"香港立場，否則便是"出賣"香港利益。這種以地方利益為本位、不合理也不符合"一國兩制"的要求，對特首恰如其分地處理與中央的關係造成莫大困擾，也不利於促進港人與內地同胞的感情。反對派自然大肆利用港人的這種心態，作為攻擊中央與特區政府的武器，甚至特首及特區官員與國家領導人及內地官員的正常交往，都被懷疑為可能"出賣"香港之舉。

不過，總的來說，港人已漸漸認識到中央與特區良好關係對香港的重要性，加上對中央的信任日增，也開始接受特首作為中央的代表和國家利益維護者的角色。中央與港人在中央與特首關係上的分歧遂有逐漸縮窄之勢。

主要官員問責制的設立

主要官員問責制於 2002 年開設。由於《基本法》並未列明此制度，因此不少論者，包括反對派人士，對之大加撻伐，批評它為行政體制的一大變化形式而已，與保持香港原有制度 50 年不變的精神相悖，因此違反《基本法》云云。然而，究其實，所謂主要官員問責制，乃指主要官員是由政治任命產生，向特首負責，並通過特首向中央負責。主要官員來自社會各方面，與特首共同進退，無固定任期，隨時可因承擔政治責任而下台，而何謂政治責任則難以客觀或明文界定。粗略而言，主要官員進退與否，視其進或退是否對委任者或政府在政治上有利。政治任命制一般又稱為"部長制"（ministerial system），在世界上十分普遍，也不局限於所謂民主國家。

雖然《基本法》沒有問責制的設置，但所制定的主要官員任免程序，其實已允許政治任命安排的存在。按照《基本法》的規定，特首可提名並報請中央政府任命任何符合該法律規定下符合資格人士為主要官員。

相反，特首也可請求中央免去某主要官員的職務。顯而易見，沒有任何人可長期或在固定期內擔當主要官員職務，並視之為理所當然。

應該指出的是，不少港人預期回歸後香港會維持殖民時期公務員治港的格局，而事實上在第一屆特區政府的主要官員中，除律政司司長梁愛詩外，其他主要官員都是原港英政府的高層公務員，而且在當上特區政府的主要官員後，依然保留公務員的身份。當然，中央可在特首的呈請下免去其主要官員職務，但他們卻仍舊可以留在公務員隊伍內而無須離開政府。

所以，主要官員問責制的設立，並非與原有制度脫離。之所以要特別給原有制度予嶄新稱謂，是要刻意突顯主要官員需肩負政治責任與有可能要下台的特徵，並爭取各方面支援特首在公務員系統以外物色人才擔任部分主要官員。除了可擴大主要官員的人才來源外，問責制也可令特首通過主要官員的進退，更好地向民眾承擔政治責任、減少民怨、重建政府威信和調校施政方針。進一步說，問責制可以讓特首尋找有政治能力又不是強調政治中立的人士進入領導班子，以期加強政府的政治戰鬥力。此外，通過政治任命，特首更可吸納支持政府的主要勢力代表人物加入政府，從而強化和擴大其社會支持基礎。可以說，問責制是香港回歸後必然的政治發展趨勢。當特首需要應付愈來愈多來自四面八方的政治勢力挑戰時，他必須擁有與他能共擔政治患難的管治團隊來駕馭政局，而政治命運與他不同且又自詡政治中立的公務員委實難膺此重任。2008 年，隨着數十名副局長和政治助理的委任，問責制進一步擴大為三層架構，而這個政治制度已基本為港人和不少公務員所接受，[12] 但當然並不表示，所有出任的主要官員及其政治部屬的人士都會得到港人的認同。

不過，反對派及部分港人自始至終反對問責制，想方設法尋找機會攻擊問責制和問責官員。他們提出的種種理據，例如香港民主政制尚未確立、社會上缺乏政治人才、公務員體制會受到破壞、公務員內部會出現"擦鞋"（揣摩上意和奉承上司）文化、問責制會導致政制混亂等，這些指責其實都經不起認真推敲。究其實，反對者的理由是：不願讓由非民選產生和與中央政府聯繫緊密的特首擴充政治和管治實力，不願看到增強政府對反對派的政治戰鬥力，同時希望與中央政府較疏離而又較認同港人價值觀、由英國人培訓出來的公務員繼續領導香港。

然而，在問責制實施初期，鑒於香港政治人才匱乏，未必所有問責官員都具備良好的政治能力，加上部分高層公務員對外來人選有抵觸情緒，而一時間又難以界定清楚問責官員與公務員之間的職權和分工，以及政治責任的界定和問責官員在何種情況下應受到何種處分，這些都為反對者提供了攻擊問責制的藉口。導致問題特別複雜化的是，公務員雖自詡政治中立，但實際上過去在他們主政下需要從事大量政治工作。雖然問責制的其中一個目標是強化公務員的政治中立性，但在一段不短的時間內，他們還要公開地執行政治任務。即使他們不會因此而承擔政治責任，對此也嘖有煩言。另外，在問責制引入過程中，為安撫公務員，同一時間又引入一個地位與問責主要官員不相伯仲但須聽命於主要官員的、屬最高公務員職級的常務秘書長。此舉的目標是讓公務員知道問責制並沒有減少他們晉升的機會。不過如此一來，在政策部門中問責官員與高層公務員之間的關係便變得更為複雜。

另一個困擾問責制的問題是由其名稱所引發的。不少人尤其是反對派視問責制的精粹為政治任命官員須因負上政治責任而鞠躬下台的制度，因而事無大小要求問責官員下台的聲音時有所聞。不少人甚至認為，只有下台一途才能體現問責精神。在此極端政治思維下，人們容易滋生對問責官員的怨懟之情。[13]

問責制是特區政府在經濟和政治困難時期設立的。因此，要通過這個制度去立竿見影地提升政府管治水平是不可能的。所以，儘管各方面明白香港不可能廢除問責制而返回公務員治港的格局，但並不妨礙反對者把所有他們不滿意的情況和政府失誤都與問責制扯上關係，批評問責制的不是，在一定程度上削弱了港人對問責制的信心，並延緩了問責制的制度建設和優化。

無論如何，雖然問責制仍有不少模糊和不足之處，但已是確立了的制度。一方面，它的設置正式宣告香港一百多年來公務員主政格局的結束和政治人物治港時代的開始。它必然會逐步改變香港的政治生態，推動政治人才的出現和政黨的發展。另一方面，以行政長官為首和以問責官員為骨幹的管治團隊，必然會比以行政長官為主席的行政會議在管治香港過程中更有優勢。此外，政府的決策過程也會自上而下，日益從政治角度思考問題，而特首及其工作人員和幕僚的角色也會不斷加重。

公務員角色的轉變

儘管不少人希望在回歸後延續過去公務員治港的格局，認為這樣會有利於維繫各方面對香港前景的信心。但真實情況卻是公務員在決策過程中的重要性緩步下降，而迄今不少公務員，尤其是高層和年齡較大者尚在艱難地適應其政治地位下降的現實。上述主要官員問責制的設置固然是原因之一，但卻不是最重要的原因。誠然，不少問責官員的確具有公務員背景，而在可預見的將來公務員仍會是問責官員的重要來源，但他們在成為主要官員後便要馬上離開公務員隊伍，而其身份和利益也朝着政治人物的方向演化。

導致公務員決策地位下降的其他原因並不複雜。第一，也是最重要的肯定是香港政治身份的轉變，由英國殖民地變成中國的特別行政區。縱使有 50 年不變的承諾，但主導香港的政治勢力總會出現一些變化。一些過去與港英政府對立的勢力在回歸後進入政府高層，而這些勢力又是新政府的核心支持勢力。"愛國力量"無疑在一定程度上會削弱公務員的影響力。第二，香港的民主化過程在社會上催生了眾多新政治勢力。無論它們是反對派、獨立人士或是建制派，其出現或擁有政治權力，都會對公務員原來享有的地位造成衝擊。經由選舉產生的立法會和具有羣眾基礎的政黨是新興勢力的佼佼者。第三，民主化也造成不少社會和民間團體的急速政治化，紛紛變成積極的政治參與者，在不同的公眾議題中爭雄較勁，對政府施政產生影響。第四，為爭取社會各方面的支持，特區政府的領導人不得不盡量考慮各方面的政策觀點和建議，使公務員難以像過去一樣充當政府最重要的政策建議者。第五，在急劇變化的政治、社會和經濟環境中，在全新的中央與地方關係以及在回歸後各種危機接踵而來的情況下，公務員的知識、歷練、人脈關係和政治能力對應付複雜局面顯然力不從心，減少了港人對公務員的信心。第六，回歸前後不少高層官員在退休後受聘於工商財團，引發連綿不斷有關"官商勾結"的懷疑，損害了市民對高官道德操守的信任。第七，回歸前後出現的民粹主義、反精英主義以及人們對權威的尊重下降，減少了港人對公務員的敬意。第八，港人對政府的期望愈來愈高，但同時怨懟之情也頗為明顯，公務員實在難以在工作表現上充分滿足民眾的要求，因而也難以贏得他們讚賞，反而要承受無休止的批評和責難。

誠然，"二戰"後，幾乎在所有西方國家都出現了公務員政治地位下降的現象，[14] 但在那些國家中公務員從來都不是主政者，所以縱有不滿，卻無嚴重的適應困難。無可諱言，香港的公務員，尤其是高層官員，對新政治形勢的出現、新政府的管治方式和政策路向和冒起的各方勢力，既感到迷惘，也感到窮於應付，有頗大的挫折感和焦慮感，他們的士氣在一定程度上受到影響。一些公務員的行為在過去肯定匪夷所思，例如部分人在退休或離開政府後，迅速轉變為政府最尖刻的批判者或積極參與大眾政治。不過，在變動不經的新政治生態下，這些現象不難理解，畢竟對公務員而言，與他們有關的遊戲規則已變得模糊不清。

獨立法定機構的挑戰

英國在撤出香港前的又一重要部署是，在政府周邊設立不少規模各異的法定機構，例如機場管理局、房屋委員會、醫院管理局、平等機會委員會、申訴專員公署、個人資料私隱專員公署、大學教育資助委員會等。這些機構擁有法定權力，專門處理某類事務，並得到來自政府的財政撥款。它們是獨立於政府的機構，其負責人雖由政府委任，但日常運作卻不受政府約束。

這些機構的行為和決定，往往對公共政策造成影響，甚至有時與政府的政策立場相左，嚴重時雙方甚至對簿公堂，導致政府敗訴的尷尬局面。事實上，由於部分公共政策（例如航空、房屋、醫療）已被分割和分散到一些法定機構中去，他們也不由政府所駕馭，政府在統籌協調政策時便會遇到阻礙，影響施政效果。此外，一些法定機構的職能是維護和促進某方面的人權，例如個人隱私和平等機會，另外一些則負有為民申冤的作用，例如申訴專員，但其共同點是作為政府的監察者和制約者，是廣義的行政架構內的制衡力量。

由於每一個法定機構只負責一項職能，在運作過程中必然把自己的任務放在最優先位置上考慮，而無須思考與其他機構協調的問題。理論上和實際上，協調的工作便都落在政府身上，但政府在權力上和時間上其實缺乏能力去擔負這些工作。因此，這些機構工作做得不好或發生醜聞時，則必然會禍及政府的管治威信。

港英政府成立這些法定機構的目的，一方面是參考西方國家當時流行的做法，縮減政府的規模，讓一些原本由政府承擔的工作，改由更具效率和靈活性的獨立機構去做；另一方面是想通過一些獨立機構的監督來改善行政素質和減少官僚濫權或越權的情況。這些都是好的目標，事實上也發揮了積極作用。然而，政府的施政也難免遇到更多掣肘和干擾，所以成立這些機構未必一定會產生良好的政策效果。

港英政府的另一個目的是實現"非政治化"的效用，讓民眾把部分對政府的訴求和不滿轉移到那些獨立機構身上，避免政府在政治上過分受壓。不過，經驗卻顯示此路不通。當人們對那些機構的表現不滿時，其矛頭最後必然指向政府，但政府卻又缺乏處理有關機構的足夠手段，反而增加了人們對政府的怨氣。

無論如何，社會上在討論法定機構的職能及其與政府的關係問題時，不時產生爭議，遊戲規則尚未訂立。

行政與立法關係

在回歸後香港的新政治遊戲規則中，行政機關與立法會的關係是最關鍵、最缺乏共識、也是最易引發政治鬥爭的部分。當中理由淺顯易懂。經由選舉產生的立法會是各種反對勢力賴以生存和發展的權力重鎮，是反對勢力的兵家必爭之地。反對派必須借助立法會的否決權和其他權力來制衡政府、發動羣眾和壯大自身力量。除了要用盡立法會的法定權力外，反對派也竭盡所能去擴張立法會的權力，甚至置《基本法》的立法原意和具體條文於不顧。部分反對派人士甚至刻意提出違反《基本法》的行動去迫使人大釋法，企圖製造中央與港人對立的情勢，從中渾水摸魚。

由於立法會的選舉辦法在回歸後使反對派只能是立法會內的少數派，他們擴大立法權力的圖謀原本難以得逞。可是，與政府關係較好的立法會議員也在一定程度上希望借擴大立法權力，去擴大其自身的政治影響力，所以也不時就此與反對派暗中勾結，為行政立法關係增加摩擦。回歸後第一年的臨時立法會時期，雖然絕大部分議員都與政府關係友好，但臨時立法會通過的議事規則卻仍有部分與《基本法》抵觸，尤其是在允許立法會議員修訂政府法案上可無須受《基本法》第七十四條的約束一事上可見。

　　事實上，行政機關與立法會既然處於相互制衡的關係，而雙方又無時無刻不在爭取民眾的支持，制度上的矛盾必然會導致兩者都希望擴大自身權力，以便置對手於下風。[15] 這就解釋了為何與政府友好的人士當上立法會議員後，也會力爭擴大立法權，以便更好地擔當制衡政府的職責。

　　不過，情況還要複雜一些。因為雙方產生辦法的不同，加上行政長官既要由中央任命且要對中央負責，行政機關和立法會的社會支持基礎有明顯差異。行政機關的支持者多來自商界、溫和及保守的中產人士、愛國人士和教育水平偏低的基層羣眾。立法會的支持基礎更廣闊，更依靠一般的普羅百姓。簡單來說，行政機關較偏向中央和社會中上層，而立法會則較立足於香港本土和社會中下層。行政和立法的摩擦實際上也反映了港人與中央，以及不同社會階層之間的矛盾。加上一般港人只能投票選舉立法會議員但卻無權直選特首，所以即使對立法會的信任偏低，但仍重視其作為民意代表監督政府的職能，所以傾向於理解和同情立法會議員的擴權行為。[16]

　　回歸以來，香港出現的最大政治變故是政府在立法機關內缺少穩定可靠的大多數議員的支持，而這也是特區管治遇到困難的根本原因。更重要的是，行政機關沒有可主導社會的政治聯盟支援，而其主要支持者來自社會不同方面，明顯缺乏凝聚力。因此，特區政府不斷面對立法會擴權的挑戰。隨着時間的推移，行政與立法的權力分配，已出現實質上行政權力下降而立法權力上升的局面。權力的轉移並非通過修改《基本法》來實現，反而是通過大大小小的立法擴權行為逐漸約定俗成而成為"憲制常規"的。人大常委會固然基於政治考慮未予干預，而行政機關又因不欲挑起政治鬥爭而選擇以息事寧人或妥協方式來處理立法會的進攻。[17] 行政機關更不願訴諸法律途徑以釐清行政與立法之間的許可權，因它無法判斷香港法院的判決是否將對自己有利。行政機關甚至憂慮假如法院的判決對立法會有利，中央是否會被迫"出手"糾正偏差，從而造成政治震盪。因為這些原因，行政權力下降而立法權力擴大便呈現積重難返之勢。

中央雖沒有出手干預行政與立法權力轉移的趨勢，但其憂慮不安之情卻溢於言表。內地專家和學者的言論頗能代表中央的看法。

事實上，立法機關的擴權現象早在回歸前已出現。英國為了要"光榮撤退"，企圖建立一個植根於香港及經由全民普選產生的立法機關，並確立一個以立法主導的政治體制，而政府則自立法機關產生。在中央的制止下，英國的圖謀雖沒有得逞，卻成功地以迂迴手法擴大了立法機關的權力，且提升了其政治地位，通過建立"憲制常規"永久改變行政和立法的力量對比。這些手法包括引入立法局權力與特權法、政府帶頭賦予立法機關象徵性的崇高地位、政府官員不時要到立法會解釋政策、接受質詢和調查、強調政府必須向民選的立法局負責等，這些改變部分並且已寫入《基本法》。當然，這些對行政和立法關係的改變確實對港英政府產生了少許掣肘，但畢竟回歸前的立法局仍基本上受英國操控，所以港英政府的管治未受到嚴重影響。

一直以來，中央對香港立法機關職權的態度相當明確。中央不希望回歸後行政長官的權力如殖民地總督那麼大，願意看見香港出現一個較殖民地政治制度更為民主的政治體制，因此同意讓行政機關受立法會的適度制衡，但卻仍堅持行政與立法的關係應以合作為前提。除了否決權外，立法會的權力並不那麼大。立法會既無權過問行政長官的人事任命，沒有立法創議權，又不能自行動用公帑。即使是在行政機關向立法機關負責一事上，《基本法》也狹隘地規範了所謂負責的範圍。[18] 在中央而言，立法會不斷爭取擴大權力並對行政機關步步緊逼，企圖置政府於其領導之下，是匪夷所思的，也是不可接受的。

據內地法律專家的論述，在中央眼中，回歸以來立法會的各種擴權行為，其犖犖大者有數項。一是中央反對所謂"三權分立"論，強調香港的行政與立法關係奠基於國家職能分工理論，不是西方的"分立分權"，故行政與立法之間既互相制衡也互相配合。二是回歸後行政主導實踐困難，是由於立法會對政府過度制衡，行政與立法的合作機制並未有效運作，而制衡機制則達到極致。三是立法會沒有遵循"法的效力等級"(即《基本法》作為母法的效力高於立法會自定的規則) 原則的要求。立法會議事規則有關立法會的法案提案權和修正案提案權的規定，並不完全符合《基本法》，逾越了法的效力等級。[19] 四是立法會過度利用財政審批權阻撓政府的施政計劃。五是雖然香港的行政主導政制保留了一些行政向立法負責的內容，其中包括行政機關接受立法會的質詢，但立法會的質詢權力並不完整。它雖有提出質詢的權力，但不能引發全體議員的辯論，也不享有進一步表決和追究責任的權力。六是立法會可"就任何有關公共利益問題進行辯論"，但《基本法》中規定的地域範圍應限於香港特區。[20] 七是根據《基本法》的規定，立法會不具有行政調查權。行政調查權乃是立法會基於立法會 (權力及特權) 條例所賦予的權力，擴大對政府監督調查權。中央認為這並不符合行政主導，也與《基本法》立法原意相悖。八是既然立法會無權決定行政機關人員的任免，則它所提出的對高層官員的不信任動議辯論肯定違反《基本法》。

毫無疑問，中央對行政與立法的認知一定會與反對派人士、部分法律界人士和不少港人的看法相左，這正表示行政與立法關係的遊戲規則尚未確立，是各方勢力"兵家必爭之地"，也是回歸後香港重大政治衝突的主要來源。

行政長官和立法會的選舉辦法

回歸前後，香港各方勢力爭議最為激烈的政治遊戲規則乃是行政長官和立法會選舉辦法的安排和演進。爭議的核心是推行行政長官和立法會的普選時間表和路徑。反對派要求馬上進行雙普選，而溫和與保守人士則主張循序漸進。港人顯然有溫和的民主訴求，但對民主發展卻存有不少顧慮，擔憂過快的政制變動會對經濟發展不利，也會損害中央與特區的良好關係。[21] 有關雙普選的爭議，各方面已論述甚詳，此處不再贅言。這裏需要指出的是，反對派一直以反共主張和爭取雙普選作為鼓動民眾對中央和特區政府不滿的兩大手段。隨着港人對中央信任的上升和國家的興盛，反共勢力的影響已大為萎縮。中央在承諾香港可在 2017年普選行政長官後，雙普選作為政治議題的熾熱度也已大為降溫。當然，這個議題即使在未來仍會是特區政治衝突的來源，特別是反對派仍然會不斷挑戰當前尚未經由普選產生的行政長官的政治認受性，企圖打擊政府的威信。

司法機關權力的擴大

在殖民管治時期，司法機關在維護法治方面發揮了積極作用，使港人形成了守法的觀念。但司法機關在社會上頗為低調，法院很少挑戰殖民政府的政策和行為、發表政治性言論或以人權和自由的捍衛者姿態出現。

回歸後，香港政治生態的一個重要變故是司法機關在政治和政策上的權力和影響力大為擴張，且呈方興未艾之勢。司法機關的角色日益高調，呈居高不下之勢。無論如何，要分析回歸後的特區政局和施政不能忽視司法機關的角色變化。

造成司法機關權力擴大的原因甚為複雜，有幾個因素較為矚目。

第一，回歸後香港法院有一本成文憲法（即《基本法》）可用，加上該成文憲法除一般憲法所有有關政治體制的條文外，還有很多涉及人權和各種公共政策的條文，而全國人大常委會又授權香港法院可對大部分條文進行解釋，司法機關的裁決便產生了重要的政治性和政策性影響。

第二，回歸後香港首次得到終審權，而在國際社會中香港特別行政區的司法機關乃初生事物，其公信力在香港和國際上尚未建立。因此，法院遂有明顯意向盡快確立自身的威信。為達此目標，法院一方面刻意強調香港司法的獨立，盡量避免呈請人大常委會解釋《基本法》；另一方面則刻意突顯其對人權的高度重視。不過，在追求目標時，法院也曾招致中央干預，對其威信造成一定打擊。[22]

第三，為捍衛人權與自由，加上受英國司法行為模式變遷的影響，[23]司法機關日益樂意接受市民司法覆核的申請，而申請獲受理的門檻也不高。政黨或社團往往會挑選一名貧困市民申請政府的法律援助，獲批後便以申請司法覆核手段控告政府，尤其是要求法院禁止某項政府決定或行動。即使司法覆核行動最終失敗，政府的施政也會因此受到延誤，政府或社會因此要付上沉重代價，其中最受矚目的事例乃領匯公司延遲在證券交易所上市和維多利亞港填海築路計劃受嚴重阻撓。司法覆核對政府施政造成重大影響，已成為政府官員在決策時的一項重要考慮，官員有時甚至因擔心會遇到司法覆核的挑戰而不敢作出決定，避免因受法律挑戰而導致政府威信受損。與此同時，司法覆核實際上也令法院通過裁決而間接獲得政治與政策的話語權。

第四，愈來愈多的政治勢力（尤其是反對派）、社會團體和個人運用司法覆核手段挑戰特區政府，當中既有維護自身利益的目的，也有旨在衝擊政府威信的意圖。其共同點是他們以為若把政府行為定義為侵犯人權、自由或公義，便容易得到法官的理解和同情，從而增加勝訴的機會。更為值得關注的是，有些人因不同原因不願意通過繁複和冗長的政治過程（例如廣泛諮詢、共識建立和立法）去達到目標，所以希望借司法覆核作為快捷方式加以利用。結果是，司法機關要處理日益增加的政治和政策事項。

　　第五，行政與立法的爭執不休，也造就了司法機關增加介入政治的機會。反對派尤其喜歡邀請法院釐清行政與立法之間的權限，或香港政治體制是否合憲等議題，例如臨時立法會是否違反《基本法》、功能團體選舉方式是否違反國際人權準則、行政長官發出的行政命令是否合憲合法、立法會議員提出對政府法案修正案的限制為何等。

　　司法機關權力的擴大，在某種意義上可以說是現代社會的發展趨勢，對加強法治和防止行政機關濫權有積極意義，但在另一方面卻又使法院面對前所未有的政治風險，令法院的威信受到威脅。長遠來看，甚至會損害司法機關履行其原來職權的能力，其原因有五：

　　第一，大部分港人並不習慣司法機關擔當政治和政策議題裁決者的角色，不相信法官比官員或議員更有知識和睿智去處理那些問題。事實上，一些法院的判決的確受到社會人士的質疑（例如居留權和領匯事件）。法院過分介入政治和政策的爭議，對司法威信會造成損害。第二，政治與政策法律化或司法化已引起有識之士的擔憂，認為如果經由選舉產生的政府和立法會的決策權力愈來愈受到司法機關的侵蝕，不但會對香港的民主發展不利，也會引致民眾對非由選舉產生的司法機關有怨言。第三，不少港人已開始認為司法覆核程序遭到濫用，阻礙政府施政和拖累經濟發展。第四，法院越多處理憲制性問題，在其極不願意請求人大釋法的心態下，香港法院的判決與人大常委會的立場出現相左機會便越大，從而增加人大釋法推翻法院判決的可能性，導致司法機關權威受挫。第五，司法機關過分擴權也會減少中央對香港法治的信心。

　　近一兩年來，香港的司法機關似乎也留意到種種對其不利的情況，並多次表明無意太多捲入政治與政策漩渦。一些跡象甚至顯示，法院不希望人們濫用司法覆核程序來實現政治目標。當然，政府對長遠的事態發展仍需拭目以待。

政黨政治的興起

政黨和政黨政治的興起，是回歸後香港政治生態的一大特色。在殖民管治時期，所有政治權力都掌控在英國人手中，意在爭奪權力的政黨根本無生存空間。20 世紀 80 年代初，港英政府單方面推行代議政制，實行所謂"還政於民"，在區議會和立法機關逐步引入功能團體選舉和地區直選成分，讓監察政府的權力可公開爭奪，自此香港的政黨便有了一些發展空間。起初中央對香港政黨的出現持否定態度，擔心會加劇政治矛盾和衝突，同時煽起香港的反共情緒。中央尤其不接受行政長官擁有政黨背景，認為如果這樣特首便不能切實對中央效忠，更會不利於"一國兩制"方針的貫徹實施。不過，隨着政黨的冒起成為不可改變的現實，中央為應付反對黨派的緊逼，轉而支持與中央友好政黨的發展。但對特首不可有政黨聯繫一事，中央堅決反對的態度迄今未有絲毫動搖。

香港政黨發展的空間實際上頗為有限。政黨沒有執政的機會，只能獲得一些議會的監督政府權力。港人對政黨的認同感和支持力不大，商界對政黨缺乏捐獻。香港成熟的公務員體制使政黨無法以官位酬庸支持者。高度發達的傳媒在代表民意和為民請命方面是政黨的強勁對手。香港的精英分子大多視參政為畏途，政黨遂面對人才凋零的困局。

香港的主要政黨例如民建聯、民主黨、公民黨和自由黨在規模上屬小型政黨，資源有限，研究力量薄弱，羣眾基礎不牢，而與其並肩作戰的社會團體不多。不過，由於政黨在立法會內擁有不少議席，在政治上所展示的能量與其在社會上所擁有的資源和民眾認受度並不相襯。正因為如此，港人對政黨"權力過大"頗有微詞。

在香港的獨特政治生態下，政黨其實在不同程度上扮演着監察政府的角色，反對黨派（民主黨和公民黨）固然盡可能以反對政府為己任，即使友好政黨（民建聯和自由黨）也不時借反對政府取悅民眾。在本質上，所有政黨都受民意和輿論左右，以致縱有一些政綱，其實際行為也往往因民意和輿論善變而不時變動，令民眾難以信任它們。加上政黨的發展仍處於變動難測態勢，因此政黨的政治角色、與其他政黨的關係、應受何種規管、其組織與運作應遵循哪些規則、應否制定政黨法等與之有關的政治遊戲規則尚未明確，政黨政治變得難以捉摸，而行政機關的管治也受到不利影響，進而削弱行政主導的能力。

強大社會勢力的崛起

在整個殖民管治時期，港人享有頗高的集會結社自由，但前提是不能以集體力量挑戰英國人的統治。香港的社會團體數量極多，但一般規模不大，組織鬆散，且較多關注其成員的自身利益，介入社會或政治事務則較少。整體而言，港人的社會參與程度偏低，所謂公民社會更未成形。

隨着香港社會日趨現代化，人們教育水平提升，中產階級擴大，利益日趨分化及港人對香港的歸屬感抬頭，一些以關注公共事務為宗旨的社團陸續出現，而原有的社會組織也走向政治化。"九七"回歸問題的出現，加上中英兩國政府的鼓勵，這類團體不斷湧現，並日趨政治化。雖然港人的社會參與率依然不高，但一個公民社會雛形已經誕生，各種社會勢力冒起，自然對政府的管治造成衝擊。

在眾多崛起的社會勢力中，商界、傳媒和宗教團體最為矚目，也對特區政府形成最大的挑戰。不過，這些社會勢力彼此之間並不結盟，而各自的內部也存在分歧，這些情況在某程度上削弱了它們的政治能量。

商界力量的壯大並非反映在大眾政治、政黨或地區直選等領域，事實上，商界在這些領域的影響力有限，而且也不太願意在此進行政治投資。商界的政治力量上升，主要源於中央的器重、政治體制的設計和商界政治期望的改變。

　　在殖民管治期間，除了英資外，商界的政治力量有限。英國願意為商界提供一個良好的營商環境，讓商人可以發家致富，但在政治上卻只能依靠英國，並要默許英資財團的優越和特殊地位。香港的華資商人一般甘心接受這個與英國的"社會契約"，一直以來彼此相安無事。

　　不過，中央對商界的態度與英國有異。為穩住投資者對香港的信心，避免資金大量撤出，中央刻意抬舉華人商家的政治地位，並在政治上大加倚重。同時，為顯示尊重高度自治，中央也不要求中資在特區的管治上發揮重大作用。[24] 此外，中央把資本家在政治上發揮主導作用視為維護香港資本主義制度的要素，這個認識也令中央在政治上對商界照顧有加。當然，中央也希望商界能在政治上動員起來，積極爭取港人支持，在大眾政治中擔當領導角色，但這實際上卻需要商人組織起來，並投放大量資源。可是，商人的表現迄今為止仍令中央十分失望。不少社會人士也認為商界不在政治上勇於開拓以促進其利益，反而渴望長期獲取政治"免費午餐"，對此頗有微詞。

　　《基本法》規定的政治體制中行政長官選舉委員會和立法會的功能團體議席都讓商界享有頗大政治影響力，從而保障其利益。特區政府因此相當依賴商界的支持並在施政上不得不向商界利益傾斜。

　　回歸前後商界的政治野心大為增強。商界人士不再甘於維持回歸前的政治次等被動地位，也不太接受由英國人培訓出來的華人公務員掌政局面。他們希望擴大自己的政治影響力，特別是對中央和特區政府而言，也不希望特區的民主化過程太快，但卻期望中央和特區政府能為他們約束港人的民主和民粹訴求。

　　商界的政治影響力上升，但在貧富懸殊和階級矛盾日益嚴重，而商界的政治優越地位又未得到港人認同的情況下，批評政府與商界"官商勾結"和"利益輸送"的聲音便不絕於耳，這在相當程度上損害了特區政府的管治威信。

回歸後不少香港傳媒視自己為"第四權力"（the fourth estate）、人民喉舌，是制衡政府和政客的主要力量。不少港人也認同此說法並對傳媒有所期許。香港的言論自由度極高，又得到司法機關的大力維護，因此傳媒所發揮的政治能量非常大。它們不只滿足於批評和制衡政府，實際上也着力制定公共議程，引導港人關注傳媒認為重要的議題和政策，迫使政府就範。它們也力圖影響官員和政客的民望和政治前途。與其他社會或政治勢力比較，傳媒的力量有過之而無不及。無論政府或政客都孜孜以求得到傳媒的支持，傳媒的政治力量更顯突出。

傳媒特別是最暢銷傳媒所扮演的政治角色，在回歸前的香港是不可想像的。港英政府當然允許反共傳媒對中國共產黨和中國內地肆意攻擊，卻不會容忍傳媒對其說三道四，更遑論惡言相向。事實上，港英政府能運用的恩威並施手段多得很，在人權意識尚未高漲時，這些手段不會遭到社會各方反彈，更不會演化為政治風波。所以香港的主流傳媒整體上對政府態度友善，不敢造次。

在回歸前的過渡時期，傳媒其實已開始對英國人不太客氣，質疑其沒有好好照顧港人利益，但情況不算嚴重。相反，英國人卻刻意鼓勵傳媒包括官方傳媒以監察政府為己任，強調其作為"第四權力"的重要角色。當然，港英政府希望借傳媒之力抗衡中國政府，從而強化英國政府對中國政府談判的能力，但更重要的目標是要扶植傳媒成為在回歸後制衡中央和特區政府的主要力量。

香港的傳媒絕大部分是牟利商業機構，本質上以迎合和滿足消費者需求為目標，其自然傾向乃為民請命。回歸後社會上民粹意識抬頭，反權威、反精英主義彌漫，加上經濟困難、政府施政失誤，以及不少港人視特區政府有支持中央的傾向，主流傳媒遂紛紛以攻擊政府和特首為取悅港人的手段，且往往流於謾罵、對人不對事、不盡不實、嘩眾取寵，極盡煽情之能事，對政府和特首的威信造成損害。由於要顧及廣告收入，傳媒極少以財團為批判對象，所以政府便成為傳媒的眾矢之的。回歸後的香港人權自由意識高漲，司法機關以維護新聞自由為己任，而行政機關又受到各方勢力掣肘，民意也傾向於同情傳媒，因此在面對傳媒攻擊時，政府的立場甚為被動。

儘管如此，傳媒的政治力量也不宜過分誇大。傳媒之間競爭激烈，互不相讓，加上其政治與政策立場分歧不少，難以形成聯合陣線對付政府。各個傳媒爭奪來自政府的消息，尤其希望得到獨家消息，這便為政府爭取個別傳媒的好感提供了一些機會。傳媒只有在連成一線反對政府某項政策或決定時，才能產生最大的打擊力，但出現這種情況的次數其實不多。當不同傳媒各自倡議不同政策時，對政府所能施加的壓力便頗為薄弱。此外，傳媒的公信力在回歸後與日俱減，無疑削弱了它們的政治力量。不過，無論如何，傳媒是一股龐大社會力量已成為不爭的事實，特區政府只要不能有效應對傳媒的挑戰，則始終難以"強政勵治"。

香港回歸後，天主教會和基督教會在政治上日趨活躍，尤其是在民主、人權、自由和公義等議題上。部分原因是這些宗教組織過去 40 多年來改變了其原有保守政治立場，從"出世"轉向"入世"，在世界各地積極介入政治，反對專制政府，支持和保護各國反對派和民主勢力，推動社會與政治發展，甚至在個別國家協助推翻政府。另外，不少教徒因教義關係具有反共或疑共心態，畢竟共產主義的唯物論和無神論與天主教和基督教的一神論水火不容。無疑，這些宗教組織在香港的言行相對其他地方較為溫和，但在動員民眾參與各種針對中央和政府的抗爭行動中依然發揮着關鍵作用，對特區政府的施政也構成重大挑戰。

然而，教會的勢力尚未十分強大。港人一般認為應奉行"政教分離"的原則，對教會和教士高調和積極介入政治，並與反對派結成同盟，頗不以為然。天主教徒和基督教徒的人數並不多，加起來約 50 萬左右，當中不乏社會精英分子，因而作為一股政治力量不算太龐大，而且大多數教徒也並不熱衷於政治。不過，兩教的國際聯繫廣泛，較有能力引發外來勢力向特區政府施壓。

香港社會內部的利益分化、觀點分歧和階級矛盾頗為嚴重，成為壓力團體和利益團體大量滋生的溫床，而不少團體都以特區政府為游説和施壓對象。如何整合與滿足其利益和訴求，對特區政府來説是一項重大考驗。政黨、社會勢力、傳媒、宗教組織、反對派和立法會又不時交織在一起，形成一股較大力量向政府緊逼，使政府窮於應付。

民意因素的抬頭

隨着香港民主化的開展，民意在政治上的重要性必定與日俱增。特區政府及各方勢力都竭盡全力爭取民意支持，務求在政治爭鬥過程中佔上風，整體形勢甚有"得民意、得天下"的意味。當然，各方面也殫精竭慮力求影響民意。回歸前後，香港的政治文化出現變化，港人較前更願意通過各種渠道表達意見，當中尤其重要的是日趨普及的民意調查。不同勢力紛紛借民意調查探測民意，肯定自己的立場和建議，以打擊對手。

平心而論，儘管民粹意識抬頭，而傳媒及反對派又竭力激化港人情緒，但主流民意仍偏向溫和務實，且高度重視社會安定，無論如何特區政府所受民意壓力仍頗大。作為一個非由港人普選產生的當權者，同時在港人眼中又是唯一有能力處理公共問題的機構，特區政府便天然地成為民意要針對和監督的對象。此外，回歸後港人在不少政治、經濟、民生和社會問題上都缺乏共識，且民意變幻莫測，政府在了解和回應民意上都遇到了困難，更造就了各方勢力可挾民意以令政府之勢。對特區政府而言，稍為值得慶幸的是，隨着港人對中央政府的信任上升和愛國意識的抬頭，港人反共情緒所衍生的對政府的民意壓力有顯著紓緩。

結論

在殖民管治時期，港英政府一權獨大，睥睨一切，自然在駕馭政治局面和實施有效管治上得心應手。[25] 基於種種原因，香港沒有出現反殖民運動或獨立運動，所以英國在香港的殖民統治從未遭遇嚴峻考驗。另一方面，"殖民地"政治體制內沒有制衡政府的力量。立法局議員由港督委任，不聽話者可被攆走，立法機關乃政府施政的俯順工具。司法機關一般尊重政府的決策和政治判斷，沒有成文憲法或人權法規可資利用以挑戰政府行為，而司法覆核作為推翻政府決定的手段尚不普遍。

殖民政府之外可以制約政府行為的法定機構極少，而且也相當溫順。社會上有實力的社會組織寥寥可數，稍有異志的往往受到政府打壓和約束。商界基本上放棄爭奪政治權力的野心，甘願在殖民政府的庇蔭下謀求發家致富。傳媒受到政府的嚴格監控，在政府恩威並施的手段下向它輸誠，但同時在政府默許下擔當反共角色。民眾一般在政治上冷漠，逆來順受心態明顯，雖然甚為關顧切身利益，但人權意識淡薄，而政治無力感則偏強。港人甚少以抗爭方式對付政府。

唯一有力與港英政府一拼的是擁護中央的愛國力量，但它在港處於邊緣位置。在中央對港"長期打算、充分利用"的政策下，除 1967 年的反英抗暴鬥爭外，愛國力量長期受到港英政府排擠和主流社會孤立，更遑論對殖民統治形成威脅。

在港英政府管治下，政治遊戲規則主要由殖民統治者單方面訂立和把弄，為其利益服務。此套遊戲規則不但簡單易懂，而且相當穩定。它不但允許港英政府招攬華人精英分子成為其同路人，也為政治安定奠定了良好基礎。在少有各方力量掣肘的情況下，強勢殖民政府便成為可能。

然而，在撤離香港前，英國按照其以排拒中央為目標的"港人治港"藍圖，盡其最大能力改變香港的政治生態和遊戲規則，讓其扶植的政治勢力有更大發展空間和鉗制行政機關的能力。中央所希望維持的香港制度 50 年不變，在回歸前已出現巨變。

　　回歸以來，香港政局的一大特徵就是，特區政府一誕生便受到政治體制內和體制外的各方勢力所包圍和衝擊，其時政治遊戲規則卻尚未訂立，形成政府與各方勢力混戰之局。儘管各方勢力並非經常一致行動，但為了應對，政府官員不免疲於奔命，但又往往勞而無功。各方力量不斷利用港人對中央的疑慮、對“一國兩制”信心尚未完全建立和社會階級的矛盾，以為民請命者姿態出現，以抨擊政府和建制為己任，處處制衡政府，阻撓施政，並以政府施政不力為突破口，否定現行政治體制，鼓吹政制民主化，企圖實現完全自治，把香港建構成為獨立政治實體。在此複雜政治環境下，建立強勢政府實為不易。

　　有意思的是，不少港人（包括反對派人士）仍然緬懷英國統治時期的強政風格和行政效率，並以此為準則批評特區管治不力，但卻顯然或刻意忘記回歸前後政治生態的嬗變，及英國政府在撤離前所完成的種種弱化行政機關權力與權威的部署。

　　要大幅強化特區的管治，關鍵在於構建一股龐大管治力量，對上得到中央政府的支持和信任，對下獲得超過一半以上港人的信賴，在中間則能凝聚主流精英分子，而其政策重心則偏向務實溫和。在這股力量的主導下，促使各方力量向其靠攏或至少減少與其對抗。隨着港人對中央信任上升及國家意識抬頭，加上港人逐步認同一套建基於香港與內地加強經濟合作的務實政策綱領，[26] 以及對反對派的逐漸厭棄，出現這樣的一股政治力量並非不可能。事實上，只有強勢的政治力量才能有效駕馭回歸後的政治局面，它對中央效忠，以行政權力為核心，整合和統領各方面零碎分割的新興政治勢力，促使各種反對力量邊緣化，重塑適合於“一國兩制”的政治遊戲規則和確立香港長治久安的根基。毫無疑問，重塑遊戲規則的過程肯定會是一個各方力量激烈搏鬥的過程，最終的結果仍會帶來一些不確定性，也很可能不會完全符合《基本法》的立法原意，但卻必然會比現在的混沌狀態較有利於"一國兩制"的準確貫徹和香港的長期繁榮穩定。

註釋

1.　Lau Siu-kai, "The Hong Kong Policy of the People's Republic of China, 1949-1997," *Journal of Contemporary China*, Vol.9, No.23 (2000), pp.77-93.

2.　香港有不少人特別是反對派人士一口咬定既然《基本法》內沒有"行政主導"一詞，香港的政治體制不能稱為"行政主導"體制。他們堅持香港的政治體制乃"三權分立"體制，理由是行政、立法和司法各具權力、各司其職、相互獨立。但這類論述顯然與《基本法》的立法原意相悖，刻意漠視《基本法》突顯行政長官地位的意圖，目標在於貶低行政長官的憲制地位，割裂行政長官與中央的領導與從屬關係，甚至置行政長官與行政機關於立法和司法機關之下。事實上，早在《基本法》起草期間，鄧小平已斬釘截鐵地表明香港不搞"三權分立"。鄧小平在 1987 年 4 月 16 日會見香港特別行政區基本法起草委員會委員時明確指出："香港的制度也不能完全西化，不能照搬西方的一套。香港現在就不是實行英國的制度、美國的制度，這樣也過了一個半世紀了。現在如果完全照搬，比如搞三權分立，搞英美的議會制度，並以此來判斷是否民主，恐怕不適宜。對這個問題，請大家坐到一塊深思熟慮地想一下。"見鄧小平 . 鄧小平論香港問題 [M]. 香港：三聯書店，1993:35 。

3.　可參見劉兆佳 . 行政主導的政治體制：設想與現實 [M]// 劉兆佳 . 香港二十一世紀藍圖 . 香港：中文大學出版社，2000:1-36；Lau Siu-kai, "In Search of a New Political Order," in Yue-man Yeung (ed.), *The First Decade: The Hong Kong SAR in Retrospective and Introspective Perspectives* (Hong Kong: Chinese University Press, 2007), pp.139-159.

4.　Lau Siu-kai, "Decolonisation *à la* Hong Kong: Britain's Search for Governability and Exit with Glory," *Journal of Commonwealth and Comparative Politics*, Vol.35, No.2 (1997), pp.28-54.

5.　Lau Siu-kai and Kuan Hsin-chi, *The Ethos of the Hong Kong Chinese* (Hong Kong: Chinese University Press, 1988); Lau Siu-kai, "Public Attitudes toward Political Leadership in Hong Kong: The Formation of Political Leaders," *Asian Survey*, Vol.34, No.3 (1994), pp.243-257; Lau Siu-kai and Kuan Hsin-chi, "The Attentive Spectators: Political Participation of the Hong Kong Chinese," *Journal of Northeast Asian Studies*, Vol.14, No.1 (1995), pp.3-24; Kuan Hsin-chi and Lau Siu-kai, "The Partial Vision of Democracy in Hong Kong: A Survey of Popular Opinion," *The China Journal*, Vol.34 (1995), pp.239-264; Lau Siu-kai, "Democratization and Decline of Trust in Public Institutions in Hong Kong," *Democratization*, Vol.3, No.2 (1996), pp.158-180; Lau Siu-kai, "The Fraying of the Socio-economic Fabric of Hong Kong," *Pacific Review*, Vol.10, No.3 (1997), pp.426-441; Lau Siu-kai, "The Rise and Decline of Political Support for the Hong Kong Special Administrative Region Government," *Government and Opposition*, Vol.34, No.3 (1999), pp.352-371; Lau Siu-kai, "Political Culture: Traditional or Western," in Lau Siu-kai et al.(eds.), *Indicators of Social Development: Hong Kong 1997* (Hong Kong: Hong Kong Institute of Asia-Pacific Studies, The Chinese University of Hong Kong, 1999), pp.135-155; Lau Siu-kai, "Attitudes towards Political and Social Authorities," in Lau Siu-kai et al.(eds.), *Indicators of Social Development: Hong Kong 1999* (Hong Kong: Hong Kong Institute of Asia-Pacific Studies, The Chinese University of Hong Kong, 2001), pp.55-91; Lau Siu-kai, "Confidence in the Capitalist Society,"in Lau et al.(eds.), *Indicators of Social Development: Hong Kong 1999*, pp.93-114; Lau Siu-kai, "Confidence in Hong Kong's Capitalist Society in the Aftermath of the Asian Financial Turmoil," *Journal of Contemporary China*, Vol.12, No.35 (2003), pp.373-386; Lau Siu-kai, "Democratic Ambivalence," in Lau Siu-kai et al.(eds.), *Indicators of Social Development: Hong Kong 2004* (Hong Kong: Hong Kong Institute of Asia-Pacific Studies, The Chinese University of Hong Kong, 2005), pp.1-30.

6. 對威權政治的懷念，在東亞地區人民當中十分普遍。參見 Russell J.Dalton and Doh C.Shin (eds.), *Citizens, Democracy, and Markets Around the Pacific Rim* (Oxford: Oxford University Press, 2006)。

7. 事實上，即使反對派真的成功策動這樣的一個民主運動，其建構一個獨立政治實體的圖謀也不可能成功。我們很難想像中央會允許香港走向偏離"一國兩制"的軌跡。

8. 2003 年香港發生了一起針對董建華政府的有數十萬人參與的大規模遊行示威。此事件使中央憂慮香港會否偏離"一國兩制"路線。自此之後，中央改變了其原先的對港事務撒手不管的方針。

9. Lau Siu-kai and Kuan Hsin-chi, "Public Attitudes toward Political Authorities and Colonial Legitimacy in Hong Kong," *Journal of Commonwealth and Comparative Politics*, Vol.33, No.1 (1995), pp.79-102.

10. 當然，人大常委會和內地法律學者在 1999 年曾經針對香港終審法院在居留權問題上的立論通過釋法和評論對中央與特區關係，特別是對人大及其常委會與香港法院的關係作出闡述，但這只是迫不得已、偶爾為之的做法。

11. 事實上，董建華在上任後逐漸也失去此種特殊厚待，而第二任特首曾蔭權則從未得到這種待遇。

12. 港人接受問責制的最重要原因是，曾有三名主要官員被視為因負政治責任而下台，令港人覺得香港出現新的可喜的政治景象，一掃過去高層公務員縱使犯錯也無須離職的風氣。

13. 事實上，即使在西方民主國家，部長下台也屬罕見，因為此舉會打擊政府威信。除非某部長涉及嚴重道德醜聞、刑事罪行或在執政黨內失去支持，否則純因政策失誤而下台的例子並不多。

14. Donald J.Savoie, *Governing from the Centre: The Concentration of Power in Canadian Politics* (Toronto: University of Toronto Press, 2004); David Richards, *The Civil Service under the Conservatives, 1979-1997: Whitehall's Political Poodles?* (Brighton: Sussex Academic Press, 1997); David Marsh et al., *Changing Patterns of Governance in the United Kingdom: Reinventing Whitehall?* (London: Palgrave, 2001); Luc Bernier et al.(eds.), *Executive Styles in Canada: Cabinet Structures and Leadership Practices in Canadian Government* (Toronto: University of Toronto Press, 2005); Delmer D.Dunn, *Politics and Administration at the Top: Lessons from Down Under* (Pittsburgh: University of Pittsburgh Press, 1997); Ezra Suleiman, *Dismantling Democratic States* (Princeton: Princeton University Press, 2003).

15. 行政與立法之間的摩擦幾乎在所有實行總統制的地方都避免不了。總統制的特點是行政機關和立法機關各自獨立產生且不一定在同一時間產生。美國和法國的情況便是很好的例子，見 Richard S.Conley, "Presidential Republics and Divided Government: Lawmaking and Executive Politics in the United States and France," *Political Science Quarterly*, Vol.122, No.2 (2007), pp.257-285。

16. Lau Siu-kai, "Hong Kong's Partial Democracy under Stress," in Yue-man Yeung (ed.), *New Challenges for Development and Modernization: Hong Kong and the Asia-Pacific Region in the New Millennium* (Hong Kong: Chinese University Press, 2002), pp.181-205.

17. 一種慣常的做法是政府把議員所提出對政府法案的修正案接收過來，然後轉為由政府自行提出的修正案。當議員提出的修正案有可能被立法會通過時，政府便會採取這種"先發制人"的手段，既為政府挽回顏面，也避免憲法"危機"的出現。

18. 《基本法》第六十四條規定的特區政府對立法會負責的事項只包括：執行立法會通過並已生效的法律；定期向立法會作施政報告；答覆立法會議員的質詢；徵稅和公共開支須經立法會批准。

19. 在立法會議事規則中未提及是否禁止或限制議員提出涉及政治體制、政府運作和政府政策的法案的權力，未提及是否禁止或限制議員提出涉及政治體制、政府運作和政府政策的修正案的權力，也未提及是否禁止或限制議員提出涉及公共開支的修正案的權力。

20. 立法會不可借公眾利益之名而進行辯論的事務包括：一是有關國家利益或全體國民利益的事務；二是中國憲法規定由國家機關行使權力的事務；三是特區範圍內由中央政府管理的事務；四是特區範圍內涉及中央與地方關係的事務；五是《基本法》沒有授權予立法會管轄的事務。

21. Lau, "Democratic Ambivalence," in Lau et al.(eds.), *Indicators of Social Development: Hong Kong 2004*, pp.1-30; Wai-man Lam and Hsin-chi Kuan, "Democratic Transition Frustrated: The Case of Hong Kong," in Yun-han Chu et al.(eds.), *How East Asians View Democracy* (New York: Columbia University Press, 2008), pp.187-208.

22. 香港的終審法院在 1999 年就港人在內地所生子女居留權案件作出判決。內地法律專家認為，判決中有關特區法院可審查並宣佈全國人大及其常委會的立法行為無效的內容，違反《基本法》的規定，是對全國人大及其常委會的地位和對 "一國兩制" 方針的嚴重挑戰。香港法院事後表示願修改有關立場，而人大常委會也於 1999 年 6 月 26 日推翻有關居留權的判決。

23. "二戰" 後，英國法院愈來愈多地運用司法覆核手段制衡政府，因而導致雙方不時發生摩擦。參見 Anthony King, *The British Constitution* (Oxford: Oxford University Press, 2007), pp.114-149。

24. 其中一個例子是中資機構在立法會內沒有功能團體議席。

25. 不過，在 1984 年《中英聯合聲明》發表後到 1997 年香港回歸前的過渡期內，港英政府的管治形態快速轉變，其管治權威和力量日益受到各方面出現的力量所掣肘或挑戰，已需要面對管治困難的情況。港英政府一方面以民主派勢力平衡商界、支持中央勢力和保守力量，另一方面則鼓動港人反共情緒來抗衡中國政府的壓力。其左支右絀的政治困境歷歷在目。

26. 劉兆佳，香港特區的管治與新政治主張的建構 [J]. 港澳研究，2007(5)：1-9。

第 9 章　從非常態政治到常態政治[*]

　　政治學者常常把政治現象劃分為兩大類，即常態政治和非常態政治。當然，這種區分帶有鮮明的價值判斷，認為常態政治是 "好" 的政治，而非常態政治是 "壞" 的政治。因此，一般來説，大部分人都會喜歡常態政治，認為那是 "治" 的表現，而非常態政治則往往被視為 "亂" 的象徵。

　　作為政治學概念，常態政治通常指圍繞着物質或實際利益而爭奪的政治，主要涉及經濟、民生、權力、名位等方面的矛盾衝突。不同社會階層、利益團體、地域組織和民族種族羣體之間的政治爭奪，往往都與物質利益的分配有關。典型的常態政治乃階級政治，而社會上的主要政治黨派可以按照其不同的階級取向而加以劃分。保守黨派以特別照顧中上階層為己任，主張維持現有體制和政策，而以改革為號召的黨派則倡議改變現有體制、政策和人事佈局，並以中下階層為其社會支持基礎。在常態政治下，不同政治勢力都基本接受和認同既有的憲制安排，並願意在政治體制之內活動和爭奪。由於涉及的東西主要是物質或實際利益，常態政治較多通過交易、妥協、協商、互讓和互諒方式進行。爭奪各方往往願意從大局和長遠角度出發，盡量不損害彼此之間的關係，不爭取短期的、局部的或階段性的 "大獲全勝"，盡可能讓對手有台階下或不致空手而歸，希望各方面在將來能夠繼續不斷進行良性政治互動。

　　非常態政治則截然不同。產生非常態政治的因素，主要是價值觀

---

[*]　本文曾以 "從非常態政治到常態政治：香港主流民意在回歸後的嬗變及其對香港政治生態的重塑" 為題，刊於《港澳研究》，2012 年秋季號，第 1-23 頁，此版本略有修訂。

的差異、意識形態的不同、信念或信仰的差別、語言的差異、種族或民族的衝突、宗教的紛爭、身份認同的分化和其他關乎精神層面的東西。以上種種矛盾分歧往往牽涉思想傾向，容易觸發強烈情緒反應，形成意氣用事傾向和非理性行為。各走極端和堅持對抗是非常態政治的普遍現象，暴力行為亦非罕見。非常態政治既可以在政治體制內發生，也可以在政治體制外出現，更可以表現在體制內、外勢力之間的合作與衝突。在非常態政治下，執政黨派和反對黨派在政治立場上存在鴻溝，反對黨派不僅質疑執政者的認受性，更否定政治體制的認受性。簡而言之，在非常態政治下，政治遊戲是"零和博弈"。

除了在極端情況外，在大部分社會往往是常態政治與非常態政治同時並存，其比重隨形勢、事件、議題和時間而異。不過，一些社會可被視為由常態政治主導，而另一些社會則受非常態政治主導。西方發達國家一般為常態政治的代表者，但近年來也出現了明顯變化。[1] 例如，近 20 多年來宗教、民族關係、移民政策、家庭價值觀、同性戀、升掛國旗、語文政策、學校應否強制學生禱告、多元文化主義或單一美國文化主義等"非物質"爭議，就在美國造成了嚴重的政治和社會撕裂。"後物質主義"（post-materialism）思潮在西方國家的擴散，同樣把不少精神性的元素引入政治領域之內。[2]

是常態政治還是非常態政治在社會中佔主導地位，與主流民意的取態有十分密切的關係。在政治領域，為了自身的利益，不同黨派會不斷調整其政治和政策立場，務求適應主流民意的轉變，使自己無論在常態政治下還是在非常態政治下皆能生存、發展和取得政治權力。

香港的政治歷程：從非常態政治到常態政治

過去 30 年，香港整體上經歷了從非常態政治到常態政治的嬗變，但常態政治的出現只不過是近年來的事。當然，這並不表示非常態政治從此壽終正寢，它還會不時出現並引發政治風波，因此轉變過程不時出現反覆。即便如此，這個不平凡的嬗變過程，標誌着香港從英國殖民地回歸到中國的特別行政區的漫長和曲折的過渡，同時也顯示了中國的"一國兩制"方針政策在克服了不少艱難險阻後最終在香港得以較全面落實。回顧這一歷程，對於如何更好地貫徹"一國兩制"會有很大的啟發作用，對於如何更好推動港人的"人心回歸"也會有重要的參考價值。

從"二戰"結束到 20 世紀 80 年代初期，英國殖民管治下的香港基本保持了政治穩定、施政有效、經濟繁榮、社會有序等眾多其他殖民統治地區罕見的狀況。港人對政治並不熱衷。[3] 以香港總督大權獨攬為核心特徵的政治體制，基本上從來沒有受到港人的質疑。20 世紀 70 年代中期開始出現的來自那些深受西方教育薰陶的上層中產階級分子的政治訴求，也只不過是在認同殖民管治的前提下尋求更多的分享政治權力的機會。社會關注的重大事項，不外乎是一些與港人切身利益相關的經濟、社會、勞工、福利和民生問題。[4]

在當時，認同和支持中華人民共和國政府及質疑殖民管治的勢力相對薄弱，在政治上處於邊緣位置，且不時受到港英政府有形和無形的歧視和打壓。香港的主流精英和社會一貫對愛國力量採取排斥和蔑視態度。1967 年的源於內地"文化大革命"的反英抗暴行動經港英政府以武力平息後，愛國人士的處境更為艱難。在中國政府不改變香港的身份和致力保持它的繁榮穩定的基本國策下，愛國力量也只好偃旗息鼓，成為與主流社會共存但卻又相互分隔的存在。香港的華人商家縱使在"二戰"後迅速崛起且日益財雄勢大，但他們深知無法動搖殖民政府的絕對權力，所以只能自願壓抑政治欲望，甘心擁護殖民管治，並通過各種輸誠表忠的姿態以求獲取管治者的恩寵、吸納和封賜，從而與殖民統治者形成一個經濟財富與政治權力共榮共濟的"非神聖同盟"。可以說，在 20

世紀 80 年代初之前，香港一直處於常態政治之中。

20 世紀 80 年代初突然出現的香港前途問題及接踵而來的中英談判，徹底改變了香港的政治格局。中英展開談判後不久，港人便清楚地知道英國近一個半世紀的殖民統治必然會在 1997 年終結，而中國將會於同年在港恢復行使主權。自然地，由於英國在港的管治行將終結，港英政府的管治權威面對迅速萎縮的命運。為了實現"光榮撤退"的目標，也為了在撤退前維持管治上的自主權和保存政治顏面，英國人一方面引入"代議政制"改革，逐步把權力移交予由港人通過選舉而產生的立法機關，借此換取港人對港英政府的繼續支持，贏取英國國內與國際的讚譽；同時英國計劃通過普選而催生和強化擁戴它的反對派勢力，並拉攏此新興勢力去抗衡那些原來擁護殖民管治但卻逐漸投向中方的保守建制勢力（當中以商界最為關鍵）。凡此種種，都是為了鞏固其統治根基和實現"光榮撤退"。

另一方面，英國一反其過去限制和約束港人的反共情緒和活動的慣常做法，明目張膽地鼓動港人與中國政府齟齬和對抗，並策動反對派充當其"拒中"的先鋒。這樣做的目的是要動員香港的內部力量抵制中國政府和日益壯大的愛國力量，使英國在殖民管治的最後歲月中有足夠能力去保障英國的利益和扶植"親英"或"親西方"的未來香港特別行政區的管治者。由於港人在回歸前對英國政府的信任遠高於對中國政府的信任，對香港的前景憂心忡忡，對愛國人士也存諸多疑慮，因此英國在港的政治部署頗為成功。

英國政府政治部署的另一面，是防止中國政府成功培植其支持勢力的政治接班人。顯而易見，中國政府的成功意味着英國政府的失敗，也意味着英國在港的利益在"九七"回歸後失去保障。所以，港英政府不但拒絕響應中國政府有關共同培植日後治港人才的建議，反而處處掣肘和壓抑愛國人士。當然，中國政府最終了解到它只能單方面扶植未來特區的政治人才，所以試圖通過委任港事顧問、區事顧問、人大代表、政協委員、特區預備工作委員會委員、特區籌備委員會委員等部署以為應對。如此一來，原來一直蟄伏的愛國力量便被釋放出來，加上不少原本屬港英建制人士的歸來，以及新興愛國人士的出現，愛國陣營也在不斷壯大，不過，無論在社會影響還是在人才的數量和質量上始終無法與歷史悠久、在社會各處盤根錯節的"親英"陣營相頡頏。

在回歸前 10 多年的過渡期中，不但中英之間爭鬥不絕，各方支持勢力也不斷傾軋，社會也因此而高度分化，香港遂成為高度甚至過度政治化的社會。在回歸前一年左右，英國政府意識到如果堅持與中國政府鬥爭到底，它只會是大輸家，而它所扶植的"親英"勢力，也會在回歸後難以立足。經仔細考慮後，英國政府聰明地改變了它的對華與對港策略，放棄對抗，轉而與中國政府合作處理回歸的各項工作。從中國政府的角度而言，為了實現平穩過渡，為了提升港人和國際社會對香港前景的信心，考慮到大部分治港人才仍只能來自原來的港英建制，所以中國政府容許全體公務員過渡到新的特區政府，並成為絕大部分的主要官員，不少原港英政府的支持者也繼續擔任重要公共職務。相反，只有少數擁護中央的人士獲得重要的政治任命，這與他們的預期落差甚大，難免會產生極大的怨懟之情，從而加劇了他們與原港英建制人士的不信任和摩擦，大幅削弱了他們對特區政府的支持，並深化了回歸後特區管治的困難。

反對派在回歸前已坐大，但在回歸後失去了英國人的庇蔭，又受到中央和特區政府的反制，不能夠在政治體制內有大作為。他們不接受《基本法》規定的特區政治架構，集中力量在體制外活動，以輿論和民意作為鬥爭手段，支持其在立法會和區議會內的少數聲音，向中央、特區政府和愛國力量不斷展開攻擊。由於反對派在社會上有相當的民眾和輿論支持基礎，其政治戰鬥力頗為頑強，對回歸後的政治格局造成重大影響。

　　回歸後的前半年，香港出現了短暫的政治平靜的局面。[5] 原因是港人對中央對港的政策放心，對首任行政長官董建華的"老實人"形象有好感，而香港的經濟仍處於令人亢奮的"泡沫"狀態。但自從 1997 年年底開始，香港不但遭遇前所未有的亞洲金融風暴的猛烈衝擊，更接連受到過去罕有聽聞的傳染疾病（例如禽流感、非典）的侵襲。港人在生命財產同時受到嚴重威脅之際，卻正是管治能力尚待磨煉的新政府主政及新舊政治勢力交戰正酣之時。一時間政治烽煙處處，鬥爭此起彼落。所有重大經濟、社會、民生問題都難逃迅速轉化為政治鬥爭議題的命運，董建華成為眾矢之的，而特區的管治則面臨極為嚴峻的考驗。[6] 2003 年 7 月 1 日爆發的數十萬人參與的反《基本法》第二十三條立法的大規模遊行示威更是各類矛盾並發的頂峰。

　　簡而言之，自 20 世紀 80 年代中期開始，隨着中英雙方在香港事務上越發發揮關鍵作用，新政治勢力興起，舊政治勢力奮起以求自保，而港人又高度關注各項圍繞着香港前途的政治議題，包括"一國兩制"方針、中央對港事務的處理辦法、中英在政制和其他問題上的爭鬥、政制爭議、北京政治風波等。回歸後出現的金融危機、傳染疾病肆虐、特區政府施政的失誤等問題又衍生出圍繞着管治失效而來的種種政治、政策和政制等問題，並與原來的部分政治問題交織在一起，形成一個極度政治化和政局動蕩的局面。可以這樣說，香港的非常態政治綿延了 20 多年，直到 2005 年後隨着董建華下台、曾蔭權上台並繼而連任、香港經濟復甦、特區施政有所改善和香港與內地加強經濟合作等情況發生後才出現明顯的轉機。然而，2010 年以來，特別是 2012 年梁振英領導的新一屆特區政府上台後，非常態政治又有重燃之勢。儘管如此，展望未來，從各種因素分析，反覆雖然難免，常態政治應該可以不斷延續下去，"一國兩制"方針應該得以更全面和準確地落實。不過，孕育非常態政治的因素仍然存在，並不時有新情況的出現，由此而產生的政治摩擦仍會不斷對香港的政治生態造成困擾。

非常態政治的主要表徵

在長達 20 多年的非常態政治生態環境下，香港出現了一些突出的政治現象：

第一，行政機關與立法機關經常僵持不下，政府的法案和政策往往因為政治、意氣或其他緣故而受到立法機關的阻撓或拖延。政府難以進行有效管治，重大政策難以出台，大型基建工程難以上馬，特大危機（例如"非典"疫病、禽流感、金融風暴）難以對付，香港的發展難以強力推動，香港的經濟競爭力不斷下降。

第二，社會各方面缺乏共同目標，各自為政，相互傾軋，無法集中力量向共同目標邁進。政治生態不利於凝聚社會對公共政策、政策改革和發展路向的共識。

第三，社會爭議高度政治化、情緒化、非理性化、泛道德化，並不斷出現人身攻擊和人格詆毀的現象。反智、反精英和反權威意識泛濫。

第四，各類權威（政府、精英分子、社會賢達、宗教領袖）凌夷，民粹激情澎湃，社會秩序混亂。

第五，社會高度分化對立，鬥爭頻繁。

第六，最矚目和廣受關注的議題和爭論範疇離不開認同中央或反對中央、支持或衝擊特區政府，循序漸進的民主發展或一步到位的民主建設，人權、自由、法治，如何維護國家安全，如何對待內地發生的政治事件，行政機關與立法機關權責的劃分，中央與特區的權力界限，特區高度自治的本質和內容，人大釋法，特區司法機關的憲法權限等政治議題。

第七，決策模式與過程高度政治化和意識形態化，反智現象突出。專業判斷和科學知識要讓路於政治鬥爭的需要。各個勢力的短期和局部政治利益考慮往往凌於在香港的整體和長遠利益之上。

第八，政府與人民的關係處於緊張狀態。政府難以取得民眾的尊重和信任。港人常常從陰謀論角度審視政府的一舉一動，不但主要官員不時遇到質疑和攻擊，即使標榜"政治中立"的公務員也未能倖免。[7] 政府內部士氣不振，擔憂動輒得咎，少做少錯的心態彌漫。

第九，大眾傳媒扮演推波助瀾、挑撥離間、煽風點火、造謠生事和民眾動員的角色，部分反共、反政府和鼓吹民粹主義的傳媒更企圖成為可以左右大局的力量。傳媒界人士以"第四權力"自詡，甚至以自己為匡時濟世之主力自命。部分電台"烽煙"四起（聽眾致電電台表達意見、宣泄不滿或向政府和其他機構投訴），節目主持人箕踞自大，力圖製造政治議題和行動，儼然以人民領袖自詡。

第十，人民對不同黨派的認同和信任有明顯差異。支持中央和特區政府的愛國愛港力量備受港人貶低和奚落，而反建制和現行體制的反對派以"在野"之身份得到了港人更多的支持。然而，總的來說，在行政長官並非普選產生、立法會只有部分議席由地區直選產生和港人對政黨態度冷淡的情況下，其實所有黨派都是規模較小、羣眾基礎有限和社會信任度不足的政治組合。[8]

第十一，不同黨派的政治綱領有明顯差異，主要反映在各自的政治立場上，尤其是集中在對中央、內地政治和人權事件、特區政府施政、政制發展等議題上。雖然受惠於《基本法》的巧妙安排，愛國愛港力量主導了行政機關和立法會，但由於其內部矛盾不少，難以在所有事情上團結一致。加上愛國愛港力量中有部分勢力需要爭取民眾的支持，港人的反共意識便在其中起了一定的分化作用。反對派在政治體制內雖屬少數派，但他們在體制外卻是主流派，他們因此可以結合體制內外力量，發動各式各樣的輿論和羣眾行動，與愛國愛港力量展開鬥爭，使香港陷於連綿不斷的政治爭鬥之中。可以說，反對派主攻，愛國愛港力量則主守，而主守的一方又往往招架乏力。

第十二，不同黨派的社會支持基礎、政治組織和動員方式也有所不同。愛國愛港力量雖不斷壯大但觀點和利益分歧甚大，協調工作艱巨，而最大的黏合劑是各成員對中央的擁護，因此中央有一定的整合作用，但作用不應高估。愛國愛港力量包括傳統的愛國力量、因回歸在即而向中央靠攏的新興愛國勢力、原港英建制分子、公務員隊伍、工商界人士、鄉事勢力等。愛國愛港力量是跨階層的組合，但基本上傾向於依靠商界和基層的支持。相反，反對派也是一個跨階層的勢力，以深受西方價值觀薰陶的中產階級專業人士（特別是從事自由職業者或公共服務提供商）為中堅。他們籠絡了不少代表中產階級和基層人士的地方、專業、宗教和壓力團體。更為重要的是，反對派得到大部分主流傳媒或明或暗的支持，而西方勢力又不斷給予各種支持。事實上，愛國愛港力量與反對派的鬥爭，蘊藏着行政與立法支持與反對中央不同階層之間和西方勢力與中國政府的摩擦，因此這些摩擦在相當長時間內難以消弭。

第十三，在政治鬥爭彌漫的氛圍下，不少突出的經濟和民生問題都會迅速被反對派轉化為高度政治化的議題，並上升為對特區政府管治的認受性和香港政制認受性的質疑，力圖突顯政制民主化的關鍵意義。

第十四，大大小小的集體抗爭行動（示威、遊行、靜坐、請願、記者招待會、堵塞交通、圍堵官員、暴力衝突）此起彼落，目標既是利己的，也有利他的；有功利性質的，也有發洩情感的。但絕大部分行動是衝着特首或特區政府而來的。

常態政治的主要表徵

自 2004 年左右開始，一些非常態政治的表徵陸續減退，而常態政治的表徵則相繼浮現。雖然非常態政治現象遠未消退，尤其是一些激進的建基於狹隘社會支持的力量冒起並不時策動激烈行動，但香港的政治局面已經呈現新的氣象。政治形態的變化，既反映了主流民意的嬗變，也是政治形勢急速轉變的結果。

香港特別行政區中央政策組和香港本地大學過去多年來進行的大量民意調查都發現，港人所關心的問題愈來愈多地與他們的切身利益相關，包括：經濟發展、產業結構的調整、香港與內地經濟的融合、就業問題、樓價和物價飛漲、空氣污染、貧富懸殊、貧窮問題、流行性傳染病、教育素質、青少年吸毒等。政治和政制民主化問題其實人們並不太關心。港人普遍要求特區政府優先處理他們關心的問題。

2004 年以後，由於社會各界大部分時間圍繞着經濟、社會、民生和生活水平問題進行討論，香港的政治局面相對平靜，沒有出現激烈鬥爭的事件。自從 2003 年 7 月 1 日數十萬人大遊行以來，香港再也沒有出現過相同規模的集體行動。但比較矚目的較大型遊行示威卻仍有數起。其一，全國人大常委會在 2004 年 4 月就香港政制發展問題對《基本法》有關條文進行解釋，而解釋的結果又被不少港人視為拖累香港民主發展步伐的舉措，約有 1 萬人參與反對人大釋法的抗爭行動。其二，2011 年的 "七一" 遊行有約 6 萬人參加，目標主要是不滿政府施政和政府提出的立法會議席出缺的處理辦法。其三，約有 7 萬人參與 2012 年的 "七一" 遊行，主要針對剛上台的梁振英政府和抗議中央介入行政長官的選舉。其四，2012 年 7 月 29 日約有 3 萬人參與 "反國民教育" 遊行。

2004 年以來，一些重大政策議題，例如規管政府竊聽和秘密監察的立法、2012 年的行政長官和立法會選舉辦法的制定、全國人大常委會對 2017 年行政長官及以後立法會普選的決定、政府就商品及銷售稅向公眾進行諮詢、醫療改革的公眾諮詢、防止行政長官貪污受賄的立法、反種族歧視立法等都是涉及人權、民主和港人切身利益的重大問題，在社會上都只引起了有限的爭議。可以想像，這些議題在回歸後最初的幾年肯定會是爆炸性的議題，特區政府也必然會因為它們而疲於奔命，而且在政治上飽受衝擊。

相反，反對派刻意製造尖銳政治爭端的政治能量逐步下降。即使在過去，他們主動製造政治議題和主導公眾討論的能量其實頗為有限，主要不過是利用港人對中央和特區政府工作的不滿和對經濟、社會和民生情況的怨氣，挑動港人反政府和反建制的情緒，提升社會上的民主訴求。不過，值得留意的是，反對派的主流勢力在回歸後減少了悍然挑釁和對抗中央的言論與行動，發動羣眾到中央駐港機構門外示威的事例也不算多。然而，他們卻把特首視為中央的化身而予以無情撻伐。

如上所述，反對派一直賴以動員民眾去衝擊政府的議題主要是政治議題，或經政治化後的其他議題。常態政治抬頭的特徵是政治議題愈來愈少，而要把其他議題政治化也愈來愈困難。為了挑起政治爭端，煽動民眾對政府的不滿，增加自己的政治資本，反對派日趨傾向於以攻擊政府日常施政的失誤或不足之處、個別政策新猷的爭論、個別部門和官員的缺失、或政府用人所引起的爭議為鬥爭手段。又或者刻意以立法會、法院、傳媒或集體行動去阻撓政策的制定和執行，特別是基本建設項目，堵塞政府樹立政績的機會，營造政府管治失效甚或無能的形象。然而，這些伎倆往往是雙刃劍，損人而又損己。久而久之，反對派為反而反、置香港整體利益於不顧的嘴臉更為突出，令他們自己的公信力也快速下降。

最具啟示性的事有幾宗：其一，在 2005 年年末，反對派成功阻撓了特區政府提出的推動政制向前發展的方案的通過，認為該方案民主程度不足且缺乏民主承擔,但該方案卻得到超過一半港人的支持。為此,反對派付出了重大政治代價,其民主承擔也受到各方質疑。其二,激進反對派五名立法會議員辭職,並藉着補選發動"五區公投"行動,目的在於挑戰中央與《基本法》的權威。此次行動不僅沒有得到其他反對派的支持,而且未得到廣大羣眾的認同,結果以慘敗告終。

反對派在常態政治下自然也希望利用非政治性議題來鞏固和強化其政治力量,不過迄今為止尚未取得實質成效。主要原因是他們缺乏那些具備相關專業知識的人才,尤其是在金融、經濟和內地與香港合作等領域。但當他們着手處理一些涉及社會、民生、福利等問題時,又往往過分受到理想主義、浪漫主義、教條主義或民粹主義所驅動,或受困於內部欠共識,或過度受制於部分支持民眾和集體的訴求,難以提出切實可行而又能夠取得多數人支持的建議或主張。再者,反對派受到他們不是執政力量而是"永遠的反對派"身份的極大困擾。在政治功利主義仍然彌漫的香港,"永久的反對派"可謂沒有政治前途,港人不會相信反對派有能力解決他們的問題,覺得他們只能擔當制衡或監察政府的角色。因此,在政治議題短缺的環境下,反對派便要面對如何避免走向衰敗的威脅。

事實上,面對常態政治的抬頭,反對派面臨迫切的轉型問題,但困難重重。首先,反對派素來以理想、原則、信念、反共、西方價值等意識形態性的政綱作為爭取港人支持的手段。要扭轉意識形態取向,改行務實路線,絕非易事。他們當中不少人滿腔熱血加入反對派,個人付出了一定的代價,也可能為此而連累了親人與朋友,但要他們放棄或者大幅改變立場並不現實。此外,過去港人之所以信任他們,是認為他們立場堅定。當港人對香港前景迷茫且缺乏信心時,立場清晰和穩定的人能夠給予他們安全和可靠的感覺。反對派如果改弦易轍,不得不冒被港人視為"轉軚"的政治風險,從而失去公民的信任。再者,反對派即使願意改變立場，並得到理解或同情，也不保證他們可以獲得一批新的支持者，但卻肯定會失去部分原來的支持者。那些本來認同其他黨派的人多數不會改變其認同對象，因為無論反對派如何改變，他們總不能變得與其對手一模一樣。對於那些尚未有認同對象的人來說，轉變了的反對派也不見得特別有吸引力。這類所謂"中間派"或"獨立"人士，一般在政治上較為消極被動，就算他們當中部分人決定支持反對派，他們的支持力度也只會偏小，與反對派失去的積極分子對他們的熱情幫助有天壤之別。最後，反對派要令中央相信他們是真的"覺今是而昨非"也非易事。中央不會隨便相信他們的政治取態已出現重大轉變。即使相信，在反對派正在走下坡路之際，他們的"統戰價值"也大大下降，但"統戰"他們的成本卻不斷上升，原因是那些多年來追隨中央並渴望得到回報的人不喜歡看到他們的長期對手"投奔"過來與他們爭奪中央的"恩寵"。在面對眾多改變立場的風險時，反對派最容易或最輕鬆的選擇是以不變應萬變，尤其是對那些派內的既得利益者而言（年齡偏高而又早已享有社會或政治地位者），因為他們要承受的可能代價較大。可是，這種以不變應萬變的消極態度卻令派內的第二、第三梯隊的成員不滿和沮喪，並十分擔憂個人的政治前途。派內老一輩和較年青一代便時起齟齬，甚至出現公開衝突和分裂，損害反對派的團結及其政治聲譽。

儘管如此，主流反對派也試圖採取一些策略，以求突破困局。他們進一步減少針對中央的挑釁性言行，不時強調其"愛國情懷"。民主黨不支持 2010 年的"五區公投"行動並在 2011 年採取妥協態度從而讓政府提出的政改方案得以在立法會通過就是明顯例證。主流反對派嘗試找尋和利用各種可能與中央溝通的管道藉以表達善意。不過，由於反對派的組成頗為複雜，當中有不少人屬頑固反共人士，這些人的激烈反共言行往往又抵消了其他人的"修好"努力。不過，主流反對派卻又力圖把特區政府和中央區別對待，在向中央示好的同時大力阻撓特區政府施政，並不斷批評特首以中央馬首是瞻，罔顧港人利益，在此他們與激進反對派分別不大。然而，中央卻視他們對特區政府的攻擊等同於對中央的攻擊，因此反對派與中央的關係始終無法有明顯的改善。

在面對困局卻又找不到出路的處境下，反對派士氣不振、彷徨不安、內鬥不斷，而且不斷進行分化重組。更重要的是，反對派內部激進勢力的抬頭。2005 年年底，一羣因在 2003 年反對《基本法》第二十三條立法而聲名鵲起的大律師加入了反對派陣營，並以自己為核心宣告將要成立一個名為"公民黨"的新政黨。該黨於 2006 年正式成立，宣稱主張既推動民主發展，又致力於與中央政府溝通，務求取代早於 20 世紀 90 年代初已經出現卻因為長期反共而與中央交惡而陷入困局的民主黨在反對派中的龍頭地位。可惜，公民黨的反共本質、極度親西方傾向、對抽象"原則"的執着、對中國共產黨和國情認識貧乏，加上過於自信、崖岸自高、過分注重政治清流形象、缺乏政治經驗、缺乏羣眾基礎、鄙視妥協和退讓、過分依賴反共傳媒的推崇和宣傳、過分注意民意對其言行的實時反應，喪失了與中央溝通的機會。與此同時，公民黨不得不面對難以招募新黨員和影響力下降的困境。由於公民黨的領導人對自己過度期許，承受挫折的能力有限，他們很快便失去了一直標榜的理性風格而陷入意氣用事之陷阱，令不少原有的支持者唏噓不已。[9] 公民黨的不成功，意味着反對派試圖進行政治轉型以應對常態政治來臨的嘗試並未取得成功。

為了突破政治困局，反對派很快便進行了另一次嘗試。他們瞄準了 2007 年年底港島地區立法會議席補選之機，成功游説原政務司司長陳方安生"代表"反對派出選。陳方安生在回歸前乃港英政府刻意培育為特區領導人的公務員，並享有頗高的民望，但卻無法適應香港回歸中國的事實。雖為特區政府第二把手，卻未能與中央和特首董建華融洽相處，最後掛冠而去。在蟄伏兩三年後，陳方安生高調復出，以批評政府和鼓吹民主為己任，一時風頭無兩。可是，陳方安生轉投反對派陣營，願意振興反對派，但無法取得該陣營的中堅分子的信任。事實上，陳方安生對中央的曖昧態度，更令不少反對派人士產生疑慮。很多港人對陳方安生的突然"轉軚"也感到難以理解，不少人認為是個人恩怨作祟，所以難以對她完全信任。事實上，儘管陳方安生贏得了補選，但卻失去了先前超然的政治形象，又不能發揮團結和壯大反對派的振衰起頹作用。反對派原來寄望陳方安生能夠協助他們重開與中央溝通的門路，而陳方安生本人也曾以此自詡。可惜，陳方安生向反對派靠近，卻反而令她失去中央僅存的信任，從而感到意興闌珊。至此反對派另一次轉型努力又以失敗告終。

反對派的轉型失敗，歸根結底是他們無法徹底公開揚棄其反共主張、認同中央對港政策和對"一國兩制"方針的詮釋、放棄對內地事務的干預、割斷與西方勢力的聯繫以及減少與特區政府的對抗。他們明白自己的主張已經落後於變動中的政治形勢，同時也與主流民意背道而馳，但反對派卻缺乏足夠的自我改變的動力。

不過，反對派轉型不成功卻成為激烈勢力抬頭的誘因，另外一個原因當然是香港的貧富懸殊日漸惡化，民眾對社會不公平現象的怨氣與日俱增。2006 年社會民主連線（社民連）的成立及後來（2011 年）自社民連分裂出來的人民力量的出現，意味着反對派的進一步分裂和香港政治的進一步對立分化。激進力量把政治與社會民粹主義提升到更高的水平，暴力抗爭行動不斷升級，政府官員和建制派政治人物成為焦點衝擊對象。激進力量同時也把"溫和"反對派視為敵人，批評他們放棄原則，與建制勢力妥協。除了激進黨派之外，一些激進民間組織和組合也紛紛出現，當中年輕人扮演了關鍵的角色，而互聯網和其他先進通信工具更是不可或缺的政治動員手段。這些民間自發性的政治行動往往不受政黨的領導或協調，甚至對政黨有懷疑和抗拒情緒。民間的組織和組合一般規模不大、缺乏明確領導、團結性有限、彼此之間協調程度不高，而且存在時間不長。它們比較集中在"後物質"（保育、環保、文化）議題上進行動員，偶爾也會涉足政治性議題（例如國民教育）。由這些組織和組合發動的抗爭行動雖然不會持久，但它們何時出現、有哪些議題引發、殺傷力有多大以及哪些人會參加卻是極難預測的，因此為香港的政治局面注入不少不確定因素。

總的來說，激進力量的抬頭，從側面印證了反對派的衰落，反映了反對派在制定公共議題上能力的走弱。激進力量的出現、其對年輕人的依賴以及對激烈鬥爭手段的倚重進一步令反對派失去主流民意的認同。激烈行動的增加，引起了社會的關注，並在表面上令人產生香港陷入政治動盪之局，當然事情並非如此。

傳媒的處境與反對派有雷同之處。在常態政治下，傳媒缺乏大量可供炒作的政治議題，也失去了一個可供它們輕易地把非政治議題迅速轉化為政治議題的有利民意環境。在非常態政治下，由於首任特首董建華的個性和處事風格被不少港人所詬病，傳媒很容易便把董建華打造為"萬惡之源"，為港人可資發泄其不滿和挫折的"實物"對象，使他備受批評、嘲笑、揶揄和踐踏，而不計較此舉是否公平。自董建華下台後，傳媒便少了一個可供政治煽情之用的人物。經濟和民生問題上升，而這些問題又較難加以高度政治化，即使政治化也不可能完全把矛頭指向特區政府，因此，傳媒的政治影響力特別是主導公眾討論議題的能力已經今非昔比。事實上，隨着民意氛圍的變化，香港的商業傳媒為了吸引受眾也必須調整其取態，從而重民生、輕政治便成為傳媒的新趨向。房屋、貧窮、貧富不均、地產霸權、勞工、教育、空氣污染等涉及社會和民生的問題受到傳媒廣泛的關注。當然，偶爾有個別具爭議性政治議題出現時，例如首批副局長與政治助理的任命、填補立法會議席出缺的安排、官員和政客的不當行為、特首曾蔭權的"貪小便宜"事例、中央

"插手" 2012 年的特首選舉、特首梁振英的僭建[10] 和誠信問題、國民教育的推行，傳媒必定如蟻附膻，極盡煽情之能事，卻無力阻擋大趨勢的前進。

常態政治的另一表徵，是所謂電台"名嘴"的沒落。當港人怨氣有限而政壇又頗為平靜之際，無論"名嘴"如何鼓其如簧之舌，或散佈誇大歪曲之論，都愈來愈引不起公眾的共鳴和感覺，反而導致其公信力的喪失和受眾的萎縮。

在常態政治下，行政立法關係也有一定程度的改善。部分反對派的立法會議員開始較願意在社會民生問題上與特區政府合作，並逐步減少對特區政府的惡意攻擊。當然，極少數的激進議員的敵意攻擊變本加厲，但實際影響有限，而且引起港人的不滿。在個別不涉及重大政治原則的立法和政策事項上，特區政府甚至需要尋求個別反對派議員的支持，以抵消部分支持政府的議員的反對。在一些社會和民生問題上，部分支持政府的議員甚至會與反對派議員連成一氣，共同反對政府的提議，2007 年 7 月政府在營養標籤規例和種族歧視條例的修訂上遭到立法會的否決便可見一斑。無疑，由於行政和立法機關之間本質上存在矛盾對立，追求和諧的行政立法關係乃緣木求魚，且非健康現象。但既互相監察又互相合作的行政立法關係始終是有利於有效施政和促進發展，更對減少社會爭鬥內耗也有相當裨益。

在常態政治下，中央和特區政府享有較高的民望和支持，並可以借此擴大其社會支持基礎。部分反對派人士轉投愛國愛港陣營，或者轉以"獨立人士"身份出現。不過，屬愛國愛港力量的主要政黨（民建聯、工聯會和親商界的黨派）卻受惠有限。民建聯的民望在 2003 年因為支持特區政府的《基本法》第二十三條有關維護國家安全的立法而陷入低谷，並在同年年底的區議會選舉中慘敗，而自由黨則因臨陣倒戈導致第二十三條立法失敗而上揚。不過，沒過多久，民建聯的民意卻拾級上升，並在 2007 年和 2011 年的區議會選舉中取得好成績，不過其民眾信任度仍略遜於反對派的民主黨和公民黨。相反，隨着第二十三條立法效應的消退，自由黨的精英主義和親商界取向不斷損害民眾對它的好感，部分核心黨員甚至於 2008 年集體退黨而成立更願意與特區政府和中央合作的名為經濟動力的新政黨。

　　無論是民建聯、工聯會、自由黨或經濟動力，它們在常態政治為主下仍未成功轉型為可以代表主流民意的政黨。儘管它們是特區政府的政治盟友，但它們的民望卻無法隨特區政府的民意上升而上升，反而卻會因特區政府民意下降而受累。主要原因是它們的主要領導人盤踞政壇已久，其依附中央的形象已深入人心，因此政治包袱不輕。期望這些年齡偏大的政治人物能夠說服港人他們是新時代的弄潮兒幾乎是不可能的事。不過，在常態政治氛圍下，他們積極利用自身與中央關係良好的優勢來壯大自己，從而積極處理一些社會民生問題。他們的努力也取得了一些成效。他們雖與特區政府關係密切，但政治立場和利益卻不盡相同，而民建聯和工聯會的中下階層支持基礎與自由黨和經濟動力的精英路線也分歧甚大。就算把幾個黨派的支持者加起來，也佔不到港人的一半。

　　在常態政治抬頭的背景下，支持特區政府較得主流民意認同，但民眾對政府的支持並不牢固，而且在大部分時間也不算高。再者，人們也希望在行政長官還未普選產生時反對派能夠發揮一定的制衡政府的作用。港人對反對派的信任下降，只表示愈來愈多原有的該派的支持者游離了出來，但卻並不表示這批游離者會轉投愛國愛港黨派的懷抱。現階段，頂多可以說由特區政府與愛國愛港黨派組成的政治聯盟在未來比反對派較有條件去建構一個有社會大多數堅實支持的政治勢力。要達到這個目標，特區政府與支持它的政治黨派和各種社會力量需要加強聯合，共同服膺於一套能夠代表那愈來愈接受中央和認同祖國的主流民意的新政治主張，擴大吸收政見溫和的中產階級專業人士，培育能代表新時勢的政治人才；同時，在中央的支持下積極參與國家的建設以推動香港的發展，以政績來鎖定港人對自己的長久支持。可以肯定的是，雖然長遠來說成功機會不錯，但這個過程必然是坎坷而且荊棘滿途的，中間更會出現逆轉的挫折。

政治形勢和主流民意的變化

香港之所以能夠逐步走出非常態政治的狹谷而蹣跚地走向常態政治的坦途，與主流民意的嬗變有莫大關係，而主流民意的嬗變又是政治形勢出現變化的反映。主流民意的嬗變與政治形勢的轉變時刻互動，互為因果。

一直以來，即使在非常態政治的主導下，民眾的焦點其實都放在經濟、民生和生活水平等非政治議題上。隨着常態政治的上升，這些問題已成為港人最關心的問題，而政治議題的受關注度則明顯滑落。

港人不但對政治議題興趣減少，更重要的是，他們對政治議題有新的認識和體會。而新的體會又影響到人們對不同政治勢力的看法，逐步改變了不同政治勢力的力量對比和它們的發展態勢。在非常態政治背景下，港人對中央信任度較低幾乎決定了他們對各種政治爭論的理解和重視程度。正因為港人中不少人是在國共內戰時遷移到香港的，他們對新中國和中國共產黨懷有很深的成見，這種負面態度在一定程度上影響了他們的下一代。再加上港人長期受到殖民教育和西方文化的薰陶，以及源於當時香港的經濟發展水平較內地高而產生的優越感，港人對回歸中國和"一國兩制"方針信心不足。事實上，所謂"香港人"的身份認同的內容，相當程度上是與所謂"內地人"對比而確立的，是將"香港人"和"內地人"蓄意對立起來的結果。

　　港人對香港和中國內地的前景不樂觀，擔憂回歸後中央會干預香港的內政、收窄港人的自由空間、改變香港的現狀和破壞香港的制度。所以，港人從實用角度出發，認同反對派的民主訴求，支持香港的民主發展應以"高速"前進。對不少港人而言，港人可藉着民主改革把較多權力控制在自己手中，減少中央插手香港內政的機會，以實現反對派高舉的"民主抗共"的目標。然而，真的認為民主可以抗共的人卻很少。

　　港人既然懷有政治不安全感，自然會寄望反對派能夠發揮制衡中央的作用，當然他們不會高估反對派的政治能力，但感覺總比支持中央的人士較值得信賴。反對派因此比其政治對手（包括特區政府）享有較高的民望，也更有能力奪取立法會的地方直選議席。自然，反對派可以利用民眾的支持興風作浪。

　　回歸後，香港面對前所未有的經濟危機和管治困難，港人對特區政府尤其是特首董建華怨毒甚深。港人更樂意支持反對派去衝擊特區的執政者，即使支持中央的人士也因為未受重用而對董建華不滿。不過，支持中央的勢力也同時是反對派和大多數港人發泄和打擊的對象。港人的政治不滿和悲觀情緒不斷受到傳媒和政客的激發，在 2003 年 7 月 1 日的大遊行中達到極致，但同時這些負面情緒又因為得到大量抒發而下降。

　　反對派一廂情願地認為 2003 年的大遊行是一個對他們絕對有利的轉捩點，並期望過去政治上欠積極的中產階級能被進一步動員和組織起來，成為新一輪香港民主運動的強大推動力量。弔詭的是，香港的政治生態卻向另外一個方向變化。自 2003 年大遊行以來，香港的主流民意出現明顯轉向的態勢。港人愈來愈務實、理性、溫和和厭倦爭鬥。人們開始把社會穩定視為最重要的渴求，緊隨其後者是經濟繁榮，而將自由與民主置於其後。自 20 世紀 80 年代初期開始綿延近 20 年的無休止政治摩擦令港人越加珍惜安定與和諧，並主動發揮約束反對派言行的作用。

新主流民意與舊主流民意的核心部分有着根本性的區別，這就是港人對中央、內地和國家的態度發生了巨大的變化，而這些變化又帶有質變的性質。這種質變反過來又改變了人們對政治議題的認識和重視。

具體來說，港人對中央和內地的態度發生了以下一些變化：

第一，對國家的未來由不樂觀轉為樂觀甚或過度樂觀，認為中國躋身世界強國之列乃指日可待之事。

第二，對"一國兩制"方針政策增強了信心，相信中央關心並有誠意促進香港的發展，感激中央在香港有困難時慷慨出手相助，願意承認和尊重在"一國兩制"下中央的憲制權力。

第三，對中央的信心和信任持續上升，讚賞中央的治國能力和處理香港事務的睿智。

第四，從"抗共"心態走向與中央構築合作互信關係，較以往願意去了解、考慮和照顧中央的看法和利益。

第五，認同香港與內地逐漸形成了"經濟命運共同體"，意識到香港的經濟轉型和發展高度依賴內地的經濟增長和轉變，積極支持香港與內地深化經濟融合，並希望香港能夠在國家和平發展的過程中作出重要貢獻。

第六，意識到香港不少的社會和民生問題（例如人口老齡化、貧窮、青少年吸毒）的長遠解決也建基於香港與內地在各方面的緊密合作。

第七，對內地同胞的貶抑心態逐步收斂，對內地精英多了一份敬意，但同時擔憂來自內地的競爭，又憂慮大量內地同胞湧港對香港的價值觀、制度和行為方式的衝擊。

第八，港人的國家觀念、民族意識和愛國情懷日益顯著。這從2008年港人對北京奧運聖火在西方國家傳送時受到干擾及四川大地震的激情反應中可見一斑。港人愈來愈以身為中國人和中華人民共和國公民為榮。

第九，港人對西方世界的負面態度開始認知。港人認為西方在回歸後對香港缺乏善意，處處挑剔，且經常作出不盡不實的報道和批評。愈來愈多的港人相信西方國家不願意看到中國走向富強，遂處心積慮、想方設法阻撓中國的崛起，甚至利用香港在國家中的獨特地位為國家添煩添亂。

第十，當被問及自己的主要身份是"香港人"還是"中國人"時，雖然認同前者的受訪者比例仍佔多數，但重要的是"香港人"和"中國人"的內涵日趨重疊，兩者不但非相互對立，反而走向統一。

第十一，港人對中國共產黨的態度亦轉趨正面，較之前更願意承認中國共產黨在國家崛起過程中功不可沒。

港人對中央、內地和國家在態度上的巨變，在很大程度上也改變了他們對香港政治的理解。

港人認為香港最大的政治，是確保"一國兩制"順利落實，當中尤其重要的是建構良好的中央與特區關係，防止反共或挑釁中央的言行出現。[11] 其他港人政治態度的變化包括：

第一，香港的民主發展不能阻礙"一國兩制"的實施，必須按照《基本法》規定的方式推進，而中央與內地的利益必須得到充分的尊重和照顧。

第二，承認中央在香港政制發展上有憲制主動權和最終決定權，不能在主權在民的幌子下予以否定。港人同意在發展香港的民主時，應該同時考慮到它對中央和內地可能造成的衝擊。

第三，主張民主發展不能損害香港的經濟繁榮、社會穩定、良好的中央與特區關係、簡單低稅制、有限的社會福利負擔和優越的營商環境。港人尤其是中產階級人士對民主化是否將挑起反共情緒和民粹激情懷有一些疑慮。人們既然對現狀較滿意，自然會思考民主改革是否將對現狀帶來不利影響的問題。

　　第四，港人不希望民主發展會令反對派有機會上台執政。在過去非常態政治主導下，港人在對現狀極度不滿時，曾經有接近一半的人表示可以接受反對派領導香港，並寄望他們帶來新局面。如今在常態政治下，港人知道只有得到中央的信任和促進香港與內地合作的政治勢力發展才可以造福香港。在大部分港人眼中，反對派已經喪失了作為執政者的資格，充其量只能當稱職的反對派。因此反對派的政治價值對港人而言大幅下降。港人甚至擔心過快的民主發展步伐會令反對派有機會奪取過多權力。

　　第五，港人對特區政府的信任有所回升。特首曾蔭權和特區政府的民望比反對派更高，而後者的民望甚至比中央的還要低。

　　第六，港人的民主訴求明顯降溫，政制發展一事愈來愈引不起他們的興趣。人們關心一系列的經濟發展和民生改善的事項，包括香港的經濟競爭力和貧富兩極分化等重要問題。

　　第七，一直以來，不少港人傾向把民主與自由等同起來，也傾向於視願意聆聽和重視民意的政府為民主政府。所以，即使行政長官和立法會不是由普選產生，不少港人仍認為香港是一個民主社會，只是其民主形式不同於西方而已。當港人不再以民主為"抗共"的手段或根本無需"抗共"時，他們便開始思考加快民主步伐可能帶來的消極和負面影響。港人對民主化的態度變得複雜矛盾，這在一定程度上淡化了他們的民主訴求。

　　香港主流民意在過去 3 年內的急速轉變，其來有自。主要原因是中國日益強大，港人開始確信國家成為超級大國勢所必然，而香港則肯定會從中受益。港人愈來愈明白中央對實行"一國兩制"方針的誠意和決心。中央一系列的"挺港"政策諸如內地與香港更緊密的經貿關係安排、內地居民來港個人遊、中央授權香港開辦人民幣業務和支持香港發展為全球主要的人民幣離岸中心、大型國有企業紛紛來港上市集資等，對香港經濟的復甦發揮了莫大作用。香港與內地在經濟上的日漸融合也重塑了香港的政治生態。

隨着香港經濟的復甦，港人對香港經濟的前景信心增加，但對香港在國家發展過程中是否將被邊緣化則略有憂色。曾蔭權上台後，特區政府有了新的開始，從而可以發揮凝聚民心、化解民怨的作用。事實上，在董建華離任前的兩年中，在痛定思痛、總結經驗的基礎上，特區政府已開始構思和推行一套較之前有效的管治策略，此策略在曾蔭權主政下進一步確立和改進，當然還遠遠沒有達到完備之境。

這套新管治策略旨在建構一條在“一國兩制”下切實可行的中間溫和施政路線。它的核心內容包括：接受中央所制定和定義的“一國兩制”方針政策、積極建立良好的中央與特區關係、促進港人與內地同胞的感情和了解、實行“背靠內地、面向世界”的經濟發展策略、推動香港與內地的經濟融合、施政“以民為本”、重視社情民意、增加向上社會流動機會、強調減貧以及提升港人的國家觀念和民族意識。這套新管治策略基本上逐步收到成效，尤其在促進經濟增長和維持社會穩定方面，然而在縮小貧富差距方面則嚴重不足。[12] 再者，為新管治策略提供理論依據的新政治主張也逐步形成雛形。[13]

香港經濟自 2005 年開始明顯復甦、就業情況顯著改善、資產價格回升、薪金上調、市場繁盛。內地經濟高速發展，香港與內地經濟加速整合，股市和樓市活躍、市民消費意欲增加，令港人對香港經濟前景轉趨樂觀，過去因經濟危機而觸發的怨憤和不安也一掃而空。可是，2008 年爆發的全球金融危機又一次對香港造成相當大的打擊。雖然香港的金融體系再一次顯示了它的優越性和穩定性，但實體經濟卻受到摧殘。特區政府採取了一系列鞏固金融機構、協助中小企業、穩定就業和紓緩民生困頓的措施，讓香港安然渡過了危機。然而，世界各國採取的大幅增加貨幣供應的措施卻令大量外地（包括內地）資金流入香港進行投機炒作，使得香港的樓價快速飆升，令不少港人怨聲載道。房屋問題迅速成為爆炸性的社會議題，但它卻不是一個能夠在短期內處理好的問題。因此，特區政府的民望大受影響。反對派自然戮力以民生議題攻擊政府，而部分建制派也不甘人後。雖然政府的威望受損，但港人也不認為反對派有解決問題的能力，所以反對派也沒有從中嚐到甜頭。

反對派的內憂外患大大削弱了他們的政治能量。外憂包括無法與民望不錯的中央恢復對話，反而嫌隙日深；港人對反對派的不信任上升，令其社會支持基礎萎縮；西方國家尤其是美國在港形象欠佳，對反對派所給予的支持作用有限，而事實上來自西方的支持也有下降之勢；台灣的民主發展在港的示範作用過去一直為反對派助拳，但近年來台灣的經驗卻成為反面教材。內憂包括反對派內各黨派無法團結一致，反而暗中較勁；派內大佬與後輩在形勢惡化的環境下利益爭奪日趨激烈；派內人士不斷爆出貪污斂財的醜聞，打擊了反對派的清譽；派內頑固勢力與改革勢力紛爭不止；激進反對勢力的出現加劇了反對派的內耗；招收新黨員成績不理想等。

中央在 2003 年以後明顯調整了對港策略，大大改變了香港的政治生態。中央摒棄了回歸初期的"不干預"政策，轉而採取了"不干預但有所作為"的策略。中央的工作重點在於協助香港走向經濟復甦，適時地宣佈中央的立場以防止反對派鑽空子，推動香港與內地在各方面的交往，提升港人的愛國意識，對反對派不予打壓，但採取冷處理手法以免他們有"悲情牌"可打；推動愛國愛港力量的壯大和整合；盡力協助在外遇上困難的港人等。中央的這些策略有利於拉近與港人的距離。

然而，我們也不得不清醒地看到，不少港人對中國共產黨和內地仍有抵觸甚至逆反情緒，因此還會因為新情況的出現而演化為政治行動和風波。新特首梁振英的上台，被部分港人視為中央"直接"管治香港的象徵。一時間各方面的"反共"意識又被調動起來，並藉着內地人權問題和香港推行國民教育等問題而轉化為政治行動，從而非常態政治又有萌芽之勢。在 2012 年特首選舉過程中，民生問題仍享有主導地位。新政府上台後恐怕在一段時間內要忙於處理一些針對中央和特區政府的問題。這便再一次説明香港走向常態政治絕對不是一帆風順的過程。

結論

香港的政治從非常態重返常態是一個頗為顛簸曲折的過程，即使在今天，這一過程仍在進行之中，尚未完結，因此不少非常態政治的現象依然存在，甚至在某些時刻成為主要現象。儘管如此，隨着香港的政治從非常態走向常態，中央、特區政府和各政治黨派都在不斷作出部署以應對。由於中央和特區政府在轉變香港的政治生態上積極主動，它們不但較能適應新政治局面，而且可以在一定程度上駕馭全域。相反，反對派尚在痛苦地探索前路，且內耗內訌不斷。

雖然就長遠而言，反對派如果不能夠改弦易轍，他們的政治前景就是暗淡的，而愛國愛港力量則肯定前途光明。然而，就短期來説，由於過去近 20 年來反對派是較得港人支持的政治勢力，而愛國愛港力量長期因港人的反共意識濃厚而受到壓抑，反對派所擁有的政治人才及其所享有的民望依然較愛國愛港力量為優。所以，縱使整體形勢發展對愛國愛港力量有利，在民意和立法會地區直選方面，反對派在中期仍佔有優勢。

展望未來，愛國愛港力量在中央和特區政府的支持下，團結在以愛國意識為核心的新政治主張的基礎上，逐步扶植能夠代表新政治形勢的新一代政治領袖，常態政治便可以較全面地取代非常態政治。與此同時，隨着反對派中頑固反共和親西方的領導分子的逐漸淡出，主流反對派也會漸漸蛻變為溫和改革派。他們雖然仍懷有一定的反共情緒和崇洋傾向，但會盡量避免直接與中央對抗，並會較多地把政治活動局限在香港這個政治舞台之上。簡而言之，當反對派和愛國愛港力量願意在"一國兩制"框架下運作，認同《基本法》的政制安排及發展路向，而他們之間的主要分歧又是對經濟、社會和民生議題的不同取態時，則"一國兩制"下的常態政治便是香港政治生態的代名詞了。

人們一定會問，香港政治由非常態走向常態是否是一個不可逆轉的過程？當然，對此沒有人能夠給出確鑿的答案。不過，即使香港日後再出現經濟危機或對中央的信任出現問題，港人恐怕也不會把希望寄託於反對派，反而會從香港是中國的一部分和港人是中國人的角度出發，以務實態度而非以對抗中央的態度處理難題。香港在常態政治下仍然會有不少矛盾衝突，部分甚至頗為嚴重，但過去惡劣的非常態政治局面估計難以重現。

註釋

1. Jonathan Rauch, *Demosclerosis:The Silent Killer of American Government* (New York:Times Books,1994); Stanley B.Greenberg, *The Two Americas:Our Current Political Deadlock and How to Break It* (New York:Thomas Dunne Books,2004); Kevin Phillips, *American Theocracy: The Peril and Politics of Radical Religion, Oil, and Borrowed Money in the 21st Century* (New York: Viking, 2006); Mark A. Smith, *The Right Talk: How Conservatives Transformed the Great Society into the Economic Society* (Princeton: Princeton University Press, 2007); Fareed Zakaria, *The Post-American World* (New York: W. W. Norton, 2008); Ronald Brownstein, *The Second Civil War: How Extreme Partisanship Has Paralyzed Washington and Polarized America* (New York: Penguin, 2008); Thomas E.Mann and Norman J. Ornstein, *It's Even Worse Than It Looks:How the American Constitutional System Collided with the New Politics of Extremism* (New York: Basic Books, 2012).
2. Ronald Inglehart, *The Silent Revolution:Changing Values and Political Styles among Western Publics* (Princeton: Princeton University Press, 1977); Ronald Inglehart, *Modernization and Postmodernization: Cultural, Economic,and Political Change in 43 Societies* (Princeton: Princeton University Press,1997); John K.White, *The New Politics of Old Values* (Hanover: University Press of New England,1988); Arthur M. Schlesinger, Jr., *The Disuniting of America* (New York:Norton,1992);

Joseph S. Nye, Jr. et al. (eds.), *Why People Don't Trust Government* (Cambridge, MA: Harvard University Press, 1997); Susan J. Pharr and Robert D. Putnam (eds.), *Disaffected Democracies: What's Troubling the Trilateral Countries?* (Princeton: Princeton University Press, 2000); Thomas E.Patterson, *The Vanishing Voter: Public Involvement in an Age of Uncertainty* (New York: Alfred A. Knopf, 2002); John K. White, *The Values Divide: American Politics and Culture in Transition* (New York: Chatham House, 2003); Samuel P.Huntington, *Who Are We? The Challenges to America's National Identity* (New York: Simon and Schuster, 2004); Wayne Baker, *America's Crisis of Values: Reality and Perception* (Princeton: Princeton University Press, 2005); Nolan McCarty et al., *Polarized America:The Dance of Ideology and Unequal Riches* (Cambridge,MA: MIT Press, 2006).

3.　Lau Siu-kai and Kuan Hsin-chi, *The Ethos of the Hong Kong Chinese* (Hong Kong: Chinese University Press, 1988); Lau Siu-kai and Kuan Hsin-chi, "Public Attitudes toward Political Authorities and Colonial Legitimacy in Hong Kong," *Journal of Commonwealth and Comparative Politics*, Vol. 33, No. 1 (1995), pp.79-102; Lau Siu-kai and Kuan Hsin-chi, "The Attentive Spectators: Political Participation of the Hong Kong Chinese," *Journal of Northeast Asian Studies*, Vol. 14, No. 1 (1995), pp.3-24; Lau Siu-kai, "Democratization and Decline of Trust in Public Institutions in Hong Kong," *Democratization*, Vol. 3,No. 2 (1996), pp.158-180.

4.　Lau Siu-kai and Wan Po-san, "Social Conflicts: 1987-1995," in Lau Siu-kai (ed.), *Social Development and Political Change in Hong Kong* (Hong Kong: Chinese University Press,2000), pp. 115-170.

5.　Lau Siu-kai, "The Eclipse of Politics in the Hong Kong Special Administrative Region," *Asian Affairs*, Vol. 25, No. 1 (1998), pp. 38-46; Lau Siu-kai and Kuan Hsin-chi, "Back to Politics-as-Usual? The 2000 Legislative Council Elections," in Kuan Hsin-chi et al. (eds.), *Out of the Shadow of 1997? The 2000 Legislative Council Election in the Hong Kong Special Administrative Region* (Hong Kong: Chinese University Press, 2002), pp. 1-29.

6.　Lau Siu-kai, "Tung Chee-hwa's Governing Strategy: The Shortfall in Politics," in Lau Siu-kai (ed.), *The First Tung Chee-hwa Administration: The First Five Years of the Hong Kong Special Administrative Region* (Hong Kong: Chinese University Press,2002), pp. 1-39; Lau Siu-kai, "Political Conflicts in Post-1997 Hong Kong," *Security Dialogue*, Vol. 28, No. 2 (1997), pp. 243-246; Lau Siu-kai, "Hong Kong's Partial Democracy under Stress," in Yue-man Yeung (ed.), *New Challenges for Development and Modernization: Hong Kong and the Asia-Pacific Region in the New Millennium* (Hong Kong: Chinese University Press, 2002), pp.181-205. 劉兆佳，行政主導的政治體制：設想與現實[M]// 劉兆佳，香港二十一世紀藍圖 . 香港：香港中文大學出版社，2000:1-36 。

7.　Lau Siu-kai, "The Rise and Decline of Political Support for the Hong Kong Special Administrative Region Government," *Government and Opposition*, Vol. 34, No. 3 (1999), pp. 352-371; Lau Siu-kai, "Political Attitudes towards the Old and New Regimes," in Lau Siu-kai et al. (eds.), *Indicators of Social Development: Hong Kong* 1997 (Hong Kong: Hong Kong Institute of Asia-Pacific Studies, The Chinese University of Hong Kong,1999), pp.157-200; Lau Siu-kai, "Attitudes towards Political and Social Authorities," in Lau Siu-kai et al. (eds.), *Indicators of Social Development: Hong Kong 1999* (Hong Kong:Hong Kong Institute of Asia-Pacific Studies,The Chinese University of Hong Kong, 2001), pp.55-91; Lau Siu-kai, "Socio-economic Discontent and Political Attitudes," in Lau Siu-kai et al. (eds.) *Indicators of Social Development: Hong Kong 2001* (Hong Kong:Hong Kong Institute of Asia-Pacific Studies, The Chinese University of Hong Kong, 2003), pp.29-75.

8.　Lau Siu-kai, "Public Attitude towards Political Parties," in Lau Siu-kai (ed.), *Social Development and Political Change in Hong Kong* (Hong Kong: Chinese University Press, 2000), pp.417-444; Lau Siu-kai and Kuan Hsin-chi, "Partial Democratization, 'Foundation Moment' and Political Parties in Hong Kong," *The China Quarterly*, Vol. 163 (2000), pp.705-720; Lau Siu-kai and Kuan Hsin-chi, "Hong Kong's Stunted Political Party System," *The China Quarterly*, Vol. 172 (2002), pp.1010-1028; Kuan

218

Hsin-chi and Lau Siu-kai, "Cognitive Mobilization and Electoral Support for the Democratic Party in Hong Kong," Electoral Studies, Vol. 21, No. 4 (2002), pp. 561-582.

9. 過去兩三年，公民黨的黨員分別針對港珠澳大橋建造和外傭居留權問題提出司法覆核，但那些行動卻讓大多數港人覺得該黨為求打擊特區政府和捍衛抽象公義原則而罔顧港人的感受和利益。港人對此較為反感，公民黨為此付出了沉重政治代價。

10. 僭建，本指自行改建的違規建築，此處是指香港出現的僭建門事件，即先後有立法會議員、特首、政務司長以及行政會議成員被揭發他們所擁有的建築物有違規行為。

11. Kuan Hsin-chi and Lau Siu-kai, "Between Liberal Autocracy and Democracy: Democratic Legitimacy in Hong Kong," Democratization, Vol. 9, No. 4 (Winter 2002), pp. 58-76; Lau Siu-kai, "Democratic Ambivalence," in Lau Siu-kai et al. (eds.), Indicators of Social Development: Hong Kong 2004 (Hong Kong: Hong Kong Institute of Asia-Pacific Studies,The Chinese University of Hong Kong, 2005), pp. 1-30.

12. Lau Siu-kai, "In Search of a New Political Order," in Yue-man Yeung (ed.), The First Decade:The Hong Kong SAR in Retrospective and Introspective Perspectives (Hong Kong: Chinese University Press, 2007), pp.139-159.

13. 劉兆佳，香港特區的管治與新政治主張的建構 [J]. 港澳研究，2007(5):1-9。

第 10 章　殖民統治末期的"難以管治"問題 *

　　"九七"問題的出現宣示了殖民統治在香港的限期結束。在此問題湧現前，英國一直維持有效和穩定的管治。尤其罕見的是，在"二戰"結束後，香港的殖民管治在世界各地反殖民運動狂飈中竟然安然無恙，其頑強性和持久性只能部分地從殖民管治的政治能力及適應力來理解。[1]較全面的解釋是存在一組偶然聚合且有利於殖民管治的條件，而這些條件在戰後香港特別明顯，賦予殖民政府一定程度的政治認受性，並令殖民管治為港人接受。從港人寧為殖民地人民，也不甘於受社會主義祖國管治，可以窺見殖民管治"得人心"之處。

　　由於中國將於 1997 年在香港恢復行使主權是不可轉變的事實，港人猛然醒覺英國最終不得不撤離，因此殖民政府無法再作為他們與中國之間的屏障。那間，香港的政治環境變得極端複雜。從政治角度看，"九七"問題意味着新的政治勢力進入本地政治舞台、衍生新的社會經濟問題、冒出新的政治矛盾，以及殖民政權的權威與認受性走向衰落。在新問題之上，是香港自身社會經濟轉變及世界經濟變遷所滋生的種種問題，並因"九七"問題而日益嚴重。

　　這些與"九七"問題直接或間接有關的急速轉變，不可避免地削弱了一直以來有利於殖民管治的條件。雖然香港遠不至於難以管治，但是，在殖民統治餘下的歲月裏，要維持有效管治並非易事。對自身日益

＊　本文原以英文發表，刊於 Lau Siu-kai, "Hong Kong's 'Ungovernability' in the Twilight of Colonial Rule," in Zhiling Lin and Thomas W. Robinson (eds.), *The Chinese and Their Future: Beijing, Taipei, and Hong Kong* (Washington, DC: The AEI Press,1994), pp. 287-314。中文版曾以 "後過渡期中英分享權力的趨勢：殖民地統治末期之 '難以管治' 問題及出路" 為題，刊於《廣角鏡》，第 222 期（1991），第 50-66 頁；此譯本再經修訂。

困難的處境，港英政府當然不是一無所知；但在脫離困境上卻顯然過分遲緩。港英政府在探索出路時，曾嘗試不同辦法，但直到今日仍未能確定可行的對策。在惶急地探索可行之道時，港英政府的考慮顯然受困於一連串的矛盾。不過，越接近"九七"，政府的選擇會愈來愈少。剩下最有可能的會是某種形式的分享權力、鞏固權威或建立共識，但任何一種辦法都會宣告殖民政府壟斷政治權力的終結。

戰後維持有效管治的條件

香港雖然是殖民地，但英國極少訴諸意識形態來使其統治合理化。一些信條，例如"白種人的負擔"（the white man's burden）、"昭昭天命論"（the manifest destiny）或者帝國主義的文明使命等，曾被廣泛應用於其他殖民地，以突顯殖民統治的救贖功能。[2] 但在香港，這些信條從未被刻意宣揚。英國在香港並不突出意識形態因素，因為原本促使英國從腐朽的清政府手中奪取香港的動機是一種務實的經濟考慮，這也反映了英國在過去逾一個半世紀維持香港作為殖民地的特殊背景。直至 20 世紀 80 年代初期，殖民管治在香港從未受到挑戰（唯一例外是"二戰"期間日本短暫佔領香港）。英國這項顯赫的政治成就建基於一組偶然聚合的條件，這些條件使得長期殖民管治成為可能。隨着時間的推移，這些條件賦予殖民政府一定的政治認受性，甚至讓它可以大言不慚地講述其德政，宣稱其統治乃根據人民的認可。從另一角度看，這些條件的共存也勾勒出香港作為殖民地的獨特性。簡而言之，這些條件包括：

第一，缺乏政治獨立的可能。無論港人意向為何，香港不可能宣告獨立。自始至終，中國反對香港地區成為獨立政治實體。清朝與國民黨政府由於過於軟弱，所以無力收回香港。共產黨領導下的政府雖有收復香港的力量，卻又基於種種原因寧願容忍英國的佔領。然而，中國各時期的所有政府對香港獨立均持反對立場。對香港的華人來説，如果英國撤離，會導致香港由中國政府統治，這是更壞的選擇。可是，縱然港人對中國的社會主義政府反感，並且對主權即將轉移不滿，但對獨立的態度卻非常矛盾。[3] 這顯然與港人心中潛藏的民族意識有密切關係。由於政治獨立不可行，對港人而言，從屬殖民管治是唯一選擇。正因為他們恐懼中央政府接管香港，所以港人不會向殖民統治提出挑戰。也正因如此，在香港的歷史中從未出現民族運動反抗殖民政權便不足為奇。因此，殖民統治之所以能維繫久遠，是因為被統治者認為殖民統治既不可取代，也不可缺少。

第二，殖民政府的自主性。英國殖民政策有一項突出的特徵，就是把權力下放給殖民政府，並責成其財政自給自足。在英國殖民地，來自宗主國的工會、政黨和其他政治組織並不處於支配地位。[4] 所以，在管治香港的過程中，殖民政府基本上享有高度的政治自主性。"二戰" 結束後，英國的殖民政策朝着較 "人道" 的方向發展，港英政府的自主程度遂進一步提高。一項反映港英政府自主程度增加的可靠指標是英國在1958 年授予港英政府財政自主權。戰後，英國政府極少介入香港的內部事務，港人也很少尋求倫敦的干預以處理相關糾葛。同樣地，中國也容許香港自行管理其事務。除了香港的左派人士在 1967 年為響應 "文化大革命" 而掀起反英抗暴運動外，中國極少介入香港事務。這個立場也令港人不至於向中國傾訴對港英政府的不滿。英國及中國給予港英政府高度的自主權，對後者在香港樹立權威來説非常重要。這種高度自主性使得殖民政府能夠在港人心目中確立一個最高權力擁有者的形象，進而在被管治者之中引發畏懼與尊敬的情緒，促進有效的殖民管治。

第三，政治權力的壟斷。作為殖民政府，港英政府很自然地壟斷了政治權力，香港的憲制文件，包括《英皇制誥》及《皇室訓令》，確認了權力壟斷的合法性。香港和英國其他殖民地最大差異之處是，直到最近，香港從未經歷有意義的權力轉移（或下放），反而自 20 世紀初期以來，在很多以非白種人為主體的英國殖民地，曾出現不同形式的權力轉移安排。[5] 既然政治權力壟斷在殖民政府手上，那麼對港人而言，要獲取政治地位，殖民統治者招攬便成為唯一途徑。事實上，經過一段頗長時間後，殖民政府已成功地建立一套為殖民地人民而設的晉升體制，其基礎是自上而下的政治提拔。[6] 通過政治招攬手段，港英政府成功地贏得了本地精英對殖民統治的合作。由於華人社羣的非政治化，社羣內又沒有嚴重的社會矛盾，所以本地精英的首肯在很大程度上鞏固了有效的殖民統治。

第四，對政治體制與公共政策的共識。在香港，普通民眾頗支持現行的政治體制及由港英政府制定和推行的重大公共政策。[7] 正因為如此，港人才會大聲疾呼，要求把它們延續到回歸以後，尤其是以下幾個重要部分：諮詢型政府、政府有限度介入社會經濟事務、溫和的福利政策、自由放任的資本主義市場體制、法治、司法獨立、政治精英主義、共識政治以及溫和的政治取向，這些已構成港人的共同理解。在這種環境下，政治極端主義很難滋長。事實上，在香港內部是很難發動足以對殖民管治構成嚴重威脅的政治挑戰的。

第五，公務員體制的廉潔及良好表現。就其本質而言，港英政府是一個官僚政府，即由職業公務員帶領。特別在戰後，由於殖民政府難以援引意識形態或道德信條來為其管治提供合理依據，因此，官僚架構有必要證明具備高度行政效率、有能力、關注大眾福祉、廉潔、為公眾利益誠意服務，以及可以為民眾提供服務，帶來好處。換言之，殖民政府的認受性主要是建基於其自身的良好表現。[8] 事實上，港人認可殖民政府的表現，授予其一定程度的認受性，尤其認為在戰後經濟起飛上，應記殖民政府一功，雖然它不像其他成功的發展中國家政府那樣，在經濟發展過程中擔當領導角色。[9]

第六，社會的非政治化。由於不可能政治獨立，殖民政府自然不會被其被統治對象推翻。這個先天性優勢為其有效管治香港奠定了扎實的基礎。然而，這絕不是充分條件，因為仍然有種種理由可以令殖民政府不斷地受到不同政治力量的挑戰。不過，縱使香港存在廣泛不滿與困苦，但因為它是一個非政治化社會，所以依然難以發動持久且有組織的行動來打擊政府。香港的華人社會大體上處於散漫狀態，由數目龐大、聯結鬆散的家庭羣體以及其引申出來的組織所構成。香港基本上不存在強大、全港性，並具有羣眾動員能力的強大政治與社會組織。政治與社會組織的薄弱恰好反映了香港由中國新近移民組成的社會基本形態，這些人在逃離家園後，自願地從屬殖民管治。他們沒有政治抱負，對政治權威懷有敬畏之情，並且可以借助社會紐帶來照顧自己的需要，所以他們對政府的依賴相應減少，而政治中立性或反政治取向亦因此得到強化。殖民政府有限度地介入社會經濟事務也導致香港社會的非政治化。政府對社會經濟的不干預政策產生了政體與社會隔離的效果，實質上令政府可置身於社會經濟衝突之外。[10]

第七，低度社會衝突。雖然香港社會充斥着各種不公平現象，但大體來說，未被嚴重的社會衝突所困擾。一些主要的解釋理由為：家庭紐帶的強韌性，戰後奇跡般的經濟增長及所帶來的利益滴漏效應，政府提供各方面的福利及服務，以及種族歧視不明顯。中國人的政治文化厭惡衝突也有助於抑制衝突的發生。[11] 一般人認為社會充滿機會，也使得衝突減少。社會衝突少的另一個重要原因是，港人普遍認為，每個人都可以依靠自己的努力提升社會經濟地位（雖然實際上香港並不是一個高度開放的社會）。[12] 低度社會衝突一個至關緊要的原因是一般人相信在調撥資源與分配收入方面，市場機制是至高無上、公平與正義的機制。基於這些信念，很多衝突被引導至市場領域解決，其演變為政治衝突的機會也隨之下降。港人普遍接受殖民政權建立的非人格化法律制度，這也起着把衝突引領到法律體系內處理的作用，實際上也替政府省略了不少政治麻煩。[13]

第八，經濟增長。戰後西方經濟的復甦，以及以美國為首、標榜自由的國際經濟秩序的建立，為香港創造了優良的經濟發展環境。香港在戰後取得的巨大經濟發展，不但可以借施政表現來獲得政治認受性，也成為社會和政治潛伏衝突的主要溶解劑。當整個經濟體積在膨脹時，便比較容易多分配一點利益給民眾。再者，經濟增長使政府財政收入充裕，使其有力量履行對社會不斷增加福利與服務的責任。經濟繁榮也會使人們的注意力集中在經濟領域，從而進一步保證了政治上的安寧。

總的來説，殖民政府的政治行政才幹固然與戰後香港的有效殖民管治有密切關係，但戰後初期聚合起來的一些有利條件也至關緊要。然而，社會發展難免會帶來各種各樣的問題，"九七"問題突然湧現，改變了港英政府所面對的形勢。維持有效管治的條件受到持續不斷的剝蝕，殖民政府的輝煌日子已一去不返，現更處於險惡的政治環境中。在這個背景下，自然衍生出"難以管治"的問題。[14]

過渡期內剝蝕有效管治的各種轉變

自 20 世紀 70 年代以來，香港的社會經濟變遷逐步改變了影響政府與人民關係的重要因素。如果要保持有效管治，政府需要調整治理香港的方式。政府也曾嘗試通過行政改革，例如擴大政府職能、建立旨在促進民眾支持的中介組織等，來處理形勢不斷變化所引發的問題，但這些改革迄今收效不大。事實上，民眾不斷增加的政治訴求及向政府施壓的集體政治行動有增無減，已令政府因政治上的超負荷而感到困擾。[15]

"九七"問題徹底改變了香港的社會政治環境，令政府一直沿用的管治方法變得不合時宜，且帶來嚴重的適應問題，使它難以獨自地行使有效管治。香港不明朗的經濟前景更為政府的困境雪上加霜。"九七"陰霾固然不利於經濟發展，但世界經濟放緩（中東戰爭更加速了這個過程）及香港主要海外市場的保護主義情緒越演越烈，也對香港經濟構成了重大威脅。

這種種轉變均剝蝕着過往維繫有效殖民管治的重大條件，只是剝蝕的程度有所不同。要正確體察香港的政治環境，我們有必要審視種種轉變剝蝕有效管治條件的程度。

第一，《中英聯合聲明》規定香港主權於 1997 年回歸中國，從而徹底排除了政治獨立的可能性。《中英聯合聲明》也確認了一個異常重要的事實，即殖民政府只餘下短暫的統治歲月。以往，港英政府可以利用在人們心目中的不可或缺及不可替代性來阻遏民眾的政治挑戰，但不久後的限期撤離使其無法維持政治權威。正因香港人對殖民政權持工具性和功利性取向，港英政府喪失管治權，自然會觸發抗爭性政治活動。殖民政府的長壽神話已經破滅，港人又被迫戰戰兢兢地面對不確定的將來，人們很容易會逐漸認為其自身利益與殖民政府並不一致。雙方的隔閡已變大，越接近 "九七"，這個隔閡越可能進一步擴大。人們會愈來愈重視自己的利益，並與他們界定為政府自身的利益對立起來。[16] 其結果是：政府要承受的民眾壓力會急劇提升。

第二，自 1982 年中英談判香港政治前途以來，殖民政府的自主性便進入不可扭轉的下降軌道。由於兩國政府對執行主權移交的過程需要負上最終責任，因此《中英聯合聲明》的簽署標誌着兩個主權國家的政府會成為香港政壇的主要角色。令殖民政府更為困擾的是，中國政府一貫以來喜歡直接與英國交涉與香港有關的事項，而這令港英政府的處境頗為尷尬。中國政府這樣做的理由很簡單：因為英國官員比較顧及中英友好關係的長期發展，而香港官員的仕途因殖民管治行將結束而大受挫折，並可能為此對中國政府心懷怨懟。

　　自香港進入過渡期後，愈來愈多的問題只能通過兩國政府合作解決，這從中英聯合聯絡小組所要處理的事項中可見一斑。再者，中英政府均一反過去置身香港事務之外的做法，不但高度關注，而且（特別是中國政府）不時在決策過程中向港英政府施加影響。尤有進者，《中英聯合聲明》（及 1990 年年初中國政府頒佈的《基本法》）基本上凍結了香港的現狀，規限了港英政府制定政策的空間，進一步削弱了其自主權。在這種情況下，港英政府很難作出決策上的創新，就算有，也很容易使中國政府產生懷疑。再加上由於中英參與香港的政策制定越趨顯著，港人自然愈來愈多地直接游說兩國政府。對殖民政府施政不滿的人會認為，如果能夠獲得中國或英國政府的支持，港英政府便會因來自上面的壓力而被迫滿足他們的要求。事實上，港英政府也因自主權旁落而經常流露抑挫之情。對任何政府而言，強烈的統治意志是維持有效管治的要素，但對自主性下降的政府，統治意志的削弱自是不足為奇。

　　第三，為了誘使英國國會接受《中英聯合聲明》，也為了讓夕陽政府在餘下的管治歲月爭取民眾支持，自 20 世紀 80 年代初開始，港英政府進行了一些帶有權力分享性質的政制改革。不過，由於英國政府的顧慮、中國政府的反對、既有利益者的抗爭、港人的冷漠以及民主力量的薄弱，至今只能落實少量民主改革。[17] 雖然港英政府依然擁有龐大的政治權力，但其在決策過程中的獨斷權力也在一定程度上因為這些改革而受到約束。雖然香港的政治體制沒有因為選舉元素的注入而改變其行政主導性質，但這些元素已經對政府的行動產生掣肘。港人政治參與度的提高，也對政府構成一定的民意壓力。至為重要的是，政府無法繼續壟斷政治晉升的機會，雖然選舉制度仍非主導的晉升途徑，但已為一些有政治抱負的人提供另一種晉升渠道。中國政府的政治招攬手段是帶有競爭成分的，不但吸納了部分原屬殖民地建制的精英分子，而且在香港開闢了一條更有吸引力的政治成功之路。在這種情況下，殖民政府曾經有效地用來締結管治聯盟的政治招攬手法,已經愈來愈不足以發動建制精英的支持。事實上,這個管治聯盟正深受離心之患,因而愈來愈難以抵禦外部的挑戰。由於政府愈來愈難以依靠建制精英,它對政治形勢的控制能力也相應鬆弛。

第四,對港英政府而言,維持有效管治日益成為艱巨任務。雖然如此,港人對現行政治體制及主要公共政策的支持依舊相當強固,他們也期望政府能在經濟和福利上擔當更積極的角色。[18]我在 1988 年的問卷調查中發現,有 70.5% 的受訪者同意"雖然香港的政治制度並不完美,但在香港的現實環境下,這已經是最好的了"。即使是港英政府慣用的諮詢民意手法也被廣泛接受,這可以在該調查中較多人認為"一個肯諮詢民意的政府"可以被視為"民主政府"中看出。

應該指出的是,港人對現行政治體制的基本形態及主要公共政策的認可不可以被過分誇大,也不可以假設港人在未來會自動繼續接受它們。我們有理由相信,長遠而言,這種狀況也會發生變化,即民眾對現行體制及公共政策的認可度均會下降。但至少選舉政治所衍生的動力會促使人們反思現行的體制,並從中發現缺失。港英政府權威的動搖及表現的退步也會削弱人們對現行體制的擁護。就政制改革所進行的辯論及提出的新的公共政策建議也會引發啟蒙效應,促使人們對現行體制的缺陷及公共政策的不足有所警覺。如果現行體制運作出現問題,或者公共政策失敗,那麼港人會較容易地想其他辦法。因此,目前港人對政治體制與公共政策的共識基礎,跟以往相比,是較為脆弱的。

第五,政治體制的開放及殖民管治行將結束,對公務員來說是一個沉重打擊,華人公務員感受尤深。由於公務員較傾向於反共,並受英國行政傳統的薰陶,這些人一般會有遭英國政府遺棄的感覺。雖然中國積極拉攏,但他們大部分依舊對前景缺乏信心,也不願意信任中國政府。與此同時,他們對英國政府的不信任也日益彰顯,並且把英國與香港的利益對立起來。[19] 政治改革雖然溫和,但公務員的政治支配地位依然受到威脅,而這使他們感到抑鬱與不安。公務員雖在口頭上支持民主政體,但對香港能否成功建立民主政府缺乏信心。他們也沒有誠意改變自己,以適應較開放的政治運作方式。因此,他們為自己政治優越地位的下降而惆悵,並在面對新的政治挑戰時,難以改變自己的行為。[20] 所以,較支持民主的高級公共行政人員也較傾向於在回歸前離開[21],這便不足為奇。

公務員意志低沉,使得其對體制的忠誠與表現不斷削減。而這一現象也是過渡期內香港"難以管治"問題的組成部分。港英政府被一羣志忐不安的公務員弱化。反過來,一個弱化的政府也容易成為公務員提出激烈訴求的對象。公務員愈來愈只顧及自己的短期利益,並置整體利益於次要地位。從近期頻繁的公務員薪酬風潮和工業行動,以及要求獲得退休金的保證與英國國籍等事件,可以看到政府權威的損蝕,因為它無法再用僱主及領導人的權威來震懾公務員,並維持內部秩序。公務員的冥頑不靈及飛揚跋扈也削弱了政府的威信及處理公共需要激增的能力。由於政府如今仍是香港唯一且有組織的政治力量,它的"解組"肯定會引發不祥的政治反響。市民對公務員的集體行動顯然十分反感;而正值港人增加對官員的道德期望(期望能更好地領導香港)之際,公務員的自利行為只會使民眾對政府的信任與支持進一步降低。

第六,香港經濟近年表現遜色,使"難以管治"的問題更為棘手。1989 年之前,香港的本地生產總值(GDP)升幅仍十分驕人。1961~1973 年,GDP 的平均年增幅是 9.5%;1974~1983 年,增幅下降至 8.9%;1984~1988 年,平均每年增長 8.1%。[22] 但在過去數年,GDP 的增長速度急降。1989~1992 年,GDP 的年增長率分別為 2.3%、3%、4.2% 和 5%。[23] 與此同時,通貨膨脹率卻升至每年約 10%。因此,香港在最不恰當的時刻遇上了滯脹。

香港的經濟發展已經進入關鍵階段,如果要在世界上保持競爭力,其體系必須改由資本與技術較密集的工業驅動,這些工業也要能夠製造有更高附加值的產品。此外,服務行業需要擴充,其質量也需提高。[24] 要達到這些目標,長期投資不可或缺。然而, "九七" 問題令本地資本家對長期與大規模的資本投入趑趄不前。無論如何,香港大部分企業家其實只是一般商人或小型廠商,要求他們獨力面對經濟挑戰是不切實際的,因此,香港的經濟競爭力受到重大考驗。再者,資金外流也削弱了香港的經濟,加上西方經濟發展放緩、國際保護主義抬頭,以及亞太地區能夠利用廉價勞工的競爭對手出現,使香港深陷困境。縱然香港的廠家可以利用內地的廉價勞動力,又可以從中國內地的經濟改革中獲益,從而紓緩困難,但在短期內,這些因素都不足以解決根本問題。

使香港經濟問題更為複雜的是通脹率在過去數年持續處於高位,預計未來一段時間也會在高位徘徊。高通脹率是由人才外流及勞動力短缺所致。由於與愈來愈疲弱的美元掛鈎,港元幣值也逐步下降。對於一個以進口為主的經濟體系,港元貶值不可避免地會激發通脹壓力。

港英政府的政治認受性建基於經濟表現,如果經濟下行,它會受到很大的衝擊。假如在今後一段較長時間內經濟表現依然遜色,那麼認為香港的經濟奇跡是與殖民管治有機地聯結起來的神話便會不攻自破,而政府對港人的重要性也會被貶低。

社會的政治化與問題叢生

戰後香港社會的變遷削弱了華人社會的家庭與傳統組織。社會複雜性的不斷提高產生了愈來愈多的公共需要及社會問題,而且這些需求與問題只能在政府層面有效處理。港人不但愈來愈依賴政府解決集體問題,甚至期望政府解決家庭及個人問題,從而對政府的訴求有增無減。[25] 政治超負荷的問題已經浮現，並因民眾對政府表現的批評不斷升級而更顯嚴重。事實上，過去 20 年來，香港社會日趨政治化，與政府在滿足社會需要及提供公共服務過程中扮演愈來愈重要的角色有密切關係。

"九七"問題為香港社會帶來了轉變，繼而激化了由現代化衍生的種種問題。"九七"問題對社會造成的一個重大影響是導致香港建立內部身份認同，以及與之相輔而行的社羣凝聚過程突然中斷。同時，原來並不強大的各類社會權威也正在弱化。

作為一個由移民及暫居者構成的社會，香港的社羣認同感一直十分淡薄。在 20 世紀 60 年代，一種微弱的社羣認同感慢慢出現，特別是對以香港為家的年輕一代而言。雖然如此，這種認同感仍相當淡薄。"九七"問題突然出現，不但暴露了這種認同感的脆弱性，而且使其進一步弱化。港人認為，面對一個擁有壓倒性力量的中央政府是由歷史所決定的，並且不可扭轉，因此他們變得宿命、抑鬱、恐懼及悲觀，而且被一股使人沮喪的無能感所操縱。在缺乏安全感的情況下，人們變得內向，只顧及自身利益，近年大規模移民潮是這方面的最佳寫照。人與人的互信程度下降、公共道德敗壞（包括政府官員在內）也是有目共睹的現象。人們愈來愈以短期考慮及功利盤算來指引自己的行為，更多人不惜以不正當、不道德，甚至違法的手段來達到目的。由於過分焦慮及莫名恐懼，很多人無論在思想上或行為上都失去方寸。自 20 世紀 60 年代開始的社羣凝聚過程因此戛然而止，社會組織也日益鬆弛。一個弱化了的社會自然會變為矛盾滋生的溫床，近年來暴力和有組織罪案增加，以及貪污和社會問題就是最生動的證明。

社會領袖與組織的威信進一步降低，不僅是社會組織弱化的表徵，同時也是其必然的成因。民眾對社會權威的信任一般不及政治權威。[26]這一現象反映了中國傳統政治文化仍在香港發揮深遠影響，因為在中國傳統中，人們視政府官員為民眾利益的維護者，社會領袖則多是追求狹隘利益的人。港人對社會領袖的信任向來不高。[27] 自 "九七" 問題出現以來，社會精英肆無忌憚的自利取向及每況愈下的社會責任感，都活生生地暴露出來。這樣的精英行為操守實在難以吸引民眾信任。因此，民眾對社會權威的嘲諷之情，甚至鄙屑之感，有增無減。社會權威的旁落反過來又催化了社會組織的解體。

如前所述，香港一直沒有受到嚴重社會矛盾的困擾，縱使作為殖民地社會，種族之間的不平等乃其屬性，而作為放任的資本主義社會，政府只扮演有限的財富再分配者，因此貧富差距極其懸殊。然而，由於以往香港有着諸般有利於有效管治的條件，潛藏的巨大社會矛盾並沒有暴露出來。隨着 "九七" 問題的出現及經濟奇跡的隕落，香港再也不是矛盾不多的社會。至少有三類矛盾正在升溫：階級矛盾、身份認同矛盾及中國內地與香港之間的矛盾。

社會矛盾激化之一：階級矛盾

近年來，受眾多因素影響，港人的階級意識正逐步提高。戰後 30 年來收入不平等持續下降的趨勢在 20 世紀 70 年代中期戛然而止，自此之後，收入不平等不跌反升。香港的基尼系數由 1960 年的 0.49 下降至 1971~1976 年的 0.43，之後便緩緩回升至 1981 年的 0.45。[28] 在 20 世紀 80 年代，收入不平等的程度仍持續上升，20 世紀 90 年代的前景並不樂觀。

收入差距縮減的趨勢逆轉，與香港經濟體系中服務行業部門日趨重要及大型企業不斷壯大有關係。由 "九七" 問題引發的專業與管理人才大規模外流，觸發了現代服務行業從業人員的薪金上漲，尤其是身處中產階級上層職位的人士。公務員的集體行動也導致公共機構僱員的工資大幅攀升。然而，由於傳統製造業的衰落及其為取得廉價勞動力而遷往內地，工人的工資得不到顯著改善。在這種情況下，港英政府最近容許輸入外地勞動力的決定使日趨緊張的勞資關係公開化。

香港的經濟結構轉變造成了大型企業支配很多經濟部門的局面。港人一向的夢想是勤勞、節儉的人最終會成為成功的企業家，但這似乎只是一個夢。經濟放緩進一步沖淡了人們可以成就自己的希望。一個超級巨富階層正在逐漸形成，他們中一些人沉溺於炫耀財富與浮誇的物質享樂，因而不斷提醒低下階層社會貧富差距的懸殊。某種階級意識及對貧富不均的不滿情緒不斷顯露。

在 1988 年進行的問卷調查中，黃偉邦發現一些顯示階級不滿情緒的早期徵象。[29] 一般來說，舊的觀念依然存在，所以大部分受訪者仍然以個人得失或理由，而非社會因素來解釋貧困現象。不過，更重要的是，絕大多數受訪者感受到貧富之間存在矛盾。更令人憂慮的是，他們認為貧富衝突不可避免。[30]

黃偉邦的調查也發現，受訪者認為：香港社會有很多上向流動的機會。他們覺得香港社會是開放的，會激勵個人奮鬥與自我努力。可是，在這些人云亦云的樂觀語調背後，卻是一些對自己成功機會較現實甚至悲觀的估計。例如，3/4 的受訪者認定，工作的上向流動機會（即得到一份更好的工作）是很低甚至是沒有的。一般期望與個人現實之間的鴻溝很容易引發個人失敗感，或者對社會的憤懣感。

在香港，階級矛盾愈來愈有可能表現為政治行動。除了受僱於公營部門或大型機構外，香港工人面對的是數量龐大的小僱主，他們難以大規模地組織起來，並利用市場手段（如罷工）迫使僱主讓步。工會力量的薄弱也削弱了工人向僱主討價還價的能力。因為這種種原因，自 20 世紀 60 年代後期開始，港英政府便成為工人利益的代理監護者，並通過立法給予最低限度的保障。香港工人由於缺乏市場力量，政府作為補償渠道又那麼明顯，因此，政治行動便成為爭取階級利益的重要手段。[31]

　　經濟滯脹肯定會激化階級矛盾，工人的經濟訴求也會不斷增加。而在一場零和博弈中，一方之得即代表另一方之失，香港的既得利益人士也會竭力保障自己的利益，從而與下層階級或政府發生摩擦。

社會矛盾激化之二：身份認同矛盾

　　"九七" 問題導致大量港人（尤其是較高社會階層的人）用各種辦法取得外國護照（包括居留權），以保證回歸後的出入境自由。英國在 1990 年決定給予 5 萬個香港精英家庭護照，並公開宣稱此舉有助於挽留他們在香港，是一項使香港人口 "國際化" 的突出措施。現時很難估計在回歸時，香港居民中有多少人已取得外國護照，但高達 50 萬是有可能的。由於有與沒有外國護照的人處於兩種截然不同的客觀政治處境中，他們很有可能慢慢發展出迥異的身份認同與心態，彼此的關係也不可能和諧。

　　沒有外國護照的港人會基於幾項因素增強自身的身份認同。首先，對沒有辦法離開的人來說，回歸祖國的 "威脅" 會在他們中間形成一股較強的共同命運感。他們對香港的關注較諸擁有及易於行使離港權利的人更為真實。其次，香港最終回歸中國、香港與內地兩地經濟聯繫增加以及中國內地對港人的民族主義號召（用以消減中國內地與資本主義香港之間隔膜的一種手法），都會強化只能求取中國國籍的人的中國人身份認同。

　　隨着時間的推移，港人中 "留派"（中國公民）及 "溜派"（指擁有外國國籍及有強烈意向最終離開的暫居者）的心態會出現微妙變化。這兩類人的取向及精神面貌，尤其是對香港需要的看法、前途的衡量及香港與中國內地應有關係的界定等方面，差異會逐步擴大。粗略地說，"留派" 較傾向於從樂觀角度估計香港的前途，以紓緩內心不安及激發自信。因為他們不能承受香港與內地對抗的惡劣後果,所以他們對中國內地會採取較忍讓的態度。我也預期,"留派"會因嫉妒、一種自以為是感和經濟自利等緣故,對"溜派"加以貶斥,特別是針對"溜派"缺乏對社羣的道德承擔感及其對"留派"的經濟"剝削"。由於"溜派"對香港的前途較悲觀,對中國的態度又較強硬,自然會與"留派"發生矛盾。此外,更由於"溜派"人士大多來自較優越的社會階層,與"留派"之間的階級矛盾會進一步強化正在上升的身份認同矛盾。

因此在 1988 年的調查中,有 68.2% 的受訪者表示不會信任已入外國籍或已取得外國居留權的港人來作香港的政治領袖(只有 17.7% 表示信任)。我甚至可以推斷,港人會愈來愈從種族的角度來看待殖民政府,而"留派"會認為自己的利益與殖民政府有矛盾。

因此,基於道德上的自以為是感、實質利益的考慮、種族不平等的感受、民族主義的召喚及對回歸中國的恐懼等,"留派"會形成一個新的身份認同(反而"溜派"的身份認同會較多樣化且難以辨認),驅使他們與其他人發生衝突,雖然在現階段不能確定有關衝突的強度及幅度。不過,隨着 1997 年的臨近,還未能決定去留的人數及其在人口中的比例均會減少,從而使"留派"與"溜派"之間的分野更加清晰,雙方的矛盾也會變得尖銳。在衝突的初期,"留派"可能要求在經濟和社會上與"溜派"待遇平等,反對那些賦予"溜派"人士特殊優惠的公共政策。"留派"若最終取得比"溜派"更優惠的待遇也並非不可能。事實上,《基本法》已經賦予中國公民優越的政治地位(只有沒有外國護照或居留權的中國公民才可以在回歸後擔任最高的政府職位),使得"留派"人士有條件和傾向使用政治手段來達到社會經濟目標。再者,身份認同的矛盾更有可能演化為"留派"與殖民政府的矛盾,因為後者的"非我族類"性質對前者愈來愈明顯。

社會矛盾激化之三：中國內地與香港之間的矛盾

中國在 1997 年恢復行使香港地區主權，被港人視為是強加在他們身上的猝然決定。他們對中國政府的態度混合了恐懼、敵意、傲慢和逃避。由於很多港人是為了逃避內亂才移居香港的，所以這種態度不難理解，再加上自"二戰"以來，香港與中國內地的發展方向迥異，兩地的生活水平及思維方式差距又極大，這種態度甚至可説是十分自然的。

從客觀的角度來分析，中國內地和香港其實一直有着眾多共同和互補的利益。正因為存在這些利益，資本主義的香港及社會主義的中國內地才可以和諧相處超過 40 年，中國才願意在"一國兩制"模式下，容許香港在回歸後保留資本主義體制。自中英簽署《中英聯合聲明》以來，中國內地與香港間的聯繫更為密切，經濟上的相互依賴性也有所提高。可是，港人仍過分突出中國內地與香港在利益上不兼容的一面，並且易於從矛盾觀點界定中國內地與香港之間的關係。在 1988 年的調查中，有 56.3% 的受訪者認為中國內地與香港之間的利益存在衝突（認為沒有衝突的只有 27.8%）。這種對香港與中國內地關係所下的先驗定義肯定不利於建立融洽關係。中國政府採取的對香港有利的行動，會被港人視為理所當然，或是中國政府謀求自身利益的副產品，因此無須感激，並且很快便會遺忘；反之，那些被認為是違反香港利益的事件，會馬上引發港人反對中國政府的情緒與行動。1986 年，由興建大亞灣核電廠引發的爭論是中國內地與香港之間的對抗的最嚴重事例，其所帶來的惡果現在仍困擾兩地關係。展望未來，中國政府對香港事務的參與肯定有增無已，中國內地與香港之間的衝突也會繼續成為香港要面臨的問題。1989 年在北京發生的政治風波令已經不佳的中國內地與香港之間的關係更加惡化。雖然我們可以預期，隨着"九七"臨近，中國內地與香港之間的矛盾會有所緩和，但衝突依然偶爾會因一些事件而激化。"溜派"

人數的增加，加上其對中國政府較強硬的態度，也很有可能使中國內地與香港之間的關係更趨複雜；部分香港政客更會利用中國內地與香港之間的矛盾，以達到其政治目的，因此，這是一個在過去及未來都會加劇中國內地與香港之間衝突的重要因素。

中國內地與香港之間的矛盾將對港英政府的有效管治產生不良影響，因為它會把中國政府捲入英國政府和殖民政府的衝突中。中國政府不斷譴責殖民政府暗中縱容香港成為反共基地，便是一個很好的示例。港英政府長期承受民眾壓力，要對中國政府擺出強硬姿態，以保障本地的利益，港英政府權威下降，也與民眾對其處理與中國政府關係的不滿有重大關聯。中國內地與香港之間的矛盾在香港內部反映出來，一方面是支持中央力量與反對中央力量的抗衡，另一方面則是港人選擇不同方式對待中國政府。

社會組織削弱、權威旁落及矛盾湧現，最終必會反映在政治現象上，香港因此會變得更政治化，更易受各種衝突的困擾。政治體制的局部開放及引入普選，必將催化進一步的政治化及激化衝突。由於肩負執政職責，在剩餘的管治歲月中，殖民政府要經受政治高溫煎熬勢難倖免，民眾愈來愈多的難以滿足的強烈政治訴求，將不斷構成沉重壓力。

"難以管治"的問題

當政府有效管治的基礎被動搖，同時受困於超乎其負荷能力的政治訴求，又為多於其能力的政治責任所苦時，"難以管治"的問題便會自然浮現。縱然殖民政府痛恨被人們譏諷為"跛腳鴨"，但其"跛腳鴨"形象早已深入民間。作為一般性概念，"難以管治"是一個只能在具體政治情況下，特別是涉及其實質內容及嚴重性時，才能理解的問題，因為在不同社會，"難以管治"問題的具體表現可以有極大的差異。[32]

在香港，雖然有效管治的條件已被剝蝕，但政府仍無須馬上面對權威損壞與嚴重 "難以管治" 的危機。然而，愈來愈多的跡象顯示，要在殖民政權最後的日子裏維持有效管治，將會愈來愈困難。

反映 "難以管治" 問題的第一個指標是官員的統治意欲下降。雖然很難徵引確鑿證據（因為受到險惡政治環境威脅的官員很容易趨於隱瞞真相），但各種觀感性的材料似乎都顯示，負有管治職能的官僚，士氣空前低落，並對前景呈現出令人頹喪的不安和自暴自棄情緒。海外僱員的管治意欲尤其受到影響，因為他們感到個人的政治前景十分黯淡，而要求他們克服頹敗的心理是不切實際的。同樣地，由於挫折感，他們很容易產生帶破壞性的傾向。種種現象對香港未來幾年的管治方式有嚴重影響。而且，海外僱員以及與其取向相近或打算在回歸前離職的本地官員的這種消極心態，令他們與那些對回歸後仕途滿懷希望或對香港有承擔感的本地官員相比，處於對立的狀態。若情況屬實，政府內部的衝突會加劇，並進一步損害管治能力。

在險惡的政治環境下，官員在政治技巧上的缺乏近年更暴露無遺。對於外界的批評，官員很容易作出神經質的反應，偶爾還會過於激烈。很多時候，為了顯示有控制形勢的能力，政府甚至會採取強硬的立場或訴諸不當的兇猛手段。與以往相比，今日的政府已不能從容不迫和高度自信地處事。它受到一種被圍攻的心態所影響，一時反應過度，一時又過分地故作神秘。政府的立場因此使人感覺搖擺不定，從而在民眾心目中製造了一個遲疑不決和無能的形象，其威信進一步受損。如果人們認為政府容易向強大壓力屈服而改變原先的強硬立場，它受民眾信任的程度肯定會下降。

第二個指標是民眾對政府施政表現評分的下降，及隨之而來的對政府信任的減退。對於以良好表現作為認受性基礎的政府而言，被民眾評為不能勝任工作是件很嚴重的事情。政府表現評分的下降，很容易加以引證。在 1985 年我完成的觀塘區調查中，61.2% 的受訪者同意港英政府是一個好政府。同樣地，在 1986 年的觀塘區調查中，37.3% 的受訪者認為政府的工作表現良好，46.6% 則覺得表現一般。[33] 在 1988 年的全港性調查中，42% 的受訪者認為政府表現良好。港英政府政務總署在 1990 年 1 月委託進行的調查發現，分別有 43%、33% 的受訪者認為政府的表現與公務員的工作態度良好。[34] 但在 1990 年 3 月的調查中，相關數字下降至 35%、29%。認為政府表現良好的百分比在 1990 年 7 月、9 月和 11 月各為 37%、36% 和 35%。[35] 香港報章委託進行的民意調查結果也顯示"某種對港英政府、港督及英國政府駐港代表的失望"。[36] 與其他社會相比，民眾對港英政府的評分仍然相對良好。不過，我們似乎也看到，評分下降的趨勢反映了民眾對政府在解決問題方面感到愈來愈失望。

第三個指標是體驗到港英政府威信下降的港人傾向於將之歸咎為中國政府介入香港政治事務。這個看法同時在他們心目中粉碎了殖民政府無所不能的神話。在 1988 年調查中，54.3% 的受訪者認為與三年前相比政府的權威削弱了；在這些受訪者當中，76.7% 認為政府的權威是被中國政府削弱的，35.8% 則認為是被爭取民主的人士削弱的。在所有受訪者中，64.9% 擔心政府的權威被削弱會危害香港的繁榮安定。事實上，擔心在回歸前會出現政治動盪局面的受訪者亦佔 47.7%。在這種情況下，調查發現，在那些覺得政府權威下降的人當中，有 37.7% 贊成採取強硬手段來重振權威，便不足為奇。

第四個指標是為了影響公共政策或決定，人們更易於採取針對政府的行動。更重要的是，雖然很多港人仍對非正規的行動有所保留，但愈來愈多的人以此對政府施壓。[37] 例如，街頭抗議行動在 1984~1990 年增加了 6 倍之多。[38]

第五個指標是治安情況急劇惡化。政府內外受困很容易導致犯罪活動上升，這令香港的治安急劇惡化，並使人們對警方的能力失去部分信心。暴力及有組織罪案在近期猛增，對政府權威構成了嚴重且令其尷尬的挑戰。令政府越加難堪的是，一些高級官員和公眾人物近期被揭發涉及貪污與不正當行為，這不僅損害政府在民眾眼中的信譽，而且令整個殖民體制蒙上污點。

第六個指標是民眾對政府的尊重不及從前。在傳媒及公開場合中，官員經常成為詬罵及訕笑的對象。縱然是港督，也避免不了民眾的非難，這跟以往港督通常能在港人心中引發高度崇敬甚至畏懼相比，不啻為一巨大轉變。在 1988 年的調查中，當受訪者被問及對不斷批評政府人士的觀感時，竟有 37.4% 回答印象良好，只有 27.5% 回答印象不佳，這項發現令人詫異。假如人們開始從政府受公開批評中得到快感，那麼他們對政府的支持一定不比從前。

所有這些 "難以管治" 跡象正反映政府與民眾之間一種緊張的關係，而民眾對政府採取行動的要求急劇上升，使本已弱化的政府不斷加重負荷。毋庸置疑，官民矛盾的激化難免會進一步增強前述社會矛盾。官民衝突甚至有可能帶有反英及反殖民色彩，因為弱化的港英政府很容易被人們視為自私自利，或以英國利益為依歸，或把香港的利益出賣給中國政府。反英和反殖民情緒的出現自然會進一步剝蝕港英政府的管治能力。

過渡期內有利於政治管治的因素

縱使港英政府的管治能力受到諸多不利因素影響，但在短期內，我覺得政府的權威不會面臨崩潰，主要原因是有利於管治的條件雖然被削弱，但依舊有中等程度的強韌性。最重要的是，香港的經濟雖處在滯脹中，但仍有發展。香港不但全民就業，甚至出現勞動力短缺的問題。亞太地區的經濟發展也會繼續惠及香港，無論在短期或長期，香港與中國內地的經濟聯繫都有重大的價值。

第二個對政府有利的因素是港人對穩定的渴望及對動亂的憎惡。他們非常清楚，殖民地權威對維持社會秩序不可或缺。正如前文所述，有些人甚至希望政府採取強硬手段來重振權威，他們可能真的認為這是保證香港穩定的不二法門。港人一般認可現存的制度架構，而此架構又源於殖民管治的訓導，這對政府維繫管治也有幫助。

第三個有利因素是港人把現代化的成功在相當程度上歸功於政府，從而使政府累積了普羅大眾的深厚支持。民眾對政府的政治好感雖有不少損耗，但剩餘的也應足以供政府多支撐一段時間。人們普遍滿意過去的殖民管治，及不願面對將來的心態，也許會產生某種"依依不捨"地支持政府的情緒。當人們覺得未來的政府不會比即將離去的政府更好時，他們對後者的態度自會較為寬容。

第四個有利因素是處於較高職業階層的人士外移為留下來的人提供了大量空缺。對年輕及學歷較高的人來說，職業晉升的機會大幅增加。至少短期而言，對個人前途樂觀者對政府的支持及對不穩定的反感均會上升，這自然也有助於維持香港的可管治性。

第五個有利因素是民眾仍然相當尊重與支持香港的經濟、社會及司法制度。這些制度獨立於政府以外，而且與政府的關係基本上亦非敵對。由於政府介入社會的職能有限，這些制度在維繫社會秩序上一直發揮很大作用。它們具有獨立的穩定社會功能，在一定程度上會紓緩政府所面對的困難。

最後，由於中國政府也擔心殖民權威可能出現崩潰。因此單純為了自身利益，中國政府也大有可能在港英政府遇到極大困難時施以援手。

不過，雖然有這些紓緩"難以管治"問題的因素，我們仍可以這樣預期：隨着 1997 年的逼近，有利於殖民管治的條件所受剝蝕的速度會加快，政府要面對的困難也會持續增加。與其他地方的非殖民化過程不同，英國在香港沒有選擇有利時間撤離的自由。《中英聯合聲明》已經定出撤離日期，英國在 "九七" 前撤離是一件不可思議的事情。因此，在餘下的時日裏，英國除了致力於維持在香港的有效管治外，沒有其他選擇，即使這是一件愈來愈困難的工作。

重建政治權威的選擇

從本質來說，要在殖民管治末期維持效能，關鍵在於強化政治權威，因為那些有利於管治條件的剝蝕實質上是對殖民權威的直接或間接剝蝕。在過渡期的最後幾年，維持有效管治的主要條件在於建立強大的政治權威，並受到一定程度的尊重、能夠制定和執行有長遠考慮和影響的公共政策，以及令民眾覺得有相當程度的持久性（即不會在回歸時全部被替代）。隨着殖民政府權威的式微及管治的必然結束，殖民政府根本無法單憑本身的力量，在未來數年重建政治權威。雖然港英政府對政治自主性極其執着，並且極不願意與其他人分享權力，但未來發展肯定會導致一個共同或聯合權威的結構形式，而殖民政府只是其中的組成部分，雖然是極其重要的部分。

對一個長期壟斷政治權力、在過往極少遇到挑戰的政府來說，很難期望它能充分理解只有分享權力方可維持有效管治。事實上，港英政府雖然面對當前及未來的種種困難，但依舊表現出高度自信、自滿及傲慢。就某種程度而言，這也許代表政府對被民眾強加 "跛腳鴨" 稱號的一種過度反應。無論如何，政府傾向於弱化所有問題的嚴重性，並且不斷重申可以單獨應付香港的難題。它也傾向於駁斥及反擊那些被它視為侵犯制定公共政策特權的人。可惜的是，港人、中國政府及外國投資者都愈來愈質疑港英政府的能力。即使客觀條件並不具備，港英政府仍然極力營造一個決斷、有為的形象。所以，殖民政府這種冥頑不靈的做法本身便是"難以管治"問題的具體反映。近期從機場及港口基建計劃所引起的爭議，可以印證我的觀察。

從客觀的角度分析，在處理最後幾年的管治危機時，殖民政府只有兩種選擇。第一種是單靠自己去行使政治權威。第二種是運用其他辦法來加強政治權威，這些辦法要求港英政府與其他政治權威建立聯盟，特別是與中國政府的聯盟。自中英簽署《中英聯合聲明》以來，港英政府曾嘗試不同的選擇，或同時嘗試幾個選擇，不過，至今似乎仍未看到有連貫性的行動綱領。但有一點相當清楚：在可能範圍內，政府屬意可以為它提供最高程度決策自主權的個別選擇，或不同選擇的組合。

香港與其他前英國殖民地的不同之處在於，其非殖民化過程並不涉及殖民政府把權力移交給本地人士；同時，港人也沒有要求政治權力下放的強大訴求。根據《中英聯合聲明》，英國維持香港回歸前的管治，回歸後，中國恢復在香港行使主權。一方面，中國政府反對英國政府任何移交權力給本地人的意圖，恐防會因此而喪失對香港主權的實質內涵。另一方面，縱使中國政府曾試圖影響香港事務，卻極不願意見到殖民政府的威信受到重大挫損，因為這會危害香港的繁榮與穩定。基於這些原因，英國政府最終要負責香港在回歸前的行政管理，而且也要為此對中國政府負責。所以，殖民政府有一個緊抱權力牢牢不放的意向。

然而，由於有利於管治的條件被剝蝕，"單幹"做法已不足以完成任務。從表面上看，因為殖民政府不會受到港人推翻的威脅，中國也不會在"九七"前提早收回香港，所以"單幹"似乎是可行的辦法。"單幹"的做法有兩類：積極的和消極的。

積極的"單幹"做法意味着殖民政府採取確實行動來應付香港的問題、抗衡來自中國政府或香港內部的政治挑戰及擴張權力基礎。不過，鑒於有利於管治的條件已經削弱，這些目標也很難達成。積極的"單幹"

做法注定失敗，原因包括：港英政府只擁有有限的鎮壓力量、借招攬手段吸納本地精英以擴大管治聯盟的能力已今非昔比、[39] 愈來愈受到財政上的限制、[40] 由通才型公務員領導的行政架構缺乏專業技能，以及中國政府冒升為另一權力中心等。

還有一種消極的 "單幹" 做法。殖民政府總能借不思進取的管治方式來保存對權力的壟斷。如果政府逃避作出困難的決定，或不主動提出政策建議，那麼與人分享權力的需要便會減至最低。不過，若它真的這樣，便如同在香港面臨巨大及困難的轉變時，放棄推行有效管治的責任。這會嚴重危害香港的前景，引發種種問題，令殖民地官員的日子極端難過。這種做法也會嚴重損害中英關係，使英國受到國際輿論的責備，導致香港問題成為英國內政的嚴重爭議問題，令英國不可能在 1997 年 "光榮" 撤離香港。因此，如果殖民政府真要採用消極的 "單幹" 做法，那麼它與英國肯定要為此付出巨大的政治代價。

假如殖民政府採用權力分享的方法，以求建立擴大的權威結構，那麼它必須作出與誰聯盟的重大決定。理論上，中國作為香港地區未來的主權國，是理所當然的聯盟對象，而事實上，《中英聯合聲明》也規定了某些中英合作的形式，特別是就過渡期後半段。[41] 自簽署《中英聯合聲明》以來，中英合作的確取得了豐碩的成果，這包括香港作為個別會員加入關稅及貿易總協定，及公務員訂立一套新的長俸計劃。

不過，兩國間仍有不少摩擦。北京政治風波以及英國參與西方的對華制裁，使中英關係幾乎破裂。其後，英國單方面推出新的政制改革方案、人權法案、英國公民計劃及耗資龐大的機場港口計劃，更使中國政府對英國政府的疑慮達到頂點。從英國的角度出發，有幾個因素妨礙了過渡期內的中英合作。首先，英國對中國的不信任根深蒂固，與中國合作，有可能妨礙英國從香港最後數年的管治中謀取利益。由於中英有不同的國家利益，且對香港的形勢有不同的分析，因此雙方政府對各自利益的界定以及對香港利益的定義，必然有分歧。此外，由於港人一般對中國政府反感，且特別抗拒中國政府"干預"香港事務，因此如果英國政府與中國政府協作，港英政府在民眾的心目中的"跛腳鴨"形象便會進一步被證實。很多香港公務員對中國政府的態度也極壞，如果中英加強合作，那麼他們有可能會出現分裂，部分人會士氣低落。換言之，英國政府如果尋求中國政府支持，以求擴大在香港的政治權威，那麼在過渡期的管治最終可能要冒聽命於中國政府之險。除非形勢異常險惡，我預期，英國如選擇建立一個以中英同盟為基礎的政治權威，也會採取一種半心半意的態度。

英國當然也可以選擇與其他的政治力量結盟，以支撐其政治能力。其中之一是尋求一個或幾個外國政府的支持。但在殖民主義時代已被視為過時的年代，獲得外國政府支持殖民管治的機會微乎其微。也許是為了本身利益，或是基於反共意圖，外國政府可能會對香港持"同情"的態度，但到目前為止，沒有一個外國政府（甚至是美國）願意明目張膽地為殖民管治撐腰。很明顯，中國政府會高度敵視任何形式的外國政府干預，這已經足夠阻遏任何外國政府積極介入香港內政的企圖。

英國也會嘗試扭轉殖民管治權威下墜的趨勢，但至今成績未見彰顯。由於香港原本缺乏政治領袖及強大的政治組織，因此殖民政府不能藉着與他們分享權力來增強權威。中國政府作為另一個權力中心，也阻礙了英國在香港發掘與培訓本地領袖作為其支持者的努力。在剩餘的管治歲月裏，殖民政府也曾試圖引進普選與代議政制，以發動港人的支持，但由於中國政府的反對、香港既得利益者的抗拒、殖民政府自己又擔憂喪失政治自主性及害怕政治形勢失控，這些計劃只好半途而廢。香港的政治團體似一盤散沙，而由於政府在不同時間，為了達成不同的政治目標，權宜地對不同團體加以青睞，更使它們陷於零散狀態。最後，港英政府的內部政治支持基礎依舊十分脆弱。

在過去 5 年裏，港英政府在不同方法中徘徊，希望強化其權威。它至今還未能確定、落實一套有連貫性的行動綱領，但有一點可以肯定，即港英政府一直竭盡所能，避免與中國政府或其他本地力量分享權力。我們甚至可以説，它傾向於依靠自己及愈來愈少的本地精英來進行管治。這一論斷可以從一些現象中求證：政府努力把權力再集中到行政架構的上層，並通過猛增薪酬、大幅改善附帶福利及部分滿足長俸要求來取悦公務員。政府也比以往更依賴殖民管治的堅定支持者，以阻遏來自中國政府與香港內部的政治挑戰，反映政府急於掌控權力的心態。在將來，這種不連貫及不穩定的策略注定不足以使港英政府維持有效管治，所以它必須摸索其他可行辦法。

雖然殖民政府極其畏懼失去政治自主性，並且勢難忍受中國政府的可能干預，我仍估計它會逐步尋求中國政府支持，以鞏固弱化中的政權。如果要形成一個聯盟式的中英權威，那麼兩國首先要就需要在香港推行的重大政策達成某種程度的共同理解，並能協調彼此之間的不同利益。中英建立合作關係的過程肯定是困難、充滿矛盾衝突和混亂的。然而，考慮到雙方在香港的繁榮安定上有着基本共同利益，起碼在個別事項上可以設想中英在將來有某種形式的合作或聯合行動。另一個有利於增加中英合作的因素是港人對中英改善關係的呼聲正不斷增強，他們也愈來愈認識到，良好關係對香港的未來至關重要。[42] 越接近 1997 年，英國政府對與中國政府分享權力的抗拒感越會減少，親英人士也會軟化其對中英合作的立場。一旦某種基本的中英互諒互讓關係模式將能夠建立，一種還不錯的聯盟政治權威便會產生。

當某種基本的中英合作關係得以建立時，香港的政治權威便可通過兩國政府共同培訓和提拔本地政治領袖，把他們容納進由雙方塑造的聯盟權威來強化。這同樣不是一件容易的事，因為要求兩國政府願意作出讓步。此外，對於未來的政治領袖應具備哪些素質（特別是他們的效忠對象），中英仍然存在意見分歧。事實上，中英在香港未來政治體制設計上的角力產生了一套複雜和多類型的領袖晉升途徑，令中英政府在物色與挑選未來香港領袖上有很大的決定權。雖然如此，中英在選拔領袖的分歧仍可部分地克服，因為雙方都屬意那些具有溫和保守傾向的人選。由於港人的溫和保守與務實取向，他們也意識到只有中英政府均屬意的領袖，才能在過渡期有效發揮作用，因此，這類型領袖應該可以獲得不錯的羣眾支持。

如果能成功建立一個由中英政府及本地溫和保守領袖組成的聯合權威，並想贏得港人的支持，它必須針對香港本身的需要，制定及執行一些短期和長期的政策。它也應該有能力抵擋來自香港內部的政治挑戰，處理嚴重的問題，應付棘手的事項。所有這些都會有助於紓解過渡期後半部的"難以管治"問題以及為未來的可能進展，奠定必要（雖然不一定是充分）的基石。

結論

要有效處理香港殖民管治末期所出現的"難以管治"問題，有兩個急迫的必要條件：一是在香港建立和鞏固一個聯盟性（可帶有凌亂性）的政治權威，二是制定並推行一套能夠針對回歸前後香港重大問題的政策綱領。這兩個條件高度相關，因為只有強化並擴大了的政治權威，才有能力設計與貫徹長遠的政策目標。與政策綱領相比，建立和鞏固政治權威是較為重要與迫切的事項。由於過去有利於殖民政府進行管治的因素已被削弱，所以它缺乏必要的手段來重振權威。較可能的發展是一個由港英政府、中國政府以及香港溫和保守領袖共同組成的擴大政治權威。在其形成過程中，殖民政府的自主性會減少，中國政府會擴大參與本地事務，而中英雙方會協力培訓本地政治領袖。不過，這個過程肯定會在中、英、港三方政府之間產生困難與摩擦，甚至有時會激化那些早已存在於香港內部的矛盾與衝突。

註釋

1. Ian Scott, *Political Change and the Crisis of Legitimacy in Hong Kong* (Hong Kong:Oxford University Press,1989).

2. 有關殖民地意識形態，可參見 Phillip Darby, *Three Faces of Imperialism:British and American Approaches to Asia and Africa 1870-1970* (New Haven:Yale University Press,1987)。

3. 在我於 1988 年完成的全港性隨機抽樣香港社會指標調查中（共完成 396 個訪問，回應率為 61%），有 41.6% 的受訪者認為香港不應交交還給中國，而應該宣告獨立；46.7% 的人則不同意此建議。

4. Tony Smith, "Patterns in the Transfer of Power: A Comparative Study of French and British Decolonization," in Prosser Gifford and Wm. Roger Louis (eds.), *The Transfer of Power in Africa: Decolonization, 1940-1960* (New Haven: Yale University Press, 1982), pp. 90-91.

5. Brian Lapping, *End of Empire* (London: Granada Publishing,1985);Wm.Roger Louis and Ronald Robinson, "The United States and the Liquidation of British Empire in Tropical Africa, 1941-1951," in Gifford and Louis (eds.), *The Transfer of Power in Africa*, pp. 31-54.

6. Ambrose Y. C. King, "Administrative Absorption of Politics in Hong Kong: Emphasis on the Grassroots Level," *Asian Survey*, Vol. 15, No. 5 (1972), pp, 422-439; Lau Siu-kai, *Decolonization Without Independence and the Poverty of Political Leaders in Hong Kong* (Hong Kong: Hong Kong Institute of Asia-Pacific Studies, The Chinese University of Hong Kong, 1990), pp. 5-6.

7. Lau Siu-kai, *Society and Politics in Hong Kong* (Hong Kong: Chinese University Press,1982), pp. 102-117; Lau Siu-kai and Kuan Hsin-chi, *The Ethos of the Hong Kong Chinese* (Hong Kong: Chinese University Press, 1988), pp. 73-92.

8. 事實上，所有現代政府都十分依靠良好表現來作為其認受性的準則。維迪什（Vidich）認為："在當今世界，無論是在第三世界國家還是在工業國家，認受性的建立過程包括經濟生產及經濟表現，因為這些是尋求認受性的要素。一個政權的經濟表現，是它獲取不同羣體與階層認受性的重要支柱，因為人們已認定生活方式的改善是一項重要的人生目標。"見 Arthur J. Vidich, "Legitimacy of Regimes in World Perspective," in Arthur J.Vidich and Ronald M.Glassman (eds.), *Conflict and Control: Challenge to Legitimacy of Modern Governments* (Beverly Hills: Sage Publications, 1979), pp.299.

9. Lau and Kuan, *The Ethos of the Hong Kong Chinese*, pp. 84.

10. Lau, *Society and Politics in Hong Kong*; Norman Miners, *The Government and Politics of Hong Kong* (Hong Kong: Oxford University Press, 1986).

11. Lucian W. Pye, *The Spirit of Chinese Politics* (Cambridge, MA: MIT Press, 1968); Richard H.Solomon, *Mao's Revolution and the Chinese Political Culture* (Berkeley: University of California Press, 1971).

12. Lau Siu-kai and Ho Kam-fai, "Social Accommodation of Politics:The Case of Young Hong Kong Workers," *Journal of Commonwealth and Comparative Politics*, Vol. 20 (1982), pp. 177-188; Lau and Kuan, *The Ethos of the Hong Kong Chinese*, pp. 63-64; Tsang Wing-kwong, *The Class Structure in Hong Kong* (Hong Kong: Hong Kong Institute of Asia-Pacific Studies, The Chinese University of

Hong Kong, 1992).

13. Lau and Kuan, *The Ethos of the Hong Kong Chinese*, pp. 119-143; Lau Siu-kai, "Social Change, Bureaucratic Rule, and Emergent Political Issues in Hong Kong," *World Politics*, Vol. 15, No. 3 (1984), pp. 259-284.

14. Hsin-chi Kuan, *Hong Kong After the Basic Law* (Victoria: The Institute for Research on Public Policy, 1990).

15. Lau, "Social Change"; Scott, "Political Change."

16. 雖然港英政府不斷聲稱其代表民眾利益，但港人卻傾向於認為政府的動機是自利的。我在 1985 年進行的問卷調查發現，61% 的受訪者同意 "政府很多時候聲稱它是維護民眾利益，其實它主要是維護自己的利益"。見 Lau and Kuan, *The Ethos of the Hong Kong Chinese*, pp. 83。我們甚至可以說，在港人之中，有一股根深蒂固卻又若隱若現的反英情緒。

17. Lau Siu-kai, "The Unfinished Political Reforms of the Hong Kong Government," in John W. Langford and K. Lorne Brownsey (eds.), *The Changing Shape of Government in the Asia-Pacific Region* (Victoria: The Institute for Research on Public Policy, 1988), pp. 43-82; Lau, *Decolonization Without Independence*.

18. Lau Siu-kai, "Institutions Without Leaders: The Hong Kong Chinese View of Political Leadership," *Pacific Affairs*, Vol. 63, No. 2 (1990), pp. 191-209; Lau Siu-kai and Kuan Hsin-chi, "Public Attitude toward Laissez Faire in Hong Kong," *Asian Survey*, Vol. 30, No. 8 (1990), pp. 766-781.

19. Terry T. Lui and Terry L.Cooper, "Hong Kong Facing China: Civil Servants' Confidence in the Future," *Administration and Society*, Vol. 22, No. 2 (1990), pp. 159; Terry L. Cooper and Terry T. Lui, "Democracy and the Administrative State: The Case of Hong Kong," *Public Administration Review*, Vol. 50, No. 3 (1990), pp. 338; Ian Scott, "Sino-British Agreement and Political Power in Hong Kong," *Asian Pacific Community*, No. 31 (1986), pp. 6-12.

20. Lau Siu-kai and Kuan Hsin-chi, *Chinese Bureaucrats in a Modern Colony: The Case of Hong Kong* (Hong Kong: Centre for Hong Kong Studies, The Chinese University of Hong Kong, 1986); Kathleen Cheek-Milby, "The Changing Political Role of the Hong Kong Civil Servant," *Pacific Affairs*, Vol. 62, No. 2 (1989), pp. 220-234; Kathleen Cheek-Milby, "The Civil Servant as Politician: The Role of the Official Member of the Legislative Council," in Kathleen Cheek-Milby and Miron Mushkat (eds.), *Hong Kong: The Challenge of Transformation* (Hong Kong: Centre of Asian Studies, University of Hong Kong), pp. 256-292.

21. Copper and Lui, "Democracy and the Administrative State," pp. 336.

22. Ken Davis, *Hong Kong to 1994: A Question of Confidence* (London: Economist Intelligence Unit, 1990), pp. 12-22.

23. 歷年港英政府新聞處出版的《香港》年報。

24. *Tasks for the 1990s: Implementing Hong Kong's Strategy for Building Prosperity* (Hong Kong: Hong Kong Economic Survey Ltd., 1990).

25. Lau, "Social Change"; Lau Siu-kai and Kuan Hsin-chi, "The Changing Political Culture of the Hong Kong Chinese," in Joseph Y.S.Cheng (ed.), *Hong Kong in Transition* (Hong Kong: Oxford University Press, 1986), pp. 26-51.

26. Lau, "Institutions Without Leaders," pp. 198.

27. Lau, "Institutions Without Leaders," pp. 195-198; Lau Siu-kai, "Perception of Authority by Chinese Adolescents: The Case of Hong Kong," *Youth and Society*, Vol. 15, No. 3 (1984), pp. 259-284; Leung Sai-wing, *Perception of Political Authority by the Hong Kong Chinese* (Hong Kong: Centre for Hong Kong Studies, The Chinese University of Hong Kong, 1986).

28. Benjamin K. P. Leung, "Poverty and Inequality," in Benjamin K.P.Leung (ed.), *Social Issues in Hong Kong* (Hong Kong: Oxford University Press, 1990), pp. 71; Laurence L. C. Chau, "Economic Growth

and Reduction of Poverty in Hong Kong," *Philippine Economic Journal*,Vol.18, No. 4 (1979), pp. 570-615; Steven C. Chow and Gustav F.Papanek, "Laissez Faire, Growth and Equity: Hong Kong," *Economic Journal*, Vol. 91 (1981), pp. 466-485.

29. 黃偉邦的問卷調查是註 3 所述的社會指標研究計劃的一部分。Thomas W. P. Wong, "Inequality, Stratification and Mobility," in Lau Siu-kai et al. (eds.), *Indicators of Social Development: Hong Kong 1988* (Hong Kong: Hong Kong Institute of Asia-Pacific Studies, The Chinese University of Hong Kong, 1991), pp. 145-171.

30. 在 1988 年我的調查中,發現有 74.7% 的受訪者認為政府應該多向有錢人徵稅,以紓解香港的貧富不平等問題。參見 Lau and Kuan, "Public Attitude," pp. 770。

31. Joe England, Industrial Relations and Law in Hong Kong (Hong Kong: Oxford University Press, 1989).

32. Michael J. Crozier et al., *The Crisis of Democracy* (New York: New York University Press, 1975); Laurence Whitehead, "On 'Governability' in Mexico," *Bulletin of Latin American Research*, Vol.1, No.1 (1981), pp. 27-47; Claus Offe, "'Ungovernability': The Renaissance of Conservative Theories of Crisis," in *Contradictions of the Welfare State* (Cambridge, MA: MIT Press, 1984); Michael C. Hudson, *Arab Politics: The Search for Legitimacy* (New Haven: Yale University Press, 1977); Lucian W. Pye, "The Legitimacy Crisis," in Leonard Binder et al., *Crises and Sequences in Political Development* (Princeton: Princeton University Press, 1971), pp.135-158.

33. Lau and Kuan, *The Ethos of the Hong Kong Chinese*, pp.84.

34. 《明報》, 1990 年 5 月 22 日,第 3 頁。

35. City and New Territories Administration, "Report of an Opinion Poll in November 1990" (Hong Kong: City and New Territories Administration, Hong Kong Government, 1990), pp.6.

36. *South China Morning Post*, October 7, 1990, pp.1.

37. Lau and Kuan, "The Changing Political Culture," pp.37-41; Lau and Kuan, *The Ethos of the Hong Kong Chinese*, pp.102.

38. *South China Morning Post*, April 14, 1990, pp.4.

39. 英國在 1990 年決定給予香港 5 萬個精英人士的家庭英國國籍,也許可以稍為擴充殖民政府的支持基礎,但卻不足以扭轉殖民權威的衰落。而且,這類家庭很多最終可能會選擇繼續留在香港,所以這些人的利益與殖民政府不一定一致。無論如何,他們對英國的忠誠十分有限。

40. 雖然財政拮据,港英政府卻依然試圖通過增強表現以提高其認受性。它決定進行龐大的機場及港口工程計劃,可資作證。不過,政府在不久將來的整個施政方針卻要壓縮在提供社會福利和公共服務方面的作用。事實上,政府現正標榜一種粗糙的新保守取向,在滿足個人及社會需求上,強調自由市場與家庭的重要性。參見 1990 年的港督《施政報告》, South China Morning Post, October 11,1990, pp.13-15。

41. 《中英聯合聲明》附件二第五款這樣寫:"兩國政府同意,在聯合聯絡小組成立到一九九七年七月一日的後半段時期中,有必要進行更密切的合作,因此屆時將加強合作。在此第二階段時期中審議的事項包括:(一)為一九九七年順利過渡所要採取的措施;(二)為協助香港特別行政區同各國、各地區及有關國際組織保持和發展經濟、文化關係並就此類事項簽訂協議所需採取的行動。"參見《中華人民共和國政府和大不列顛及北愛爾蘭聯合王國政府關於香港問題的聯合聲明》, http://www.fmcoprc.gov.hk/chn/yglz/jbzc/t50598.htm.

42. 香港的精英及普通市民皆希望中英有更緊密的合作關係,這可從一些民意調查中反映出來, *South China Morning Post*, July 21, 1990, pp.4; November 5, 1990, pp.2;《明報》, 1990 年 8 月 1 日,第 4 頁。

第 11 章　英國的管治能力與 "光榮撤退" [*]

　　1989 年的北京政治風波使中國在一段時間內陷入國際孤立的困境，英國則開始在香港前途問題以及香港的管治方式上改變對華政策。由於英國不能肯定後果，這些政策轉變起初是以隱蔽及審慎的方式進行的，[1] 最終則由 1992 年抵港履新的總督彭定康大張旗鼓地開展。英國對華與對港新政策的主要內容包括：第一，對中國採取強硬與對抗的路線；第二，過渡期在香港問題上採取更有力及進取的策略；第三，積極動員香港羣眾支持正在撤退的殖民政權；第四，組成一個新的管治聯盟。新政策的目標包含兩個相互關聯的部分：其一是洗脫殖民政權的 "跛腳鴨" 形象，這對時日無多的殖民政府來說一般難以清除；其二是重振管治權威下墜的政權聲威，保衛和促進英國在香港及中國內地的政治經濟利益，以及在 1989 年後中國政治局勢不明朗的大環境下，增強英國對港政策的機動性。

　　英國改變對華與對港政策，無疑是受北京政治風波所觸發的激情驅使，但其主要目的仍在於有計劃地解決香港的管治難題。當殖民政權被迫將殖民地交還給一個社會主義政府，而殖民地居民又不信任該社會主義政府時，殖民政權將不可避免地會面對管治困難。身處目前及未來的主權國以及疑心忡忡的港人夾縫中，港英政府要不斷面對難以管治的問題，其政府地位也有可能變得愈來愈無關緊要。英國最終的目標無疑是

[*]　本文原以英文發表，刊於 Lau Siu-kai, "Decolonisation à la Hong Kong: Britain's Search for Governability and Exit with Glory," *Journal of Commonwealth and Comparative Politics*, Vol. 35, No. 2 (1997), pp. 28-54。中文版曾以 "香港的非殖民化：英國對管治能力與光榮撤退的覓尋" 為題，刊於《廣角鏡》，第 5 期 (1996)，第 84-98 頁；此譯本再經修訂。

"光榮撤退"。香港可以説是英國最後一個且肯定是最成功與重要的殖民地。毫無疑問，"光榮撤退"的大前提是在撤退前能維持有效管治。

英國的新政策雖經過精心策劃，也能按原計劃執行，不過新政策的基本假設卻存在謬誤，最終也只能取得有限的成功，主要是因為錯誤估計了中國內地和香港的政治環境，及對新政策的效用評估不切實際。由於英國對新政策的成功過分自信，在執行上又過分堅決，因此即使種種顯示新政策瀕臨失敗的跡象陸續浮現，英國也很難打退堂鼓。縱然如此，英國最後不得不向現實低頭，朝回到原狀的方向重新調整策略，其實是摒棄新政策。無論調整過程是多麼巧妙，不可否認的是，英國在北京政治風波後借機爭取政治優勢的圖謀被證明毫無成功機會。英國在最後 5 年管治香港的曲折路線，實際上使"光榮撤退"變得更加遙不可及。

香港式的非殖民化

香港在 1843 年成為英國殖民地，中英兩國在 1984 年簽署的《中英聯合聲明》規定英國在 1997 年 7 月 1 日交還香港，中國從當天起會授權香港進行高度自治，並維持其資本主義制度和生活方式至少 50 年不變。《中英聯合聲明》的簽署標誌着香港過渡期的開始，其特徵不單是時間漫長，而且因為中英之間缺乏互信而動蕩不安。

結束在香港的殖民管治為英國製造了一個前所未有的新問題。在英國的殖民歷史中，非殖民化表示當地人取得政治獨立，過程大多包括權力逐步由殖民政權移交給繼承者。在很多地方，英國甚至在挑選殖民地獨立後的政治領袖中擔當關鍵角色。除了叛亂和內戰外，撤退中的殖民政權與繼承者通常都和睦相處並開展合作。在殖民地獨立前，殖民政權循序漸進並不都自願交出政治與政策權力。在正常情況下，整個過程只需幾年；兩個權力中心互相對立的情況甚為罕見。[2]

香港的非殖民化過程在幾個方面有別於歷史上的典型模式。第一且最重要的是英國沒有為香港走向政治獨立作準備；相反，它要把香港交給另一個主權國——中國。香港居民雖然絕大部分是華人，但並不信任甚至害怕由中國共產黨領導的中國政府。《中英聯合聲明》引發的憂慮與不安肯定會嚴重影響 1997 年前英國在香港管治的有效性。民眾會不斷要求提供各種保證，以消弭他們對香港前景的憂慮，英國卻不能也不願作出保證。因此，管治者與被管治者之間的摩擦便不可避免。

第二，英國其實是在極不願意，並經過與中國艱辛和冗長的談判後，才迫不得已放棄這塊繁榮的殖民地的。[3] 不過，英國依然深刻懷疑中國共產黨在"九七"前後對香港的意圖，這種心態與大部分港人的想法相似。所以，英國有強烈的傾向去採取措施重整香港的制度，並把權力移交給"可靠的"政治力量，以確保英國能在 1997 年前維持有效管治，使港人更有力量面對中國的接收，以及體現英國所理解的"一國兩制"方案。在撤退前，英國的策略是抵禦來自中國的干預，而作為香港的未來主權國，中國在香港事務上的影響力肯定有增無減。英國對中國不信任，相反亦然。中國時刻懷疑英國懷有不可告人且醜惡的動機，而且不斷有所動作，目標在於使中國不能在香港享有實質的主權。因此，中英在過渡期內的傾軋此起彼伏便是勢所必然。

第三，在中英開展香港前途問題談判前，英國可能從沒想過會被迫在 1997 年撤離香港。此外，由於中國反對，英國早已排除讓香港獨立的可能性。[4] 英國一直以為可以無限期佔有香港，所以不僅不覺得有需要在香港扶植本地政治領袖，甚至視任何本地政治勢力為管治威脅。在戰後初期，日本曾佔領香港，令英國的威嚴受損，再加上國際反殖民主義情緒高漲，英國曾打算在香港引進一些政治改革，以安撫港人及鞏固英國的管治，但結果都是白費工夫。政制改革失敗的主要原因，其實是英國擔憂香港本地人可能對其管治構成挑戰，並且憂慮這些改革可能對中英關係產生負面影響。[5] 所以，直至兩國在 20 世紀 80 年代初期就香港前途問題展開談判時，香港的威權型政治體制基本沒有改變。由於沒有政制改革，本地政治領袖根本沒有發展的政治空間。因此，在中英談判過程中，英國不能倚仗有羣眾基礎的政治領袖來強化談判地位，反而需要吃力卻不太成功地與中國爭奪港人的支持。更重要的是，當英國決定撤離時，發現香港沒有現成的可以交付權力的領袖，或者作為英國在香港最後管治歲月的擁護者。反之，當香港的政治前途塵埃落定時，很多冒起的領袖因受民族主義感染，或為了自身利益，紛紛歸附中國而與殖民政權作對。此外，英國在最後一刻扶植繼承領袖的努力也注定失敗，因為客觀環境（殖民管治權威的下降及中國的阻撓）甚為不利。從中國的角度看，這種努力是英國蓄意培育敵視中國的反共及分離勢力的陰謀。[6]

第四，與英國其他前殖民地的非殖民化不同，根據《中英聯合聲明》，英國對香港回歸前的管治負有全責，不能將此責任及相關權力轉移給本地領袖。因此，中英兩國都視結束殖民管治為一件突然的事情。與其他殖民地不同的是，英國無法自由選擇撤出香港的時間。無論如何艱難，英國也要管治香港直到 1997 年。因此，鑒於其權威不斷下降，殖民政權需要動用手上所有可能的權力，以求完成這項艱巨任務。由於對權力有急切需要，英國即使在香港推行政制改革也不可能過激，因為這會損害英國駕馭香港動盪形勢的能力。再者，英國也需要這些權力在香港謀取利益。所以，英國在香港的非殖民化，沒有像在其他殖民地那樣將權力有步驟地移交給當地人。與此同時，冒起的本地政治領袖不斷要求深化政制改革，爭取更多政治權力，這也不可避免地與英國持續發生摩擦。這些新興政治領袖對殖民政權日益不敬與桀驁不馴，從而使港英政府與他們的關係日趨緊張。

第五，香港作為殖民地對英國具有特殊意義。在英國殖民史上，香港肯定是極成功與和平的佔領地。香港既沒有捲入戰後的反殖民主義浪潮,甚至在整個英國管治期間也沒有出現過任何重要的反殖民、反英或要求獨立的運動。因為內部或外部的社會與政治衝突雖然偶有發生,但多為短暫及小規模事件,所以沒有一個能真正對有效的殖民管治構成嚴重威脅。[7] 事實上,在香港,殖民政府早於殖民地人民自願進入前成立,鎮壓統治手段自然只屬次要。此外,在英國管治下,香港在戰後成為經濟重鎮,人均收入接近甚至超越英國。在不少英國人心目中,作為英國殖民地,香港在政治與經濟上的非凡成就對殖民主義具有救贖意義,而殖民主義的理論與實踐,自 19 世紀末以來一直在英國及國際上飽受攻擊。[8] 對於那些為殖民地感到不安的英國人而言,香港有助於他們洗滌罪咎感。對於其他英國人而言,香港的成功令他們自豪與自信。"英國人真心相信在香港製造了一些寶貴且獨一無二的東西,是殖民主義罕有的成就。有了這些成就,即使在後殖民時代,英國人無須也無意為殖民主義致歉。"[9]

香港殖民管治的結束,並非應殖民地人民的要求,而是因為中英的新界租約在 1997 年屆滿。即使簽署《中英聯合聲明》後,港人對英國管治的緬懷仍然隱約可見。[10] 所以,英國是被迫放棄管治一羣順從者,而且還要排除他們的獨立權利,把他們交付給一個雙方都不接受的社會主義政權。此外,在國內種族主義與反移民情緒高漲之際,英國政府也拒絕讓港人移居英國。[11] 因此,英國人在簽署《中英聯合聲明》的同時,某種歉惻之情油然而生。這便驅使英國盡可能地在其力量範圍內為港人提供各種好處,使他們能在主權回歸中國後保衛自己。[12] 英國這種下放部分權力的衝動導致與中國發生摩擦,中國政府則時刻憂慮港人的反共意識及對中國政府管治的抗拒。

簡而言之,香港的非殖民化包括英國把其順從者交予一個不被接受的國家,英國不能借全面權力下放使香港走向獨立。在不激怒中國且不危害撤退前的殖民管治的前提下，英國只能在民主化旗幟下進行小規模的權力下放。然而，由於過渡期漫長，本地政治勢力有出現的機會，並有力挑戰殖民管治者。與此同時，作為香港未來主權國的中國勢力日興，使撤退中政權的活動空間大為縮小。[13] 英國在殖民管治的最後日子裏能否維持有效，要視其能否巧妙地周旋於中國政府及港英政府兩大對立力量之間。

第一輪對管治能力的覓尋：前進與後退

香港非殖民化的獨特方式，使過渡期的管治困難問題成為英國重大隱憂。具體來説，香港的政治前途自塵埃落定以來，英國便經常被可能出現的社會不安、資金和人才外流以及人們要求移居英國等問題所困擾。這些問題又必然是管治困難的衍生品。為了應付這個局面，英國原先的策略是在香港重複實行在其他非殖民化過程中曾採用的措施，甚至在《中英聯合聲明》未正式簽署前便已開始實施，但事前卻沒有充分考慮香港的特殊性。這項策略要求英國與港人緊密協作，並且願意承擔中英關係因此惡化及所帶來後果的風險，當然英國此時也無法衡量這些風險的大小。

一直以來，英國視非殖民化為 "光榮撤退"，其中包括幾個方面：首先，英國至少希望有秩序地（尤其是表面上）撤退。英國人覺得，如果要撤退，按麥肯齊（MacKenzie）的話説，"撤退過程必須帶有榮譽，而所謂榮譽，是以歐洲人的良好政府和民主政制標準界定。"[14] 其次，"光榮撤退" 不單指港英政府在回歸前受市民擁護，回歸後也是如此。最後，"光榮撤退" 表示在殖民地獨立前，把英國人一直推崇的價值觀深植於殖民地人民的腦海中，這包括憲制主義或法治、自由主義、費邊主義（Fabianism）或社會民主思想以及政治中立的公務員系統。儘管在亞洲與非洲的前英國殖民地都經歷了民主政體的失敗與政治動盪，但在馬耳他和加勒比海的英聯邦小島國，仍可找到一些例外情況。[15] 香港奉行的資本主義取得空前成功，使費邊主義在這裏無用武之地。其他價值觀，包括法治、司法獨立及政治中立的公務員體系早已實現，並且由《基本法》莊嚴地予以保存。剩下的便是威斯敏斯特模式（Westminster model）的代議制政府。因此，英國對港新策略的本質，便是通過填補缺失來處理其在香港管治困難的問題，甚至在不顧中國反對的情況下推行。事實上，對英國而言，在香港推行代議政制，不單是"光榮撤退"不可分割的部分，也是撤退中的政權企圖通過與人民分享權力來提高其權威和認受性。

雖然在中英談判香港政治前途期間，中國已向英國明確提出反對，但英國仍決心一意孤行。[16]1984 年，在《中英聯合聲明》正式簽署前，英國單方面宣佈一整套在香港的政制改革方案，並計劃在過渡期逐步推行。[17]

最早期的改革藍圖大刀闊斧，並在 1984 年 7 月發表的《代議政制綠皮書：代議政制在香港的進一步發展》中列舉出來。改革的主要目的帶有向"自治政府"發展的味道："逐步建立一個政制，使其權力穩固地立根於香港，有充分權威代表港人的意見，同時能更直接向港人負責。"[18]《綠皮書》提出的政制發展理論，使人想起英國在其他前英國殖民地為建立威斯敏斯特模式而應用過的"準備理論"（Theory of Preparation），其中包括擴大立法機關作為權力的中心，以及作為其他附屬制度認受性的來源，甚至可能包括港督。[19]

究竟英國有多大決心推行這些改革建議，即使到現在我們也難衡量，但解釋動機的不同"理論"曾被提出。[20] 然而，很可能是因為中國的激烈反對，以及擔心在撤退前出現政治摩擦和不穩定，[21] 因此英國又突然作出意料之外的轉變。在 1984 年 11 月公佈的《代議政制白皮書：

代議政制在香港的進一步發展》，英國在改革的攻勢中第一次作出戰略性後退。雖然英國向民主派作出一些讓步，但中長期改革的計劃實際上消失了。英國通過加速一些短期改革，作出下列讓步：第一，立法局（共 56 名議員）間接選舉的非官守議員增至 24 人（選舉團和功能界別選出的人數均等），以代替 1984 年提議的 12 人。第二，1985 年的委任非官守議員將減少一人，即由原來提議的 23 人減至 22 人，從而使民選非官守議員較委任非官守議員多。第三，1985 年的官守議員將是 10 人，而不是《綠皮書》提出的 13 人。第四，發展代議制政府的檢討將在 1987 年提出，而不是先前提出的 1989 年（所有這些改革已在 1985 年正式實行）。不過，對未來改革，英國沒有明確承諾。

　　《白皮書》最值得關注的地方就是英國明顯後退。對於香港實行直選，英國起初並不熱心，現在更被壓下來。改變行政局組成的計劃被擱置，部長制的提案暫緩考慮，《白皮書》也沒有意圖改變港督的職權或遴選方式。從《白皮書》對未來改革保持緘默可以推測，英國已暫時放棄發動進一步改革的計劃。

　　在英國落實《白皮書》的建議前，中國便採取行動奪取政制改革的主動權。行動有兩個方面：第一，中國明確反對英國將立法局轉變為實際權力中心把所有其他政治及管理制度從屬立法局的意圖。英國若執意推行，便會被理解為侵犯中國在港主權。中國要求英國放棄任何進一步改革的計劃，直至中國公佈對未來政治制度的構想；或英國的改革能與未來制度銜接，方有可能取得中國的認可。第二，中國立即草擬《基本法》，即香港特別行政區的未來憲法，於 1990 年頒佈，並於 1997 年實施。《基本法》的草擬過程為凝聚香港的保守力量提供了場地。保守力量（尤其是工商界）被動員起來，反對港英政府推行不成熟的民主化。

　　中國政府的戰略性攻勢，使英國陷入嚴重困境。要符合中國政府的意圖，就會削弱已被嘲笑為“跛腳鴨”的港英政府的權威。不那麼做，就會冒對抗中國政府的危險，改革在回歸後也會被推翻。中英關係惡劣也會危及香港的穩定，使殖民政府在往後的管治更艱難，英國在港的長遠利益也會受損。最後，英國決定以取悦中國來突破困境，並因此使港英政府與支持民主的勢力交惡。

英國在戰略上的後退清楚地展現於 1988 年 2 月發表的《白皮書：代議政制今後的發展》。[22] 港英政府否決了支持民主的團體在該年立法局選舉中引入若干直選議席的要求，理由是"香港市民廣泛支持立法局加入一些由直接選舉產生的議員這項原則，但對於應在甚麼時候採取這個步驟存在分歧。"[23] 不過支持這個理由的證據被一般人認為是港英政府通過扭曲手段製造出來的。雖然如此，港英政府仍計劃在 1991 年落實直選部分立法局議員的計劃。[24] 為安撫批評者，港英政府把 1988 年的立法局間接選舉議席增至 26 席（14 席由功能界別選舉產生，12 席由選舉團產生）。

《白皮書》公佈時，外界普遍視其為殖民政權撤退前在香港建議和推行政制改革的最後嘗試。在其建議中，明顯遺漏了如何改革行政架構以便更能向市民交代。此外，《白皮書》也沒有提及未來憲制發展的方向與計劃，因此這份文件充其量只是一項改動現行體制意圖。

能反映英國戰略性後退的是它對香港現行政制與《基本法》"銜接"理念的高度推崇。這實際上顯示：雖然英國政府深知中國政府不願在香港推行過快的民主化，但仍願意把政制改革的主動權讓與中國政府。英國政府肯定相信這項戰略性後退對自己有利。正如 1982~1990 年在香港事務上最具影響力的英國外交官柯利達（Sir Percy Cradock）所言：

> 就雙方的利益而言，香港的平穩過渡應該是最有利的……由此便產生了銜接的原則，即在過渡期內，任何對政府架構的重大改變都應該經由雙方同意後才進行，並且在主權移交後繼續有效。這

表示那些改變會在《基本法》內加以規定。這項原則對雙方都有利：
中方可以在英國餘下的管治期中發揮影響力；中方也明白，在銜接
的安排下，無論在《基本法》中放進甚麼樣的內容，英方都會與之
銜接。不過，同樣地，銜接原則也為英國提供了機會，以影響香港
在主權移交後的狀況，以及確保英國在管治香港的最後日子中，所
做的事情可以在將來得以延續。實際上，中國在制定《基本法》時，
也有徵詢英國的意見，而在某程度上，英國的意見已被接納。英國
確信，如果 1997 年 7 月 1 日前的各種發展在當天戛然終止，不單
沒有意義，而且極為危險。[25]

在這種思維的背後，明顯是英國渴望獲得中國的支持，以鞏固在香
港的管治，保衛在香港的利益。雖然這項策略肯定會被香港民意、日趨
好鬥的立法局以及支持民主的力量所反對，但英國依然視之為必需，以
保證其管治能力及光榮撤退，而且也可以承擔其代價。

管治困難的深化

後來，英國日益覺得先前的忍讓政策無以為繼，在香港的管治日
趨困難，而"光榮撤退"的目標則遙不可及。英國改變策略的意圖油然
而生。

自簽署《中英聯合聲明》後，中英兩國一直互相猜疑，加上雙方對
香港有不同的政治立場，中英關係變得日趨緊張。英國政府愈來愈不滿
中國政府干預香港事務、阻礙擬在港推行的計劃及侵犯殖民政權的自主
權，進而深切憂慮香港出現中英共管的局面。在英國看來，負責處理過
渡期事務的中英聯合聯絡小組工作（例如，法律本地化及適應化問題）
進度緩慢，而且經常導致中英齟齬。[26] 此外，英國覺得其尊嚴及國際聲

譽有可能受損，對香港的罪咎感則日益加劇。

從英國的觀點看，對中國實行忍讓政策的效果日見減少，如只帶來有限並遠低於預期的經濟利益。英國國會外交事務委員會（Foreign Affairs Committee）的意見是，"《中英聯合聲明》對英國在中國市場的表現似乎影響甚微。"[27] 再者，"無論如何，在 1987~1993 年期間，英國對華出口激增的情況已經終止。英國出口在價值上基本停滯不前。假如英國因為《中英聯合聲明》而得到中國政府的政治優待，效果只屬短暫。不過，在同一時期，中國對英國的出口卻增加逾倍。"[28]

英國對中英合作的失望，也由於它不相信中國會切實履行雙方達成的協議。再一次用外交事務委員會的話來說："我們很難不這樣下結論：在 1984 年簽署《中英聯合聲明》後的所有（中英）談判中，中英兩國是用不同顏色的眼鏡來理解條文……中國政府在 1997 年將會怎樣做，取決於屆時在北京究竟是怎樣的一個政府。"[29]

英國對中國的忍讓政策使它在香港的"跛腳鴨"形象越趨明顯。在港人一般不信任中國政府的情況下，一個被視為對中國"叩頭"的政府，實在很難得到民眾的尊重與支持。港英政府的權威不斷下降，所獲得的民眾支持也每況愈下，令它在香港的管治日益困難。[30] 從 20 世紀 80 年代起，香港經歷了一連串的社會經濟變遷，包括經濟增長放緩、貧富差距擴大、通貨膨脹、非工業化、失業問題、人才外流、社會問題叢生、中產階級隊伍擴大但發展機會縮減，以及民眾對香港社會經濟體系基本原則的認同下降等，[31] 使管治難題更複雜。一直以來，港英政府都依靠良好的施政表現來樹立管治權威，種種變遷除無情地挫傷政府的認受性外，更引發民眾提出諸般要求，政府卻缺乏滿足要求的能力。香港社會日趨政治化的勢頭不可阻遏。

香港的民主化程度儘管有限，依然給本地政治勢力提供了政治活動的空間。這些勢力借助中國內地與香港關係、民主改革及財富分配等問題號召羣眾。這些冒起的領袖桀驁不馴，並走迎合民眾的路線。他們挑起民眾的政治積極性，從而對港英政府的有效管治構成威脅。更驚人的發展是，親建制的社會精英（尤其是工商界精英）開始與長期結盟的殖民政權保持距離，同時靠攏中國政府。另外，隨着殖民管治的結束，這些社會精英與英國的關係因利益衝突而惡化。因此，英國在香港的支持基礎萎縮，急需重新建構殖民管治所依賴的政治聯盟。

英國需要維持有效管治，有效管治則是 "光榮撤退" 的必要條件。要達到這些目標，英國需要調整策略，對中國政府及香港的政治勢力須採取新的立場。然而，在 1989 年以前的政治環境下，要徹底調整英國的策略，實際上行不通。

第二輪對管治能力的覓尋：前進與後退

北京發生的政治風波令港人陷入恐慌，也為英國徹底調整對華與對港政策提供了機會、動力與實際需要。新的政策宏大、勇敢和野心勃勃，目標是在動蕩及不明朗的情況下，強化殖民政府的管治能力，求取 "光榮撤退"。在現在看來，這項新政策是一場注碼甚大的賭博。

西方國家組成聯合陣線對付中國，主要是通過經濟制裁，務求一舉拖垮這個世界上人口最多國家的共產黨政權。中國內外交困之際，正是英國重整對華政策的黃金時期。新政策的首要目標是擺脫中國政府對香港政府自主權的羈絆。英國也可能懷有更大的計劃，或許希望中國內地的共產黨政權倒台，令英國有機會按照其意願，重新安排香港的政治前途。這個看法可以在以下英國對中國未來的估計中窺見：

　　我們的結論是：根本沒有一條中國必走的道路。不同的情況都可能出現。另外，有人向我們提出這樣的看法：不要視北京政權能維持到 1997 年為理所當然。因此，英國對華外交政策只奉行一種策略是不明智的。反之，我們需要與中國發展接觸與關係，以使中國無論出現任何情況，我們的政策都具有最大靈活性。[32]

根據英國的盤算，英國在中國內地的經濟利益有限、中國內地在香港的經濟利益龐大，以及中英關係中政治與經濟沒有交集，因此即使對中國採取對抗立場，可能只需要付出很低的經濟代價。[33] 在這種推理下，由於中國陷於困境，英國便認定中國無法強力反擊英國的攻勢。

北京政治風波之後，英國認為可以借此時機重奪管治過渡期香港事務的主動權。英國遂決定改變對華和對港策略，並對中國履行《中英聯合聲明》的誠意失去信心。即使仍記得為何簽署《中英聯合聲明》的評論者，也愈來愈傾向於批評那些促成《中英聯合聲明》的人對中國過於退讓。

此外，在北京政治風波之後，英國也有實際需要去改變策略，原因在於：一是國際視線突然轉移到香港，對英國如何處理香港的將來表示關注，個別西方國家甚至採取行動以表示對香港的重視。[34] 西方輿論對港人所表現的同情，對英國構成政治壓力，迫使它在香港多做些事情。二是港人因被這場政治風波震驚，往外移民人數猛增。人們對民主化的要求也有所增加，據英國估計，由於民主化的要求是那麼強烈，港英政府如果不能予以滿足，管治會面對極大危險。[35]

港人的政治積極性突然上升，可從 1989 年 6 月香港出現兩次大規模示威遊行看出，遊行規模之大在香港歷史上從未有過。這些事件使英國錯愕不已，同時也引起香港統治階層的恐慌，害怕香港日後會變得更難管治。民主派及反共政客在 1991 年立法局直選中的勝利，使英國更相信香港內部政治勢力的力量分佈已出現根本性變化。對英國來說，更嚴重和驚人的是，要求英國給予擁有英國屬土公民身份的港人移居英國權利的民眾呼聲日益澎湃。這一要求使英國人驚惶失措，因為可能會導致超過 300 萬非白種人湧入英國的恐怖場面。“雖然 1962 年的《英聯邦移民法》(*Commonwealth Immigration Act* 1962) 已剝奪了香港護照持有人定居英國的法定權利，不過當危機發生時，這些人仍可以強烈要求英國盡道義上的責任。”[36]

正當英國打算改變政策以應付在香港面臨的困境之際，中國對香港地區的立場轉趨強硬。在北京政治風波中，中國政府第一次感到來自香港地區的政治威脅，以及因東歐劇變與蘇聯解體所產生的政治不安感，使中國領導人更懷疑英國的意圖。中英在香港事務上的合作日趨惡化，各自指責對方缺乏誠意。中國政府的態度更加強硬，也反映在《基本法》的最後定稿上，它授予中央政府更大權力處理與香港特區的關係。[37] 當中國政府暗示會採取行動，阻止某些著名“民主鬥士”進入回歸後的立法會時，英國相信中英雙方達成的立法機關“銜接”或“直通車”安排已經被粉碎，英國的榮譽也面臨考驗。[38]

所以，在北京政治風波之後，英國認為具備了改變政策的時機、激勵及實際需要。但新政策需時兩年才醞釀完成，原因是英國希望在中國局勢穩定後再行事，而且英國政府內部對採取何種部署仍有爭議，同時新政策也有待新領導人來執行。因此，在 1989~1992 年，英國的對華政策並不統一。例如，一方面，港英政府在沒有知會或諮詢中國政府的情況下，單方面於 1989 年 10 月宣佈一項高達 1 270 億港元的新機場與海港建設計劃，[39] 背離了過往中英在香港事務上合作的方式。英國又於 1990 年推出居英權計劃，向 5 萬個屬中上階層的香港家庭提供移居英國的機會，不過中國政府從不承認這個計劃。港英政府也在中國的強烈反對下，於 1991 年 6 月通過《香港人權法案條例》。但另一方面，中英政府在 1990 年年初通過秘密談判達成協議，決定了立法機關在回歸前後的組成方式。這一方案遠遠不能滿足爭取民主的團體的要求。[40]

在 1992 年上半年，英國旨在爭取管治能力與"光榮撤退"的新策略全面展現。在約翰·梅杰（John Major）取代戴卓爾夫人成為英國的新首相，道格拉斯·赫德（Douglas Hurd）代替傑弗里·豪（Geoffrey Howe）成為英國的外交大臣後，香港總督衛奕信（David Wilson）便被撤換。衛奕信一直被各方批評對中國的立場軟弱。新的港督彭定康是英國政壇的重量級政客，也是梅杰首相的政治盟友，他的任務是在香港實施新政策。英國雖毫無疑問已改變了對華和對港政策，但由於不想被中國指責違反《中英聯合聲明》，所以一直堅持其政策沒有改變。

新的對華和對港政策由以下互相關聯的部分組成，首要目標在於提高殖民政府在最後管治歲月的自主性與權威：

第一，在履行對港人責任及促進英國利益時，英國採取了與中國對抗的態度。港督彭定康的言論與行動都對中國擺出一副輕蔑和好鬥的姿態，且不斷挑起港人因北京政治風波而激化的反共情緒。通過雄心勃勃及進取的架勢，港英政府意圖擺脫可恥的"跛腳鴨"形象，重振在香港的權威與認受性。

第二，新的港督刻意走迎合羣眾的政治路線，以爭取港人愛戴。所以，彭定康與前任不同，他揚棄了一些傳統殖民地總督的身份表徵（例如，總督制服和爵士勳銜），並利用不同場合顯示親民作風。

第三，民主化成為新政策的核心部分。英國銳意加速香港的民主化步伐，即使這樣做違反與中國已經達成的協議，或甚至悍然否認協議的存在也在所不惜。[41] 彭定康在 1992 年 10 月宣佈的政制改革方案主要包括：[42] 其一，投票年齡從 21 歲降至 18 歲。其二，設立 9 個新功能界別選舉議席，使所有在職人士都成為功能界別選舉的選民。因此，一直被各方界定為精英式選舉的功能界別選舉便搖身一變成為普選。這個對功能界別選舉的新詮釋，與中英過去的共同理解截然不同。其三，負責在 1995 年選舉 10 名立法局議員的選舉委員會組成方式也有新定義，但與制定《基本法》的人士所理解的完全不同。[43] 在彭定康的構思中，選舉委員會包括所有由直選產生的區議會議員。經改頭換面後，選舉委員會的選舉也成為一種隱蔽式的直選。上述議席，再加上 20 個地區直選議席及 21 個"舊"功能界別選舉議席，在 1995 年的選舉中，立法局成為了一個全部 60 席都由選舉產生的機關。

彭定康改革選舉制度的主要目標可以追溯到 1984 年的《綠皮書》所宣示的目的，就是把選舉產生的立法機關扶植為香港政治體制的基石，同時也是香港回歸後高度自治的基礎。因此，彭定康的改革方案絕不像英國所言那麼無傷大雅。事實上，正如一位敏銳的觀察家指出，"從整體來說，彭定康的改革實際上絕不溫和。那些改革不啻為一個在最後時刻作出的行動，目標是在香港促成高度自主的自治政府和西方式的直接民主政體，其手段則是對整個政治體制進行廣泛的調整。"[44]

第四，港英政府試圖改善公務員體系的工作表現，借此提高認受性。政府對公務員施加更大壓力，旨在提升效率、加強問責、增加透明度，以及拉近與民眾的距離。向公眾直接提供服務的政府部門必須作出服務承諾，履行過程也須接受公開監督。

第五，港英政府準備依賴龐大的財政收入和儲備增加各種社會福利、公共服務及公共設施的數量與類別。這是為了使政府與港督更受港人擁護。

第六，根據《香港人權法案條例》訂立新法律，修訂舊法律，以擴大香港公民與政治的權利與自由，並作出更好的保障。當所有相關法律付諸實施後，司法部門的政治角色將會強化，並會站在港人一邊來行使其政治影響力。更重要的是，英國認為司法機關將會較少地受到中國政府的操控。

第七，重整以殖民政府為中心的管治聯盟，以鞏固殖民管治。彭定康把那些與中方互通款曲的政客逐出行政局（以港督為主席的最高決策機關），並以英國認為較可信任的人取而代之。彭定康還把擴大了選舉成分的立法局視為政府最重要的盟友。他把在 1991 立法局選舉中取得大勝的民主派領袖非正式地納入管治聯盟，以抗衡中國及工商界。英國的盤算是，借民主派領袖及民意的支持，在有效管治香港上處於更有利位置，即使中國內地及香港的保守勢力不滿，也不足為患。

第八，英國充分利用作為香港管治者的優勢，扶植屬意的政治領袖及高層官員，並希望把他們"安插"在未來特區政府內。

這個計劃周詳的策略本質上代表了對管治香港的理據與模式的根本轉向。英國全面落實立法局選舉的改革，新策略的其他部分大體上也順利推行。不過，未到"九七"，這個新策略已經分崩離析。現在我們可以有信心地說，英國實際上已放棄新策略，代表英國在發動全面攻勢後的第二次後退。在這輪進攻中，英國把國家榮辱押在新策略的最終勝利上。事後來看，這個經縝密構思的新策略的成敗，其實是維繫在一些對形勢的重要假設之上，可惜的是，這些基本假設或是站不住腳，或是因為環境轉變而變得錯誤。

英國對中國回應進攻的判斷出現嚴重偏差。英國預期中國會保持克制，正如中國對新機場及海港計劃、居英權計劃及人權法的反應一樣。但令英國大吃一驚的是，中國對英國的行動，特別是對立法局組成及選舉辦法的改動，作出猛烈及決絕的反對。中國攻擊英國的行動與動機也令英國錯愕不已。因此，雖然顧立德斷然否認英國採取對抗中國的路線，但也不得不承認英國對中國的反應感到驚訝。"特別是鑒於中國領導層在 1989 年 6 月之後的整體政策取向，任何人都會預期讓中國接受這套改革建議將有困難，尤其是對這些重要選舉的任何建議。但我們曾希望中國的反應會較有建設性，事實卻非如此。"

中國之所以憤怒，除了因為擔憂主要由普選產生的立法機關會損害香港的資本主義體制、架空中國對香港的主權，及把香港轉化為針對中國共產黨政權的"顛覆基地"外，還因為英國肆無忌憚地否認及違反雙方達成的協議。中國對英國意圖的理解包括英國蓄意為未來特區政府製造麻煩、摧毀香港對中國內地的經濟價值、英國拒絕交還香港，以及與對中國深懷敵意的西方國家結成聯合陣線，企圖以香港為藉口插手中國內政。基於種種考慮，中國遂下定決心抗拒英國的進攻。

中國起初的反應混亂且缺乏組織，因為英國的改轅易轍讓中國政府感到措手不及。中國政府除了猛烈攻擊英國及彭定康外，也公開表明不會承認任何未經中國政府同意的殖民政府舉措。中英在香港過渡期事務的合作陷入癱瘓，並在香港產生了緊張氣氛。隨後，中國逐漸恢復鎮定，並開始部署反擊之策。中國的反擊策略主要由下列幾個部分組成：(1) 在回歸後廢除所有被中國反對、英國單方面在香港推行的改革與改變。(2) 在回歸後重建香港的政治架構 (用中國的語言是"另起爐灶")。為此，中國在 1993 年 7 月成立香港特別行政區預備工作委員會，着手單方面部署香港的未來發展。(3) 動員香港的社會精英 (特別是工商界翹楚及保守政客) 對付港英政府及彭定康。(4) 孤立彭定康，使他成為無能的港督。(5) 對在香港及英國的英資利益集團進行經濟制裁。(6) 說服思想務實的港人，使他們相信與中國政府對抗將損害香港，從而分化民意。(7) 在香港加快培植支持中央的政治領袖，以備將來取代殖民管治者及其同路人。

在短短兩年間，中國的反擊節節勝利，英國則陷入苦戰。中國勝利的主要原因是具備即將收回香港主權的戰略優勢，而內地迅速恢復政治穩定及經濟發展也有莫大作用。與中國做生意的機會增加，使中國政府能加以利用以瓦解西方的聯合陣線。西方國家爭相到中國開拓市場，英國則因香港問題而備受冷落。英國政府因此愈來愈受到國內及香港英資的壓力，被要求再度調整對華政策。由於工商界對保守黨至關重要，英國不能對這些壓力等閒視之。

中國強烈且不妥協的反應，使英國的攻擊策略的其他部分不能奏效。首先，英國高估了港人對民主的訴求。毫無疑問，訴求是存在的，但基本上是溫和的，而且充斥着矛盾之情，尤其是對中產階級而言。[45]更重要的是，港人不願意激怒中國政府以換取民主進展。事實上，港人自始至終沒有太注意彭定康的改革建議，[46]卻對中英關係惡化及其對香港的衝擊引以為憂，他們同時埋怨中英政府，認為中英雙方應共同承擔導致香港出現政治僵局的責任。

民眾對政制改革的支持下降也從彭定康的民望下跌得到反映。[47]在一項民調中，約半數受訪者認為他在香港已無所作為，[48]這表明中國孤立彭定康的策略已取得成效。人們甚至開始考慮撤換港督。[49]在1995年2月進行的一項民調中，約1/4的人認為英國應撤換彭定康。[50]在同年5月的另一項民調中，近一半的人希望看到彭定康提前兩年離任，香港改由一個本地人組成的議會，在沒有港督的情況下管理直至1997年。[51]由此觀之，英國試圖以政制改革重振殖民政權權威的行動已明顯失敗，因為中國政府的激烈反對分化了港人，並且削弱了他們對民主化的支持，也使他們不再認同對中國政府採取對抗姿態的政策。此外，人們也將中國內地與香港關係的倒退視為彭定康政府無能的表現之一。

中國政府在過渡期事務上的不合作嚴重挫傷了港英政府制定和執行公共政策的能力，包括那些可能惠及小市民與工商界的政策。新機場及港口發展計劃、九號貨櫃碼頭計劃及多個社會福利建議都成為中英爭執的犧牲品。港英政府的管治能力，因缺乏制定跨越"九七"的政策而受到嚴重限制。因此，英國希望通過向港人提供實質利益以換取他們支持殖民管治的願望，因得不到中國政府的合作而落空。

中國對英國的強硬立場也分化和打擊了公務員及其士氣。公務員身處現在及未來的"主人"夾縫中，處境相當困難。他們對如何應付日益政治化及衝突的政治環境感到彷徨。彭定康刻意迎合政客及羣眾也加深了與官員的隔膜，從而為中國政府對公務員的統戰製造機會。後果是，與彭定康的意願相反，公務員的表現與效率不升反降，導致市民對公務員體系的工作成績日趨不滿。[52]

中英對抗進一步分化了香港的政治精英，激化了社會衝突。在英國及民主派團體於民主化問題上找到共同點的時候，英國對中國的敵意及其政改方案激怒了香港的工商界與保守精英分子。不過，就社會、經濟及財政政策而言，港英政府與這些擁護現狀的勢力在立場上相近。英國的新策略因而疏離了殖民政權長期以來的協作者，並把他們進一步推向中國。然而，新的民主派 "盟友" 卻難以取代前者成為英國的可靠支持者。民主派團體的反殖主義意識，是英國與他們結成強大聯盟的絆腳石。他們對民主的要求高於英國所能承諾的，他們對政府應扮演的福利角色也與港英政府自我界定的有異，政府仍堅持對社會事務只做有限度參與。因此，當彭定康的政制改革剛剛落實時，英國與民主派的分歧便馬上擴大。在殖民統治末期，政制改革不僅沒有為英國帶來可靠盟友，反而多了一個對手。

對於民主派團體及領袖的實際政治影響力，英國也做了不正確估算。民主派在 1991 年立法局直選的勝利令英國震驚不已，並因此認為如果要 "光榮撤退"，民主派勢力將是關鍵因素。香港在選舉過後的發展顯示，英國一方面高估了民主派的力量，另一方面也高估了港英政府與民主派 "結盟" 所能贏取的民眾支持。毫無疑問，相對於其他本地政治勢力，民主派的確較受港人擁護，然而，由於民眾對政治的高度疏離、憤世嫉俗及無力感，民主派的政治動員能力也十分有限。[53]

民眾對政治越不滿，便越不信任英國和港英政府，尤其是前者。[54]最有可能的情況是，民眾對這兩個政府的不滿和不信任每況愈下，"光榮撤退" 的機會變得渺茫。在英國新策略下推行的民主化，也沒有提升民眾對香港政治制度的信任，人們對民主改革後政治體制及其組成部分的信任與尊重均不升反降。就英國在香港最後幾年的管治而言，前景並不樂觀。所以，英國的新策略只製造了諷刺的效果，那就是一個較以前民主，但較不獲民眾信任的政治體制。[55]

總而言之，英國新策略沒達到原定的雙重目標，即增強管治能力與"光榮撤退"。反之，管治困難的問題更突出，"光榮撤退"則恍如鏡花水月。新策略實行三年後，港英政府被各種敵對勢力包圍：中國政府、工商界及民主派。作為英國管治香港最後支柱的公務員體系也陷入士氣萎靡與內部分化的境地。英國在華的經濟利益受損，港人對政治愈來愈不滿、冷漠和疏離。英國估計，有關情況如果繼續下去，新策略將會土崩瓦解，尾大不掉。要挽回局面，必需戰略後退。

由於英國對新策略過度自信，認為勝算在握，所以將國家榮譽與威信都押上。到頭來，新策略徹底激怒了中國。在這種情況下，英國若突然後退，必須付出沉重的代價。因此，英國採取了一系列行動，以隱晦方式表示改弦易轍的意向，甚至在彭定康的政改方案未實行之前，英國已表示願意與中國討論有關問題，並暗示可以讓步，以求修補關係。然而，由於兩國立場分歧太大，談判最終失敗。[56] 英國採取的其他措施包括：減少對中國及香港特別行政區預備工作委員會的攻擊（並且非正式地為該委員會提供協助）、盡量避免對跨越"九七"的重大事項作單方面決定、在非政治性的過渡事務上擺出較願意與中國合作的姿態、派遣高層特使前往中國表達修改政策的意向以及約束立法局及民主派勢力。

毋庸置疑，最能顯示英國戰略性後退的例子莫過於中英在1995年6月9日就設立終審法院達成協議。[57] 這項協議的意義在於，英國願意在一直宣稱與榮譽攸關的重大事情上放棄主動權、給予香港特別行政區預備工作委員會實際上的承認，以及願與中國聯手對付民主派勢力。這項協議標誌着香港的政治發展進入新階段。在這個階段，英國基本上放棄了新策略，並重新採用過去與中國政府及香港的保守政治勢力合作，

以謀求管治能力與 "光榮撤退" 的舊策略。除根據人權法對原有法律作
出一些修改外，港英政府不會進一步引入民主改革。這項經調整後的對
華和對港策略，在 1995 年 10 月中國外長錢其琛與英國外交大臣聶偉敬
（Malcolm Rifkind）於倫敦達成的協議中正式確立，協議旨在使中英兩
國在香港過渡期餘下的日子中加強合作。[58] 這兩位官員在 1996 年 1 月
9 日於北京及 4 月 20 日於海牙再就香港問題達成一些原則性共識，[59]
使中英關係進一步緩和。

　　由於英國再度改變策略，它與香港民主派的關係呈現緊張之勢。港
英政府與立法局的摩擦愈來愈多，特別是在 1995 年 9 月立法局選舉之
後。在那次選舉中，民主派人士共取得約一半議席。在管治香港的最後
日子中，英國為維持有效管治，對中國的依賴只會有增無減，至少希望
中國不會作出報復行動，損害英國在港人心目中的威信。此外，英國也
需負隅頑抗，以盡量保持在香港所做的有限度的法律改革（特別是與人
權法有關的改革）。由於中國決心在 "九七" 後重組香港政治架構，撤
銷一些它認為會嚴重削弱行政機關權力的法律變革，中英之間仍可能發
生衝突。此外，彭定康如考慮在 "九七" 後重返英國政壇，也許需要繼
續營造一個民主改革者及反共英雄的形象，以取悅英國政府，再加上他
個人的憤懣與挫折感，也會不時指責與嘲諷中方，從而使中英關係難以
全面修復。

　　無論如何，在中國 "以我為主" 的方針政策下，英國在香港的種種
部署將隨着它的撤退而灰飛煙滅，最後日子的管治也會相當艱難。這種
情況肯定不是英國所設想的 "光榮撤退" 模式。

結論

　　英國在香港的撤退方式史無前例，因為需要處理一個從未經歷過的

非殖民化難題，就是必須在極不情願的情況下，把香港殖民地交還給中國，但它們認為中國無論在政治上或文化上都與英國水火不容，交還行動又得不到大部分殖民地人民的認同。所以，英國的決策者陷入前所未有的困境。要在香港維持有效管治，以光榮方式結束殖民管治，英國需同時與中國政府及港人保持良好關係，而中國與資本主義的香港互不信任，使得英國管治難度較大。在過渡期內，英國自然會沿用過去在其他殖民地實現有效管治及"光榮撤退"的辦法來部署撤離香港的事宜，這便不可避免地使它向港人一方傾斜。英國兩度在香港民主改革上採取的攻勢便是這種自然政治取向的反映。然而，從政治現實考慮，英國需要依靠中國政權來保障其在香港與中國內地的物質利益，支撐其在香港的管治能力。英國兩度在香港民主改革上的後退，都可以理解為這種背景的反應。

無可否認，英國的前進與後退，仍能在香港建立一套有一定民主程度的政治體制，它的民主程度比中國在 20 世紀 80 年代初期中英談判期間所設想的要高。然而，英國在對華與對港政策上的左搖右擺嚴重影響了其權威與聲譽。在行將結束香港管治之時，英國四面受敵，被迫進一步依靠中國來支撐其殖民管治。此外，香港的民主派兩度受英國扶植，又兩度被背棄，令它在回歸後需要面對中國報復的局面。在中國的眼中，民主派曾與英國權宜和短暫地結盟來對付中國。香港的保守力量由於曾站在中國政府一方與英國鬥爭，因此在英國撤出後便成為勝利者。英國第二輪的前進與後退，不僅讓中國有機會推翻大部分的改革，更可進一步收回過去曾容許的一些制度轉變。可以蓋棺定論地説，就香港的民主發展而言，英國第一輪的前進與後退是得多於失，但第二輪肯定是失多於得。回顧過去，英國對"光榮撤退"的尋覓最終都徒勞無功。[60]

註釋

1. 英國前首相戴卓爾曾這樣説：英國"需要等待中國出現較為平靜的時刻，然後才可以在中英協議的範圍內考慮採取民主化的步驟。"否則"可能會激發強烈的防衛性反應，從而可能破壞香港協議。"參見 Margaret Thatcher, *The Downing Street Years* (London: Harper Collins, 1993), pp.495。

2. Tony Smith (ed.),*The End of the European Empire:Decolonization After World War II* (Lexington: D.C.Heath & Co.,1975); Prosser Gifford and Wm.Roger Louis (eds.), *The Transfer of Power in Africa: Decolonization, 1940-1960* (New Haven: Yale University Press, 1982); John Flint, "Planned Decolonization and Its Failure in British Africa," *African Affairs*, Vol.82 (1983), pp.389-411; Miles Kahler, *Decolonization in Britain and France:The Domestic Consequences of International Relations* (Princeton: Princeton University Press, 1984); Brian Lapping, *End of Empire* (London: Paladin Grafton Books, 1985); Wm. Roger Louis, *The British Empire in the Middle East, 1945-1951* (Oxford: Clarendon Press, 1984); John D. Hargreaves, *Decolonization in Africa* (London: Longman, 1988); John Darwin, *Britain and Decolonisation: The Retreat From Empire in the Post-war World* (London: Macmillan, 1988); Glen Balfour-Paul, *The End of Empire in the Middle East: Britain's Relinquishment of Power in Her Last Three Arab Dependencies* (Cambridge: Cambridge University Press, 1991); D.A.Low, *Eclipse of Empire* (Cambridge: Cambridge University Press, 1991).

3. Robert Cottrell, *The End of Hong Kong: The Secret Diplomacy of Imperial Retreat* (London: John Murray, 1993); Mark Roberti, *The Fall of Hong Kong: China's Triumph and Britain's Betrayal* (New York: John Wiley and Sons, 1994); Percy Cradock, *Experiences of China* (London: John Murray, 1994).

4. "'The Future of Commonwealth Membership', Report by the Official Committee, 21 January 1954, CAB 134/786," in A. N. Porter and A. J. Stockwell (eds.), *British Imperial Policy and Decolonization, 1938-64*, Vol.2, 1951-64 (London: Macmillan,1989), pp.283-298。在這份文件中，香港被界定為一個狹小的地區，它雖然或許可以或有能力去管理自己的內部事務，卻永遠不可能獲得完全的獨立，也不能希望得到一個完全的英聯邦成員的地位。

5. N.J.Miners, "Plans for Constitutional Reform in Hong Kong, 1946-52," *The China Quarterly*, No.107 (1986), pp.463-482; Steve Y. S. Tsang, *Democracy Shelved: Great Britain, China, and Attempts at Constitutional Reform in Hong Kong, 1945-1952* (Hong Kong: Oxford University Press, 1988).

6. Lau Siu-kai, "Institutions Without Leaders: Hong Kong Chinese View of Political Leadership," *Pacific Affairs*, Vol. 63, No.2 (1990), pp.191-209; Lau Siu-kai, "Colonial Rule, Transfer of Sovereignty and the Problem of Political Leaders in Hong Kong," *Journal of Commonwealth and Comparative Politics*,Vol. 30, No.2 (1992), pp.223-242; Lau Siu-kai, "Social Irrelevance of Politics: Hong Kong Chinese Attitudes toward Political Leadership," *Pacific Affairs*, Vol. 65, No.2 (1992), pp.225-246.

7. Jung-fang Tsai, *Hong Kong in Chinese History: Community and Social Unrest in the British Colony, 1842-1913* (New York: Columbia University Press,1993); Lau Siu-kai, *Society and Politics in Hong Kong* (Hong Kong: Chinese University Press, 1982).

8. Phillip Darby, *Three Faces of Imperialism: British and American Approaches to Asia and Africa 1870-1970* (New Haven: Yale University Press, 1987), pp.101-117.

9. Cottrell, *The End of Hong Kong*, pp.16.

10. Lau Siu-kai and Kuan Hsin-chi, "Public Attitudes toward Political Authorities and Colonial Legitimacy in Hong Kong," *Journal of Commonwealth and Comparative Politics*, Vol.33, No.1 (1995), pp.79-102.

11. 英國 1962 年通過的《英聯邦移民法》(The Commonwealth Immigration Act 1962)，剝奪了香港居民移居英國的權利。戴卓爾在 1979 年奪得權力與其種族主義和反移民立場是分不開的，這一立場旨在取悦飽受國勢衰退及種族問題困擾的英國人。1981 年通過的《英國國籍法》(*British Nationality Act 1981*) 實踐了戴卓爾的競選承諾，收緊了對外地移民的限制，並且正式確立了不同英國公民的等級。參見 Joel Krieger, Reagan, *Thatcher and the Politics of Decline* (New York:Oxford University

Press, 1986), pp.75-78, 101-105。

12. Cradock, *Experiences of China*, pp.248;Cottrell, *The End of Hong Kong*, pp.48.

13. Thatcher, *The Downing Street Years*, pp.492; Cradock, *Experiences of China*, pp.198.

14. W.J.M.MacKenzie, "Some Conclusions," in W.J.M.MacKenzie and Kenneth Robinson (eds.), *Five Elections in Africa:A Group of Electoral Studies* (Oxford: Clarendon Press,1960), pp.465.

15. James Mayall and Anthony Payne, "Introduction: The Hopes and the Fallacies," in James Mayall and Anthony Payne (eds.), *The Fallacies of Hope: The Post-colonial Record of the Commonwealth Third World* (Manchester: Manchester University Press,1991), pp.2-3; Jorge I.Domínguez, "The Caribbean Question: Why Has Liberal Democracy (Surprisingly) Flourished?" in *Jorge I.Domínguez* et al. (eds.), Democracy in the Caribbean (Baltimore:Johns Hopkins University Press,1993), pp. 1-25.

16. Cradock, *The Experiences of China*, pp.227; Roberti, *The Fall of Hong Kong*, pp.117.

17. Lau Siu-kai, "Political Reform and Political Development in Hong Kong: Dilemmas and Choices," in Y.C.Jao et al. (eds.), *Hong Kong and 1997: Strategies for the Future* (Hong Kong: Centre of Asian Studies, University of Hong Kong,1985), pp.23-49; Lau Siu-kai, "The Unfinished Political Reforms of the Hong Kong Government," in John W.Langford and K.Lorne Brownsey (eds.), *The Changing Shape of Government in the Asia-Pacific Region* (Victoria:Institute for Research on Public Policy, 1988), pp.43-82; Lau Siu-kai and Kuan Hsin-chi, "Hong Kong After the Sino-British Agreement," Pacific Affairs,Vol. 59, No.2 (1986), pp.214-236; Lau Siu-kai, "Hong Kong's Path of Democratization," Swiss Asian Studies, Vol.49, No.1 (1995), pp.71-90; Ian Scott, *Political Change and the Crisis of Legitimacy in Hong Kong* (Hong Kong: Oxford University Press, 1989); Roberti, The Fall of Hong Kong.

18. 代議政制綠皮書：代議政制在香港的進一步發展[M]. 香港：政府印務局， 1984：4。

19. B.B.Schaffer, "The Concept of Preparation: Some Questions about the Transfer of Systems of Government," *World Politics*, Vol.18, No.1 (1965), pp.47-48.

20. 一項"理論"認為，改革建議只是一種障眼法，目標在於説服英國國會接受《中英聯合聲明》(一份使英國喪失香港，並把香港交予中國的文件)。英國也許在尋求港人支持即將簽署的《中英聯合聲明》一事看得過分困難。它也有可能意圖造成一個使中國難以改變的既成事實。改革建議也有可能只是英國官員未經深思熟慮，並架空港英政府的草率行動，目的在於將一些在其他殖民地實行過的憲制改革重複在香港實施。

21. 在殖民政權撤退之前發生政治衝突乃司空見慣。在英國人的盤算中，如何在把香港移交給中國之前防止香港出現社會和政治動盪，肯定是一個十分重要的課題。參見 Robert Holland (ed.), *Emergencies and Disorder in the European Empires After 1945* (London: Frank Cass, 1994)。

22. 白皮書：代議政制今後的發展 . 香港：政府印務局， 1988.

23. 同上。

24. 在 1991 年的立法局選舉中，有 18 名議員通過直選產生；同時，立法局的議員人數增至 60 名。

25. Cradock, *Experiences of China*, pp.218.

26. Foreign Affairs Committee, *Relations Between the United Kingdom and China in the Period Up To and Beyond 1997: First Report, Volume I* (London: HMSO, 1994), pp. li; Alastair Goodlad,"Hong Kong: Britain's Legacy,China's Inheritance," *The World Today*, Vol.50, No.6 (1994), pp.114.

27. Foreign Affairs Committee, *Relations Between the United Kingdom and China*, pp.xxvii.

28. Foreign Affairs Committee, *Relations Between the United Kingdom and China*, pp.xxvii-xxviii.

29. Foreign Affairs Committee, *Relations Between the United Kingdom and China*, pp.xlix.

30. Lau Siu-kai, "Hong Kong's 'Ungovernability' in the Twilight of Colonial Rule," in Zhiling Lin and Thomas W.Robinson (eds.), *The Chinese and Their Future: Beijing, Taipei, and Hong Kong* (Washington, DC: The AEI Press, 1994), pp.287-314.

31. Lau Siu-kai, "The Fraying of the Socio-economic Fabric of Hong Kong," The Pacific Review, Vol.10, No.3 (1997), pp.426-441.

32. Foreign Affairs Committee, *Relations Between the United Kingdom and China*, pp.xiii.

33. Foreign Affairs Committee, *Relations Between the United Kingdom and China*, pp.xlviii。在英國眼中，任何來自中國的經濟報復都會是短暫的（pp.lxxvii）。

34. 例如，美國國會在 1992 年通過了《美國—香港政策法》（*United States-Hong Kong Policy Act of 1992*），目的在於為香港的將來提供更多保障。根據該法的第 301 款，美國國務卿每年須向眾議院議長及參議院外交事務委員會主席提交報告，內容講述《中英聯合聲明》在香港的實施情況。第 302 款也要求國務卿向前述二人，提交另一份有關香港人權情況的報告。這項法律肯定會令美國政府在 1997 年後介入香港事務。

35. Foreign Affairs Committee, *Relations Between the United Kingdom and China*, pp. lxxxvii; Cradock, *Experiences of China*, pp.226; Goodlad, "Hong Kong," pp.112-113.

36. Cottrell, *The End of Hong Kong*, pp.48.

37. 英國援引《基本法》第二十三條（涉及顛覆罪行）及第十八條（涉及全國人民代表大會常務委員會決定宣佈香港特別行政區進入緊急狀態的權力），指控中國沒有在《基本法》內保障港人的基本權利與自由和香港的高度自治。英國也對第一百五十八條（授予人大常委會最終權力去解釋《基本法》，及推翻香港終審法院的判決）表示不滿。參見 Foreign Affairs Committee, *Relations Between the United Kingdom and China*, pp. liii-lvi。

38. Foreign Affairs Committee, *Relations Between the United Kingdom and China*, pp. lxxxvi; Goodlad, "Hong Kong," pp.115.

39. Government Information Services, *Hong Kong 1990* (Hong Kong: Government Printer, 1990), pp. 17-19.

40. 見中英政府在 1990 年 1 月 18 日~1990 年 2 月 12 日之間的七份外交文件。這些文件在 1992 年中英合作崩潰之後才公開發表，*South China Morning Post*, October 29,1992,pp.3。兩國政府達成的協議規定，1997 年時的立法局共有議員 60 名，其中 20 名以直選方式產生、30 名以功能界別選舉方式產生、10 名以選舉委員會選舉方式產生。這個組成立法機關的方法，將會在 1995 年的立法局選舉中應用。1995 年選舉產生的立法局將有 4 年任期，因而其任期跨越 1997 年。

41. 顧立德否認中英兩國在 1995 年的立法局選舉安排上有任何協議。參見 Goodlad, "Hong Kong," pp.111.

42. Chris Patten, *Our Next Five Years: The Agenda for Hong Kong* (Hong Kong: Government Printing Department, 1992).

43. 《基本法》規定的選舉委員會是一個精英式組織，由來自 4 個功能界別的人士組成：一是工商、金融界；二是專業界；三是勞工、社會服務、宗教等界別；四是立法會議員、區域性組織代表、香港地區全國人大代表、香港地區全國政協委員的代表。

44. Suzanne Pepper, "Hong Kong in 1994: Democracy,Human Rights, and the Post-colonial Political Order," *Asian Survey*, Vol.35, No.1 (1995), pp.50.

45. Kuan Hsin-chi and Lau Siu-kai, "The Partial Vision of Democracy in Hong Kong: A Survey of Popular Opinion," *The China Journal*, Vol.34 (1995), pp.239-264.

46. 在彭定康政改方案公佈之後兩年左右，大多數港人仍然不了解其內容，*South China Morning Post*, June 25, 1994, pp.3；《明報》，1993 年 9 月 30 日，第 A4 頁。此外，一個明顯的趨勢是，人們對香港民主改革的興趣正在下降。

47. 可參考下列民意調查的報道：《明報》，1992 年 11 月 22 日，第 1 頁；1992 年 12 月 8 日，第 2 頁；1994 年 2 月 1 日，第 A2 頁；1994 年 7 月 8 日，第 D10 頁；1994 年 10 月 5 日，第 A5 頁；1996 年 1 月 22 日，第 A2 頁；*South China Morning Post*, July 4, 1993, pp.9; July 9, 1993, pp.1; February 20, 1994, pp.1; June 26, 1994, pp.1; October 24, 1994, pp.1; November 27, 1994, pp.2; November 28, 1994, pp.1.

48. *South China Morning Post*, November 28, 1994, pp.1.

49. 可參見《明報》，1993 年 1 月 28 日，第 2 頁；1995 年 2 月 6 日，第 A2 頁；《香港經濟日報》，1993 年 4 月 2 日，第 7 頁。

50. 《明報》，1995 年 2 月 6 日，第 A2 頁。

51. *South China Morning Post*, May 29, 1995, pp.1.

52. City and New Territories Administration, *Report of an Opinion Poll* (Hong Kong: City and New Territories Administration, Hong Kong Government, July 1992, May 1993, March 1994, January 1995, May 1995, January 1996).

53. Lau Siu-kai, "Decline of Government Authority, Political Cynicism and Political Inefficacy in Hong Kong," *Journal of Northeast Asian Studies*, Vol.11, No.2 (1992), pp.3-20.

54. 可參考以下的民調報道：《明報》，1994 年 2 月 9 日，第 A4 頁；1994 年 12 月 24 日，第 A4 頁。

55. Lau Siu-kai, "Democratization and Decline of Trust in Public Institutions in Hong Kong," *Democratization*, Vol.3, No.2 (1996), pp.158-180.

56. 可參考兩國政府在談判破裂後各自公佈的談判紀要：中國外交部發言人 . 中英關於香港 1994/95 年選舉安排會談中幾個主要問題的真相[M]. 香港：三聯書店，1994；香港代議政制香港：政府印務局，1994。

57. *South China Morning Post*, June 10, 1995, pp.1-2.

58. *South China Morning Post*, October 4, 1995, pp.1.

59. 《信報》，1996 年 1 月 10 日，第 2 頁；*South China Morning Post*, April 21, 1996, pp.1.

60. Percy Cradock, "A Lesson Learned the Hard Way," *South China Morning Post*, July 11, 1995,pp.19;Ian Scott," Legitimacy and Its Discontents: Hong Kong and the Reversion to Chinese Sovereignty," *Asian Journal of Political Science*, No.I (1993), pp.55-75.

第三部分
民主觀

第 12 章　局部的民主願景[*]

　　民主已成普世價值。福山（Fukuyama）甚至説，自由主義民主是人類意識形態演進的終點，也是人類政府的最終形式。[1]然而，在香港，自由主義民主很難實現，[2]很多走向民主的道路已被堵死。唯一剩下及逐步演進的道路被拖延且顛簸不堪，充滿中英兩國政府和香港本地精英之間的衝突摩擦。因為中英政府是香港民主化的主角，本地民主派精英只有在得到民眾的堅定支持下，才能有效影響最終結局。然而，基於對香港華人進行的隨機抽樣調查，我們認為港人對民主的理解並不全面，與政府所推出的有限與不連貫的政治改革一樣。這樣一種對民主的局部認識和願景，與民眾猶豫不決是否要為爭取民主付出代價結合在一起，使香港的民主事業缺乏正確長遠的考慮與足夠的推動力。

　　在香港，通過革命性手段（例如起義、反抗）實現民主是不現實的，因為香港華人奉行實用主義和“事不關己、高高掛起”原則，[3]同時香港缺少政治領袖，[4]以及香港相對中英兩國的弱勢地位。

　　如果“現代化理論”[5]適用，香港將是一個理想的民主化案例，因香港已擁有必要的社會經濟要件。[6]事實上，在 1990 年，全球只有極少非民主體制的國家或地區可躋身極高人類發展水平的組別，中國香港是其中之一。

　　值得肯定的是，現代化已為香港帶來更加多元的社會經濟秩序。在 20 世紀 70 年代，政府的自由化和公共服務擴張令壓力團體加速出現，

* 本文與關信基合著，原以英文發表，刊於 Kuan Hsin-chi and Lau Siu-kai, "The Partial Vision of Democracy in Hong Kong: A Survey of Popular Opinion," *The China Journal*, Vol.34 (1995), pp. 239-264。

它們挑戰政府的政策甚至認受性。[7] 20 世紀 70 年代的壓力團體政治，引發了 20 世紀 80 年代的民主運動。

然而，香港仍維持非民主的體制，主要原因在於其政治依附性，回歸前屬英國，回歸後屬中國。[8] 沒有可能獨立令民眾的依附心態非常強烈，致使壓力團體政治和民主運動都無法跨越，尤其這些運動大都有精英性質且缺乏民眾支持。最終，只有主權者的選擇才能決定香港的政治發展，特別是香港要走一條不能獨立的非殖民化道路。在 1997 年回歸前，英國和殖民政府的政策是進行局部改革，但避免觸及原有制度的根本性質。這些局部改革，既為本地精英創造有限且受控的政治參與空間，也讓港人加深了對民主的有限認識和期許。

歷史背景

香港由殖民政權統治接近一個半世紀，權力集中在非選舉產生的行政首長——總督手中。他由一羣公務員協助，旨在服務殖民當局而不會考慮人民的意志。殖民政權吸納本地精英進入諮詢機構，通過吸收其意見使殖民統治順利進行。殖民政權經受住數次嚴峻挑戰，而沒有經歷任何重大變革。"二戰"及隨後在世界各地湧現的非殖民化運動帶來了兩個主要挑戰，迫使殖民政府啟動政治改革。1946 年，戰後英國政府致力於非殖民化，時任港督楊慕琦（Mark Aitchison Young）提出的楊慕琦計劃（The Young Plan），建議成立一個有選舉成分的市議會，但因本地精英反對而胎死腹中。1966~1969 年的地方行政改革也以失敗告終，這些努力受到 1966~1967 年反英抗暴運動的打擊，但暴動也揭示了殖民統治僅依靠精英共識的局限。

英國在香港新界的租約於 1997 年到期，為殖民統治帶來最大的挑戰。在與中國政府展開談判前，1982 年港英政府設立僅具諮詢職能的區議會，當中有部分議員通過普選產生。這種形式後來也應用於市政局和區域市政局。總之，過去的政治改革旨在改善政府和民間的溝通，同時保留中央層面的權力。

1984 年 9 月，香港的未來由中英兩國以《中英聯合聲明》的形式所確定，英國同意在 1997 年交還香港，而中國承諾在"一國兩制"原則下保持香港的高度自治。[9] 隨後，中英兩國均試圖掌握主動權，控制香港的政治變遷。英國沒有浪費時間，於 1984 年 11 月發表《代議政制白皮書：代議政制在香港的進一步發展》，明確指出要使港英政府的"權力穩固地立根於香港，有充分權威代表香港人的意見，同時更能直接向港人負責。"[10] 因此，1985 年立法局部分議席採用間接選舉方式產生，46 名非官方議員中，12 名由功能組別選出，2 名由市政局和區域市政局議員各自推選，10 名由區議員組成的選舉團選出。英國和港英政府的"共謀"遭到中國政府的嚴厲抨擊，因為這干擾了中國政府為特別行政區起草《基本法》的準備工作。英國隨後向中國讓步，表示香港未來的政治改革需要和《基本法》銜接。1987 年，英國設想引入立法局直選，這一計劃從 1988 年推遲到 1991 年實施。與此同時，起草中的《基本法》成為爭奪香港本地政治勢力的戰場，它們各有不同訴求，但大部分集中在民主化的步伐和範圍上。

《基本法》於 1990 年 4 月公佈。[11] 為保持香港在回歸後的繁榮和穩定，《基本法》第四十五條及第六十八條規定，香港必須根據實際情況循序漸進地發展民主，最終目標是行政長官由一個有廣泛代表性的提名委員會按民主程序提名後普選產生，而立法會全部議員則由普選產生。除非香港和中央在 2007 年有強烈共識，[12] 認為需要落實全面民主，否則在此之前，只能進行有限、漸進的改革。對中國而言，最迫切的目標是保證香港在 1997 年順利過渡，方式是保持行政主導制，並控制其高級職位的人事安排。因此，中央成立了香港特別行政區第一屆政府推選委員會，負責選舉首任行政長官和臨時立法會；其後則由推選委員會在第一屆和第二屆立法會中各選舉 10 名和 6 名立法會議員。立法會直選議員只佔少數，故可預期由非直選議員保護既得利益的安排將持續到 2007 年。民主改革以循序漸進的方式進行，立法會的普選議席會從第一屆的 20 席，遞增至第二屆的 24 席和第三屆的 30 席。換言之，回歸 10 年後，香港的立法機關仍只有一半議席由分區直選產生，此局部改革的策略可算是繼承自殖民政府，中英政府甚至在 1990 年秘密協議，為保持銜接，1991 年立法局只有 18 個議席是由分區直選產生。

彭定康來港擔任最後一任總督，改變了香港民主發展的步伐。在其 1992 年 10 月發表的首份施政報告中，他建議除了立法局選舉採用單議席單票制外，也通過降低投票年齡、取消所有委任議席、新增九個功能組別議席（所有在職人士都有資格投票，故被視為變相的直選議席）以及改變功能組別選舉中的團體票為個人票等來擴大選民基礎。這一攬子改革方案雖不可能實現全面民主，但被中國視為"三違反"，即違反了《中英聯合聲明》、違反了與《基本法》相銜接的原則，也違反了中英之間過去達成的有關協議與諒解。在 1993 年 4~11 月，中英兩國政府進行了 17 輪談判，除了加深仇恨外，最後仍沒能達成協議。中國政府"另起爐灶"，成立香港特別行政區籌備委員會預備工作委員會，部署應對英國政府做法的對策。彭定康的政改方案在 1994 年 6 月 30 日獲立法局通過，並在 1995 年立法局選舉中落實。中國政府則表明取消"直通車"的安排，不會讓當選的議員過渡到特區立法會。

在兩國政府交鋒時，香港發起了一場民主運動。1986 年，總計 95 個基層壓力團體和中產階級組織共同組成了民主政制促進聯委會。這場民主運動多以具體議題動員群眾支持，其能力在 1989 年 5 月和 6 月間達到頂峰，當時有大規模的示威活動反對中國政府、支持北京的學生。在 1991 年 9 月進行的立法局選舉中，民主陣營候選人贏得 18 個直選議

席中的 16 個。儘管如此，民主運動在組織上仍然脆弱，聯委會的組織
鬆散，也變得愈來愈不積極。高舉民主旗幟的新生政黨或政治團體（如
香港民主同盟、香港民主民生協進會、匯點），都不超過 500 名成員，
財政來源也不穩固。自它的全盛時期過後，民主運動再也沒能成功激起
民眾對政治集會的熱情。[13]

那麼民主的前景會怎樣？為解答此問題，必須了解港人的態度和
信念。[14] 我們認為隨着政治環境的不同，態度和信念會有變化。[15] 我們
尤其對以下問題感興趣：民眾如何理解民主？這對回歸前的民眾政治參
與有何影響？已局部民主化的政制能否獲得足夠的認受性？本章數據
主要來自我們在 1992 年年中進行的全港性隨機抽樣調查，我們也會參
照過往的調查數據作為補充。[16] 如非注明，本文引用的民意數字都來自
1992 年的調查。

港人對民主的期許

我們問的第一個問題是："你認為香港的政治體制應該保持不變，
還是應該推行進一步的民主化？""進一步民主化"是個模糊的表述，但
自 1984 年起，它在香港的政治語境中是一個被普遍接受的概念，因當
時港英政府發表了《代議政制綠皮書：代議政制在香港的進一步發展》，
向社會進行諮詢。"進一步民主化"意指從殖民統治逐漸過渡到某種形
式的代議制民主。

我們的第二個問題較為具體："如果有人建議增加立法局直選議員
的數目，而減少由功能組別選舉產生的議員數目，你是否同意？"[17] 我
們問這個問題時，正值立法局引入直選議席剛剛一年，彭定康尚未提出
其政改方案，當時既沒建議方案提出要全面普選立法局，民眾也沒表示
這種意願，[18] 民眾的爭論集中在直選議席所佔比例上。

因為民主理念要求公民參與政治，[19] 我們向受訪者提出了第三個問題，問他們是否同意"好的政府能夠把所有事情打理好，令人民不需要參與政治活動"。我們之前的研究和其他學者的研究均表明，港人並沒有很強的公民意識，[20] 在政治行動上是冷漠的。[21] 對此問題的正面回應，應表示更認識和支持民主。

我們問的 3 個問題互相關聯但不相似。支持"進一步民主化"的理念，並不必然支持增加直選議席。前一個是模糊概念，後一個是具體概念，且代表一種特殊的民主推動方式。第二個問題與民主的制度要求有關，第三個問題則與民主的行為層面有關，即支持增加直選議席意味着支持代議制民主，感受到政治參與的需要就意味着支持參與式民主或公投式民主。

我們的調查發現，港人在理念上希望有更多民主，在具體制度上要求更多直選議席。針對第一個問題，59.8% 的受訪者認為香港的政治體制應推行進一步民主化，而僅有 30.5% 的人回答其他答案。針對第二個問題，46.6% 的受訪者同意增加立法局直選議席，同時減少功能組別議席，只有 23.8% 的受訪者反對。至於政治參與，受訪者態度分歧較大，46% 的人表示支持，41.5% 的人表示反對。

將此次調查與過去的相比，我們發現，在理念上支持民主的人數比例明顯增加。1990 年，也就是兩年前，43.1% 的受訪者選擇維持現狀，比選擇民主改革的比例（38.5%）多。[22] 根據卡方檢驗（chi-square test）的結果，支持民主的 3 個方面，即支持進一步民主化、支持增加直選議席以及支持政治參與，相互間具顯著關係。但根據進一步的因素分析結果，只有前兩方面，即支持進一步民主化和增加直選議席，可歸為同一因素（見表 12-1）。也就是說，儘管"政治參與"在民主理論中重要，但就民調所得的統計結果看，仍不能視之為港人的民主期許要素。因此，如果下文涉及"民主期許"因素的統計分析納入"政治參與"，我們必須小心解讀相關數據。

表 12-1　對家長主義、精英主義和民主期許的因素分析

	因素 1 家長主義	因素 2 精英主義	因素 3 民主期許
好政府對待人民好像對待自己的子女一樣	0.73		
好政府的官員有高尚的人格和道德操守	0.65		
好政府會教育人民如何好好做人	0.66		
只有精英有資格統治人民		0.62	
香港以後由公務員繼續管治		0.66	
香港政治體制進一步民主化			0.77
增加立法局直選議席			0.70
人民不需要參與政治活動			
特徵值（eigenvalue）	1.66	1.20	1.13
解釋的方差（%）	20.8	15.1	14.1

註：表內數字乃使用變值盡簡法（varimax solution）進行因素分析的結果，因素負荷量低於 0.6 者不予登錄。

支持民主期許的社會經濟因素

　　不同社會經濟背景的人會對民主有不同的態度嗎？答案是肯定的。基於美國關於民主文化和參與的研究，我們預料在香港，男性、年齡較低、高學歷、在職、高收入的人對民主的渴求更強烈。[23] 表 12-2 總結了港人的社會經濟背景和民主期許之間的關係，但這些數據與美國的發現不同。

　　我們的調查顯示，男性、年齡較低，以及學歷、職業地位和收入較高的人，均較傾向於認同人民需要參與政治活動（問題三）。這方面的社羣差異模式，與關於民主期許的模式（問題一和問題二）有一定區別。

　　在理念上支持進一步民主化（問題一）的人士中，年齡較低和學歷較高者，均較傾向於認同香港的政治體制應推行進一步民主化。然而，

就職業和收入而言，富裕階層（指行政人員及經理、個人月收入在 15 000 港元及以上者），其支持比例顯著低於其他人士；而中產階層（指專業人員，個人月收入在 8 000~9 999 港元者），其支持比例顯著偏高；隨後是輔助專業人員、技術工人和非技術工人。

如前所述，問題二（是否支持增加立法局直選議席）與民主期許密切相關，因觸及具體的制度安排，對立法局內的政治代表力量重組有明顯影響。就此問題，不同性別、年齡和學歷人士的差異，均沒有清晰模式，但不同職業和收入者則有顯著分別，富裕階層支持增加直選議席的比例，普遍低於其他人士；而中產和勞工階層支持增加的比例，則普遍偏高。

總的來說，富裕階層在立法局裏有不成比例的代表，這得益於委任制和功能組別選舉制度，對進一步民主發展的支持，明顯不及其他階層。另一方面，藍領工人在政治制度中的代表不足，似乎明白自己的利益要依靠民主轉型，或更具體要依靠普選產生的立法機關來保障。專業人士從社會經濟現代化中得益，但在政治制度中的代表並不足夠，這使他們成為支持民主最堅定的羣體。

表 12-2　支持民主期許的社會經濟因素（%）

	支持進一步民主化			支持增加直選議席			認為有需要參與政治		
	是	否	看情況	是	否	中立	是	否	中立
性別									
男性	66.9	32.6	0.5	59.3	29.3	11.5	50.2	40.6	9.2
女性	65.1	34.9	0.0	55.8	29.6	14.5	46.7	47.4	6.0
年齡									
18~29 歲	76.2	23.8	0.0	54.7	27.3	17.9	62.6	29.2	8.1
30~39 歲	72.0	28.0	0.0	57.8	30.3	11.9	54.7	40.7	4.7
40~49 歲	58.2	40.4	1.4	63.4	29.8	6.9	47.3	41.9	10.8
50~59 歲	56.1	43.9	0.0	48.6	36.5	14.9	32.5	58.1	9.3
60 歲及以上	46.6	53.4	0.0	65.7	23.4	10.9	17.8	73.3	8.9

（續表）

	支持進一步民主化			支持增加直選議席			認為有需要參與政治		
	是	否	看情況	是	否	中立	是	否	中立
學歷									
小學及以下	56.2	43.8	0.0	62.9	26.2	11.0	26.7	64.3	9.0
初中	69.0	30.4	0.5	60.5	25.6	14.0	46.3	47.9	5.9
高中	70.6	28.9	0.5	47.8	36.0	16.3	61.4	30.5	8.1
大專及以上	72.9	27.1	0.0	59.3	30.7	10.0	73.4	20.3	6.3
職業									
非技術工人	71.9	27.3	0.8	63.9	25.9	10.2	34.6	55.9	9.4
技術工人	73.0	27.0	0.0	59.4	31.7	8.9	38.3	54.8	7.0
文員	68.4	30.3	1.3	63.8	24.6	11.6	65.4	25.6	9.0
服務及銷售人員	64.5	35.5	0.0	54.8	24.2	21.0	54.9	35.2	9.9
輔助專業人員	73.3	26.7	0.0	54.2	36.5	9.4	67.0	28.3	4.7
專業人員	87.0	13.0	0.0	66.7	14.3	19.0	75.0	12.5	12.5
行政人員及經理	56.1	43.9	0.0	50.9	38.2	10.9	69.0	25.9	5.2
個人月收入（港元）									
4 000 以下	70.9	29.1	0.0	67.4	23.9	8.7	32.1	64.3	3.6
4 000~5 999	73.9	26.1	0.0	57.6	29.3	13.1	41.7	47.8	10.4
6 000~7 999	69.9	28.5	1.6	61.5	26.5	12.0	50.0	40.8	9.2
8 000~9 999	75.9	24.1	0.0	59.5	27.4	13.1	50.0	43.3	6.7
10 000~14 999	68.3	31.7	0.0	55.8	26.0	18.2	67.9	27.4	4.8
15 000 及以上	62.4	37.6	0.0	54.4	39.2	6.3	78.2	14.9	6.9

註：表中數字剔除了回答"不知道"和"拒答"的人士。受訪者對增加直選議席和有沒有需要參與政治的回應採用五分尺度，即"很同意"、"同意"、"基本同意"、"不同意"、"很不同意"，回答"基本同意"者被視為對這個問題採取中立的立場沒有意見。

家長主義、精英主義和民主期許

　　港人對民主的期許似乎不是基於意識形態，意識形態是指一套或多或少連貫一致的政治信念。雖然人們意見矛盾並不少，但令人困擾的是，在香港，民主理念與其他反民主的管治理念同時並存，這些有違"民主方法"（democratic method）的管治理念，包括公務員管治、精英管治，以及家長式管治。

　　我們以如下問題量度港人對公務員管治的支持："香港一直以來都是由公務員管治，如果香港以後都是由公務員繼續管治，你是否同意？"約 72% 的受訪者表示同意，僅 7.5% 的人不同意。量度支持精英管治的問題是："有人認為，每一個社會裏都只有一小部分特別優秀的人才有資格統治其他人，而其他人就應該由這些優秀的人領導，你同意這種說法嗎？" 45.9% 的受訪者表示同意，僅 36% 的受訪者不同意。

　　我們在其他地方已詳細分析了華人傳統的家長主義。[24] 家長主義是指一個政府由寬厚的、正直的人來管治，政府對待人民就像父親對待孩子一樣，並以自己為道德模範，擔當表率（參見表 12-1 中的因素 1）。港人一直比較接受傳統的家長式管治，如在 1985 年[25] 和 1992 年的調查中，絕大多數受訪者（各是 81.1% 和 81.6%）同意"好政府對待人民好像對待自己的子女一樣"。

　　這些非民主理念和民主期許之間，存在混亂的關係（見表 12-3 中的 A 部分）。首先，在支持非民主管治方式和支持進一步民主化之間，根本找不到任何系統性關係。這意味着在受訪者心目中，民主、家長主義、精英主義和官僚統治，可能是完全不同的事物，彼此互不相關。其次，支持增加直選議席，與認同家長式管治、公務員管治和精英管治均具有顯著的關係，但方向並不一致。對於反對家長式管治的人，他們較傾向於支持增加直選議席，這肯定說得通；然而，支持增加直選議席來實現代議制民主的人，也接受公務員管治和精英管治的持續存在，這就難以理解。

　　為解開這個謎題，我們必須再次區分作為模糊的、理念層次的民主與作為具體制度安排的民主。港人對進一步的民主改革持有模糊的支持態度，但增加立法局直選議席是一項具體制度安排，其實踐意義和規範影響是明顯的。但為何這與精英主義相關？答案可能在於民眾認識到的直選功能，我們在下文會對此分析。

表 12-3　民主期許與政治態度和行為的關係

	支持增加直選議席		支持進一步民主化	
	卡方值	自由度	卡方值	自由度
A. 非民主的管治方式				
家長式管治	-36.5*	20	7.4	8
公務員管治	111.9***	25	13.8	10
精英統治	51.2***	20	4.0	8
B. 對以往民主改革的評價				
整體影響	27.9**	10	34.3***	4
立法局的表現	155.7***	20	34.1***	8
政府工作效率	132.7***	20	24.7**	8
C. 滿意度				
政治現況	-24.3	20	-17.1*	8
政府推動民主	-22.3*	10	-11.3**	2
目前的政治制度	-31.7***	10	-24.0***	2
D. 推行民主政制成功的前景	62.1***	20	23.8**	8
E.1991 年選舉				
登記為選民	2.5	3	2.2	1
在區議會選舉中投票	10.5*	3	1.8	1
在市政局／區域市政局選舉中投票	1.5	3	0.1	1
在立法局選舉中投票	4.2	3	0.3	1

*p<0.05 **p<0.01 ***p<0.001

註：表中數字剔除了回答 "不知道" 和 "拒答" 的人士。卡方值有負號者代表負向相關。

以往的改革和民主期許

如上所述，以往大多數改革措施只為改善諮詢民意的手段和程序，改革選舉制度亦不是為組織政府或推翻政府而設計。我們認為，雖然現代化的力量有助提升民眾對民主的期許，但其具體形式的演變，要遵照當權者設定的界限，以及這些改革舉措能帶來可感受到的好處。

我們的調查證明港人對過去進行的民主改革有正面評價。首先，

46.2% 的受訪者認為，香港過去幾年的民主改革，帶來的好處多於害處，只有 7.5% 的受訪者持相反意見。其次，50.6% 受訪者認為，立法局自加入直選議員後，表現比以前好，只有 9.8% 的受訪者持相反觀點。最後，34.8% 的受訪者認為，立法局自加入直選議員後，政府的工作效率比以前高，持相反意見的僅佔 12.3%。

表 13-3 的 B 部分顯示，對以往民主改革的評價，與支持進一步民主化和增加立法局直選議席，均有顯著的關係。這方面的發現或可為解答前文的謎題提供線索，即具體制度上的民主期許和精英管治的相容性問題。因為港人在過去幾十年接受了殖民政府，所以也接受選舉安排並非是組成政府或替換政府的手段，而是監察其表現和提升其效率的措施。因此，支持直選的理念，就可以嵌合在精英管治的背景中。

民主的意義及預期效果

我們在前文已指出，了解港人矛盾政治態度的關鍵在於掌握他們對民主的理解。我們很難在一次結構式問卷調查中囊括民主的豐富含義，僅向受訪者提問，"你認為以下哪一種政府才可以算是民主政府？"並提供 5 個不同答案選擇，同時也設定了"其他"答項，供受訪者自由回答。

最多受訪者（40.9%）選擇的是"一個肯諮詢民意的政府"，22.7% 的受訪者選擇"一個由市民選出來的政府"，18.1% 的受訪者選擇"一個能夠帶領市民的政府"，9.6% 的受訪者選擇"一個好像父親一般對待市民的政府"，還有 1% 的受訪者選擇"一個市民要甚麼就給甚麼的政府"。值得注意的是，我們早期進行的多項調查同樣得出相同模式。在 1985 年、1988 年、1990 年和 1991 年，選擇"肯諮詢民意的政府"的受訪者各是 43.9%、44.2%、39.5% 和 35.9%；而選擇"由市民選出來的政府"的受訪者分別是 23.2%、14.9%、27.9% 和 21.9%。[26]

　　上面的調查結果表明，對港人來講，民主首先意味着諮詢式政府。因此，民眾對民主的理解就與 20 世紀 60 年代後期以來港英政府的主要特徵相符。而且，儘管立法局在 1991 年引入直選議席，並在那前後社會不斷要求更多直選議席，在我們由 1985 年至今進行的多次調查中，對民主的這種理解基本沒有改變。那麼，值得注意的就是，在很多港人心目中，選舉不是民主必不可少的要素，民主不被看作是組成政府的一種方式，從政者不一定要通過選舉競逐公職。港人對民主的訴求，可能只是要求改進現行體制的工作，方向則是更多地諮詢民意。這樣的民主期許，便能在概念上與精英管治和公務員管治相互兼容。

　　通過考察港人希望民主改革帶來甚麼樣的效果，我們可進一步分析民主的意義。表 12-4 顯示，最多港人希望得到的六項效果依次是：更多個人自由，香港政府更重視民意，更多社會福利，政府更受港人愛戴，政府濫用權力的機會更少，以及港人在政治上更平等。有意思的是，選擇"中央政府更少插手香港事務"的人是最少的。但幾乎一半的受訪者認為，一旦香港有進一步的民主改革，中央政府會更重視港人的意見。這個發現，再次證明我們的假設，即港人相信諮詢能令政府回應民眾的訴求，選舉機制並不必要。

表 12-4　對民主效果的期待（%）

	會	不會	看情況	不知道 / 拒答
港人會有更多個人自由	82.7	5.9	0.0	11.5
香港政府會更重視港人意見	80.1	7.5	0.2	12.2
港人有更多社會福利	76.2	9.6	0.2	14.0
政府會更受港人愛戴	75.5	9.6	0.2	14.8
政府濫用權力的機會更少	75.1	9.0	0.1	15.7
港人在政治上會更加平等	74.1	11.2	0.0	14.8

（續表）

	會	不會	看情況	不知道 / 拒答
港人會生活得更好	67.3	11.4	0.5	20.9
香港經濟會發展得更好	62.9	16.2	0.6	20.3
港人會更加團結	62.7	20.0	0.2	17.1
政府會愈來愈多地介入社會或經濟事務	59.6	16.5	0.0	23.9
政府會更有效率	58.9	21.1	0.3	19.7
香港的政治局面會更穩定	54.7	22.0	0.5	22.8
社會衝突會減少	54.1	27.1	0.2	18.5
貧富差距會縮小	49.4	32.0	0.3	18.2
中央政府更重視港人意見	48.4	28.6	0.2	22.8
中央政府更少會插手香港事務	29.7	44.8	0.1	25.4

我們為上述 16 項港人對民主改革的預期效果進行因素分析，並得出相當清晰的結果。如表 12-5 所示，16 項民主預期效果可歸為 3 個因素，其中之一可解釋高達 41.7% 的方差。這一因素可命名為 "福祉"，因為它包括 7 個涉及社會經濟福祉的指標。換言之，民主是一種工具，確保政府高效行事，繼而帶來繁榮和穩定。在這個意義上，民主政府是供給者，透過諮詢民意就能提高效率。

表 12-5　民主預期效果的因素分析

	因素 1 福祉	因素 2 政府和民眾的關係	因素 3 中央政府和香港的關係
政府會更有效率	0.81		
香港經濟會發展得更好	0.76		
港人會更加團結	0.75		
港人會生活得更好	0.71		
香港的政治局面會更穩定	0.67		
政府會更受港人愛戴	0.64		
社會衝突會減少	0.60		
港人會有更多個人自由		0.76	
政府濫用權力的機會越少		0.68	

（續表）

	因素 1 福祉	因素 2 政府和民眾的關係	因素 3 中央政府和香港的關係
中央政府更少插手香港事務			0.78
中央政府更重視港人意見			0.66
貧富差距會縮小			0.60
港人在政治上會更加平等			
香港政府會更重視港人意見			
港人有更多社會福利			
政府會愈來愈多地介入社會或經濟事務			
特徵值	6.67	1.33	1.18
解釋的方差 (%)	41.7	8.3	7.4

註：表內數字乃使用變值盡簡法進行因素分析的結果，因素負荷量低於 0.6 者不予登錄。

　　我們從因素 2 和因素 3 可看到，港人更關心權力。因素 2 涉及香港政府和民眾的關係，因素 3 基本上涉及中央政府和香港的權力關係。在這兩個因素背後是一種理念，即如果政府權力能通過某種渠道予以制約，就可以保障個人自由，也能制止政府濫用權力，並能實現香港內部的自治。

　　在我們的調查中，當受訪者被問到 “香港政府是否需要受到約束” 時，50.1% 的受訪者表示需要，而 36.1% 的受訪者表示不需要。我們有關民主意義的問題（即何謂民主政府），並沒有捕捉到這方面的理念。然而，這是一個與當下政治環境極為相關的理念，因為目前港人並不要求通過選舉組成政府。對港人來講，民主意味着一種政府形式，雖然它不是由選舉產生，而只是諮詢和提供服務，但也制約了權力。在目前階段，選舉的功能在於把從政人士送入立法局，讓他們代表民眾監督政府。這就是為何港人認為在 1991 年引入直選議席後，立法局的表現和政府的效率均有改進。

　　自 1984 年中英兩國簽署《中英聯合聲明》以來，特別是立法局引入非直選議席後，立法局的角色經歷了重大轉型，從諮詢角色轉變為監督角色，從共識轉變為競爭政治，[27] 導致政黨政治逐漸成形。從我們的調查發現中可以很清晰地看出，港人希望立法局扮演更積極的角色，而它之前要從屬港督、行政局和政府。我們要求受訪者在以下 3 種情況中挑選最合意的一種，結果 56.1% 的受訪者希望"港督和立法局有同等的權威，雖然它們之間可能產生很難協調的糾紛"，17.7% 的受訪者希望"港督的權威比立法局大"，而 12.2% 的受訪者希望"立法局的權威比港督大"。此外，52.6% 的受訪者不認為"香港政府過分受到立法局的約束"，而僅有 24.1% 的人持相反意見。

如果選舉是為提升立法局的監督作用，那麼與委任和間選產生的議員相比，來自民主陣營的直選議員就從選民獲得更大的授權去執行這項職能。這一點也反映在我們的調查發現中，民主派議員與其他議員相比，是值得信任的監督者。在認為政府需受約束的受訪者中，高達 66.4% 的受訪者贊成由民主派人士來約束香港政府。[28] 如表 12-6 所示，受訪者認為 1991 年被選入立法局的民主派議員最值得信任。有意思的是，在 1988 年和 1990 年的調查中，受訪者認為民主派人士（作為民主運動的領袖）是最不值得信任的從政人士。因為在 1992 年他們並未上台執政，受歡迎原因應來自他們擁有批評政府的合法身份。

總而言之，港人心目中的民主，並非基於選舉組成政府，而是希望政府更多地諮詢民意，行事更有效率，以及受到更多制約。

表 12-6　民眾對從政人士的信任（%）

	信任			基本信任	不信任			不知道 / 拒答		
	1988	1990	1992	1992	1988	1990	1992	1988	1990	1992
港督	—	72.8	40.6	38.6	—	11.8	13.5	—	15.3	7.3
立法局委任議員	52.5	45.4	23.6	39.9	19.5	22.8	21.9	28.0	31.8	14.6
立法局功能組別議員	64.1	48.5	31.4	38.6	10.1	14.9	11.0	25.7	36.7	19.1

（續表）

	信任			基本信任	不信任			不知道 / 拒答		
	1988	1990	1992	1992	1988	1990	1992	1988	1990	1992
立法局直選議員	—	—	46.4	31.7	—	—	8.3	—	—	13.6
民主運動領袖	39.9	37.4	—	—	23.7	29.4	—	36.4	33.0	—
公務員	66.2	51.8	—	—	16.7	24.9	—	17.2	23.4	—
政府官員	—	—	16.8	36.6	—	—	33.7	—	—	12.8

註：1991 年前立法局沒有直選議員，1988 年和 1990 年的調查沒有 "基本信任" 的選項。

民主期許與政治參與

　　評估港人渴望進一步民主改革的強度並不容易。民眾對民主的渴望似呈升勢，與此同時，殖民政府的權威不斷下滑。[29] 表 12-3 的 C 部分顯示，對政治現況、政府推動民主表現，以及目前政治制度的不滿，均與民主期許有顯著關係。然而，這些不滿並不強烈，對於香港的政治現況，有 24.8% 的受訪者表示不滿，而 18.3% 的受訪者表示滿意；對於政府推動民主的表現，受訪者的正反評價比例差不多，21.6% 的受訪者認為好，24.5% 的受訪者認為不好；對於目前的政治制度，56.3% 的受訪者同意它是現實環境下的最好選擇，只有 20.8% 的受訪者不這麼想。

　　我們假定普羅大眾因為三個原因接受漸進且有限的民主化。首先，他們對民主的前景並不看好。其次，除了民主，他們還有其他追求。最後，他們並不希望積極參與這個過程。

　　民眾對民主改革成功的期望非常低。僅 32.8% 的受訪者認為香港推行民主政制有機會成功，40.1% 的受訪者認為機會一般，而 16.5% 的受訪者認為沒有機會成功。期望水平低迷是持續的，在 1990 年有 33.1% 的受訪者對此表示樂觀。對民主改革前景的樂觀態度與民主期許具顯著正向關係（見表 12-3 的 D 部分），我們可以估計，如果對民主改革成功不抱期望自然會降低對民主改革的訴求。

港人對民主效果持溫和的正面態度。[30] 如我們已提到的,他們期望進一步的民主改革可帶來高效行政、經濟繁榮、社會團結、更好生活、政治穩定、政府有更高聲望、社會和諧(表 12-5 的因素 1)。就香港過去幾年的民主改革而言,46.2% 的受訪者對其整體影響持正面評價,至於其具體影響,37.8% 的人認為有助於提升政府工作效率,50.6% 的人認為有助於改善立法局表現。另外,57.7% 的受訪者認為政黨對建立民主制度是必需的,僅 17.7% 的人不這樣認為,23.4% 的人沒有確定看法。對於政黨是否將導致香港政治不穩,40.1% 的受訪者認為不會,31.9% 的人認為會,28% 的人沒有確定看法。

如果這種溫和的正面態度是錯的,像反對民主步伐過快的人士懷疑一樣,結果會怎樣?如果在民主和港人珍視的其他價值(如社會穩定和行政效率)之間確實存在矛盾,又會怎樣?港人仍然會支持進一步民主改革嗎?答案看來是否定的,民主事業在港人心目中的位置不一定很高。

在我們 1988 年進行的調查中,58.6% 的受訪者支持繁榮安定高於支持民主政府,只有 17.2% 的受訪者持相反意見,而 21% 的受訪者認為它們的重要性相當。在此次調查,受訪者也被要求在政府效率和民主之間進行選擇,38% 的受訪者寧願香港政府是“夠效率但不夠民主”,僅 22.1% 的受訪者選擇“寧可為了民主而放棄效率”。簡而言之,當民主與其他價值發生矛盾時,港人對民主的追求僅停留在中等水平。

從理論上講,如果一個公民熱衷於追求民主,應比不熱衷者更樂於參與其中,特別是在民主事業處於危急時刻,例如設立新的民主程序,或舉行開創性選舉(founding election)之際。[31]

但是表 12-3 的 E 部分指出,在 1991 年,那些渴望民主的港人卻沒有更積極地參與民主活動,例如選民登記和在各項選舉中投票。在符合資格的選民中,只有約 50% 的人登記為選民,而立法局選舉的投票率僅有 39.1%。當然，可以説 1991 年立法局選舉並非開創性的，因其不代表香港建立民主制度。但是，據我們調查，港人看來不會積極投入推動民主的事業。近期一個調查顯示，71% 的受訪者對有關 1994~1995 年選舉安排的討論不感興趣，只有 23% 的人感興趣；50% 的人表示不肯定立法局應否通過局部改革的方案，36% 的人表示應該，而 14% 的人表示不應該。

結論

在香港，民眾對民主改革的訴求似乎在增長，但現實情況是對民主的理解充滿錯綜複雜的猶疑不決。就動機而言，壓倒一切的考慮因素是改善物質福祉。大多數人不相信實現這個目標，以及保護個人自由和香港自治不受中央政府干預，需要以選舉結果為基礎。他們認為，要達到這些目標，僅依靠獲得選舉授權的人制約政府權力就已足夠。對他們來説，民主意味着一個會諮詢民意、非選舉產生的行政機關，它被人們信任的非精英人士所制約。對這種特殊形式民主的渴望，受到之前若干次改革的正面影響所強化，也反映了民眾對於民主改革能否成功的悲觀態度。

港人對民主的期許，可被稱為一種局部的民主願景，這種心態與政府已推行或規劃改革舉措的局部特徵基本相符。這種願景基於以下傳統智慧：公共政策最終要服務於人民的利益，但政府結構和程序無須取決於他們公開表達出來的意願；人們應從能否維護自己利益的角度評價政客，他們是否由選舉產生並非主要考慮因素。

大多數人的政治承擔也是局部的。在港人中，並沒有太多有原則的民主鬥士，只有少數人肯致力於推進民主事業，即使民主與其他價值有矛盾，或這樣做會與不肯妥協的中央政府產生衝突。這種局部的願景和承擔，有助於我們理解為何香港的民主運動還在艱苦地奮鬥。

章末注

1. Francis Fukuyama, *The End of History and the Last Man* (New York: Free Press, 1992).
2. 按照熊彼特（Joseph A.Schumpeter）和達爾（Robert A.Dahl）的說法，這裏我們用的自由主義民主是指，從政人士可以自由參與競逐公職，以及通過普選產生掌權者的政治制度。自由、公平和定期的選舉，構成了自由主義民主的基本機制，政府通過這機制向人民問責，人民的意願能獲保證。當政府首腦，或者全部立法機關，或者二者一起由普選產生時，民主就會實現。
3. Lau Siu-kai and Kuan Hsin-chi, *The Ethos of the Hong Kong Chinese* (Hong Kong:Chinese University Press, 1988).
4. Lau Siu-kai, "Colonial Rule, Transfer of Sovereignty and the Problem of Political Leaders in Hong Kong," *Journal of Commonwealth and Comparative Politics*, Vol. 30, No. 2 (1992), pp. 223-242.
5. "現代化理論"是指一個鬆散的理論研究和實徵研究的集合，這些研究由勒納（Daniel Lerner）、利普塞特（Seymour M.Lipset）、多伊奇（Karl W.Deutsch）、卡特賴特（Phillips Cutright）等人開創。他們提出的基本假設是，社會與經濟的高度發展，例如城市化、通信交通、教育、經濟等將有助於發展和維持民主。有關文獻浩如煙海，難以在此一一盡錄。近期對"現代化理論"的簡要評論，參見 Zehra F.Arat, "Democracy and Economic Development: Modernization Theory Revisited," *Comparative Politics*,Vol.21 (1988), pp. 21-37; Ken Bollen, "Political Development and the Timing of Development," *American Sociological Review*, Vol. 44 (1979), pp. 572-587; Larry Diamond, "Economic Development and Democracy Reconsidered," *American Behavioural Scientist*, Vol. 35 (1992), pp. 450-499; Edward N. Muller, "Democracy,Economic Development, and Income Inequality," *American Sociological Review*, Vol. 53 (1989), pp. 50-68; Daniel Chirot, *Social Change in the Twentieth Century* (New York: Harcourt, Brace and Jovanovich, 1977); Michael T. Hannan and Glenn R. Carroll, "Dynamics of Formal Political Structure: An Event-history Analysis," *American Sociological Review*, Vol. 46 (1981), pp. 19-35。
6. Ambrose Y. C. King and Rance P. L. Lee (eds.), *Social Life and Development in Hong Kong* (Hong Kong: Chinese University Press, 1981); A. Y. H. Kwan and David K.K.Chan (eds.), *Hong Kong Society: A Reader* (Hong Kong:Writers' & Publishers' Cooperative, 1986); Catherine Jones, Promoting Prosperity, *The Hong Kong Way of Social Policy* (Hong Kong: Chinese University Press, 1990); Yin-ping Ho, *Trade, Industrial Restructuring and Development in Hong Kong* (London: Macmillan Press, 1992).
7. 有關 20 世紀 60 年代的社會不滿如何醞釀成認受性危機，以及政府通過有限的社會政治改革作為回應的討論，參見 Ian Scott, *Political Change and the Crisis of Legitimacy in Hong Kong* (Hong Kong: Oxford University Press, 1989)。關於政治事件如何改變制度設計，而制度設計反過來影響行政改革程序的研究，參見 Shui-yan Tang et al., "Changing Institutional Contexts and Administrative Reform in Hong Kong," *Hong Kong Public Administration*, Vol. 3, No. 1 (1994), pp. 31-44。
8. Kuan Hsin-chi, "Power Dependence and Democratic Transition: The Case of Hong Kong," *The China Quarterly*, Vol. 128 (1991), pp. 774-793.
9. David Bonavia, *Hong Kong 1997: The Final Settlement* (Hong Kong: *South China Morning Post*,1985); Hungda Chiu et al. (eds.), *The Future of Hong Kong: Toward 1997 and Beyond* (New York: Quorum, 1987).
10. 代議政制白皮書：代議政制在香港的進一步發展 [M]. 香港：政府印務局，1984:3。
11. 有關《基本法》的起草過程，參見 Ming K.Chan, "Democracy Derailed:Realpolitik in the Making of

the Hong Kong Basic Law, 1985-90," in Ming K. Chan and David J. Clark (eds.), *The Hong Kong Basic Law: Blueprint for "Stability and Prosperity" under Chinese Sovereignty?* (Hong Kong: Hong Kong University Press, 1991), pp. 3-35。有關《基本法》及其公佈後發展變化的分析,參見 Kuan Hsin-chi, Hong Kong after the Basic Law (Halifax: The Institute for Research on Public Policy, 1991)。

12. 因為《基本法》明確了 2007 年前的行政長官產生辦法和立法會產生辦法。2007 年,全國人大常委會作出決定,列明香港可於 2017 年普選行政長官,2020 年可普選立法會。

13. 李正儀從港人不願對抗中國政府的角度,解釋了本土民主運動的弱點。參見 Jane Lee, "Transition to Communist Rule: The Limits of the Democratic Movement in Hong Kong, 1984-90," *Politics, Administration and Change*, No. 17 (1991), pp. 1-23。

14. 與白魯恂(Lucian Pye)相比,我們認為政治文化並非左右香港政治發展過程的決定性因素。參見 Lucian Pye, *Asian Power and Politics* (Cambridge, MA: Belknap Press, 1985), pp. vii.

15. 政治文化和政治制度之間的關係並非單向。參見 Gabriel A. Almond and Sidney Verba (eds.), *The Civic Culture Revisited* (Boston: Little, Brown, 1980)。

16. 除 1985 年的調查外,其他調查都是全港性調查。所有調查採用相同的抽樣程序。調查的總體是年滿 18 歲的香港華裔居民,樣本為概率樣本。首先由香港政府統計處協助,在全港以分區等距方式抽取居住單位地址;其次是抽選住戶,如已選取的居住單位有超過一夥住戶,或為一羣體住戶(如宿舍),訪問員將根據隨機抽選表,抽選其中一夥住戶或一位符合資格人士接受訪問;最後是抽選受訪者,如已選取的住戶有超過一位符合資格人士,訪問員將利用基什方格(Kish Grid)抽選其中一位接受訪問。回應率是扣除無效和沒有使用的住址後計算。1985 年調查在觀塘區(一個多元化的、工業區與住宅區混合的小區)進行,成功完成 767 個訪問,回應率為 46.9%。1988 年調查完成 396 個訪問,回應率為 61%。1990 年調查完成 390 個訪問,回應率為 69.8%。1991 年調查完成 401 個訪問,回應率為 55.8%。1992 年調查完成 868 個訪問,回應率為 55.4%。受訪者的學歷、職業和家庭收入分佈,與政府統計處公佈的全港數據相近。

17. 背景是香港政制已開始從殖民威權統治向代議政制發展,引入了選舉元素,擴大立法局的代議基礎。在 1985 年改革前,立法局由 17 名官守議員和 30 名委任議員組成,委任議員大都代表工商界和金融界的利益。1985 年,立法局擴大到 57 席,包括 11 名官守議員、22 名委任議員、12 名由功能組別選出、2 名由市政局和區域市政局議員各自推選,和 10 名由區議員組成的選舉團選出。功能組別議席一方面是為保障既得利益者的權力和利益,另一方面也代表(儘管是有限的)法律、教育、社會服務和勞工等界別的利益。然而,立法局新增的代議議員仍屬少數,也根本沒有議員代表基層社會。1991 年,立法局進一步擴大,直選議席增加到 18 個,官守議員有 4 名,委任議員有 18 名,功能組別議員有 21 名。自 1991 年開始,立法局更加獨立於政府,更積極經局部改革的立法局,沒有改變行政主導的權力分配模式,行政局(港督的顧問)也是獨立於立法局。這種特殊的安排在回歸後會被保留,《基本法》規定立法會的直選議員維持少數,並且不能決定立法和政策。我們的第二個問題應在這個背景下理解。

18. 1987 年,當政府檢討是否應在 1988 年引入立法局直選時,大專教職員關注政制發展小組進行了一次民意調查(調查樣本是 976 人),題為"香港市民對政制改革意見研究"。兩個問題被問到:"你認為在開始進行直選選時,立法局的議員應該有幾成是由直選選出來呢?""長遠來看,你又認為最理想是佔幾成呢?"回應的分佈簡列如下。

	1987~1989 年	1990 年	1991~1997 年	未來
10%~25%	17.2%	11.1%	15.9%	1.7%
26%~50%	52.7%	67.7%	59.8%	28.9%
50% 以上	30.2%	21.2%	24.4%	—
51%~75%				31.1%
76%~100%				38.3%

資料來源:《綠皮書:一九八七年代議政制發展檢討——社會各界人士的反應:民意匯集處報告書,第二部分——附錄》N: 香港:民意匯集處,1987,附錄 VII 附件 1。

19. J. Ronald Pennock, *Democratic Political Theory* (Princeton: Princeton University Press, 1979); J. R. Pennock and J. W. Chapman (eds.), *Participation in Politics* (New York: Atherton, 1975).

20. Kuan Hsin-chi and Lau Siu-kai, "The Civic Self in a Changing Polity: The Case of Hong Kong," in Kathleen Cheek-Milby and Miron Mushkat (eds.), *Hong Kong, The Challenge of Transformation* (Hong Kong: Centre of Asian Studies, University of Hong Kong, 1989), pp. 91-115.

21. Lau Siu-kai and Kuan Hsin-chi, "The Attentive Spectators: Political Participation of the Hong Kong Chinese," *Journal of Northeast Asian Studies*, Vol. 14, No. 1 (1995), pp. 3-24.

22. 這兩次調查得出的數據並不能完全對比，因為 1990 年的調查所使用的字眼是 "應該需要進行改革"，而 1992 年的調查使用的是 "應該進一步的民主化"。

23. Gabriel Almond and Sidney Verba, *The Civic Culture* (Boston: Little, Brown, 1965); Lester W.Milbrath, *Political Participation: How and Why Do People Get Involved in Politics?* (Chicago: Rand McNally, 1965); Sidney Verba and Norman H. Nie, *Participation in America: Social Equality and Political Democracy* (New York: Harper and Row, 1972); Samuel P.Huntington and Joan M. Nelson, *No Easy Choice:Political Participation in Developing Countries* (Cambridge, MA: Harvard University Press, 1976).

24. Lau and Kuan, *The Ethos of the Hong Kong Chinese*, pp. 83; Lau Siu-kai and Kuan Hsin-chi, "Public Attitudes toward Political Authorities and Colonial Legitimacy in Hong Kong," *Journal of Commonwealth and Comparative Politics*, Vol. 33, No. 1 (1995), pp. 12-13.

25. Lau and Kuan, *The Ethos of the Hong Kong Chinese*, pp. 87.

26. 1985 年的調查發現在 Lau and Kuan, *The Ethos of the Hong Kong Chinese* 中已經公佈（75 頁），其他的調查發現在本文首次公開。

27. Lee Ming-kwan, "Politicians," in Richard Y.C.Wong and Joseph Y. S. Cheng (eds.), *The Other Hong Kong Report 1990* (Hong Kong: Chinese University Press, 1990), pp. 113-130.

28. 根據卡方檢驗（chi-square test）的結果，民主派人士的監督角色，與組成因素 2 的兩個指標具顯著的正向關係，即支持由民主派人士來約束政府者，較傾向於希望民主改革帶來更多個人自由和政府有更少機會濫用權力。

29. 自 1985 年開始，我們多次詢問受訪者以下問題："雖然香港的政治制度並非完美，但在香港的現實環境下，這已經是最好的了。" 在 1992 年，56.3% 的受訪者同意這種說法，1985 年、1988 年和 1991 年的相關數字分別是 74.3%、75% 和 72%。因為不斷進行改革，每一次調查的政治制度雖不盡相同，但仍可看到港人對漸進、局部的政治改革感到滿意。

30. 參見亨廷頓（Samuel P.Huntington）對自由主義發展模式的溫和正面觀感和發展目標不兼容的討論。Huntington and Nelson, *No Easy Choice*, ch. 2; Samuel P.Huntington, "The Goals of Development," in Myron Weiner and Samuel P. Huntington (eds.), *Understanding Political Development* (Boston: Little, Brown, 1987), pp. 3-32.

31. "開創性選舉" 一詞最早由奧唐奈爾（Guillermo O'Donnell）、施密特（Philippe C. Schmitter）和懷特黑德（Lawrence Whitehead）在他們具影響力的 *Transition from Authoritarian Rule: Prospects for Democracy*（Baltimore: Johns Hopkins University Press, 1986）一書中使用，意指在新民主政府成立的歷史關頭所舉行的選舉。過渡政權的開創性選舉和成熟民主國家的選舉，在很多方面都不同。

第 13 章　在自由專制和民主之間 *

　　在比較研究中，香港的個案別具意義。在非殖民化和民主化浪潮中，香港作為英國的殖民地並沒有獨立、建立民主政體。相反，它首先轉變為一個自由專制式的政體。殖民者不僅建立法治和保障人權，還設立多個獨立機構以限制自己的權力，如廉政公署、審計署、申訴專員公署等。之後，在殖民統治的最後 10 年，一個局部民主化體制得以設立，以確保順利過渡為中國特別行政區，並安撫民眾對民主的訴求。因為選舉權利受到限制，這套體制只是局部民主化。行政長官和全體立法會議員均非普選產生。[1] 行政長官擁有龐大的憲制權力，但無須向立法會和選民問責。立法會實際上沒有制定政策的權力，啟動立法和動議議案的權力受到憲制規範，[2] 以及分組點票機制的嚴重制約，[3] 甚至由於立法會內部分裂和缺乏政黨政治，它監督政府的有效性也受到削弱。

　　香港的局部民主化自回歸就經受重壓，例如行政和立法機關之間持續的緊張關係、政府施政失誤不斷、持續的經濟下滑、民眾普遍不滿等。由於在重壓下新的民主體制易遭挫敗，那麼香港的民主轉型需做哪些準備？局部民主體制會否得到進一步改善？行政長官和立法會能否像《基本法》承諾那樣最終由普選產生？一些不民主的做法（例如委任制）會否被恢復或引入？[4] 簡而言之，香港實現更全面的民主制度前景將會是怎樣？

　　本文分析集中在最後一個問題的政治文化維度上。首先，本文嘗

---

* 本文與關信基合著，原以英文發表，刊於 Kuan Hsin-chi and Lau Siu-kai, "Between Liberal Autocracy and Democracy: Democratic Legitimacy in Hong Kong," *Democratization*, Vol. 9, No. 4 (2002), pp. 58-76。

試探討香港糟糕的經濟狀況和政府的執政表現，如何影響民眾對民主認受性的信念。因此，我們的興趣始終聚焦於人們主觀上對民主體制的承擔，把它看成是更合適的政府體制。這對香港的實際意義是明顯的，因目前民眾對政府施政的不滿若還未上升到政權結構層面，那我們最多只面臨特區政府的執政危機，而非體制危機，無論這體制是民主還是局部民主。其次，我們也需研究，除民主可讓人民滿意政府的施政表現外，民眾相信民主會帶來認受性的傾向是否源於基本的價值觀。若基本價值觀起作用，我們預料民主體制會跨越難關，最終勝利，儘管它現在的表現並不完美；或至少像諾里斯（Norris）所論證般，民眾普遍相信民主會是一種決定性的力量，會戰勝反民主勢力。[5] 2000 年 9 月立法會選舉後，我們進行的一次全港性隨機抽樣調查提供了實證研究數據。[6]

文化和民主過渡

具認受性的民主政體在民主轉型過程中非常重要，特別是如果這種信念源於更為基礎的文化價值觀。一般來說，我們對大眾文化在民主化過程中所起的作用感興趣。更具體一些，我們感興趣的是，民主認受性是否為香港（局部）民主發展的文化條件。

對於經濟發展、政治文化和民主體制之間的關係，現有研究並無定論，[7] 我們不可能在此解決有關爭論。儘管如此，也要承認大眾文化和制度穩定或變革間的關係複雜多變。當一種政治體制面對壓力時，大眾的信念是很重要的，因為統治精英需要大眾的支持或默許，以採取嚴厲措施甚至是權力鬥爭。在有利條件下，民眾的信念可以極大地影響政策和政治後果。就算並非如此，民眾對民主認受性的信念，至少可對專制力量起決定性制約作用。

為理解政治支持的文化基礎，我們至少要區分兩個層面的政治：運作層面的政治和制度層面的政治。首先，在更具功能性的層面上，民眾對政府施政表現的不滿，並不必然上升到更抽象和結構性的體制危機。體制危機只有在符合以下三個條件時才會出現：一是體制的表現糟糕，而且持續如此；二是缺乏自我糾正機制，即執政者不會被反對派取代。沒有一種政治體制可確保經濟不斷增長和社會不斷發展，因為存在執政與反對的機制，民主政體在艱難時期比專制政體更易生存。三是如果要發生體制危機，民眾必須相信存在可行的替代體制。簡而言之，我們要研究民眾在好時期和壞時期對民主政體作為一種最佳政治體制認受性的認識。

就香港而言，考慮到過去的政治經驗，運作層面的分析，可針對民眾對運作中局部民主體制的感受；制度層面的分析，則是針對理想狀態下民眾對民主認受性的信念。這個區分允許我們從歷史的視角，更好地觀察香港的民主轉型。局部民主連接了過去的自由專制，以及未來實現更全面民主的理想。過去自由專制體制的成功範例、今天的表現不盡如人意以及未來民主體制的不確定性，又如何塑造民眾對民主的承擔？

民眾對民主認受性的信念，不可能源於現實生活的經驗，因香港的局部民主體制也是新生事物，沒有太多實踐經驗可供參考。其他因素必須考慮，包括一些基本的價值觀，這些價值觀是通過相當分散的方式，從港人的日常生活中逐漸累積起來，它們可能與民主體制不相容。人們很容易想到，中國傳統文化就是不相容的價值觀。中國並不缺乏以民為本的文化訓誡，如規勸統治者要尊重百姓看法和利益；另一方面，中國也存在其他信條，如強調社會秩序、上下有序，以及精英的示範作用，從而剝奪百姓在管理公共事務中的積極角色，更不必說主權在民概念。在香港華人社會，這些傳統價值觀一代代傳遞下去，而在內地移民身上，這些價值觀因其自身經歷得到強化。與中國傳統行為規範相比，現代社會政治價值觀通過香港社會經濟發展的實踐建立起來。在諸多與民主政體兼容的現代價值觀中，個人自由價值規範是其中之一。[8] 在殖民統治後期，港人的個人權利（包括私有財產權、自由等）已獲法律保障。從 20 世紀 80 年代初中英談判開始，另一種價值規範也開始被納入本地文化價值觀中。為贏取香港民心，中國政府承諾"港人治港"，而英國也不再限制港人的政治參與。隨着法律（國際法、憲法和成文法）的發展，這些努力確立了自治和政治參與的價值規範地位。除自由、自治和政治參與外，還存在其他具重要意義的價值規範，例如資本主義經濟下的個人主義和自由競爭，以及基於首屬羣體關係的團結精神。在有關香港民主認受性的研究中，審視這些文化價值規範的作用非常重要。我們在處理這個問題前，先簡述香港局部民主體制的現狀。

壓力下的局部民主

前文提及港人對經濟和政體普遍不滿，這究竟是執政危機還是體制危機？在民眾看來，這明顯是執政危機。政府既沒能拯救不景氣的經濟，也沒能處理好諸如禽流感和多個公營房屋建造醜聞（涉及賄賂問題）等危機，以及很多其他政治和司法問題。到 2000 年夏天，各行業一個接一個（包括從來不參與集體行動的）走上街頭，形成"抗議之夏"。我們的調查捕捉到民眾的不滿情緒，主要發現如下：

首先，民眾的不滿不限於政府部門，還包括立法會，雖然對後者會寬容一些。行政長官董建華成為最不受歡迎的政治人物，約七成受訪者對他不滿，對整個政府的印象也好不到哪裏去。立法會議員中，多數受訪者滿意民選議員，但依功能組別和選舉委員會選出的議員就不受歡迎。為何民眾更不滿意政府而不是立法會，以及更不滿意功能組別和選舉委員會選出的議員而不是直選議員？我們猜測，除了其他原因，[9] 程序認受性讓民眾較能容忍表現不好但畢竟通過直選產生的議員。行政長

官是由推選委員會選出，政府並非依據普選的結果組成，因此民眾並不
認為它們比立法會更有認受性，立法會的選民基礎更廣泛，其中部分議
員已是普選選出。因此，民眾對行政長官和政府的容忍度就要比對立法
會的容忍度小。基於同樣原因，選舉認受性讓那些普選產生的議員比非
普選議員更有優勢，即使兩者同樣表現得不好。換而言之，缺乏民主會
刺激民眾對表現不力的不滿，而民主認受性有助寬赦表現不力的行為。
因我們手頭數據有限，這些假設仍有待驗證。

　　其次，如果我們把目光越過從政個體，民眾是否同樣對局部民主體
制不滿？當被問及“香港民主政治實行的情況”時，6% 的受訪者表示
“很不滿意”，51% 的受訪者表示“不滿意”，而 48% 的受訪者表示“滿
意”，1% 的受訪者表示“很滿意”。[10] 簡而言之，民主在制度層面的表
現比個體層面好一些。我們也可以說，港人認為現有體制是“民主制”
而不是“局部民主制”。

　　再次，我們也可從歷史角度分析民眾的不滿。調查中受訪者被問到
與彭定康當政時期（1992~1997 年）相比，如何評價香港目前的經濟政
治局面，結果並不令人驚訝。約 81% 的受訪者認為香港目前的“經濟
發展（改善人民生活）”變差了。在政治方面，除了一項，其餘所有問項
受訪者都認為較前更糟糕。這個例外是“市民的各種參政機會”，更多
受訪者認為機會已改善（34%）而不是衰退（25%）。但在其他問項上，
12% 的受訪者認為“政府的施政不偏幫任何人”改善了，57% 的受訪者
卻認為變壞了；20% 的受訪者認為“政府政策決定時的透明度”改善了，
但 49% 的受訪者認為變壞了；18% 的受訪者認為“政府施政時有考慮
民意”改善了，但 49% 的受訪者認為變壞了。在“法官可以獨立判案”
和“人人可以自由發表任何意見”這兩個問項上，也有較多受訪者（各
是 42% 和 37%）認為情況變壞。

　　因為上述問項大多是民主體制的必要元素，難怪多數港人認為彭定

康主政下的殖民時期比目前董建華管治的特區時期更民主。以 1~10 來計分，1 表示"完全獨裁"，10 表示"完全民主"，有 53% 的受訪者將彭定康時期的香港評定在 7~10，但僅有 18% 的人認為目前香港的評分達此水平。[11]

最後，除了對經濟和政治的表現不滿，港人也普遍對政治制度感到厭煩。當市民感到無能為力、被忽略、被疏遠時，通常會反感政治體制，繼而對政治失去興趣，並遠離政治。調查顯示，大多數受訪者同意"政府官員不太在乎我這類人的想法"（70%），以及"好像我這類人對政府的決策是沒有任何發言權的"（65%）；73% 的人同意"對我這類人來說，政治極其複雜難明"，93% 的人不同意"我自己好有能力參與政治"。另外，76% 的受訪者表示對政治沒有興趣；48% 的人沒有或很少和他人討論政治，45% 的受訪者少和他人討論政治。對政治疏離也體現在投票率上，56% 的受訪者並沒有登記為選民，或即使登記過也沒有投票。

迄今為止，我們發現港人不僅不滿意香港目前的經濟和政治狀況，他們也厭惡政治制度。[12] 問題是：經濟下滑、對政治不滿和厭惡僅代表執政危機，還是可以上升到民主認受性的體制危機？在回答這一問題前，我們先考察可能對民主認受性有更深遠影響的文化價值取向。

與民主認受性相關的文化價值取向

前文提及通過社會化的過程或政治實踐經驗，我們可獲得兩類基本價值觀，即傳統價值觀和現代價值觀。傳統價值觀即中國傳統倫理觀念，為測度它在香港的影響，我們挑選了五項重要的社會價值，並通過以下問題來測度：

一是孝順："就算父母的要求不合理，子女都應聽話。"

二是精英主義：“出生名門望族的人是最值得尊敬的。”

三是裙帶關係：“僱人的時候，雖然外人的條件和資格都較好，但都是應該將機會優先給自己的親友。”

四是以和為貴：“人與人之間發生意見不合時，最好的處理辦法就是盡量遷就他人。”

五是命定論：“一個人的富貴貧賤、成功失敗都是命中注定的。”

如我們預料，除了“以和為貴”外，香港現在很少有人支持這樣的傳統價值觀。[13] 相對多數受訪者同意與他人爭執時要採取“以和為貴”的策略，其他傳統的社會價值觀都被普遍放棄，如 93% 的受訪者不同意精英主義，約 80% 的受訪者不同意孝順，75% 的受訪者不同意裙帶關係，72% 的受訪者不同意命定論。

除了上述中國傳統倫理的論述，我們還給出八對有關價值優先的論述。受訪者被要求為每一對給出評分，1 代表“完全同意”左方的立場，10 代表“完全同意”右方的立場。這八對論述包括（前者是左方，後者是右方）：

一是個人自由，“捍衛傳統宗教與道德價值”vs.“尊重個人想信甚麼就信甚麼的自由”。

二是減稅，“加稅來改善政府服務和公共援助”vs.“減稅”。

三是創新，“應該使大家的財富較為平均”vs.“應該鼓勵個人主動工作，多勞多得”。

四是保障自由，“嚴刑峻法，寧枉毋縱”vs.“保障自由”。

五是參與，“政府應該根據專家意見當機立斷”vs.“增加市民的參政機會”。

六是環境，“要鼓勵經濟成長，不讓環保措施阻礙商業發展”vs.“要保護環境，使香港更優美”。

七是公營事業，“讓公營事業繼續公營”vs.“將公營事業私有化”。

八是團結，"為了維持良好關係，不跟同事競爭" vs. "在工作上只靠自己努力是不夠的，還要與人競爭才可以出頭"。

如表 13-1 所示，首先，大多數港人更看重個人自由，而不是捍衛傳統宗教與道德價值，或法律與秩序。其次，鼓勵個人創新、多勞多得，比收入平等更重要。再次，民眾看重政治參與和環境保護的比例出奇的高。最後，就政府的經濟管理角色而言，我們同樣驚奇地發現，很高比例的港人支持維持公營事業。[14] 然而，相反的選擇也同樣存在，大多數受訪者更看重與同事競爭，而不是維繫良好的關係。[15]

表 13-1　基本價值觀和行為規範（%）

	個人自由	減稅	創新	保障自由	參與	環境	公營事業	團結
1	4.0	3.9	4.7	3.7	5.6	6.1	17.1	6.3
2	2.4	1.6	1.8	1.5	1.4	1.1	3.8	1.6
3	3.7	3.3	2.2	2.9	5.5	5.7	11.6	5.9
4	2.1	2.9	1.8	2.9	6.2	4.4	8.2	3.9
5	11.9	22.7	8.4	13.3	6.4	6.3	8.0	4.2
6	6.8	10.8	7.1	6.7	20.8	22.4	19.4	16.6
7	11.4	10.2	12.0	12.7	9.2	5.9	6.4	11.2
8	14.9	13.5	20.3	19.3	13.4	10.5	9.2	14.4
9	9.2	5.6	8.5	8.0	8.6	7.8	5.9	10.4
10	33.8	25.6	33.2	29.0	23.0	29.8	10.3	25.7
(N)	(1 796)	(1 792)	(1 850)	(1 181)	(1 731)	(1 828)	(1 696)	(1 806)

從港人對關於文化規範和價值觀的選擇可以發現，中國傳統倫理觀念在香港根本不流行，重視個人自由和後物質主義的現代價值觀則普遍存在，而社會主義的價值觀則處在兩者之間。

對民主認受性的理解

如上所述，民主認受性意指民眾對民主的主觀承諾，認為民主政體比其他政體形式更優越。為測度民主認受性，我們採用了很多跨政體研究普遍使用的標準問題。受訪者被要求從以下三個選項中選取自己最贊成的一項："與很多其他類型的政府比較，民主任何時候都是最可取的"，"在有些情況下，專制比民主較為可取"，"對我來說，政府是否民主都是一樣"。

有關民主認受性的調查結果並不振奮人心。僅46%的受訪者選擇在任何情況下，民主都是最可取的；而24%的受訪者認為在有些情況下，專制比民主較為可取；另有22%的受訪者對政府是否民主漠不關心。如此看來，香港對民主作為一種理想政府體制的原則性堅持不高，遠遠落後於歐洲和拉丁美洲的平均值（各是78%和61%）。[16]當然，這樣比較並不公平，因為直到1991年，香港都未有普選，時至今日也僅部分選舉實現普選。因此，嚴格來說，民主在香港還未完全實現，更不用說鞏固了。因此，局部民主化的政體不能和已經鞏固的民主政體相比較。

稍微公平一點的比較可能是與1980年的西班牙相比，當時佛朗哥（Franco）政權剛垮台沒幾年，對民主體制的支持率是49%。10年後，西班牙的民主認受性已跟歐洲其他民主國家一般強烈。西班牙在鞏固民主上的經驗更有意思，這是我們用其做比較的第二個原因。如蒙代羅（Montero）等分析，在西班牙鞏固民主階段，嚴重的經濟問題和對體制高度的不滿，並未引起政治上的不穩定和削弱對民主的支持。[17]西班牙人民似乎在很短時間內就領略到民主的內在價值，雖然民主並未帶來經濟發展或其他工具價值。這意味着就政治學習而言，佛朗哥統治時期的生活記憶比新民主體制下的新近體驗更加重要。這種論斷是否適用於香港呢？

影響民主認受性的要素

我們已找出了幾個可能的因素，來解釋為何香港的民主認受性一直處於弱至中等水平。具體而言，我們假設經濟下滑、對政治不滿和厭惡（包括政治分離指數和政治疏離指數）以及中國傳統主義，對民主認受性都有負面影響；而自由主義、社會主義和後物質主義等價值觀，對民主認受性則有正面影響。

對數迴歸分析（logistic regression）的結果證實，除政治疏離指數外，所有因素對民主認受性均具顯著影響。[18] 如表 13-2 所示，我們建立了 6 個回歸模型，模型 1 只納入經濟下滑，模型 2 加入政治不滿，模型 3 加入政治分離和政治疏離，模型 4 加入中國傳統主義，模型 5 加入自由主義、後物質主義和社會主義，模型 6 加入個人社會經濟背景。

跨政體比較研究表明，經濟發展通常是成功鞏固民主體制的重要因素。在香港，偏低的民主認受性與普遍的經濟下滑共存，說明兩者可能有一定的關係。初步統計分析也支持這樣的解釋，[19] 在模型 1 中，經濟下滑的感受對民主認受性具有顯著影響。然而，進一步的觀察暴露了兩個問題：一是經濟下滑感的影響是正面而非負面的，意即此感受會提升民主認受性的水平。這個結果與之前的論斷有衝突，即在經濟危機時，人們更看重威權體制而非民主體制。二是當控制了其他自變項和社會經濟背景因素後（模型 2 至模型 6），經濟下滑感的獨立影響就會消失。我們可據此得出兩個結論：一是經濟危機並不必然造成民主體制的崩潰。二是就經濟而言，香港只存在執政危機，並沒有體制危機。

表 13-2　民主認受性的對數迴歸分析

	模型 1	模型 2	模型 3	模型 4	模型 5	模型 6
經濟下滑	0.16**	0.03	0.04	-0.04	-0.02	-0.07
政治不滿	—	0.04***	0.04***	0.04***	0.03***	0.06***
政治分離	—	—	-0.08***	-0.08***	-0.07**	-0.08**
政治疏離	—	—	-0.02	-0.02	-0.02	-0.04
中國傳統主義	—	—	—	-0.03	-0.02	-0.01
自由主義	—	—	—	—	0.03**	0.05***
後物質主義	—	—	—	—	0.06***	0.06**
社會主義	—	—	—	—	-0.03*	-0.03*
性別（1= 男性）	—	—	—	—	—	0.18
年齡	—	—	—	—	—	0.03***
學歷	—	—	—	—	—	0.08
收入	—	—	—	—	—	-0.09
職業（1= 低級白領）	—	—	—	—	—	-0.03
職業（2= 高級白領）	—	—	—	—	—	-0.00
常數	-0.2*	-0.1	0.2	0.1	-0.8**	-2.2**
-2 log likelihood	2 381.3	2 351.0	2 287.1	2 284.4	2 219.0	1 396.7
模型卡方值	7.2**	30.7***	47.9***	50.6***	87.2***	92.8***
自由度	1	2	4	5	8	14
預測正確率（%）	52.3	56.7	56.5	57.2	58.8	62.1
樣本數	1 704	1 698	1 666	1 666	1 644	1 058

*p<0.05** p<0.01*** p<0.001
註：表內數字除另有注明外，皆為迴歸係數。

　　按照蒙代羅等的分析，[20] 對體制的滿意度和民主認受性是兩個不同概念。西班牙的例子證實，民眾對政治不滿並不必然降低民主認受性。在這個背景下，本文有關香港的發現令人驚訝。首先，民眾對現實民主體制（即局部民主體制）的不滿，推衍到抽象、結構性層面的民主認受性。其次，個人社會經濟背景因素會強化而非壓抑政治不滿的影響。最後，政治不滿對民主認受性的影響不是負面而是正面的（見模型 6）。換言之，雖然民眾對局部民主體制表現（包括從政人士和政府整體）的不滿，是推衍到民主作為理想政府的抽象、結構性層面，但與研究民主危機的學者所指相反，這種溢出的影響並非負面。[21] 因此，香港似乎是一個例外，即民眾對政治的不滿是強化而非削弱其對民主政府在任何時候都是最可取的認同。為何會這樣？

　　首先，若我們重溫政治不滿這個指數，謎題能得到部分的解釋。上文指出，政治不滿指數是由 6 項對彭定康和特區政府執政表現的比較評價組成，比較的標準多涉及民主要素，例如司法獨立、政策透明度等。結果是，對政治不滿也部分測度了香港的民主缺陷。政治不滿與民主認受性的正向關係或屬虛假。若我們只用一個問題評價當下的政治局面，[22] 而不是用 6 個問題比較評價問題，結果可能不同。無論如何，由於我們的調查沒有提出這個問題，故此無法證實這種解釋。其次，香港局部民主的性質，也可部分解釋上述謎題。民主作為最佳政府體制是一種理想，民眾再據此評價香港的局部民主制度。政治不滿是針對局部民主體制的運作，它表現不盡理想，民眾就會反思是否需要不同的政府體制，當可資替代的非民主體制吸引力不夠時，民眾自然會考慮更全面的民主體制。因此，對政治的不滿，會強化民眾對民主是最佳政府體制的信念。我們在下文將討論其他替代政體的重要問題。

　　雖然政治不滿是促進民主認受性的正面因素，但政治分離卻有顯著負面影響，而政治疏離則沒獨立影響。換而言之，不與他人討論政治、對政治缺乏興趣以及內在政治效能感偏低，都會損害民主認受性的發展。我們的調查結果再次證實，民主需要人們的正面態度和積極參與。我們利用交互表列分析（cross-tabulation）進一步展示政治分離與民主認受性的負向關係，結果顯示政治分離程度低的人士，較傾向於認為"民主是最佳政府體制"；政治分離程度高的人士，則較傾向於認為"政府是否民主都是一樣"；但兩類人在"專制有時比民主較可取"的取向上，並沒顯著分別。[23] 換句話說，政治分離並不意味更傾向於支持威權體制，而僅表明遠離政治的一個副作用，是更少支持民主體制。

　　總結有關政治態度的分析結果，我們得出，政治不滿和政治分離都對民主認受性具有顯著影響，前者是正面影響，而後者是負面影響，兩者的影響可能會相互抵消。因此，我們很難確定香港到底是在經歷一場執政危機，還是一場體制認受性危機。如果聚焦在對政治不滿的問題上，我們可以推論說，香港的局部民主正面臨認受性危機，因對政治不滿會強化民眾對全面民主的訴求。但如果看政治分離的問題，又會發現民眾選擇逃避政治，對政府體制漠不關心。若民情洶湧是政治危機的指標，那麼民眾遠離政治、不關心政府體制，便會阻止民主的不足演變為一場政治危機。

　　如單獨考慮中國傳統主義與民主認受性的關係時，兩者並不相容。然而，當我們控制了經濟、政治和社會經濟背景因素時，中國傳統主義對民主認受性的獨立影響力就會消失（模型 4 至模型 6）。考慮到這個結果，而且大多數港人都已不再受中國傳統文化的影響，我們可以不再嘗試用中國傳統文化作為反對進一步民主化的理據。

　　作為基本價值規範，民眾對自由主義、後物質主義和社會主義的信念，都會顯著影響民主認受性。模型 5 顯示，民眾對自由主義和後物質主義的信念越強，越傾向於認為民主是最佳的政府體制；與此相反，對社會主義的信念卻會降低民主認受性。為何會這樣？我們需重新考慮"社會主義"這個變項所包含的兩個問題：一是支持公營事業私有化，還是支持維持公營事業，二是如何看待同事間的競爭和團結。因此，社會主義和民主認受性的負向關係意味着，那些主張企業間（私有化）和同事間保持競爭的人，更看重民主體制。換言之，正是個人主義與自由競爭的價值觀（與集體主義與團結一致的價值觀相對立），有利於促進民主認受性。如果不參考模型 6，我們對現代價值觀的解釋是不完整的。模型 6 顯示，在控制了年齡、學歷等個人社會經濟背景後，基本價值觀仍保持獨立的影響力。

在個人社會經濟背景因素中，只有年齡與民主認受性有顯著關係（參考模型 6）。與人們通常預料的不同，香港年輕一代並不比年長者更認同民主的理想價值。為何會這樣？需進一步觀察。我們初步的解釋是，不同年齡羣組有不同的政治經歷。根據年齡羣組與民主認受性的交互表列分析，可得出三方面的結果：[24] 首先，年齡越長，越傾向於認為"政府是否民主都是一樣"。其次，較年輕者接受"專制有時比民主較可取"的比例高於其他年齡羣組。最後，"民主是最佳的政府體制"在中年人中最受支持，而不是其他年齡羣組。中年人經歷過 20 世紀 70 年代的社會政治運動、20 世紀 80 年代的民主運動，以及 1989 年的北京政治風波，他們經歷的政治社會化過程與年長者和年輕人截然不同。這些重大事件對港人的政治信念（包括民主認受性）有何影響，尚待探討。

結論

時下流行的說法是，與回歸前的大多數預測不同，香港回歸後政治上尚屬平穩，經濟上則未必。[25] 可以說，有關香港回歸的末日預言都已被證實是錯誤的。中央政府並未干預香港內部事務，香港市民支援愛國民主運動聯合會也沒被查禁，遊行示威等集體行動比回歸前還要多，大眾傳媒仍可以隨意批評政府。簡而言之，"一國兩制"的方針得到成功落實。這些判斷或多或少準確。政治過渡在香港一直順利進行，尤其是中央政府被視為潛在干預者的時候。

然而，順利過渡和成功維繫"兩制"之間的界限，不應使我們無視體制轉型期間的種種困難，其中最大的困難是香港缺乏政治領袖和發展方向。目前的局部民主體制不是精英相互協商的結果，而是外部力量代為安排。香港缺乏有為的政治領袖，這既是暫時性的也是結構性的；既是個人能力問題，也是制度問題。行政長官實際是由中央政府挑選，既缺乏政治經驗也不具扎實的權力根基，因此總是猶豫不決、缺乏效率、不受歡迎。受其他政治勢力上升和缺乏安全感的影響，公務員喪失了在政策制定和協調上的傳統影響力。憲制安排製造了一個強勢、不需民主問責的行政長官，和一個弱勢、由選舉產生的立法會，帶來行政與立法機關之間的對立膠着狀態。亞洲金融危機和政府連連失誤，使這種局面雪上加霜。所有人都說，自回歸後，香港失去了過去的輝煌，載沉載浮，局部民主化的體制正面臨重大挑戰。

本文嘗試探究港人如何看待壓力下的局部民主體制。對經濟狀況、行政長官和特區政府的不滿普遍存在，也傾向於認為當前的政治狀況不如殖民時期。大多數人感到政治上的疏離感，他們選擇遠離政治。

在這樣的局面下，香港是否陷入了政治危機？我們認為沒有。前文已討論過，民眾對經濟狀況的不滿對其民主認受性的信念沒有獨立的影響力；他們對政治狀況的不滿反會增強對民主是最佳政府體制的信念。另外，我們看到自由主義、後物質主義，以及個人主義與自由競爭等價值觀，也是支持民主體制的重要因素。港人生活在一個局部民主體制的環境下，這一體制一腳踩在殖民時代的自由專制上，另一腳踩在中央已承諾的全面民主上。薩卡尼亞（Zakaria）認為，自由專制可能要比不自由的民主更好。[26] 但自由專制可能不會比享有自由和有限選舉權的局部民主更好。在一個像香港這樣的自由、自治社會裏，有限選舉權的實驗可能會被延長並充滿艱難。但只要民眾認為退回到過去的自由專制或是其他非民主的替代政體並不具吸引力，[27] 以及在未來有可能實現更全面的民主，那麼源於不滿現行不完善體制的困難就可能是暫時性的，執政危機就是如此。讓我們詳細論述這兩點。

港人是明確不想回到殖民時代的政體，也不想選擇其他非民主的替代政體。我們在調查中，用以下一組問題探究了這方面的民意取向：

"有人說，換一種方式來管治香港，會比現在的特區政府做得更好。請問你贊不贊成以下有關管治方式的講法？"受訪者被要求按從"很贊成"到"很不贊成"的四分尺度回答。非民主的替代政體包括：一是"取消選舉，解散立法會，由一個強人特首來管治"。二是"請幾位專家管治香港，好過說甚麼直選特首或者全面直選立法會"。三是"取消選舉，解散立法會，由高級公務員來管治"。

調查結果顯示，港人有很強共識反對這三種非民主的政體，有約17%的受訪者很不贊成、65%的受訪者不贊成走回頭路，由高級官員管治香港。反對專家治港的比例是14%（很不贊成）和64%（不贊成）；反對強人治港的比例則是17%（很不贊成）和64%（不贊成）。

但事情的另一面是，港人雖普遍反對非民主的政體，卻不代表強烈支持民主體制。我們已說過，只有不到一半的受訪者認同民主在任何時候都是最佳的政體。但香港實行局部民主的時間尚短，而政治學習需要時間。我們已發現，家庭和學校並非政治社會化的有效場所。[28] 因此在香港，成年人通過實際的政治生活經驗來學習政治似乎更重要。我們假設，成年人主要以兩種方式學習民主的價值：一是在威權年代的苦痛經歷，令民主成為與現實相反、具吸引力的替代政體；二是逐漸體會到民主的好處，而這是一種嶄新的體驗。[29] 總體而言，一方面，港人在殖民統治時期所經歷的苦難，並不足以令他們視民主為一種更好的選擇；另一方面，他們也沒有生活在真正的民主體制下，使他們體會到民主在現實生活中可帶來的好處。結果是，港人對民主的支持，缺乏堅實的生活體驗。雖然這不表示民眾不表態支持民主，但問題在於，港人對民主的理解不全面，對民主雖表態支持卻不轉化為行動，我們在其他文章已論述這些問題。[30]

在此次調查中，絕大多數受訪者贊成（73%）或很贊成（10%）特區政府應徹底進行改革。從數據可以推斷，民眾渴望民主改革。[31] 因為香港已實現對個人權利 (財產權和自由) 的保護與法治,香港也有一個廉潔、自律的有限職能政府,所以進一步的民主化就明顯需要實現政府通過選舉產生以及對選民問責的目標。然而,民眾對進一步選舉改革的支持力度並不清晰。就立法會而言,普選產生全部議員的方案並未獲得大多數受訪者支持 (41% 表示贊成,44% 表示不贊成,15% 沒有確定的立場)。就行政長官而言,支持普選產生是主流意見 (75% 表示贊成,16% 表示不贊成,9% 沒有確定的立場)。因此,我們只能説港人傾向於要求局部的民主改革。

最後,針對香港的民主前景,我們有可能得出一個稍微樂觀一點的結論。香港正彌漫着對政治的不滿和厭惡,民眾對正在運作的局部民主體制截然劃分出 "滿意" 和 "不滿意" 兩大陣營。更重要的是,他們對民主認受性的信念,即認同民主在任何時候都是最佳的政體,並沒有受到不利的影響;對經濟狀況的不滿,沒有推衍到抽象的結構性體制認受性層面;對政治狀況的不滿並沒有弱化,反而強化了民眾更加信任民主的價值。另外,民主認受性是部分源於自由主義、後物質主義,以及個人主義與自由競爭的價值觀,這些價值觀非常可能存續下去,因為它們直接來源於生活經驗。如普拉特納所言,我們並不絕對肯定自由主義一定會帶來自由主義民主與普選的最終實現。[32] 然而,我們非常肯定的是,港英政府現在所面臨的一系列難題是執政危機,而不是認受性危機。鑒於港人對非民主替代體制的弱支持和對局部選舉改革的強支持,我們認為這種環境有利於香港在民主化道路上循序漸進。

註釋

1. 行政長官由 800 人組成的選舉委員會選出 (第一任行政長官由 400 人組成的推選委員會選出)。立法會議員由三個不同渠道產生:分區直選產生 24 名議員,功能組別選舉產生 30 名議員,選舉委員會選舉產生 6 名議員。在 2004 年立法會選舉中,選舉委員會將不再選舉產生立法會議員,之前分配給它的 6 個議席將由地區直選產生。

2. 《基本法》第七十四條規定:"香港特別行政區立法會議員根據本法規定並依照法定程序提出法律草

案，凡不涉及公共開支或政治體制或政府運作者，可由立法會議員個別或聯名提出。凡涉及政府政策者，在提出前必須得到行政長官的書面同意。"

3. 《基本法》附件二第二條規定："立法會議員個人提出的議案、法案和對政府法案的修正案均須分別經功能團體選舉產生的議員和分區直接選舉、選舉委員會選舉產生的議員兩部分出席會議議員各過半數通過。"

4. 回歸後，區議會不再全部議員由普選產生。用以證明恢復委任制是合理的理由是：賦權予精英，令其可以對地區發展作出貢獻。

5. Pippa Norris, *Critical Citizens: Global Support for Democratic Governance* (Oxford: Oxford University Press, 1999), pp.266.

6. 調查的總體是年滿 18 歲的香港華裔居民，樣本為概率樣本。首先由香港政府統計處協助，在全港以分區等距方式抽取居住單位地址；其次是抽選住戶，如已選取的居住單位有超過一夥住戶，或為一羣體住戶（如宿舍），訪問員將根據隨機抽選表，抽選其中一夥住戶或一位符合資格人士接受訪問；最後是抽選受訪者，如已選取的住戶有超過一位符合資格人士，訪問員將利用基什方格（Kish Grid）抽選其中一位接受訪問。扣除無效和沒有使用的住址後，樣本數目為 4 345 個地址；訪問員共成功完成 1 922 個訪問，回應率為 44.2%。本文數據根據政府統計處公佈的年齡分佈加權處理。

7. 關於這個主題的論述，參見 Ronald Inglehart, *Modernization and Postmodernization: Cultural, Economic, and Political Change in 43 Societies* (Princeton: Princeton University Press, 1997)，第 6 章。

8. 普拉特納（Plattner）曾論證，自由主義的政權傾向於朝民主的方向演變，參見 Marc F.Plattner, "Liberalism and Democracy: Can't Have One Without the Other," *Foreign Affairs*, Vol.77, No.2 (1998), pp.171-180; Marc F. Plattner, "From Liberalism to Liberal Democracy," *Journal of Democracy*, Vol.10, No.2(1999), pp.121-134．

9. 原因很複雜，一個重要的因素可能是行政長官董建華的政治風格和管治方式。

10. 1976~1991 年，在 12 個歐盟國家中，對民主滿意程度的中位數是 57%。參見 Dieter Fuchs et al., "Support for the Democratic System," in Hans-Dieter Klingemann and Dieter Fuchs (eds.), *Citizens and the State* (Oxford: Oxford University Press, 1995), pp.334.

11. 在受訪者中，僅有 7.2% 的人認為彭定康時代的分值是 1~4（接近"完全獨裁"一端），而認為目前香港特區是這種情況的受訪者有 18.6%。

12. 根據因素分析的結果，民主認受性（下文會討論），以及上述變項可簡化為三個因素：第一個包括"經濟下滑"，以及對政治的各種不滿；第二個包括"不討論政治"、"對政治沒興趣"、"政治太複雜難以理解"；第三個包括"民眾對決策沒發言權"、"官員不在乎民眾想法"。所有變項的因素負荷量都超過 0.6。民主認受性這個變項，既不構成獨立的因素，也不能歸於這 3 個因素，它在第一個因素的因素負荷量最高，但亦只有 0.26。為了測試經濟發展和民主認受性的關係，我們不完全參照因素分析的結果，將"經濟下滑"與"對政治的各種不滿"分開，再進行對數迴歸分析。除"經濟下滑"外，第一個因素所有變項的值加總為"政治不滿"指數。第二個因素變項的值加總為"政治分離"指數。第三個因素變項的值加總為"政治疏離"指數。這些指數被用於表 13-2 的多變項分析。

13. 根據因素分析的結果，這五項社會價值和民主認受性可簡化為兩個因素。民主認受性自成一個因素，第二個因素包括其他五項傳統價值，我們將其值加總為"中國傳統價值觀"指數，並用於表 13-2 的多變項分析。

14. 因為我們是在經濟衰退時進行的這次調查，受訪者可能更多考慮私有化會引發失業率高漲，而不是考慮管理效率。若是如此，受訪者的回應較傾向於社會主義，而不是資本主義。

15. 根據因素分析的結果，民主認受性和這些現代價值觀可簡化為三個因素：第一個可命名為"自由主義"，包括"個人自由"、"減稅"、"創新"和"保障自由"四個變項。第二個可命名為"後物質主義"，包括"參與"和"環境"兩個變項。第三個可命名為"社會主義"，包括"公營事業"和"團結"兩個變項。這三個因素也用於表 13-2 的多變項分析。民主認受性在第二個因素的因素負荷量最高，因此，我們可視對民主的原則性信念為後物質主義的一個指標。

16. Richard Rose et al., *Democracy and Its Alternatives: Understanding Post-Communist Societies*

(Baltimore: Johns Hopkins University Press, 1998), pp.103.

17. Jose R. Montero et al., "Democracy in Spain: Legitimacy, Discontent, and Disaffection," *Studies in Comparative International Development*, Vol.32, No.3 (1997), pp.128.

18. 量度民主認受性的問題原有三個答項："與很多其他類型的政府比較，民主任何時候都是最可取的"，"在有些情況下，專制比民主較為可取"，"對我來說，政府是否民主都是一樣"。在進行對數迴歸分析時，我們稱第一個答項為"民主最可取"，並合並後兩個答項為"民主不一定最可取"。散點圖（scatterplot）證實，民主認受性作為依變項，和其他自變項之間並不存在多重共線性。

19. 必須強調，我們的研究無法驗證香港經濟發展／下滑客觀狀態與民主／民主發展客觀狀態的關係。我們只能驗證民眾對經濟狀況改變（彭定康時代和目前相比）的感受是否將影響其民主認受性。然而，我們認為民眾對香港經濟發展的主觀感受，能準確反映客觀的現實狀態。

20. Montero et al., "Democracy in Spain," pp.124-160.

21. Michel Crozier et al., *The Crisis of Democracy: Report on the Governability of Democracies to the Trilateral Commission* (New York: New York University Press, 1975); Samuel P. Huntington, *American Politics: The Promise of Disharmony* (Cambridge, MA: Harvard University Press, 1981).

22. 對此，比較研究的常用問題是："你如何描述 X 國目前的政治局勢：很好、好、一般、壞、很壞？"

23. 自由度是 4，顯著度達 0.000。

24. 自由度是 10，顯著度達 0.000。

25. James Hsiung (ed.), *Hong Kong the Super Paradox: Life after Return to China* (New York: St. Martin's Press, 2000).

26. Fareed Zakaria, "The Rise of Illiberal Democracy," Foreign Affairs, Vol.76, No.6 (1997), pp.22-42.

27. 關於政治轉型期間的可行政治體制方案，參見 Rose et al., Democracy and Its Alternatives.

28. 當被問及在他們年幼時是否在家中討論政治，71.5% 的受訪者回答"從不"，16.8% 的人回答"很少"，8.7% 的人回答"間中"，3% 回答"經常"。如果地點換作學校，老師或校長與他們討論政治的相關數字分別是 58.3%、20.1%、14.8% 和 6.7%。

29. 成年人的政治社會化和學習也一定有其他的途徑，但這個問題已超出本文研究的範圍。我們目前關注的是，與民主或是其替代政體有關的實際政治經驗對提升民主認受性的可能影響。

30. Kuan Hsin-chi and Lau Siu-kai, "The Partial Vision of Democracy in Hong Kong: A Survey of Popular Opinion," *The China Journal*, Vol.34 (1995), pp.239-264.

31. 這推斷是基於受訪者對當下香港民主程度的評估與他們所希望的民主程度的比較。受訪者可按 10 分尺度評分，1 代表"完全獨裁"，10 代表"完全民主"。如把 5.5 定為分界點，逾 65% 的人認為香港當下的民主程度處於低分的一端，而 96% 的人希望香港的民主程度可達到高分的一端。我們繼而計算民主希望的落差。首先，把 5.5 的分界點算為 0，把低於 5.5 算為負數，高於 5.5 算為正數。其次，計算對當下民主評分與希望民主評分的差值，兩者之差是正值代表希望進一步民主化，負值則相反。我們發現，46% 的受訪者希望比當下更高程度的民主，20% 的人認為無所謂，其餘的人則希望比當下更低程度的民主。

32. Plattner, "From Liberalism to Liberal Democracy."

第 14 章　矛盾的民主觀[*]

　　民主是當今世界普遍擁護的政治價值觀。在某些國家，即使管治圈子中有人對民主並不信服，但在實際拒絕民主的同時口頭上也要認可民主。不過，現實生活中，民眾對民主仍持猶疑態度，在各地都是很常見的現象，並由此而引致對民主的原則也偶爾變得矛盾。一個國家的民主化程度越高，民眾的猶疑越少，反之亦然，這是不必申述的。

　　矛盾的民主觀受不同因素影響，民主和其他價值之間的矛盾就是其中一個因素。一種民主體制是否運作良好，將對民眾是否理解和接受作為政治價值的民主產生影響。另一個矛盾的源頭，是對民主的期望是否不切實際或受到誤導。當人們更重視那些和民主相矛盾的各種價值，或相信民主體制的運作已實際帶來負面後果，又或對民主的期望不能得到滿足時，他們對民主的支持或信念就會變得不那麼堅決，並產生懷疑。

　　在作為民主價值表率的美國，民眾對政治體制的責難主要源於對民主程序的不滿，包括意見分歧、妥協、爭論等，國會是這些程序的最集中體現者，因而普遍地被視為美國人的公敵。[1]

　　在新興民主政體如韓國、中國台灣、西班牙、俄羅斯，以及東歐、非洲和拉丁美洲等地區，對民主的矛盾態度尤其顯著。[2] 在韓國，人們較傾向於將民主化視作有助改善其生存環境的動力，這種想法着重只把民主當成可改善政治前景的政府改革，有關傾向導致對民主的猶疑。[3]

　　在東歐的新興民主國家，對民主的矛盾態度源於民眾較傾向於將民

* 本文原以英文發表，刊於 Lau Siu-kai, "Democratic Ambivalence," in Lau Siu-kai et al. (eds.), *Indicators of Social Development: Hong Kong 2004* (Hong Kong: Hong Kong Institute of Asia-Pacific Studies, The Chinese University of Hong Kong, 2005), pp.1-30。

主等同經濟繁榮與社會權利，多於等同政治權利。[4] 俄羅斯人則多數將民主和自由聯繫起來，[5] 不少俄羅斯人認為，如果有一個秩序井然的社會，便樂於犧牲作為民主要素的自由。[6] 在德國統一後的三年間，前東德（民主德國）的公民繼續從社會平等觀點來看待理想的民主，[7] 相比而言，前西德（聯邦德國）的民眾對民主的政治猶疑態度反映了"兩個重要目標——秩序和民主不分軒輊"。[8]

西班牙的政治文化特徵是重視社會公平，以及政府糾正時弊的責任；[9] 阿根廷人則將免受壓迫的自由、法治、主權在民等視為民主的界定特徵。[10] 大致來說，拉丁美洲民主理念與西方國家的最大差別在於前者將重點放在社會和經濟的平等與進步上。[11] 事實上，在拉丁美洲所見的民主工具主義（democratic instrumentalism），[12] 也普遍存在於其他新興民主政體，例如非洲的民主觀念就相當重視經濟實力。

香港政治文化的研究一直顯示民眾對民主懷有矛盾的態度，中產階層尤其如此。[13] 大部分港人都渴望民主，這現象並不奇怪，因香港是一個高度發達和西化的社會，中產階層規模龐大。不過，在"寬厚式"的威權統治下，港人經歷了經濟繁榮、社會穩定、法治、個人自由和權利的保障，以及放任的管治，因此自然擔心民主化可能對這些他們認為比民主本身更值得珍惜的東西帶來負面衝擊，也擔心政治上的反精英立場和社會經濟民粹主義，因為這兩者不可避免地會伴隨民主化出現，危害上層和中產階層的利益。不可否認，上層和中產階層是非民主體制的受惠者，該體制推行自由市場和政府極少干預經濟事務的原則，而且港人充分明白中央政府對香港的民主發展有所保留，尤其是民主化對中國內地的穩定可能造成負面衝擊，港人因而不願意在民主化問題上過於堅持，因為這樣會冒着香港與內地關係惡化的風險，畢竟，對香港自身的繁榮、安定和發展來說，兩地關係變得愈來愈重要。結果，由於缺乏政治安全感（回歸問題及民眾對 1989 年北京政治風波的反應），和對香港特區政府的表現不滿（如 2003 年 7 月 1 日大規模示威遊行），香港也偶爾湧現一些民主行動。同時，儘管愈來愈多的民眾支持普選產生行政和立法機關，但直到目前香港還沒有出現大規模、強有力和持續的民主運動，也未出現足以鼓動中產階層或促成一個跨階層的政治聯盟。簡單來說，港人對民主的矛盾態度，是妨礙本土民主發展的重要因素。

本文將根據我在 2004 年年中進行的全港性隨機抽樣調查，[14] 探討港人矛盾民主觀的各種表現，包括對民主的理解、對普選的立場、對政黨的支持、如何解釋香港回歸後的困難、對中央政府的態度，以及對政治體制的期望等，我們可以看到，在港人矛盾的民主觀背後，是他們對民主的工具主義傾向。在匯總調查結果時，我會闡述主要變項的頻數分佈，並比較不同性別、年齡和社會經濟地位（包括學歷、職業、家庭月收入和主觀社會經濟地位）人士的異同。[15]

對民主的理解

民主無疑是港人珍視的政治制度，但民眾對民主的支持卻遠非一邊倒和無條件。在以下三種看法中，只有 37.6% 的受訪者最認同“在任何情況下，民主體制都比其他政府體制為佳”，但有 29.8% 的受訪者最認同“對我來說，政府體制是否民主都一樣”，更有 14.7% 的受訪者表示最認同“在有些情況下，專制的政府比民主體制好”，另外多達 16.7% 的受訪者表示他們對這個問題沒有明確立場。

更重要的是，港人對民主持有一種獨特的理解。在其他地方，民主政府的一般含義就是民選政府，但只有 35.1% 的香港受訪者認同這種看法，有 28% 的受訪者認為是願意諮詢民意的政府，而 25.2% 的受訪者則認為是有能力帶領人民的政府。後兩種觀點清楚顯示，就民眾對政府與人民之間的應有關係而言，政治家長主義的影響仍在。

　　學歷、職業地位和收入較高者較傾向於珍惜民主政府體制，這不足為奇（見表 14-1），不過，年長者和主觀社會經濟地位較低的人士，也較支持民主作為價值所在。就民眾對於民主政府的理解而言，社羣差異顯得微乎其微；同時，主觀社會經濟地位較低者，較傾向於將民主政府視作經選舉產生的政府，這是頗有趣的發現。

表 14-1　不同社會經濟背景的受訪者對民主的理解（%）

	民主是最好的政府體制	民主政府就是民選政府
整體	37.6	35.1
性別		
男性	—	42.2
女性	—	37.4
年齡		
18~29 歲	41.9	—
30~54 歲	45.6	—
55 歲及以上	50.0	—
學歷		
小學	45.3	—
中學	44.2	—
專上	51.0	—
職業		
體力勞動	39.0	—
文職 / 銷售 / 服務	49.3	—
管理 / 專業	52.0	—
家庭月收入（港元）		
10 000 以下	48.3	—
10 000~29 999	41.6	—
30 000 及以上	52.8	—
主觀社會經濟地位		
下層	50.7	46.4
中下層	45.5	36.0
中層及以上	43.5	39.5

對香港"民主"的理解

自 20 世紀 80 年代中期部分非直選立法局議員開始,香港開啟了漸進民主發展的進程。目前,香港處於局部民主的狀態,因為儘管立法會是經過全部選舉產生(雖然是部分分區直選,部分功能組別選舉),但是特區政府仍不是民選。外來的觀察家傾向於把香港的政治體制概括為非民主的,但香港民眾並不普遍接受這種看法,因港人對民主有其特殊的理解。

總的來說,受訪者對香港政治體制的評價存在分化。當被問到是否同意"雖然香港的政治制度並非完美,但在香港的現實環境下,這已經是最好的了"的說法時,44.3% 的人表示同意,43% 的人則不同意。鑒於香港的民主發展正在起步階段,因此有一半(50.5%)受訪者認為香港目前民主化程度低,這並不出乎意料;但值得注意的是,也有不少人(32.8%)認為香港目前的民主化程度高。最有意思的是,在與發達國家相比較時,大部分港人並不覺得香港的民主化水平不如它們。相當多(42.4%)的人認為香港民主化的程度和發達國家差不多,36.8% 的人認為不如發達國家,而 9.8% 的人則認為香港更民主。也就是說,有不少人對香港現存的政治體制很滿意。

大多數受訪者(63.2%)喜歡民選政治人物而非公務員(15.7%)作為香港的政治領袖,這個傾向說明人們愈來愈接受香港實施民主的態度,與以往的情況正相反。與過去相比,港人如今對香港有資格成為民主政體中的一分子持更樂觀態度。接近半數的受訪者(42.4%)同意"港人已經具備民主社會人士所應該有的素質",22.6% 的受訪者則不同意。從另一方面看,這些人對香港是否有足夠政治人才建立民主政制並不那麼樂觀。

整體而言,儘管香港客觀上仍非民主政體,但港人卻認為政治體制比以前更民主，而且對目前的政治現狀尚算滿意。以獲得的民主成績而言，港人並不覺得不如發達國家。他們希望香港能由民選的政治家來管治，認為港人已具備民主的必需素質，而且也相當肯定有足夠的政治人才推動本地的民主。

　　不同社會經濟背景的受訪者對民主的態度很不一樣，突出的方面表現在以下幾個議題上："香港政制是目前條件下最好的"，"香港民主程度高"，"香港民主程度與發達國家差不多"。不出所料的是，年紀較大、社會經濟地位較低者，一般對香港作為民主社會的相關議題流露出較自滿的情緒，並且更樂觀。自然，這些人也就沒有甚麼動力去提升民主要求，支持民主活動或參與民主運動（見表 14-2）。

表 14-2　不同社會經濟背景受訪者對香港 "民主" 的理解（%）

	香港政制是目前條件下最好的	香港民主程度高	香港民主程度與發達國家差不多	香港由民選政治人物領導	港人有民主素質	香港有足夠的政治人才
整體	44.3	32.8	42.4	63.2	42.4	32.5
性別						
男性	—	—	—	—	52.7	—
女性	—	—	—	—	43.9	—
年齡						
18~29 歲	41.3	41.3	50.0	—	—	30.1
30~54 歲	48.6	35.6	45.4	—	—	36.5
55 歲及以上	65.3	49.3	53.4	—	—	46.0
學歷						
小學	66.3	49.3	57.3	—	—	47.4
中學	48.9	37.4	47.0	—	—	37.6
專上	39.0	34.0	39.0	—	—	27.0
職業						
體力勞動	58.8	—	45.5	—	—	49.6
文職 / 銷售 / 服務	43.2	—	55.9	—	—	31.6
管理 / 專業	41.3	—	34.6	—	—	29.4

(續表)

	香港政制是目前條件下最好的	香港民主程度高	香港民主程度與發達國家差不多	香港由民選政治人物領導	港人有民主素質	香港有足夠的政治人才
家庭月收入（港元）						
10 000 以下	61.6	45.0	49.7	—	—	46.4
10 000~29 999	49.3	39.2	50.8	—	—	36.7
30 000 及以上	38.2	31.2	38.9	—	—	28.5
主觀社會經濟地位						
下層	—	—	41.1	—	—	48.6
中下層	—	—	43.0	—	—	33.2
中層及以上	—	—	52.9	—	—	35.8

民主與其他受關注議題的比較

雖然港人珍視民主，但若需作出選擇，他們未必會把民主的重要性放到其他受關注的議題之上。以往的研究也一再顯示，港人認為經濟繁榮和社會穩定比自由和民主更重要。通常來講，只有少於 10% 的港人認為民主的重要性高於經濟發展、強大政府和有效政府這三大令人屬意的選項。

當受訪者被問到"如果你必須在民主和經濟發展之間做選擇，你覺得哪樣比較重要"時，大部分（59.8%）人明確地選擇經濟發展，只有 12.3% 的人選擇民主，同時大約 1/4（23.6%）的人認為兩者同樣重要。甚至在政府的形式上，若有其他選擇，港人也不是毫不含糊地傾向民主。當被問到"你寧願特區政府是一個強大而有權威但不甚民主的政府，還是一個不強大無甚權威但比較民主的政府"時，受訪者分成幾乎相同的兩組：36.2% 的人選擇前者，38.8% 的人選擇後者，25% 未能作出選擇，這也很重要。

更明顯的是，在特區政府夠效率但不夠民主，或夠民主但不夠效率之間，大多數（56.7%）受訪者挑選前者，只有 17.2% 的人選擇後者。

這一結果再次表明，很多港人都認為民主政府重要和寶貴，只要它是有益於其他更重要的目標。

從表 14-3 我們可看出，港人對民主的態度，與其他他們所珍視的社會價值的相對重要性是一致的，個人社會經濟背景在此不起作用。很顯然，民主工具主義在香港仍很有市場。

表 14-3　不同社會經濟背景受訪者對民主和其他社會價值的相對評價（%）

	經濟發展比 民主重要	強大政府比 民主重要	有效政府比 民主重要
整體	59.8	36.2	56.7
性別			
男性	—	—	—
女性	—	—	—
年齡			
18~29 歲	—	—	—
30~54 歲	—	—	—
55 歲及以上	—	—	—
學歷			
小學	66.5	—	—
中學	64.4	—	—
專上	53.0	—	—
職業			
體力勞動	—	—	—
文職 / 銷售 / 服務	—	—	—
管理 / 專業	—	—	—
家庭月收入（港元）			
10 000 以下	—	—	—
10 000~29 999	—	—	—
30 000 及以上	—	—	—
主觀社會經濟地位			
下層	—	—	—
中下層	—	—	—
中層及以上	—	—	—

民主的步伐

港人對民主的支持程度，可從民眾對民主發展速度的角度加以衡量。明顯地，強烈要求加快民主步伐反映了對民主的有力支持，反之亦然。當然，到底甚麼才算"加快"也是因人而異，因為對某些人屬適中的發展速度，在另一些人則是快速。

不考慮個人背景的差異，總的來講，港人喜歡循序漸進的民主發展：大多數（65.4%）的受訪者都支持這個方式，只有 23.2% 的受訪者希望加快步伐。

民眾傾向於逐步的民主化，與擔心民主化太快的後果有關，他們擔心快速民主化可能影響香港更為重要的其他利益。鑒於香港的經濟奇跡是在殖民威權主義下創造出來了，這種威權主義既制約了各種民粹傾向，也制約了大商家的影響，因此，民眾認為民主化不可避免地會使經濟增長受到負面影響。事實上，大約有一半（46.4%）受訪者擔憂加快民主發展步伐會使經濟發展受到不利影響，35.6% 的人持相反的觀點。

更重要的是，港人非常擔心快速民主化對社會穩定的負面影響。事實上，大多數（68.2%）受訪者認為加快民主發展步伐會增加社會衝突，只有 18.7% 的人認為不會。這裏必須強調，對港人來說，社會穩定是至關重要的事情。而且，港人都清楚知道快速民主化給香港與中央政府關係會帶來的損害。自回歸以來，香港經濟愈來愈依賴內地發展和中央的政策。因此，港人愈來愈認識到香港與中央保持良好關係的價值。這樣，我們也就不會驚訝於大多數（67.2%）受訪者相信，加快民主發展步伐會令香港與中央政府的關係受到不利影響，這些人明顯地意識到中央憂慮快速民主化對香港福祉和內地穩定的影響，只有很少數（17.8%）人持相反的觀點。

儘管如此，港人並不認同中央政府的看法，即香港的民主發展會導致內地政局的不穩定。只有 20% 的受訪者認為加快民主發展步伐會影響內地的政局穩定，大多數（64.9%）人則表示看不出這樣的關係。

同時，不少（44.9%）受訪者相信，香港加快民主發展步伐會令本地的社會福利開支大幅上升，而 35.1% 的人認為不會。不過，那些擔心會有更多享受"免費午餐"的人，倒不認為這一定就意味着稅率的提高，有剛超過一半（51%）的受訪者認為加快民主化不會令香港大幅加稅，而 27% 的人則持相反觀點。最後，雖然多數人（45.6%）認為，加快民主化步伐不會削弱投資者對香港的信心，但也有不少人（38.8%）認為是會的。

綜合而論，港人無疑是渴望民主的，但也對加速民主可能帶來的負面影響非常謹慎。正如表 14-4 顯示，社會經濟背景不同的人對香港加速民主化的態度很不一樣。總的來説，社會經濟地位較低者對加速民主的負面影響擔憂比較多；然而，社會經濟地位較高者，則更憂慮加速民主化會招致香港與中央政府關係的惡化。

表 14-4　不同社會經濟背景受訪者對民主步伐影響的認識（%）

	支持漸進民主發展	快速民主化不利於經濟發展	快速民主化增加社會衝突	快速民主化不利於與中央關係	快速民主化影響內地穩定	快速民主化增加社會福利支出	快速民主化導致大幅加稅	快速民主化削弱投資者信心
整體	65.4	46.4	68.2	67.2	20.0	44.9	27.0	38.8
性別								
男性	—	—	—	—	20.4	—	—	41.8
女性	—	—	—	—	26.7	—	—	50.0
年齡								
18~29 歲	—	40.9	—	81.8	—	51.3	—	36.1
30~54 歲	—	57.9	—	81.2	—	54.6	—	48.9
55 歲及以上	—	66.2	—	71.1	—	66.1	—	46.2

(續表)

	支持漸進民主發展	快速民主化不利於經濟發展	快速民主化增加社會衝突	快速民主化不利於與中央關係	快速民主化影響內地穩定	快速民主化增加社會福利支出	快速民主化導致大幅加稅	快速民主化削弱投資者信心
學歷								
小學	—	65.1	74.1	72.0	—	69.3	43.1	—
中學	—	59.8	82.5	80.7	—	55.1	36.1	—
專上	—	40.0	72.8	82.2	—	45.8	22.7	—
職業								
體力勞動	—	—	—	70.0	—	—	—	—
文職 / 銷售 / 服務	—	—	—	80.0	—	—	—	—
管理 / 專業	—	—	—	86.9	—	—	—	—
家庭月收入（港元）								
10 000 以下	—	—	—	78.2	—	—	—	—
10 000~29 999	—	—	—	78.2	—	—	—	—
30 000 及以上	—	—	—	91.0	—	—	—	—
主觀社會經濟地位								
下層	—	—	—	—	—	—	—	—
中下層	—	—	—	—	—	—	—	—
中層及以上	—	—	—	—	—	—	—	—

香港回歸後遇到困難的原因

　　香港於 1997 年 7 月 1 日回歸祖國，港人隨即經歷了 "二戰" 以後最嚴重的經濟危機。這場危機雖是由泰國引爆的亞洲金融危機開始，但香港自身經濟泡沫也隨之破碎，使問題變得更嚴重。這場危機延續時間之長、對港人（特別是中產階級）造成的困擾之大，均屬史無前例，帶來的政治影響也是前所未有的。自 "二戰" 結束以來，這還是港人第一次對自己、對香港的制度和發展模式的信心產生動搖，隨之引發憂慮、不確定和悲觀的社會情緒。這些負面的情緒很快就轉化為對新成立的特區政府的不滿和反感，而這個由政治新手董建華領導的政府尚未建立起廣泛的執政聯盟。政府施政的連串失誤，使政治局面更惡化，也導致民眾與政府的關係更趨緊張。對政府政治上的不信任和不滿，使民主派提出普選行政長官和立法會的要求。他們認為，政府應對經濟危機之所以表現無能，是源於香港政治制度的非民主化，而這個無能政府阻礙着香港經濟的復甦。

　　為評估到底在多大程度上，港人認為回歸後的問題是由政治制度造成的，我詢問了受訪者以下問題，即"香港在回歸以來遇到很多困難，你認為主要原因是董建華個人能力問題還是香港的政治體制不夠民主化"，少於三成（28.4%）的人認為主要是由於政治體制不夠民主化，22.4% 的人則認為董建華個人能力和香港政治體制都需負責，大約 1/4（23.1%）的人認為是董建華的無能造成了目前的困難局面；剩下的人對香港回歸以來遇到的問題給出各種解釋。但無論如何，只有少數人認為香港回歸後的問題是由制度原因造成的。

　　我繼而詢問了受訪者，"從另一個角度看，這些困難主要是因為經濟環境差，還是香港的政治體制不夠民主化。"對此，近半數（50.3%）的人將目前的問題歸咎於經濟環境差，15.5% 的人歸咎於政治體制的民主程度不夠，20.6% 的人認為兩者都起作用；剩下的人還提出其他各種原因。從此，我們再次看到港人並沒有將回歸後遇到的困難局面歸咎於政治體制。

　　正如表 14-5 所顯示的那樣，不同社會經濟背景的人，在解釋香港回歸後的困難時並沒有太大的差別，但家庭收入較低的人更易把回歸以來的問題歸罪於董建華的無能和經濟環境不好，這也是意料中的結果。

表 14-5　不同社會經濟背景受訪者對回歸後困難的看法（%）

	董建華個人能力問題	經濟環境差
整體	23.1	50.3
性別		
男性	—	—
女性	—	—
年齡		
18~29 歲	—	—
30~54 歲	—	—
55 歲及以上	—	—
學歷		
小學	—	68.7
中學	—	57.2
專上	—	37.0
職業		
體力勞動	—	—
文職 / 銷售 / 服務	—	—
管理 / 專業	—	—
家庭月收入（港元）		
10 000 以下	29.9	66.5
10 000~29 999	26.5	58.6
30 000 及以上	29.0	42.3
主觀社會經濟地位		
下層	25.0	—
中下層	27.1	—
中層及以上	27.2	—

行政長官和立法會的普選

　　過去 20 多年，民主派一直要求全面普選行政長官和立法會。民眾對普選儘管基本上認可，但支持度卻時高時低。對大部分港人來說，普選行政長官和立法會是民主化的核心內容，其他方面的民主發展，如行政與立法的分權、政黨的形成與發展、公民社會的形成、集體抗議行為的空間等，卻很少被人提起。即使有人談論這些議題，也無非是分析其發展與香港成功民主化之間的關係。

　　事實上，有半數 (52.4%) 受訪者表示普選行政長官對他們個人來說是重要的，只有 16.4% 的人回答不重要。同樣，52.1% 的人認為普選立法會是重要的，只有 13% 的人回答不重要。

　　正如表 14-6 所示，社會上對普選行政長官和立法會的重要性形成了一定的共識，在這個問題上，不同社會經濟背景者也有相當一致的看法。

表 14-6　不同社會經濟背景受訪者對普選重要性的看法 (%)

	普選行政長官重要	普選立法會重要
整體	52.4	52.1
性別		
男性	52.8	59.1
女性	61.4	61.4
年齡		
18~29 歲	—	—
30~54 歲	—	—
55 歲及以上	—	—
學歷		
小學	—	—
中學	—	—
專上	—	—
職業		
體力勞動	—	—
文職 / 銷售 / 服務	—	—
管理 / 專業	—	—
家庭月收入 (港元)		
10 000 以下	—	—
10 000~29 999	—	—
30 000 及以上	—	—
主觀社會經濟地位		
下層	—	—
中下層	—	—
中層及以上	—	—

　　但是，如果仔細分析調查結果，我們也會發現港人對普選行政長官和立法會的支持並非像所表現般堅定，這顯示了民主在香港政治文化中的工具性。就普選行政長官而言，大多數（59.4%）受訪者都明確表示若普選行政長官會損害香港的繁榮穩定，他們不會贊成普選，只有24.1%的受訪者回答即使如此也會贊成。同樣地，有半數（50.4%）受訪者表示若普選行政長官會損害香港與中央政府的關係，他們不會贊成，只有29.3%的受訪者回答即使如此也會贊成。有意思的是，有不少（39.9%）人相信港人"一人一票"選出的行政長官不會得到中央政府的信任，只有21.3%的人持相反看法。鑒於港人對香港與中央政府關係的重視，以及認為普選的行政長官缺乏與中央的相互信任，這樣的預期不可避免地影響了人們對普選行政長官的要求。

　　如表14-7所示，在普選行政長官會損害香港的繁榮穩定問題上，不同社會經濟背景者有一致看法。年齡較長、社會經濟地位較低的受訪者，對普選行政長官會損害香港和中央關係表現得更謹慎。同樣地，社會經濟地位較低的人，也更傾向於相信中央不會信任普選的行政長官。

表 14-7　不同社會經濟背景受訪者不贊成普選行政長官的原因（%）

	損害香港的 繁榮穩定	影響香港與 中央的關係	普選的行政長官 不受中央信任
整體	59.4	50.4	39.9
性別			
男性	—	—	—
女性	—	—	—
年齡			
18~29 歲	—	47.7	—
30~54 歲	—	64.2	—
55 歲及以上	—	72.2	—
學歷			
小學	—	70.6	54.4
中學	—	63.8	46.9
專上	—	52.6	36.7

（續表）

	損害香港的 繁榮穩定	影響香港與 中央的關係	普選的行政長官 不受中央信任
職業			
體力勞動	—	70.2	45.5
文職 / 銷售 / 服務	—	61.2	46.2
管理 / 專業	—	55.8	41.7
家庭月收入（港元）			
10 000 以下	—	—	45.6
10 000~29 999	—	—	48.6
30 000 及以上	—	—	46.2
主觀社會經濟地位			
下層	—	—	—
中下層	—	—	—
中層及以上	—	—	—

　　與此相同，如果普選立法會會損害香港的繁榮穩定，大多數（60%）受訪者就不會贊成立法會的普選，只有 21.1% 的人表示仍會贊成。有近一半（48%）的人表示如果普選立法會將損害香港與中央政府的關係，那麼他們就不贊成普選，而 30.9% 的人仍表示贊成。表 14-8 顯示，香港的繁榮穩定對港人來說相當重要，無論受訪者的社會經濟背景如何不同，只要普選立法會影響繁榮穩定，那麼他們都傾向於拒絕普選。就像年齡較長、社會經濟地位較低者不太支持普選行政長官一樣，這些人也不太支持立法會的普選。

表 14-8　不同社會經濟背景受訪者不贊成普選立法會的原因（%）

	損害香港的繁榮穩定	影響香港與中央的關係
整體	60.0	48.0
性別		
男性	—	—
女性	—	—

（續表）

	損害香港的繁榮穩定	影響香港與中央的關係
年齡		
18~29 歲	—	48.7
30~54 歲	—	59.8
55 歲及以上	—	74.4
學歷		
小學	—	69.9
中學	—	60.8
專上	—	50.4
職業		
體力勞動	—	68.1
文職／銷售／服務	—	58.1
管理／專業	—	52.9
家庭月收入（港元）		
10 000 以下	—	—
10 000~29 999	—	—
30 000 及以上	—	—
主觀社會經濟地位		
下層	—	—
中下層	—	—
中層及以上	—	—

對政黨的支持

　　政治學者大都認為政黨是民主政治體系的核心內容。[16] 沒有一個根植於社會的強大政黨，就不可能建立有效的民主。[17] 香港政治體制的特殊性，以及民眾對政黨的矛盾心態，都嚴重地阻礙了香港政黨的發展。[18] 香港政黨的規模很小，不僅缺乏深厚的社會基礎，而且民眾對他們的支持也很有限。近來，由於政黨基本上只扮演了"反對派"的角色，港人對政黨愈來愈失望，信任也日益衰減。

　　民眾對政黨的反感可從調查結果中看出，超過一半（54%）受訪者並不同意沒有政黨就沒有民主，只有 21.2% 的受訪者表示同意。雖然有不少（34.4%）的受訪者認為香港需加快推動政黨的發展，但仍只佔少數，大約有 1/3（30.3%）的受訪者甚至認為應減少政黨政治，另外 1/3（32.2%）的受訪者對這個問題沒有甚麼看法。不同社會經濟背景者對這個問題的看法沒有顯著的不同。

對中央政府的態度

在之前的論述中我曾提到，港人對中央政府的態度在很大程度上影響着他們對民主發展的看法。隨着時間的流逝，中央因素的影響將變得愈來愈大。未來，非常可能的是港人會愈來愈認同中國，對中央的立場和擔憂會越發支持與理解。中央對香港民主化所持的保留態度，也將逐漸被港人內化，從而減少他們對民主的支持。

回歸後，在"一國兩制"安排之下，香港仍然保持自由和開放，仍然處於與世界緊密聯繫的國際都市地位。同時，中央政府非常警惕外國勢力可能把香港變成反共基地。從調查結果看，不少港人認同中央的擔憂，認為香港有可能構成對中國政治上的威脅。雖然多於半數（50.5%）受訪者不同意"有外國勢力利用香港來對付中央政府"，但也有 22.1% 的人同意此觀點。此外，儘管港人對內地同胞有偏見，但卻認同內地的觀點，即"有些西方大國不想見到中國強大起來"，大多數人（60.2%）同意這個觀點，也有 21.7% 的人持反對意見。

很多捲入自 20 世紀 70 年代初開始的第三波民主化浪潮的國家，外國的壓力、支持或干預都在其民主化過程中起着主要作用。在香港，雖然有些西方傳媒組織和政治人物以這樣或那樣的方式推動民主，但不論是在殖民統治時期還是回歸後，外國勢力在香港的作用都非常有限。港人對外國勢力介入本地事務一直抱懷疑態度。自回歸以來，他們對外國干預越加警惕和憂慮，以至於那些求取外國支持香港民主化的本地政

壇人物都受到鄙視。在我們的調查中，大多數人（63.9%）都不同意"港
人應該尋求西方國家的支持，來向中央政府爭取於 2007 年普選行政長
官"，只有少數人（14.9%）同意這種行為。

考慮到港人對保持香港與中央政府良好關係的重視，以及他們知道
中央政府反對 2007 年普選行政長官，港人不願意在這個問題上再向中
央提出要求。因此，42.4% 的受訪者不同意"港人應該不惜一切代價向
中央政府爭取於 2007 年普選行政長官"，只有 30.2% 的人同意這樣做。

從民眾對中央政府的態度看，很有意思的是，年齡較長、社會經
濟地位較低的港人，更反對外國干預；而社會經濟地位較高者，則較
不希望因得到外國幫助或因自己太積極地推動民主化而惹惱中央（見表
14-9）。

表 14-9　不同社會經濟背景受訪者對中央政府的態度（%）

	外國勢力利用香港對付中國	西方大國不想中國強大	向西方求助以爭取普選行政長官	不惜一切代價以爭取普選行政長官
整體	22.0	60.2	14.9	30.2
性別				
男性	—	73.2	13.3	29.4
女性	—	61.9	21.0	39.9
年齡				
18~29 歲	20.7	—	21.0	—
30~54 歲	27.1	—	16.5	—
55 歲及以上	30.2	—	16.4	—
學歷				
小學	27.3	61.2	21.6	46.9
中學	28.0	70.2	16.3	32.5
專上	22.3	67.3	14.7	27.7
職業				
體力勞動	31.9	—	—	37.7
文職 / 銷售 / 服務	26.2	—	—	31.3
管理 / 專業	22.4	—	—	24.7

（續表）

	外國勢力利用 香港對付中國	西方大國不 想中國強大	向西方求助以爭 取普選行政長官	不惜一切代價以爭取 普選行政長官
家庭月收入（港元）				
10 000 以下	—	—	22.3	—
10 000~29 999	—	—	17.1	—
30 000 及以上	—	—	13.3	—
主觀社會經濟地位				
下層	21.7	—	24.7	53.4
中下層	32.6	—	17.4	26.8
中層及以上	22.9	—	13.6	33.2

結論

經過 20 多年漸進式的民主發展，香港矛盾的民主觀仍然強大，對香港成為全面民主化的社會構成嚴重阻礙。形成港人這種揮之不去矛盾民主觀的主要原因是它特殊的歷史背景。在其他社會，人們爭取民主為的是推翻政治壓迫、確保個人自由、保護人權、促進經濟發展、建立法治、成立廉潔政府和保障機會公平。與這些社會不同的是，港人沒有經歷過痛苦和混亂的民主化過程，卻享受着這些據説是民主化的"果實"。回歸以來，儘管政府表現不合格，而且經濟衰退也推動了增加民主的呼聲，但港人依然不願意承擔加速民主化可能帶來的風險。近年來香港經濟的復甦和民眾對香港前途的信心增加，都使香港的政治保守主義上升。人們非常不願意因民主化的問題與中央產生矛盾，對加速民主化可能帶來的負面影響更是小心翼翼，因此也減少了對民主派及其組織的支持。除非受到意料之外的重大事件干擾，不然香港很可能繼續其循序漸進式的民主化軌道。

340

註釋

1. John R. Hibbing and Elizabeth Theiss-Morse, *Congress as Public Enemy: Public Attitudes towards American Political Institutions* (Cambridge: Cambridge University Press, 1995).
2. Richard Rose et al., *Democracy and Its Alternatives: Understanding Post-Communist Societies* (Baltimore: Johns Hopkins University Press, 1998); Doh C. Shin, *Mass Politics and Culture in Democratizing Korea* (Cambridge: Cambridge University Press, 1999), pp.172; Timothy J. Colton, *Transitional Citizens: Voters and What Influences Them in the New Russia* (Cambridge, MA: Harvard University Press,2000); Michael Bratton and Robert Mattes, "Africans' Surprising Universalism," *Journal of Democracy*, Vol. 12, No. 1 (2001), pp. 107-121; Roderic A.Camp, "Democracy through Latin American Lenses: An Appraisal," in Roderic A. Camp (ed.), *Citizen Views of Democracy in Latin America* (Pittsburgh: University of Pittsburgh Press, 2001), pp. 3-23; Yun-han Chu et al., "Halting Progress in Korea and Taiwan," *Journal of Democracy*, Vol. 12, No. 1 (2001), pp. 122-136; Alejandro Moreno, "Democracy and Mass Belief Systems in Latin America," in Camp (ed.), *Citizen Views of Democracy in Latin America*, pp. 27-50; Nancy R. Powers, *Grassroots Expectations of Democracy and Economy: Argentina in Comparative Perspective* (Pittsburgh: University of Pittsburgh Press, 2001).
3. Shin, *Mass Politics and Culture in Democratizing Korea*, pp. 49.
4. Mary E.McIntosh and Martha A.Mac Iver, "Coping with Freedom and Uncertainty: Public Opinion in Hungary, Poland, and Czechoslovakia 1989-1992," *International Journal of Public Opinion Research*, Vol. 4, No. 4 (1992), pp. 375-391.
5. Rose et al., *Democracy and Its Alternatives*, pp. 93-94.
6. James L.Gibson and Raymond M.Duch, "Emerging Democratic Values in Soviet Political Culture," in Arthur H. Miller et al. (eds.), *Public Opinion and Regime Change: The New Politics of Post-Soviet Societies* (Boulder: Westview Press, 1993), pp. 76.
7. Robert Rohrschneider, *Learning Democracy: Democratic and Economic Values in Unified Germany* (Oxford: Oxford University Press, 1999), pp.83.
8. Russell J.Dalton, "Communists and Democrats: Democratic Attitudes in the Two Germanies," *British Journal of Political Science*, Vol. 24, No. 4 (1994), pp. 477.
9. Peter McDonough et al., *The Cultural Dynamics of Democratization in Spain* (Ithaca: Cornell University Press, 1998), pp. 169.
10. Powers, *Grassroots Expectations of Democracy and Economy*, pp. 185.
11. Camp, "Democracy through Latin American Lenses," pp. 17.
12. Moreno, "Democracy and Mass Belief Systems in Latin America," pp. 40.
13. Lau Siu-kai and Kuan Hsin-chi, *The Ethos of the Hong Kong Chinese* (Hong Kong: Chinese University Press, 1988); Kuan Hsin-chi and Lau Siu-kai, "The Partial Vision of Democracy in Hong Kong: A Survey of Popular Opinion," *The China Journal*, Vol. 34 (1995), pp. 239-264; Kuan Hsin-chi and Lau Siu-kai, "Political Attitudes in a Changing Context," in Lau Siu-kai (ed.), *Social Development and Political Change in Hong Kong* (Hong Kong: Chinese University Press, 2000), pp.287-307; Kuan Hsin-chi and Lau Siu-kai, "Between Liberal Autocracy and Democracy: Democratic Legitimacy in Hong Kong," *Democratization*, Vol. 9, No. 4 (2002), pp. 58-76; Lau Siu-kai, "Political Culture: Traditional or Western," in Lau Siu-kai et al. (eds.), *Indicators of Social Development: Hong Kong 1997* (Hong Kong: Hong Kong Institute of Asia-Pacific Studies, The Chinese University of Hong Kong, 1999), pp. 135-155; Lau Siu-kai," Attitudes towards Political and Social Authorities," in Lau Siu-kai et al. (eds.), *Indicators of Social Development: Hong Kong 1999* (Hong Kong: Hong Kong Institute of Asia-Pacific Studies, The Chinese University of Hong Kong, 2001), pp. 55-91.

14. 調查的總體是年滿 18 歲的香港華裔居民，樣本為概率樣本。首先由香港政府統計處協助，在全港以分區等距方式抽取居住單位地址；其次是抽選住戶，如已選取的居住單位有超過一夥住戶，或為一羣體住戶（如宿舍），訪問員將根據隨機抽選表，抽選其中一夥住戶或一位符合資格的人士接受訪問；最後是抽選受訪者，如已選取的住戶有超過一位符合資格的人士，訪問員將利用基什方格（Kish Grid）抽選其中一位接受訪問。這個樣本原有 2 000 個住址，扣除無效和沒有使用的住址後，實際數目減少至 1 755 個；訪問員共成功完成 845 個訪問，回應率為 48.2%。

15. 本文利用卡方檢驗（chi-square test）來判斷變項之間的關係，顯著水平低於 0.05 者即被視為存在顯著的差異。為簡化數據，文中表格省去未達統計顯著水平的數據。

16. Seymour M.Lipset and Jason M. Lakin, *The Democratic Century* (Norman: University of Oklahoma Press, 2004).

17. Marc M. Howard, *The Weakness of Civil Society in Post-Communist Europe* (Cambridge: Cambridge University Press, 2003).

18. Lau Siu-kai and Kuan Hsin-chi, "Partial Democratization, 'Foundation Moment' and Political Parties in Hong Kong," *The China Quarterly*, Vol. 163 (2000), pp. 705-720; Lau Siu-kai and Kuan Hsin-chi, "Hong Kong's Stunted Political Party System," *The China Quarterly*, Vol. 172 (2002), pp. 1010-1028.

第 15 章　再論矛盾的民主觀 [*]

　　兩年前，我運用 2004 年的香港社會指標調查數據，分析了港人矛盾民主觀的各種表現。分析集中在港人對民主的理解、對普選的態度、對政黨的支持、如何解釋香港回歸以來的困境、對中央政府的態度，以及對政治體制的期望等方面。我們從這些分析清楚地看到，港人矛盾民主觀的背後，是他們對民主的工具主義傾向，即民主之所以寶貴，是因為它是實現繁榮、穩定和有效政府等目標的有用手段。[1]

　　我在 2006 年的香港社會指標調查中進行了矛盾民主觀的跟進研究。[2] 2004~2006 年，香港發生了一些重大變化，我們有理由認為這對港人的政治態度，特別是他們對民主發展的矛盾看法，帶來了明顯影響。在這些劇烈和重大的變化中，第一，最出人意料的是特區政府行政長官董建華的辭職。民眾的不滿和憤怒都集中在董建華的個人能力上，他的離去因此也帶走了市民的不滿，給香港政壇帶來了一定程度的平靜。第二，更出人意料的是，曾蔭權被提升為行政長官，使人認為香港的發展進入一個新階段。民眾對未來充滿希望，也提升了對特區政府的信心。第三，經濟開始快速復甦。雖然復甦成果的分配並不公平，但大多數人還是轉變了之前對香港經濟悲觀的看法，開始對未來更樂觀。第四，上述變化給政治反對派的政治前景帶來負面影響，而他們是民主運動的主導力量。自回歸以來，香港還是第一次經歷政府民望大大勝過反對派民望。這些政治反對派不僅變得日益邊緣化，民眾也開始懷疑他

＊　本文原以英文發表，刊於 Lau Siu-kai, "Democratic Ambivalence Revisited," in Leung Sai-wing et al. (eds.), *Indicators of Social Development: Hong Kong 2006* (Hong Kong: Hong Kong Institute of Asia-Pacific Studies, The Chinese University of Hong Kong, 2008), pp. 1-24。

們是否有能力管治香港。第五，由於反對派認為 2005 年曾蔭權提出的政改方案不夠激進，因而成功挫敗了他的方案，這反而有損他們作為民主鬥士的形象，因為大多數港人接受這個方案。從務實的角度看，市民更喜歡循序漸進的民主化步伐。以此，他們有理由認為政治反對派阻礙了香港的民主進程，開始懷疑自稱是民眾追尋民主代言人的反對派。第六，公民黨於 2006 年 3 月成立。這個新政黨的核心領導層由幾位專業精英組成，他們在 2002~2003 年關於國家安全立法問題上，因持反對態度而迅速在政治上成名。公民黨的成立，被看作是給日益衰落的反對派注射強心劑，使它又活躍起來。第七，民眾對中央政府的信任和對回歸以來實施 "一國兩制" 方針的滿意度，都有明顯增加。港人受反對派鼓動，試圖通過民主化來獲得更多的權力，從而抵制中央政府干預香港事務的想法也大幅減少。第八，港人對中國的前景變得愈來愈有信心，認為中國在可見的未來必將成為強國。因此，在香港可以明顯感到民族主義和愛國主義情感的滋長。香港與國家同呼吸共命運的感覺愈來愈普遍，在經濟領域的表現尤其如此。第九，隨着不可避免的貧富差距進一步加大，社會不公平感日益增加，引起社會上對縮短收入差距的呼籲。政治反對派又開始利用社會矛盾作為推出民主改革的手段。

2004~2006 年的這些變化，在多大程度上影響港人對民主發展的態度，是本文將要探討的內容。我會比較 2004 年和 2006 年的調查結果，在匯總結果時，闡述主要變項的頻數分佈，並比較不同性別、年齡和社會經濟地位（包括學歷、職業、家庭月收入和主觀社會經濟地位）人士的異同。[3] 如非註明，本文引用的民意數字都來自 2006 年的調查。

對民主的理解

作為一種政治體制，港人對於民主無疑是珍視的，但民眾對民主的支持卻遠非壓倒一切和無條件的。在以下三種看法中，只有 35.9% 的受訪者最認同"在任何情況下，民主體制都比其他政府體制為佳"，但有 28.3% 的受訪者最認同"對我來說，政府體制是否民主都一樣"，更有 13.7% 的受訪者最認同"在有些情況下，專制的政府比民主體制好"，另外多達 20.8% 的受訪者在這個問題上沒有明確立場。更重要的是，港人對民主有一種獨特的理解。在其他地方，民主政府的一般含義就是民選政府，但只有 32.7% 的香港受訪者認同這種看法，有 28.9% 的受訪者認為是願意諮詢民意的政府，而 22.2% 的受訪者則認為是有能力帶領人民的政府。後兩種對民主政府的看法清楚地反映，港人對政府與人民關係的理解上，存在家長主義傳統的影響。

不出所料，學歷、職業地位和收入較高者，更傾向於珍惜民主政治體制（見表 15-1）。但年長者和社會經濟地位較低的人士，也很看重民主價值。在對民主政府的認識上，不同社會經濟背景人士大都有相近看法；然而，意外的是，低學歷者反有較大比例認為民主政府就是民選政府。

總的來說，2004~2006 年，港人對民主的理解沒有太大變化。

表 15-1　不同社會經濟背景受訪者對民主的理解（%）

	民主是最好的政府體制		民主政府就是民選政府	
	2004	2006	2004	2006
整體	37.6	35.9	35.1	32.7
性別				
男性	—	—	42.2	43.8
女性	—	—	37.4	33.6
年齡				
18~29 歲	41.9	49.6	—	—
30~54 歲	45.6	43.1	—	—
55 歲及以上	50.0	51.5	—	—

（續表）

	民主是最好的政府體制		民主政府就是民選政府	
	2004	2006	2004	2006
學歷				
小學	45.3	40.8	—	43.9
中學	44.2	47.0	—	36.2
專上	51.0	48.9	—	39.9
職業				
體力勞動	39.0	33.3	—	
文職 / 銷售 / 服務	49.3	50.0	—	
管理 / 專業	52.0	52.5	—	
家庭月收入（港元）				
10 000 以下	48.3	49.3	—	
10 000~29 999	41.6	40.5	—	
30 000 及以上	52.8	57.1	—	
主觀社會經濟地位				
下層	50.7	46.1	46.4	
中下層	45.5	47.6	36.0	
中層及以上	43.5	43.7	39.5	

對香港 "民主" 的理解

自 20 世紀 80 年代中期，香港以部分立法局議員的非直選為起點，開始循序漸進的民主發展過程。目前，香港仍處於局部民主狀態，因為立法會雖由選舉產生（不過它是分區直選和功能組別選舉的混合體制），但特區政府還未實施普選。儘管如此，港人依然享有廣泛、受良好保護的自主和自由權利，回歸以來更是如此。外面的評論員常喜歡把香港政治的特點概括成 "有自由而非民主" 的體制，但是，由於香港特殊的民主觀，百姓對這種概括不以為然。

總的來說，受訪者對香港政治體制的評價仍有分歧。當被問到是否同意 "雖然香港的政治制度並非完美，但在香港的現實環境下，這已經是最好了"的說法時，50.6% 的受訪者表示同意，32.2% 的人不同意。考慮到香港的民主化正處於起步階段，有多達 36.4% 的受訪者認為目前的民主化程度低也屬意料中事，但在 2004 年的調查中，有這種看法的人差不多佔一半（50.5%）；從另一角度看，與 2004 年形成對比的是，那時 32.8% 的受訪者認為香港享有高度民主，而 2006 年的調查中（39.3%）的受訪者持這種觀點。更有意思的是，當與其他發達國家相比較時，港人總的來說並不自卑，不少（37.5%）受訪者認為香港目前的民主化程度與發達國家相當，更有 9.9% 的人認為說香港比其他地方更民主，只有 36.7% 的人認為香港民主化程度較低。簡而言之，港人還是相當滿意香港的政治制度。

換言之，雖然客觀地講，香港還不是民主政體，但總體上港人卻認為比以前更民主，而且對目前的政治現狀相當滿意。在民主成就上，港人與發達國家相比也沒有自卑感。值得注意的是，2004~2006 年，民眾把香港當成"民主"政體的傾向有一定增加，政治滿意度也有提升。

正如表 15-2 所顯示，不同社會經濟背景者在以下幾方面對民主的看法有較顯著差異："香港政制是目前條件下最好的"，"香港民主程度高"，"香港民主程度與發達國家差不多"。年紀較大、社會經濟地位較低者，一般對香港作為"民主社會"的看法更滿意，也更樂觀。這些人自然沒有動力來提升對民主的要求，也沒有動力支持民主積極分子或參與民主運動。

表 15-2　不同社會經濟背景受訪者對香港"民主"的理解（%）

	香港政制是目前條件下最好的		香港民主程度高		香港民主程度與發達國家差不多	
	2004	2006	2004	2006	2004	2006
整體	44.3	50.6	32.8	39.3	42.4	37.5
性別						
男性	—	—	—	—	—	37.3
女性	—	—	—	—	—	51.9

（續表）

	香港政制是目前條件下最好的		香港民主程度高		香港民主程度與發達國家差不多	
	2004	2006	2004	2006	2004	2006
年齡						
18~29 歲	41.3	49.6	41.3	51.4	50.0	43.8
30~54 歲	48.6	58.9	35.6	47.1	45.4	44.5
55 歲及以上	65.3	72.7	49.3	62.3	53.4	45.0
學歷						
小學	66.3	72.7	49.3	59.7	57.3	47.6
中學	48.9	62.0	37.4	52.7	47.0	46.7
專上	39.0	44.0	34.0	37.0	39.0	35.0
職業						
體力勞動	58.8	71.5	—	—	45.5	—
文職 / 銷售 / 服務	43.2	52.1	—	—	55.9	—
管理 / 專業	41.3	46.4	—	—	34.6	—
家庭月收入（港元）						
10 000 以下	61.6	70.3	45.0	—	49.7	—
10 000~29 999	49.3	63.6	39.2	—	50.8	—
30 000 及以上	38.2	48.7	31.2	—	38.9	—
主觀社會經濟地位						
下層	—	—	—	—	41.1	41.2
中下層	—	—	—	—	43.0	37.1
中層及以上	—	—	—	—	52.9	50.0

民主與強勢 / 有效政府的對比

雖然香港主權回歸中國已有 10 年，但很多人對殖民統治仍存良好記憶，這和他們對今天政府的態度形成鮮明對比。在今天充滿政治衝突、行政缺乏決斷力、行政與立法彼此攻擊的情形下，不少人把殖民地的威權統治看作是強勢和有效管治的榜樣。從港人對民主政府或強而有效政府的選擇和權衡中，我們可以看出他們對民主發展願意承擔的程度。

　　2004 年的調查結果顯示，若就政府的形式有所選擇的情況下，港人並非毫不含糊地都選擇民主政府。在 2006 的調查中，當受訪者被問及"你寧願香港特區政府是一個強大而有權威但不甚民主的政府，還是一個不強大無甚權威但比較民主的政府"時，不少人（38.9%）（2004 年是 38.8%）選擇後者，29.9%（2004 年是 36.2%）選擇前者；同樣重要的是，30.7% 的受訪者（2004 年是 25%）沒能作出明確的選擇。從這些數據看，好像在 2004~2006 年，港人對民主的承擔意願有所增加，因在強勢或民主管治的選擇中，更傾向於民主管治。

　　但若談到政府的效率，情形就會不同。有一半（50.1%）受訪者（2004 年是 56.7%）選擇夠效率但不夠民主的特區政府，只有 18.6%（2004 年是 17.2%）的受訪者寧願特區政府夠民主但不夠效率。從中我們再次看到，對很多港人來說，民主只是對實現其他更重要的目標有利時才是重要和有價值的。當然，我們還是能明顯感到 2004~2006 年港人對民主的承擔意願增加了。

　　事實上，港人對民主和其他價值觀的相對重要性，並不受個人社會經濟背景的影響。很明顯，香港對民主工具主義的傾向依然是突出的特點。

民主的步伐

　　港人對民主的支持程度，還可從他們對香港民主發展速度的取向加以衡量。明顯地，強烈要求加快民主步伐反映了對民主的有力支持，反之亦然。當然，到底甚麼才算"加快"也因人而異，對某些人屬適中的發展速度，在另一些人看來已是快速。

　　總的來說，港人較喜歡循序漸進的民主發展方式。大多數（58.7%）的受訪者支持循序漸進的民主發展，只有 26.9% 的受訪者希望加快步伐（見表 15-3）。

　　民眾傾向逐步的民主化，與擔心民主化太快的後果有關，他們擔心快速民主化可能影響香港其他更重要的利益。鑒於香港的經濟奇跡是在殖民威權主義之下創造出來的，這種威權主義既制約了各種民粹傾向，也制約了大商家的影響，因此，民眾認為民主化不可避免地會使經濟增長受到負面影響。事實上，42% 的受訪者擔憂加快民主發展步伐會令經濟發展不利，只有 38% 的人認為不會。更明顯的是，港人非常擔心快速民主化對社會穩定的負面影響，事實上，大多數（61%）受訪者認為加快民主發展步伐會增加社會衝突，只有 22.5% 的人認為不會。這裏必須強調，對港人來說，社會穩定是最重要的事情。

　　港人都清楚，快速民主化給香港與中央政府關係將帶來的損傷。自回歸以來，特別是最近兩三年，香港經濟愈來愈依賴內地發展與中央對港政策的傾斜。因此，港人愈來愈認識到香港與中央政府保持良好關係的價值。這樣，我們也就不會驚訝於逾半（55.8%）受訪者相信加快民主發展步伐會令香港與中央政府關係受到不利影響，他們明顯地意識到中央政府憂慮快速民主化對香港福祉和內地政局穩定的影響；只有 23.9% 的受訪者認為加速民主發展不會損害香港與中央政府的關係。

　　儘管如此，港人並不認同中央政府的看法，即香港的民主發展會帶來內地政局的不穩。只有 21.2% 的受訪者認為加快民主發展步伐會影響內地的政局穩定，大多數（59.9%）的受訪者則表示看不出這樣的關係。

　　同時，不少（41.4%）受訪者相信，香港加快民主發展步伐會令社會福利開支大幅上升，而 34% 的人認為不會。不過，擔心會有更多享受 "免費午餐" 的人，倒不認為這一定就意味着提高稅率，有差不多一半（46.1%）受訪者認為加快民主化不會令香港大幅加稅，而 24.9% 的人則持相反觀點。最後，雖然多數人（45.3%）認為，加快民主化步伐不會削弱投資者對香港的信心，但也有不少人（33.5%）認為會。

綜合而論，港人無疑渴望民主，但也對加速民主發展可能帶來的負面影響非常謹慎。正如表 15-3 顯示，社會經濟背景不同的人士對香港加速民主化的態度很不一樣。大體上，社會經濟地位較低者對加速民主發展的負面影響擔憂比較多；然而，社會經濟地位較高者，則更憂慮加速民主化會招致香港與中央政府關係的惡化。

但是，如果我們比較 2004 年和 2006 年的調查數據，也可看出到 2006 年，港人對加速民主化是否帶來負面影響已不那麼在意。

表 15-3　不同社會經濟背景受訪者對民主步伐影響的認識（%）

	支持漸進民主發展		快速民主化不利於經濟發展		快速民主化增加社會衝突		快速民主化不利於與中央關係	
	2004	2006	2004	2006	2004	2006	2004	2006
整體	65.4	58.7	46.4	42.0	68.2	61.0	67.2	55.8
性別								
男性	—	—	—	—	—	—	—	—
女性	—	—	—	—	—	—	—	—
年齡								
18~29 歲	—	—	40.9	34.9	—	—	81.8	72.5
30~54 歲	—	—	57.9	55.6	—	—	81.2	73.4
55 歲及以上	—	—	66.2	56.8	—	—	71.1	60.7
學歷								
小學	—	65.3	65.1	68.6	74.1	—	72.0	60.3
中學	—	71.2	59.8	51.3	82.5	—	80.7	71.4
專上	—	63.8	40.0	37.7	72.8	—	82.2	78.7
職業								
體力勞動	—	—	—	67.8	—	—	70.0	—
文職／銷售／服務	—	—	—	49.0	—	—	80.0	—
管理／專業	—	—	—	39.2	—	—	86.9	—
家庭月收入（港元）								
10 000 以下	—	—	—	—	—	—	78.2	59.9
10 000~29 999	—	—	—	—	—	—	78.2	72.4
30 000 及以上	—	—	—	—	—	—	91.0	83.3
主觀社會經濟地位								
下層	—	—	—	—	—	—	—	—
中下層	—	—	—	—	—	—	—	—
中層及以上	—	—	—	—	—	—	—	—

（續表）

	快速民主化影響內地穩定		快速民主化增加社會福利支出		快速民主化導致大幅加稅		快速民主化削弱投資者信心	
	2004	2006	2004	2006	2004	2006	2004	2006
整體	20.0	21.2	44.9	41.4	27.0	24.9	38.8	33.5
性別								
男性	20.4	—	—	—	—	—	41.8	—
女性	26.7	—	—	—	—	—	50.0	—
年齡								
18~29 歲	—	27.4	51.3	—	—	—	36.1	—
30~54 歲	—	22.8	54.6	—	—	—	48.9	—
55 歲及以上	—	34.6	66.1	—	—	—	46.2	—
學歷								
小學	—	30.9	69.3	65.7	43.1	46.5	—	54.0
中學	—	27.2	55.1	55.4	36.1	34.6	—	43.8
專上	—	17.9	45.8	41.2	22.7	24.4	—	26.6
職業								
體力勞動	—	—	—	—	—	—	—	49.3
文職 / 銷售 / 服務	—	—	—	—	—	—	—	41.0
管理 / 專業	—	—	—	—	—	—	—	29.2
家庭月收入（港元）								
10 000 以下	—	—	—	58.5	—	—	—	37.8
10 000~29 999	—	—	—	60.3	—	—	—	46.9
30 000 及以上	—	—	—	43.6	—	—	—	30.3
主觀社會經濟地位								
下層	—	35.4	—	—	—	—	—	—
中下層	—	21.3	—	—	—	—	—	—
中層及以上	—	23.6	—	—	—	—	—	—

香港的民主發展

　　總的來說，港人滿意香港民主發展的狀況。大部分（55.7%）受訪者表示接受香港目前的民主發展速度，只有少數人（20.2%）不接受。大多數人（39.2%）對香港民主發展的前景樂觀，很少人（12.2%）持悲觀態度，36.5% 中立（見表 15-4）。

　　港人一般並不把民主發展和自身利益聯繫起來。近四成（38.4%）受訪者認為香港的民主發展不會為自己帶來實際好處；而 36.9% 的人則相信會帶來好處，其中只有 29.7% 的人預期會為自己帶來較多或很多的實際好處。

　　不論回歸前或後，香港民主派一直積極向中央政府和香港執政當局施壓，要求在香港實現全面民主。目前他們的努力取得部分成效。近年來，民主陣營的內部鬥爭和有些民主人物的種種醜聞，都削弱了民眾對他們的信任，只有極少數（11.9%）的受訪者說信任泛民主派，28.9% 的人不信任，23.3% 的人回答信任水平屬 "普通"。

　　如我們所料，比起社會經濟地位較低者，社會經濟地位較高的港人對民主化的步伐並不那麼滿意，年長者對民主化帶來的實惠更不抱期望。

表 15-4　不同社會經濟背景受訪者對民主發展的態度（%）

	接受目前的民主步伐	對民主發展前景樂觀	民主發展為自己帶來實際好處	信任泛民主派
整體	55.7	39.2	36.9	11.9
性別				
男性	—	—	—	—
女性	—	—	—	—
年齡				
18~29 歲	—	—	61.1	21.5
30~54 歲	—	—	48.6	15.9
55 歲及以上	—	—	43.2	24.0
學歷				
小學	78.4	—	—	—
中學	74.5	—	—	—
專上	63.8	—	—	—

（續表）

	接受目前的 民主步伐	對民主發展 前景樂觀	民主發展為自己 帶來實際好處	信任泛民主派
職業				
體力勞動	75.2	—	—	—
文職 / 銷售 / 服務	76.6	—	—	—
管理 / 專業	62.0	—	—	—
家庭月收入（港元）				
10 000 以下	74.4	—	—	—
10 000~29 999	78.3	—	—	—
30 000 及以上	59.6	—	—	—
主觀社會經濟地位				
下層	—	40.6	—	14.3
中下層	—	42.2	—	20.8
中層及以上	—	50.4	—	19.7

行政長官和立法會的普舉

　　過去 20 多年來，民主派一直要求全面普選行政長官和立法會。民眾對普選的支持儘管基本呈上升趨勢，但支持度卻時高時低。對大部分港人來說，普選行政長官和立法會是民主化的核心內容，但其他方面的民主發展卻很少被人提起，例如行政與立法的分權、政黨的形成與發展、公民社會的形成、集體抗議行為的空間、民主政治文化的形成等；如果這些民主內容得不到重視，那麼它們與香港成功民主化之間的關係就更遠離人們的視線。不僅如此，如何處理香港民主化與“一國兩制”實施的關係，及其與中央在港行使主權的關係，這些容易引起爭議的議題也還未引起社會注意。

　　事實上，大約半數（48.8%）受訪者表示普選行政長官對他們個人來說重要，只有 18.7% 的人回答不重要（見表 15-5）。同樣地，49% 的人認為普選立法會重要，只有 13.4% 的人回答不重要。

　　正如表 15-5 所示，社會上對普選行政長官和立法會的重要性已形成一定共識，在這個問題上，不同社會經濟背景者也有相當一致的看法。2004~2006 年，民眾對這兩個普選的立場幾乎沒有甚麼變化。

　　有意思的是，儘管大家更喜歡由普選的方式選舉行政長官，但不少人（33.9%）相信港人"一人一票"選出的行政長官不會得到中央政府信任，22.7% 的人持相反觀點，另有 27% 的人提出這取決於何人當選。當被問及是否同意如下的説法"有些西方強國企圖透過支持香港的民主運動，為中國的崛起製造麻煩"時，受訪者分成了兩派，32.8% 的人同意這個説法，34.5% 的人反對。男性受訪者較女性更傾向於看到西方的不良動機，其他社會經濟背景不同者則有相近看法。

表 15-5　不同社會經濟背景受訪者對普選重要性的看法（%）

	普選行政長官重要		普選立法會重要	
	2004	2006	2004	2006
整體	52.4	48.8	52.1	49.0
性別				
男性	52.8	—	59.1	60.5
女性	61.4	—	61.4	58.8
年齡				
18~29 歲	—	—	—	—
30~54 歲	—	—	—	—
55 歲及以上	—	—	—	—
學歷				
小學	—	—	—	—
中學	—	—	—	—
專上	—	—	—	—
職業				
體力勞動				
文職 / 銷售 / 服務	—	—	—	—
管理 / 專業	—	—	—	—

（續表）

	普選行政長官重要		普選立法會重要	
	2004	2006	2004	2006
家庭月收入（港元）				
10 000 以下	—	—	—	—
10 000~29 999	—	—	—	—
30 000 及以上	—	—	—	—
主觀社會經濟地位				
下層	—	—	—	—
中下層	—	—	—	—
中層及以上	—	—	—	—

對政黨的支持

政治學者大都認為政黨是民主政治體制的核心內容。[4] 沒有一個根植於社會的強大政黨，就不可能建立有效民主。[5] 香港政治體制的特殊性，以及民眾對政黨的矛盾心態，都嚴重阻礙了香港政黨的發展。[6] 中央政府對政黨的小心謹慎也產生了同樣作用，這是因為中央政府擔心政黨發展會引起香港管治團隊的矛盾，執政黨多傾向於向社會大眾負責，而行政長官在法律上必須向中央政府負責。目前來看，香港政黨的規模很小，不僅缺乏深厚的社會基礎，而且民眾對他們的支持也非常有限。近來，由於政黨基本只扮演"反對派"角色，港人對它們愈來愈失望，信任也日益衰減。

百姓對政黨的冷淡可從調查結果看出，超過一半（51.3%）受訪者並不同意沒有政黨就沒有民主，只有 18.4% 的受訪者同意。這些數字與 2004 年調查結果十分相似，那時兩個數據各是 54% 和 21.2%。從這些數字看，這兩年民眾對政黨的態度基本無變化（見表 15-6）。

至於被問到香港是否需要強大的政黨時，民眾的回答再次否定。較多（32.8%）受訪者認為香港不需要強大的政黨，只有 29.2% 的人持相反觀點。更重要的是，港人仍然認為行政長官應無政黨背景和"超越政治"，近一半（44.1%）受訪者不同意行政長官應是一個政黨的領導人，只有 21% 的人同意。這意味着，對港人來說，由政黨執政的想法仍然招人反感。

不同社會經濟背景者對政黨的態度很不同，出乎意料的是，年齡較長、社會經濟地位較低者，對政黨更有好感。這對香港政黨的發展不是甚麼好消息，因社會經濟地位較高而擁有資源的人對政黨持保守態度，意味着政黨將缺乏進一步發展所需的人才和資源。"反對派"政黨將受更負面的影響。

表 15-6　不同社會經濟背景受訪者對政黨的態度（%）

| | 沒有政黨就沒有民主 | | 香港需要強大的政黨 |
	2004	2006	2006
整體	21.2	18.4	29.2
性別			
男性	—	—	—
女性	—	—	—
年齡			
18~29 歲	—	18.1	33.9
30~54 歲	—	22.5	32.7
55 歲及以上	—	30.6	45.3
學歷			
小學	—	29.2	43.8
中學	—	22.9	35.2
專上	—	20.8	29.9
職業			
體力勞動	—	32.4	—
文職 / 銷售 / 服務	—	14.7	—
管理 / 專業	—	25.7	—

（續表）

	沒有政黨就沒有民主		香港需要強大的政黨
	2004	2006	2006
家庭月收入（港元）			
10 000 以下	—	—	—
10 000~29 999	—	—	—
30 000 及以上	—	—	—
主觀社會經濟地位			
下層	—	—	38.3
中下層	—	—	32.2
中層及以上	—	—	39.5

結論

　　2004~2006 年，儘管香港的社會政治發生了巨大變化，但民眾對民主的矛盾看法並沒太大變化。

　　經過 20 多年漸進式的民主發展，矛盾的民主觀仍然深深地彌漫在香港政治文化中，對香港成為全面民主化的社會構成嚴重阻礙。無疑，形成港人這種揮之不去矛盾民主觀的主要原因是它特殊的歷史背景。在其他社會，人們爭取民主為的是推翻政治壓迫、確保個人自由、保護人權、促進經濟發展、建立法治和廉潔政府以及保障機會公平。與這些社會不同的是，港人沒有經歷過痛苦和混亂的民主化過程，卻也享受着這些據說是民主化的"果實"。回歸以來，儘管政府表現不合格，而且經濟的衰退也推動了增加民主的呼聲，但港人骨子裏還是不想承擔快速民主化可能帶來的風險，他們擔心快速民主化影響現實中好的方面。近來香港經濟的復甦和與之相伴民眾對前途信心的增加，都使香港的政治保守主義上升。港人不情願因民主化的問題與中央政府產生矛盾，很警覺加速民主化可能帶來的負面影響，因此也減少了對民主派及其組織的支持。除非出現意料之外的重大變動，不然，香港很可能繼續其循序漸進

358

式的民主化軌道，在可見的將來保持自由但局部民主化的狀態。

註釋

1. Kuan Hsin-chi and Lau Siu-kai, "The Partial Vision of Democracy in Hong Kong: A Survey of Popular Opinion," *The China Journal*, Vol. 34 (1995), pp.239-264; Lau Siu-kai, "Democratic Ambivalence," in Lau Siu-kai et al. (eds.), *Indicators of Social Development: Hong Kong 2004* (Hong Kong: Hong Kong Institute of Asia-Pacific Studies, The Chinese University of Hong Kong, 2005), pp. 1-30.

2. 調查的總體是年滿 18 歲的香港華裔居民，樣本為概率樣本。首先由香港政府統計處協助，在全港以分區等距方式抽取居住單位地址；其次是抽選住戶，如已選取的居住單位有超過一夥住戶，或為一羣體住戶（如宿舍），訪問員將根據隨機抽選表，抽選其中一夥住戶或一位符合資格人士接受訪問；最後是抽選受訪者，如已選取的住戶有超過一位符合資格的人士，訪問員將利用基什方格（Kish Grid）抽選其中一位接受訪問。回應率是扣除無效和沒有使用的住址後計算。2004 年調查完成 845 個訪問，回應率為 48.2%；2006 年調查完成 830 個訪問，回應率為 47.5%。

3. 本文利用卡方檢驗（chi-square test）來判斷變項之間的關係，顯著水平低於 0.05 者即被視為存在顯著的差異。為簡化數據，文中表格省去未達統計顯著水平的數據。

4. Seymour M. Lipset and Jason M. Lakin, *The Democratic Century* (Norman: University of Oklahoma Press, 2004).

5. Marc M. Howard, *The Weakness of Civil Society in Post-Communist Europe* (Cambridge: Cambridge University Press, 2003); Thomas Carothers, *Confronting the Weakest Link: Aiding Political Parties in New Democracies* (Washington, DC: Carnegie Endowment for International Peace, 2006).

6. Lau Siu-kai and Kuan Hsin-chi, "Partial Democratization, 'Foundation Moment' and Political Parties in Hong Kong," *The China Quarterly*, Vol. 163 (2000), pp. 705-720; Lau Siu-kai and Kuan Hsin-chi, "Hong Kong's Stunted Political Party System," *The China Quarterly*, Vol. 172 (2002), pp. 1010-1028.